D1704740

АЛЬТЕРНАТИВА ИСТОРИЯ, КОТОРУЮ МЫ НЕ ЗНАЕМ

А. СИНЕЛЬНИКОВ

СРЕДНЕВЕКОВАЯ ИМПЕРИЯ ЕВРЕЕВ

МОСКВА
ОЛМА-ПРЕСС
2004

УДК 82-311.6
ББК 84-44
    С 383

Исключительное право публикации книги А. З. Синельникова «Средневековая империя евреев» принадлежит издательству «ОЛМА-ПРЕСС». Выпуск произведения или его части без разрешения издательства считается противоправным и преследуется по закону.

Художник *О. Петров*

Автор благодарит: *Алексея Никольского, Ярослава Кеспера, Владимира Меламеда, Николая Абрашкина* за любезно предоставленные материалы, которые помогли в написании данной книги

Синельников А. З.
С 383 Средневековая империя евреев. — М.: ОЛМА-ПРЕСС, 2004. — 368 с.: ил. — (Альтернатива. История, которую мы не знаем).

ISBN 5-224-04808-7

Автор, основываясь на новейших методах изучения истории, воссоздает картину прошлого, которая разительно отличается от традиционной. Факты, приведенные в книге, ломают привычное представление о якобы «темном» Средневековье и «блистательной» Античности, а также о народе, именуемом евреями, вокруг которого не утихают споры — обычные они люди или необыкновенные существа, порожденные то ли божественными, то ли темными силами... Особое внимание уделено предыстории создания монашеских братств — прообраза финансовой сети Империи — мировой «золотой паутины», ставших ее основой и опорой.

УДК 82-311.6
ББК 84-44

ISBN 5-224-04808-7   © Издательство «ОЛМА-ПРЕСС», 2004

ПРЕДИСЛОВИЕ

История — это комплекс общественных наук, изучающих прошлое человечества во всей его конкретности и многообразии. Даже само название ее произошло от греч. historia — рассказ о прошедшем, об узнанном. Комплекс этот исследует факты, события и процессы на базе исторических источников, которыми занимаются источниковедение и ряд вспомогательных исторических дисциплин. В полном своем многообразии он состоит из всемирной (всеобщей) истории и истории отдельных стран и народов. Органическими частями истории как комплекса наук являются специальные исторические науки — археология и этнография. Истории различных сторон культуры, науки и техники, такие, как история математики, история физики, история музыки, история театра, — все они во всем своем многообразии являются гранями бриллианта, который называется История.

Когда-то в древние времена ценность алмаза определялась его размером. Чем больше был алмаз, тем выше ценили его. Владельцами самых дорогих алмазов были короли и сиятельные особы. Затем человек научился гранить самый крепкий из драгоценных камней — несокрушимый адамас. С тех пор его ценность стала определяться количеством граней, нанесенных на него, что позволяло ему играть всеми цветами радуги. Так и история. Из игрушки для власть имущих она превратилась в достояние всего человечества, и чем больше граней придает ей труд ученого, тем ярче она играет в лучах солнца. Каждый исследователь, каждый новый факт прибавляет в ней граней. Но как и в жизни драгоценных алмазов, когда наряду с бриллиантами чистой воды существуют стразы, стеклянные заменители сияющих бриллиантов, так и в истории, достоверность каждого факта надо проверять. Каждый свидетель истории — сам по себе объект расследования и проверки. Это касается всего: археологической находки и рукописи, старинного меча и даже величественного собора. Девизом исследователя должны стать слова «Ни слова на веру!».

В эпоху Возрождения древние рукописи появлялись по схеме, хорошо видной на примере одного из самых ярких фальсификаторов того времени Поджио Браччиолини. Он, автор первоклассных исторических и моралистических книг, был в полном смысле слова властителем дум своего века. Первую половину итальянского XV века многие даже называют «веком Поджио». Флоренция воздвигла ему статую, изваянную резцом Донателло.

При содействии флорентийского ученого, собирателя книг Никколо Никколи Поджио Браччиолини устроил нечто вроде постоянной студии по античной литературе и привлек к делу целый ряд сотрудников и контрагентов, очень образованных, но сплошь — с темными пятнами на репутации.

Первые свои «находки» Поджио Браччиолини и Бартоломео ди Монтепульчано сделали в эпоху Констанцского собора. В забытой сырой башне Сен-Галленского монастыря, в которой заключенный не выжил бы и трех дней, им посчастливилось найти в целости и сохранности кучу древних манускриптов: сочинения Квинтилиана, Валерия Флакка, Аскония Педиана, Нония Марцелла, Проба и др. Через некоторое время Браччиолини якобы обнаружил фрагменты «из Петрония» и «Буколики» Кальпурния.

Клиентами Поджио были Медичи, аристократические фамилии Англии, Бургундский герцогский дом, кардиналы Орсини и Колонна, богачи, такие как Бартоломео ди Бардис, университеты, которые в ту пору либо начинали обзаводиться библиотеками, либо усиленно расширяли свои старые книгохранилища.

Так «создавались» хранилища «исторических» хроник.

Казалось бы, нельзя подделать археологические находки. Но можно находить только то, что нужно, и там, где нужно. Раскопки Геркуланума начались в 1711 году, в 1748 году — раскопки в Помпеях. Они носили рекламный и коммерческий характер. Ни о каких научных исследованиях речи тогда не шло. Первые раскопки в Афинах (в 1743—1751 годах) были проведены английским «Обществом дилетантов». Учитывая уже само название общества, говорить о научном уровне раскопок не приходится. Но даже не это главное. Последовавшие археологические экспедиции целеустремленно уничтожали все находки, противоречившие установившимся взглядам на историю. В лучшем случае их объявляли ошибочными.

Творили якобы древнюю историю и скульпторы. Известны факты, когда некоторые из них закапывали статуи собственной работы в землю и через несколько лет оповещали мир о том, что нашли на своих огородах нетленные творения античных мастеров.

Полна искажений и выдумок история России и Китая. По политическим и многим другим причинам сконструирована легенда о татаро-монгольском иге в русской традиции, и многовековая борьба с гуннами в китайской традиции.

Но отвлечемся от примеров. Их громадное количество, и к ним мы постоянно будем возвращаться в книге. Задалимся вопросом общего характера: почему именно в Средневековье и в последующие века была заново сочинена история? Ряд критиков традиционной историографии склонны видеть в этом черты чуть ли не всемирного заговора. Однако никакого заговора не было. После распада Великой империи началось бурное образование государств и формирование народов и наций в современном значении этих слов. Возникла объективная политическая необходимость в написании собственной истории, в отличие от истории общей, характерной для империи. Нужно было найти или создать собственные исторические корни, свою древность, не похожую на древность соседей. Чем глубже в века уходили эти корни, тем законнее выглядели в глазах подданных те или иные правители. Их власть как бы освящалась веками.

Идейная направленность традиционной европейской истории сложилась в XVI–XVII веках, в эпоху Реформации и Контрреформации, в результате идейного компромисса между «клерикальными» историками и историками-«гуманистами» на почве укоренения философии национальной государственности. Большинство философов того времени отличалось идеологической беспринципностью: яркие тому примеры — Н. Макиавелли и М. Лютер. Тех же, кто не хотел участвовать в идеологическом компромиссе, попросту уничтожали (Т. Мор в Англии, Д. Савонарола в Италии, М. Башкин в России и др.).

Лозунг Н. Макиавелли «цель оправдывает средства» и клич М. Лютера «кто не с нами, тот против нас» — вот принципы крупнейших историков того времени. Так, создатель современной хронологии Ж. Скалигер (Бордони), воспитанный своим отцом-философом в духе «бумага все стерпит, лишь бы было красиво» — придворный летописец Генриха IV Бурбона, был вслед за своим хозяином то католиком, то гугенотом. Он сочинил «непрерывную» хронологию французских королевских династий, нацеленную узаконить и увековечить права Бурбонов, изничтоживших прежнюю династию Валуа. Вся остальная мировая история была только фоном, оттеняющим эту идею преемственности.

Аналогичную работу проделал австриец Иоганн Куспиниан (И. Шписхаймер) для Габсбургов, выведя их непрерывную родословную от Юлия Цезаря. Наиболее же «наукообразной» стала история Великобритании в редакции отца и сына лордов-канцлеров Бэконов, снабженная к тому же гениальным пиаром в виде пьес-хроник Шекспира. Мирное объединение Англии и Шотландии под короной новой шотландской династии Стюартов предопределило и «непрерывную законную» историю династической смены шотландских правителей (в течение 1200 лет!) при весьма бурной параллельной английской истории.

Римско-католическая церковь, озабоченная сохранением своего политического влияния, приняла в процессе создания наукообразной «всемирной светской» истории самое активное участие, в частности, в лице монаха-иезуита Д. Петавиуса. Важным поворотным моментом стало и само принятие в Европе современного летосчисления. Решением Тридентского собора 1563 года было признано, что на дворе именно 1563 год от Рождества Христова, а все источники, противоречившие этому, было приказано сжечь. В это же время объявилась и «Книга пап», зарегистрировавшая якобы непрерывную смену римских пап с IV по IX век (до папы Николая I). Тем не менее до 1600 года в Италии годы считали сотнями — например, Треченто (т.е. трехсотые годы), а не XIV век.

Современную историческую традицию, сложившуюся к середине XVII века, создал не только идейный компромисс новых империй и Папского Рима — к ее созданию был причастен бизнес. С середины XV века стараниями прежде всего флорентийских банкиров Медичи история стала предметом весьма выгодного бизнеса — начиная от торговли «священными реликвиями» и кончая изготовлением и продажей «древних рукописей». Ярчайший пример — «Грамота Константинова Дара», подложность которой доказал Лоренцо Валла как раз в середине XV века.

Именно в это время и происходит важное событие — появление книгопечатания. И тогда же внезапно и в изобилии обнаруживаются «древние» рукописи и хроники. Причем все эти хроники обрываются «где-то в древности». Типичный пример — летопись Саксонского Грамматика, обрывающаяся в 1185 году и обнаруженная в 1514 году. Эта летопись и была положена в основание истории скандинавских стран. То же касается и других хроник. Например, аналогичную «древнепольскую», простирающуюся до 1113 года, написал некий Галл Аноним, а обнаружена она в том же XVI веке. В истории каждой европейской монархии в течение XVI—XVII веков появился свой летописец. «История нужна правителю такой, какой она позволяет ему наиболее эффективно управлять своим народом», — так основоположник политологии Никколо Макиавелли сформулировал тезис, определяющий и сегодня отношение власти к истории.

Вот почему головокружительная смесь имен и фактов царит в средневековых сочинениях: их авторы еще только сочиняли историю. Она еще не устоялась, не приняла законченные формы, знакомые каждому из нас. И когда в наше время критики традиционной историографии, стремясь все-таки увидеть подлинную картину прошлого, указывают на противоречия в летописях, им отвечают: «Хронисты ошибались». Такова самая мягкая оценка, даваемая сторонниками традиционной историографии. В основном же они называют создателей хроник невеждами и фантазерами. Намного легче объявить кого-либо профаном или, в лучшем случае, заблуждающимся, чем хотя бы попытаться критически осмыслить устоявшиеся представления.

В наше время, как и прежде, очень редки исследования истории, свободные от политических симпатий и антипатий и желания во что бы то ни стало выпятить в положительном смысле роль и значение народа, к которому причисляют себя исследователи. Так, блестящий математик и историк-ревизионист А.Фоменко привязывает все развитие цивилизации к славянским корням, тюркский писатель М. Агаджи — к тюркским. Таким же путем шли западные историки Отто Ран, Гвидо фон Лист и многие другие.

Автор книги полагает такой подход глубоко ошибочным. Он стоит на той позиции, что еще совсем недавно, несколько веков назад, люди не считали себя ни турками, ни русскими, ни евреями, ни французами, ни кем-нибудь еще в нынешнем значении этих определений. Существовал период, когда они не делились и по вероисповеданию, поскольку исповедовали одну и ту же религию — единобожие, а остальные религии — христианство, ислам и классический иудаизм — сформировались позже.

Именно для неправильной исторической модели выдуманы неверные, насквозь политизированные термины квалификации народов: саксы, германцы, франки, славяне, тюрки и другие. Все эти условно-групповые квалификации изобретены в XVIII—XX веках в основном на базе лингвистики. Они точно совпадают с политической картой Евразии и служат исключительно интересам национального и религиозного самосознания. Эти термины надо просто исключать из пользования.

Огромная империя просуществовала недолго. И все же она сыграла колоссальную роль в возникновении современной цивилизации. На ее основе образовались известные нам государства. Протовера, вобрав некоторые более древние представления, называемые сегодня язычеством или Природной Верой, стала исходной позицией для создания новых мировых религий — главной движущей силы в духовной жизни человечества на века вперед.

Об империи, или, скорее, об ее экономической структуре, и рассказывает эта книга, опираясь на свидетельства прошлого и те реконструкции, которые предлагают сегодня критики традиционной историографии. Но если в истории все зыбко и противоречиво, что уже показано на отдельных примерах, если существует необозримое количество аргументов в защиту как традиционалистов, так и их критиков, то можно ли со всей определенностью говорить об империи иудеев, ее чертах, ее жизни, ее начале и конце? Ответ в принципе несложен: надо, прежде всего, опираться на факты.

Используя новейшие компьютерные методики сравнительного анализа, астрономические датировки древних зодиаков и некоторые другие методы, можно воссоздать правильные контуры прошлого, разительно отличающегося от того, чему нас учили в школе.

Применяя принцип «обоснованного сомнения», мы переводим все «подозреваемые» письменные сочинения из разряда документальных свидетельств в категорию легендарной литературы и с помощью сравнительного компьютерного анализа восстанавливаем истинные события, если достаточно сложный сюжет повторяется в разных источниках более определенного количества раз. Создание подлинной, а не выдуманной истории практически только начато.

Мы надеемся, что эта книга — еще один шаг в правильном направлении.

ЗОЛОТАЯ ПАУТИНА

Понятие «империя» (лат. imperium — власть) в современной исторической науке обозначает название крупных монархических государств разных эпох, объединяющих разные этносы. Оно соотносится с Персией и Римом, Византией и Россией, Британией и Испанией, с различными династиями европейских, индийских, южноамериканских и китайских монархов.

Никогда и нигде это понятие не использовалось для обозначения какого-либо негосударственного образования. Империя евреев — это империя без собственной земли. Во всех имеющихся исторических источниках утверждается, что евреи постоянно были гонимыми, что они практически непрерывно на протяжении столетий и тысячелетий попадали из одного плена в другой, из одного рабства в другое, всегда были у кого-либо в подчинении. При этом, однако, они загадочным образом сохраняли свою неповторимость, часто вопреки собственному практицизму, были верны вере отцов и в любом государстве добивались разительных успехов в экономике, политике и культуре.

В зависимости от симпатий или антипатий к иудеям-евреям авторы трудов объясняли и объясняют этот реальный социальный феномен их особыми положительными или отрицательными свойствами. Создается впечатление, будто речь идет не об обыкновенных людях, обладающих теми же достоинствами и недостатками, что и другие, а о каких-то необыкновенных субъектах, порожденных то ли божественными, то ли темными силами. Во всяком случае, внятного и научного объяснения этого явления, действительно имевшего место в истории европейской и частично восточных цивилизаций, нигде, к сожалению, нет.

Уникальность еврейского феномена утверждается, прежде всего, авторитетом мировых религий и сочинениями, которые могли бы составить огромную библиотеку. По утверждению богословов, главную роль в судьбе евреев якобы сыграла их вера в единого Бога, союз с Господом, закрепленный рядом ритуалов и предписаний-заветов. Основополагающие черты этой веры легли в основу и христианства, и мусульманства, объединяющих сотни миллионов людей во всем мире, и потому опосредованно евреи сыграли определяющую роль в духовной истории всего современного человечества.

Характерны в этом отношении высказывания классического русского историка Николая Бердяева в его книге «Смысл истории», практически сдающего научные позиции и переходящего на религиозный мистицизм, как только речь заходит о евреях: «Еврейству принадлежала совершенно исключительная роль в зарождении сознания истории, в напряженном чувстве исторической судьбы, именно еврейством внесено в мировую жизнь человечества начало «исторического». И я хочу обратиться вплотную к самой исторической судьбе еврейства и его значению во всемирной истории как одного из непрерывно действующих до наших дней мировых начал, обладающих своей специфической миссией. Еврейство имеет центральное значение в истории. Еврейский народ есть, по преимуществу, народ истории, и в исторической судьбе его чувствуется неисповедимость Божьих судеб. Когда меня привлекало материалистическое понимание истории, когда я старался проверить его на судьбах народов, мне казалось, что величайшим препятствием для этого является историческая судьба еврейского народа, что, с точки зрения материалистической, судьба эта совершенно необъяснима. Нужно сказать, что со всякой материалистической и позитивно-исторической точки зрения этот народ давно должен был бы перестать существовать. Его существование есть странное, таинственное и чудесное явление, которое указывает, что с судьбой этого народа связаны особые предначертания. Выживание еврейского народа в истории, его неистребимость, продолжение его существования как одного из самых древних народов мира в совершенно исключительных условиях, та роковая роль, которую народ этот играет в истории, — все это указывает на особые, мистические основы его исторической судьбы. [...] Вокруг судьбы еврейства разыгрывается особо напряженный драматизм истории».

По сути, такова логическая схема практически всех положительных рассуждений о роли народа Израиля в развитии человечества.

Что касается отрицательных, то они объединены понятием «антисемитизм». В попытках понять его природу исследователи создали сотни трудов. Корни ненависти к евреям искали в их национальном характере, во внешности, в привычках и образе жизни, в приверженности своей религии. Многие авторы ударились в мистику, в генетику, в наследственность. На правах серьезной научной гипотезы обсуждается даже так называемый «инстинктивный» антисемитизм. То есть ненависть к евреям, заложенная якобы в генах юдофобов.

Средневековое христианское описание евреев как «дьяволов» подробно документировано в труде историка Джошуа Трахтенберга «Дьявол и евреи» (изд-во Йельского университета. Нью-Хэйвен, 1941).

Довольно известный в начале XX века историк Флавиан Бренье в своей книге «Евреи и Талмуд» писал: «Из всех племенных и религиозных вопросов, выдвигавшихся историей, не было ни одного более постоянного, более всеобщего и более неразрешимого, чем вопрос еврейский. Как бы далеко мы ни углублялись в прошлое, со времени расселения евреев среди других племен, мы их всегда встречаем в непрекращающейся борьбе с народами, принявшими их в свою среду. Часть древней истории и все средние века полны отзвуками этой вековой борьбы. В настоящее время, если эта борьба между еврейством с одной стороны и Христианством и Мусульманством с другой, внешне приобрела видимость меньшей резкости, то только потому, что Израиль искусно замаскировал свою, в прошлом почти всегда прямолинейную и открытую ненависть. Но приподнимите любую из этих так ловко сфабрикованных личин, и под угрозой национальной безопасности, материальному благополучию, религиозной свободе или общественному укладу каждого народа вы почти всегда встретите еврея.

Евреи вызвали во многих странах антихристианские гонения, дабы утолить вековую ненависть этого племени к служителям Христа. Евреи же подложили огонь под социальное здание, сея в мире идеи коллективизма при посредстве своих агитаторов и теоретиков-евреев, имена коих: Карл Маркс, Лассаль, Зингер в Германии; Неймаер, Адлер и Аарон Либерман в Австрии; Фрибург, Леон Франкель и Хальтмаер во Франции; Джемс Коен в Дании; Доброджану Хереа в Румынии; Кон, Лион и Самуил Гомперс в Соединенных Штатах.

Во всем мире, за кулисами всех попыток нравственного развращения в области литературы и искусств, вы опять наталкиваетесь на евреев. Наконец, евреи постоянно служат шпионами против всех государств, неосторожно давших им убежище».

Профессор Стайнер в своей статье в журнале «Психология сегодня» (февраль 1973 г.) отмечает:

«Тройственный призыв евреев к совершенству (через: 1) еврейский этический монотеизм; 2) христианство и ислам; 3) мессианский социализм) породил в общественном подсознании убийственное недоброжелательство по отношению к евреям. Евреи превратились в «нечистую совесть» в истории западной цивилизации».

Цитировать как почитателей евреев, так и их гонителей можно сколько угодно времени. Особенно обилен на такие «исследования» XX век. Он отмечен диким разгулом нацизма, крайним выражением расизма и ксенофобии и одновременно — огромным сочувствием мирового сообщества к евреям, перенесшим Холокост и при поддержке стран — победительниц фашистской Германии создавшим государство Израиль.

Таковы два основных стереотипа оценки евреев и его носителя — народа Израиля. И поколебать их чрезвычайно трудно, потому что нет ни одного серьезного научного труда, объясняющего происхождение и функциональность мирового еврейства как социального явления. Между тем история полна фактов, противоречащих сложившимся представлениям, как положительным, так и негативным.

Речь идет не только об иудаизме и евреях, поэтому имеет смысл определить, с каких позиций вообще историки оценивают то, что не соответствует их взглядам и убеждениям. Как ни печально, но обычно действует один и тот же принцип: если факты не укладываются в общепринятые концепции, тем хуже для фактов. Их умалчивают. Если же их нельзя ни обойти, ни замолчать, то к ним приклеивают ярлык ошибочных. Несть числа сочинениям историков и философов прошлого, объявленным ненаучными лишь потому, что они не укладываются в господствующие исторические схемы.

Но ведь сами эти схемы основаны на весьма зыбких и сомнительных источниках. Все, что якобы было написано историками в ранние века, известно нам в основном из копий и обрывков копий позднего времени, а то и просто из ссылок авторов XVII—XVIII веков на труды предшественников, которые они, по их словам, читали или о которых слышали от своих учителей и коллег. Оригиналы, как правило, считаются утерянными, чаще всего — сгоревшими. Ни одна библиотека мира не имеет в своих архивах подлинных сочинений античных писателей и историков и трудов ученых раннего Средневековья.

Как уже упоминалось, труды, объявленные копиями, появились в массовом порядке на свет лишь в позднее Средневековье, как бы возникнув из пустоты. Некоторые из них были, к изумлению и радости историков, в прекрасном состоянии и содержали подробнейшие сведения о событиях и героях истории многовековой давности. Достаточно вспомнить хотя бы труды Иосифа Флавия, описавшего во всех подробностях Иудейские войны.

Возник, однако, парадокс, требовавший объяснения: до Средневековья никто об этих трудах ничего не знал. Другими словами, история в прошлом почему-то прервалась на тысячу с лишним лет, и между Античностью и Средневековьем образовался временной вакуум. Где были в этот период оригиналы, как они могли сохраниться столько столетий, чтобы вдруг вынырнуть из небытия и тут же, к несчастью, сгореть или потеряться?

Адепты официальной историографии ввели в научный оборот термины «темные века» и «Возрождение». Они означают, что после Римской империи, уничтоженной варварами, на просторах планеты столетиями властвовали дикость и запустение, никто не вел летописей и не фиксировал событий, достойных памяти потомков. И лишь после искоренения язычества и полной победы христианства в обновленной Европе началось возрождение культуры во всем значении этого слова.

Остался, правда, не проясненным вопрос о том, как же все-таки могли сохраниться сочинения древних на протяжении стольких веков разгула варварства. Но он уже мало кого интересовал: была создана схема развития, устраивавшая всех, кто занимался историей. Точнее сказать, сочинял историю, отвечавшую духовным потребностям и практическим интересам общества того времени.

С тех пор историки, основываясь на «копиях», с непоколебимой уверенностью рассказывают о событиях глубокой древности. С фантастической точностью они приводят данные о датах рождения и смерти королей и императоров, о местах битв, даже диалоги и высказывания героев прошлого. У всех на слуху бессмертные слова, вроде бы произнесенные древними, типа: «Рубикон перейден», «Пришел, увидел, победил», «И ты, Брут?». И мало кто задумывается над тем, каким образом они стали известны потомкам? Кто их записал в тот момент, когда они были сказаны, и записывал ли кто-нибудь их вообще?

Никакого глубокого, объективного анализа достоверности исторических данных по-прежнему нет, и это приводит к постоянному приспосабливанию истории к политическим интересам нынешних государств. Более того — к сиюминутным требованиям того или иного правителя. Сочинение истории продолжается и в наши дни.

В последнее время стала понятна во многих чертах технология изготовления вымышленных исторических фактов и событий, широко применяемая в позднее Средневековье и ставшая основой современной историографии.

Рассмотрим такой вроде бы простой вопрос, как уникальность евреев. О ней столько сказано как их сторонниками, так и хулителями, что, казалось бы, и говорить тут больше не о чем. Однако не будем торопиться. Есть серьезные основания считать, что такой замкнутой этнической группы в древности не было. Не было вообще. И тому имеются доказательства. Причем они, что парадоксально, видны каждому, кто не сочтет за труд их увидеть. Достаточно взглянуть на карту мира и прочитать описания обычаев, обрядов и ритуалов народов, населяющих планету.

Широко был распространен иудаизм среди самых различных народов, отстоящих друг от друга порой на тысячи километров. Они принадлежат к разным расам, у них различный цвет кожи и внешний облик, свидетельствующий о монголоидных, негроидных и прочих корнях. Они говорят на языках, не имеющих с ивритом ничего общего. Их быт, привычки, искусство в корне отличны от всего, что присуще евреям Европы.

Тем не менее они утверждают, что являются потомками утерянных колен Израилевых, тех самых, что, согласно традиционным представлениям, когда-то рассеялись по всему миру в результате захватнических войн соседей и разорения их исторической родины.

Легенда об утерянных коленах интересна главным образом тем, что это единственная допускаемая официальной историей версия, объясняющая, почему иудаизм так распространен. Она позволяет не отказываться от привычных догм по поводу иудаизма, и в этом ее ценность в глазах богословов. Для них не имеют никакого значения принципиальные расовые различия между иудеями разных континентов, то, что не могут люди, принадлежащие якобы к одному народу, так отличаться друг от друга. Вера в истинность сказанного в Ветхом Завете о рассеянии евреев заглушает все доводы.

Но вот что говорят факты.

МЬЯНМА. В горной местности, располагающейся по обе стороны границы между Индией и Мьянмой (бывшей Бирмой), живет племя Менаше (Шинлунг), насчитывающее до двух миллионов человек. Эти люди выглядят как обычное население Китая или Бирмы. Напомним, что именем Менаше названо одно из двенадцати колен Израиля.

Карта Мьянмы

В соответствии с официальной версией, предки этих людей были сосланы в Ассирию в 722 году до н.э. с другими коленами Израиля. Позже Ассирия была завоевана Вавилоном (607 г. до н.э.), который также был впоследствии завоеван Персией (457 г. до н.э.). Персию захватила Греция при Александре Великом (331 г. до н.э.). Именно в этот период племя Менаше было депортировано из Персии в Афганистан и другие районы. Из Афганистана путь народа лежал на восток, в Китай, в долину реки Вей. Случилось это в 231 году.

С появлением и распространением ислама многие меньше обращались в эту религию. Но на протяжении всего времени у племени находился свиток Торы, его хранили у старейшины и священники.

У племени есть религиозные праздники, которые отмечаются в то же время, что и еврейские. Традиционная песня о переходе через Красное море, написанная предками, передавалась из поколения в поколение. Русский перевод, сделанный с английской версии стиха, звучит так: «Праздник Пасхи мы праздновать будем, мы прошли через Красное море. Ночью путь наш огнем освещался, днем нам облако путь указало. Нас враги попытались настигнуть, колесницы их море накрыло, и едою для рыб они стали. А когда испытали мы жажду, нас водою скала напоила».

В каждой деревне племени был священник, имя которого должно было быть Аарон. В обязанности таких священников входил надзор над жизнью деревень и исполнение религиозных обрядов. Сан священника передавался по наследству.

В рассказе путешественника, посетившего Менаше сравнительно недавно, поражает прежде всего скрупулезная точность дат. Пастушье племя, кочевавшее веками с одного места на другое, сплошь неграмотное и не имеющее ни календаря, ни традиции фиксировать даты рождения собственных детей, тем не менее знает с точностью до года время Ассирийского и Вавилонского пленения, период завоеваний Александра Македонского и дату собственного прихода на китайскую землю. И никого это не удивляет! Ни самого путешественника, ни издание, опубликовавшее его рассказ.

В той же Мьянме, в племени Мизо, не тронутом многочисленными миссионерами и не контактирующим с народом Менаше, наблюдается множество еврейских церемоний и ритуалов: обрезание, Шаббат, различные праздники и т.д.

КАШМИР. В этом регионе проживают 5—7 миллионов человек, также считающих себя потомками утерянных колен Израиля, хотя все они — мусульмане. Здесь есть места с названиями явно иудейского происхождения: Хар Нево, Бейт Пеор, Писга и др. То же касается мужских и женских имен, а также названий некоторых деревень. Язык уду, используемый в этом районе, включает множество ивритских слов.

Священник Китро в своей книге «Общая история Мугальской империи» заявляет, что население Кашмира — это потомки древних израильтян. А арабский историк и путешественник Аль Бируни сделал следующую запись: «Раньше только евреям разрешалось входить в Кашмир».

Священник Монстрат говорил, что во времена Васко да Гамы в XV веке «все населяющие эту землю люди, жившие здесь с древних времен, [...] ведут происхождение от древних израильтян. Их особенности, внешний вид, комплекция, одежда, способ ведения дел — все указывает на то, что они родственники древних евреев». Люди, живущие в этих местах, зажигают свечи перед началом субботы, носят локоны (наподобие пейсов), бороды; у них также есть изображение Маген Давида.

В области Кашмира, граничащей с Пакистаном, называемой Юсмарг (Хандвара), проживает национальная группа, которая по сей день называет себя Бней Исраэль (сыны Израиля). Многие жители Кашмира считают, что «Бней Исраэль» — это старинное название всего населения Кашмира. В этом регионе также бытует странная легенда о том, что Иисус Христос не умер на кресте, но в поиске утерянных десяти колен достиг долины Кашмира и жил там до самой смерти. Местное население говорит, что здесь находится его могила, а некоторые жители якобы знают, где она находится.

В одной из небольших деревень Кашмира, рядом с Валлар Линк, бытует убеждение, что в этом месте похоронен сам Моше. Более того, некоторые верят, что не кто иной, как царь Соломон дошел до Кашмирской долины. Два историка — мулла Надири, написавший «Историю Кашмира», и мулла Ахмад, автор «Вех Кашмира», — не сомневались, что происхождение кашмирского народа идет от древних израильтян.

ПАТАНЫ. Эта общность насчитывает около 15 миллионов человек, проживающих на территории Персии, Индии, Пакистана и Афганистана. Как отмечает израильский антрополог Шалва Уэйль, патаны сохранили предание о том, что их праотцы — представители все тех же пропавших десяти колен Израиля. Многочисленные еврейские традиции соблюдаются этим народом по сей день.

К примеру, патаны делают своим детям обрезание на восьмой день их жизни. У патан есть нечто похожее на небольшой еврейский талит, называемое здесь словом «кафан». Это четырехугольное покрывало, на углах которого прикреплены кисточки.

Патаны чтят Шаббат. Для них этот день — символ отдыха; в Шаббат они не работают, не готовят еду, не занимаются домашним хозяйством. Перед каждым Шаббатом они пекут 12 хал для того, чтобы славить этот день, как это делалось в древнем еврейском храме.

У этого народа есть также традиции кашрута. Так, они не едят конину и верблюжатину, очень популярные в округе, но запретные для любого еврея. Многие мужчины носят имена Израиль (Исраэль), Самуил (Шмуэль) и т.д. В мусульманском мире таких имен практически нет.

Патаны молятся в мечетях, но в сторону Иерусалима. Щит Давида есть почти в каждом доме. Самые богатые жители делают его из драгоценных металлов; те, кто победнее, обходятся простым деревом. Маген Давид можно видеть на башнях, школах, цепочках и браслетах. В Минераджане есть школы, где он прикрепляется к двери или же подвешивается над ней.

ЭФИОПИЯ. В стране вплоть до последних десятилетий жили фалаши — еще одно якобы утерянное колено Израиля. Как свидетельствует чешский африканист Зденек Полачек, до переселения в Израиль фалаши жили (а некоторые еще живут) рассеянно между крупнейшими североэфиопскими этническими группами (амхара и тигре) в провинциях Бегемдир и Тиграй.

Сами себя фалаши называли «Дом Израиля» (bete Izrael) или на своем родном языке кушитской группы использовали самоназвание «кайла». Иврит фалаши вообще не знали. Оригинальным произведением фалашской литературы можно считать «Субботние предписания» (Тэезазе сенбет). В этой книге Шаббат персонифицирован — он понимается как женское существо, олицетворяющее небесный свет. В ней в занимательной форме излагаются легенды, относящиеся к Шаббату. Иудаизм фалашей своеобразен. Он содержит ряд элементов эпохи Первого храма (принесение в жертву животных, институт священства). Фалаши не знали ни Мишны, ни Талмуда, но синагога была в каждой деревне или селе, где жил хотя бы один священник. Фалашские священники (каганат, ед.ч. — каган) вели свое происхождение от Аарона. Кандидата на должность священника выбирала вся община. Согласно предписаниям Торы, обрезание (гизрет) делали мальчикам на восьмой день от рождения.

ЭКВАДОР. Что касается южноамериканских индейцев и их возможного родства с утерянными коленами Израиля, то в израильской газете «Маарив» (декабрь 1974 г.) была опубликована заметка следующего содержания:

«В 1587 году иезуит Николас Делтсу был отправлен в Южную Америку королем Испании с миссионерской целью — обратить индейцев в христианство. В Аргентине Николас обнаружил народ, люди которого носили еврейские имена, как-то: Авраам, Давид, Моше и т. д. На вопрос о том, обрезаны ли они, эти люди отвечали так: «Да, как и наши предки». В этом же районе были найдены каменные ножи, используемые для обрезания. Заостренные каменные ножи упоминаются и в Библии как специальные инструменты для совершения обряда обрезания. Не меньший интерес вызывает аргентинское племя, где была найдена каменная плита с тремя заповедями: «Не кради», «Не лги» и «Не убий». Можно предположить, что это заповеди из Ветхого Завета, и в здешних землях они появились раньше прихода испанцев.

В 1974 году в том же районе были найдены круглые каменные плиты с изображенной на них еврейской менорой (семисвечником); по бокам меноры на арамейском языке была сделана надпись «Песах». Арамейский язык, напомним, — язык древних евреев.

Рядом с плитой обнаружен длинный камень, формой напоминающий кирпич, с изображением судна (герб колена Зевулуна) и с выгравированным словом «Ципора» (имя жены Моше, а может быть, и имя корабля).

Значит ли это, что евреи приплыли сюда на корабле? Ученые считают, что этому камню около 3 тысяч лет».

Следует сказать, что проблема южноамериканских индейцев-иудеев занимала европейские умы еще в XVII веке. Много лет отдал ей амстердамский раввин Менаше Бен Исраэль. Человек глубоко религиозный, он верил, что существует на земле упоминаемая в Талмуде загадочная субботняя река Самбатион. Ее чудесным свойством является то, что она — бурная, перекатывающая камни и совершенно непреодолимая по будним дням — с наступлением субботнего отдыха затихает и становится спокойной. Евреи, живущие по одну сторону Самбатиона, не имеют возможности перейти реку, поскольку это было бы нарушением Шаббата, и могут лишь переговариваться со своими соплеменниками, живущими по другую сторону, когда река затихает. О Самбатионе писали древние историки Иосиф Флавий («Иудейская война») и Плиний Старший («Естественная история»).

Как подчеркнул Менаше Бен Исраэль в своей книге, многие ученые уверены в том, что десять колен Израиля обосновались на другом берегу реки. Он также цитирует многих авторов, например, Иосифа Флавия, который в своих трудах утверждал, что якобы сам император Тит видел эту реку.

Позже, после встречи Менаше с миссионером Антонио де Монтецинусом, раввин окончательно уверился в том, что именно американские индейцы являются потомками 10 колен Израиля. Менаше узнал от Монтецинуса, что в 1642 году, когда тот путешествовал по горной местности Эквадора, ему повстречались четыре индейца, которые приветствовали его еврейской молитвой «Шма Исраэль»: «Слушай, Израиль, Господь — Бог наш, Господь один». Путешественник сказал, что индейцы говорили с ним на иврите и называли себя потомками колен Реувена и Леви.

Тут Менаше и пришел к выводу, что американские индейцы являются потомками потерянных колен Израиля. 23 декабря 1649 года он написал Джону Друри, пуританскому богослову: «Я думаю, что потомки десяти колен живут не только в Америке, но и по всему свету. Это те евреи, которые не видели второго храма; они, возможно, так и будут находиться в рассеянии, пока предсказания об их воссоединении не сбудутся».

ЯПОНИЯ. Следы влияния утерянных колен Израиля находят даже в Японии. Японский писатель Аримаса Кубо провел специальное исследование и пришел к выводу: множество местных церемоний свидетельствуют о том, что евреи пришли когда-то на территорию этой страны и здесь обосновались. Синтоизм, традиционная религия японцев, несет ярко выраженные черты иудаизма. Аримаса Кубо собрал обширный этнографический материал в подтверждение своего вывода.

Вот некоторые доводы Аримасы Кубо.

В префектуре Нагано находится большая синтоистская святыня Сува-Таиша. Здесь каждый год проводится традиционный фестиваль «Онтохсай» (когда японцы, как и евреи, использовали лунный календарь, праздник проводился в марте или апреле). Во время фестиваля происходит некое действие, иллюстрирующее что-то очень похожее на историю жертвоприношения Исаака Авраамом.

На фестивале, вплоть до прошлого века, происходило следующее: к деревянному столбу привязывали мальчика и ставили его на бамбуковое покрытие. Синтоистский священник, держа в руке нож, подходил к мальчику и угрожающе отрезал кусок верхней части столба. Внезапно к священнику подходил посланник (другой священник), и мальчика освобождали.

На этом же фестивале происходило жертвоприношение животных, а именно: 75 ланей. В древние времена в Японии не было овец, и это может быть причиной такой замены (лань, как и овца — кошерное животное). Даже в давние времена традиция приносить в жертву ланей казалась странной, так как жертвоприношение животных не является синтоистским обычаем.

Сегодня сохранился обычай символически изображать то, как мальчика собираются принести в жертву, а затем освобождают: существует деревянный столб, называемый «оние-башира», что означает «жертвенный столб».

Японские религиозные священники «ямабуши» накладывают черные маленькие коробочки (токин) на лоб точно так же, как евреи — тфилин. Этот обычай существовал в Японии гораздо раньше, чем буддизм распространился по стране (XVII в.). Размер токина практически тот же, что и у еврейского тфилина. Единственное различие — в форме: если еврейский тфилин — квадратный, то японский токин — круглый.

У ямабуши есть в арсенале еще одна вещь: большая морская раковина, которую он использует как горн. Этот горн напоминает еврейский шофар из рога барана. Даже звуки, издаваемые обоими инструментами, похожи друг на друга.

Ямабуши с токином

В Японии существует легенда о «Тенгу», легендарном существе, обладающем сверхъестественными возможностями. Суть легенды: ниндзя, выполняя волю своего господина, идет искать Тенгу в горы, чтобы получить такие же возможности. Тенгу не только наделяет ниндзю особыми силами, но и дает ему «тора-но-маки» («свиток тора»). Этот «свиток тора» дается ниндзе как очень ценная, почти волшебная книга, способная помочь в любой ситуации. Фраза «тора-но-маки» стала японской идиомой и широко используется по сей день.

Платья израильского и японского священников похожи друг на друга. Марвин Токайер, раввин, проживший в Японии 10 лет, писал: «Льняные платья, которые носят японские синтоистские священники, имеют ту же форму, что и льняные платья древних израильских священников».

Своим строением японский синтоистский храм напоминает древнеизраильский Шатер Откровения — переносной храм. Тот состоял из двух частей. Первая — Святилище, вторая — Святая Святых. Японский синтоистский храм также делится на две части. Внутреннее устройство японского храма сходно с устройством еврейского переносного храма. Только синтоистские священники или особые люди имеют право входить в Святилище. В Святая Святых японских храмов священники заходят только во время особых праздников.

Напротив японского храма обычно находятся две статуи льва, известные как «комаину». Они сидят по обе стороны от входа и играют роль охранников храма. Такая же традиция была и в Древнем Израиле. В Храме Всевышнего в Израиле и во дворце царя Соломона были статуи львов (Млахим (3-я книга Царств) 7:36, 10:19). В Древней Японии вообще не водились львы. Тем не менее в японских храмах изображения львов имеются с давних времен.

У японцев есть традиция использовать соль для очищения и освящения чего-либо. Иногда люди насыпают соль после присутствия рядом неприятного человека. Возможно, такая же традиция была и у древних израильтян. Например, когда Авимелех разрушил Сихем, он «засеял его солью». (Шофтим (Книга Судей) 9:45).

Хотя синтоизм является политеистической религией, Кубо считает, есть основания полагать, что когда-то синтоисты также верили в Яхве. Самым первым синтоистским богом считается «Аменоминакануши-но-ками». Японцы верят, что он был рожден прежде всех богов, жил в центре вселенной, не имел формы, был бессмертен и, являясь невидимым создателем вселенной, являлся единым богом.

Колоссальная географическая распространенность тех или иных форм иудаизма наталкивает на определенные выводы: либо евреи-иудеи являются родоначальниками чуть ли не всего человечества, либо иудейского народа никогда не существовало, а иудеями назывались приверженцы веры Авраама (протоверы), к какому бы роду-племени они ни принадлежали.

В связи с этим вспоминаются слова раввина Адина Штейнзальца, современного иудейского богослова, духовного наставника евреев России: «Еврейство — не национальность. Это — метафорическая сущность людей, несущих определенную миссию, призванных стать инструментом для исполнения и реализации Божественного замысла» (журнал «Эксодус», 2003 г.).

Проблему существующего определения еврейства по материнской линии Адин Штейнзальц решает с помощью сравнения иудеев с дворянами. Дворянство бывало и бывает потомственным и пожалованным за какие-либо заслуги. Еврейство идет теми же путями. Одни евреи определяются по материнской линии, другие проходят обряд посвящения — гиюр.

По нашему мнению, сравнение евреев с дворянами имеет глубокий исторический смысл, и А. Штейнзальц, возможно, и не подозревает, насколько он прав.

ПОВЕРКА АЛГЕБРОЙ ИСТОРИИ

Новый этап в критическом осмыслении традиционной истории и хронологии начался сравнительно недавно, когда московский математик, ученый с мировым именем, А. Т. Фоменко вместе с соратниками и последователями, как в России, так и в США, Канаде, Германии, вернул хронологию в область математических наук. «Новые хронологи» вскрыли закономерности дрейфа реальной истории в прошлое и ее расслоения на выдуманные эпохи, царства и империи и наметили пути «ремонта» хронологической системы путем ее радикального укорочения.

Об этом следует сказать подробнее, поскольку именно работы Фоменко и его последователей позволяют определить, когда в действительности существовала империя евреев и что она собой представляла. А. Фоменко начал с проверки древних звездных каталогов, ибо на их основе датированы многие события, якобы происшедшие в древности. Был разработан новый метод датировки каталогов. Затем этот метод применен для датировки знаменитого звездного каталога Птолемея из его книги «Альмагест». Выяснилось, что «Альмагест», скорее всего, был составлен в интервале 600–1300 годов н.э., а не во II веке н.э., как предполагает традиционная история.

Считается, что Птолемей был не только величайшим, но и фактически последним астрономом древности. После него в астрономии вроде бы на-

Обложка книги
А.Т. Фоменко
и Г.В. Носовского

ступил «мрак» более чем на пять столетий. Искусство наблюдения упало до такой степени, что за восемь с половиной веков, отделяющих Птолемея от Альбатения, почти не производилось наблюдений, имеющих научную ценность. Так, во всяком случае, считает ученый А. Берри в «Краткой истории астрономии». Затем интерес к астрономии снова возник у арабов уже в VIII—IX веке н.э., которые перевели «Альмагест», построили обсерватории и произвели множество наблюдений. Самые ранние (известные сегодня) рукописи «Альмагеста» датируются приблизительно IX веке н.э. (арабский перевод).

В недавней книге американского астронома Р. Ньютона «Преступление Клавдия Птолемея» Птолемей объявлен «самым удачливым обманщиком в истории науки». Этот вывод Р. Ньютон делает на основе тщательного анализа цифрового материала, содержащегося в «Альмагесте», однако при этом не ставит под сомнение общепринятую дату составления «Альмагеста».

По другому пути пошли новые хронологи. Суть их работы по «Амальгесту» сводится к следующему. Хорошо известно, что некоторые звезды со временем перемещаются по небосводу. Среди движущихся звезд есть и заметные, яркие, знаменитые звезды, например, Арктур. Следовательно, с течением времени координаты звезд изменяются. Это изменение и можно положить в основу метода датирования.

Возьмем современный звездный каталог, фиксирующий положения видимых звезд в нашу эпоху. Рассмотрим какой-либо прошедший год и найдем (при помощи компьютера) точные значения координат движущихся звезд на рассматриваемый год. Такой расчет делается с большой точностью с использованием современной астрометрии и известных величин собственных движений звезд (эти скорости вычислены сегодня с высокой точностью). Сравним найденные координаты с координатами, записанными в каталоге. Те годы, когда между указанными координатами будет наилучшее согласие, и являются возможными датами составления каталога. Итак, суть работы заключается в сопоставлении истинных координат и координат звезд из каталога «Альмагеста». Именно здесь кроются основные трудности. Каковы они?

Координаты звезд из «Альмагеста» содержат ошибки, и часто весьма значительные. Цена деления каталога составляет 10 дуговых минут, но его реальная точность ниже. Чтобы получить представление о том, много это или мало, скажем, что некоторые звезды проходят такое расстояние за 350—400 лет. Таким образом, трудно надеяться получить дату составления каталога с точностью до 100 или даже 200 лет.

В своих исследованиях ученые взяли каталог в том виде, в котором он приведен в фундаментальной работе Петерса и Кнобеля. И в результате расчетов найден интервал возможных датировок звездного каталога «Альмагеста» — от 600 года до 1300 года н.э.

Доказано, что вне этого интервала абсолютные широтные неувязки именных звезд «Альмагеста» (из указанной «хорошо измеренной области неба») не могут быть менее 10 минут. Ранее 200 года н.э. максимальная широтная неувязка хорошо измеренных звезд не может быть меньше 35 дуговых минут, что делает гипотезу о составлении каталога в эпоху ранее 200 года н.э. невероятной.

Метод датировки был проверен на нескольких достоверно датированных средневековых каталогах (Улугбек, Тихо Браге и др.), а также на ряде искусственно составленных звездных каталогов. Эффективность метода полностью подтвердилась: полученные с его помощью даты практически совпали с достоверно известными датами составления указанных каталогов.

Есть у «Альмагеста» странные особенности. Первая звезда каталога — Полярная. Но это никак не объясняется астрономической обстановкой II века н.э. Ведь тогда в полюсе была другая звезда. Все прекрасно сходится в том случае, если наблюдения производились в X—XVI веках н.э. Включена в каталог звезда Ахернар, заведомо невидимая в Александрии (место наблюдения, по «Альмагесту») во II в. н.э., но видимая уже в XV—XVI веках Вторая странность — использование в «Альмагесте» дюреровских рисунков созвездий (звездных карт), гравированных только в 1515 г. (дело в том, что многие звезды в каталоге локализованы на карте относительно этих фигур: «в ноге Пегаса» и т.п.).

Каждый из этих фактов может быть самостоятельно объяснен, но их совокупность указывает на то, что, скорее всего, «Альмагест» — книга, написанная в X—XVI веке н.э.

Еще одно исследование связано с новой звездой, вспыхнувшей на востоке, согласно Евангелиям и церковному преданию, в год Рождества Христова. А через 31 год, в год Воскресения, произошло полное солнечное затмение. Церковные источники ясно говорят именно о солнечном затмении в связи с Воскресением Христа.

Отметим, что солнечное затмение в данной местности, а тем более полное солнечное затмение — исключительно редкое событие. Дело в том, что солнечные затмения хотя и случаются каждый год, но видны только в узкой полосе траектории лунной тени на Земле — в отличие от лунных затмений, которые видны одновременно с половины территории земного шара.

Библейская наука XVIII—XIX веков, не обнаружив, естественно, евангельского солнечного затмения в Палестине начала нашей эры, переделала его в лунное. Это, правда, все равно не помогло — подходящего в точности лунного затмения тоже не нашли.

Оказывается, такая пара редчайших астрономических событий — вспышка новой звезды и через 31 год полное солнечное затмение в Средиземноморье — действительно имела место, но только не в первом, а в XI веке н.э.! Это — знаменитая вспышка новой звезды в 1054 году и полное солнечное затмение 16 февраля 1086 года. Полоса тени солнечного затмения прошла через Италию и Византию.

Любопытно, что следы упоминаний о Христе в средневековых хрониках, относящиеся именно к XI веку, сохранились до нашего времени. Например, в Хронографе 1680 года сообщается, что папу Льва IX (1049—1054) посещал сам Христос: «Повествуется, яко Христос, в образе нищего, посещал его (Льва IX) в ложнице». Как обнаружил А. Фоменко, параллели с Евангелиями имеются в жизнеописании папы Григория VII (умер в 1085 г.).

А. Фоменко показал также, что в качестве 1 года по Р. X. во многих хрониках подразумевается 1054 год н.э. (так называемый «основной сдвиг на 1053 года в хронологии») Это значит, что средневековые хронисты часто датировали Рождество Христово именно 1054 (или 1053) годом.

Кстати говоря, начало Первого крестового похода «за освобождение Гроба Господня» датируется 1096 годом. С другой стороны, средневековые церковные источники («Сказание о страсти Спасове», «Письмо Пилата к Тиверию»), которые, как правило, более подробно, чем Евангелия, описывают события, связанные с Христом, утверждают, что сразу после Воскресения Христа Пилат был вызван в Рим и там казнен, а войско кесаря было послано на Иерусалим и захватило его. Сегодня такие утверждения считаются средневековыми домыслами, поскольку в хронологии Скалигера ни о каком походе римлян на Иерусалим в 30-х годах I века н.э. не упоминается. Однако если Воскресение Христа датируется концом XI века, это утверждение средневековых источников приобретает буквальный смысл: оно имеет в виду Первый крестовый поход, в ходе которого был взят Иерусалим.

Ученым и его последователями обнаружено, что практически вся часть современной версии истории, расположенная ранее 900 года н.э., состоит из дубликатов, «оригиналы» которых находятся во временном интервале 900—1600 годов. н.э. В частности, каждое событие, описанное в современном учебнике как произошедшее ранее 900 года н.э., на деле является суммой нескольких (в основном двух, трех, четырех) более поздних событий. Другими словами, это — слоистая хроника, склеенная из четырех сдвинутых друг относительно друга кусков, практически тождественных между собой.

А. Фоменко провел следующее исследование. Если взять биографию любого человека и записать даты основных событий его жизни, принимая день рождения за 0, то получится определенный ряд чисел:

 0 — рождение,
12 — тяжелая болезнь,
22 — женитьба,
27 — война,
29 — рождение сына — наследника
.........и так далее.

Получившийся ряд имеет интересное свойство — неповторимость. При достаточно большом количестве дат вероятность совпадения двух биографий практически равна нулю. В компьютер были введены династические данные многих королевских семей как Европы, так и Азии. Результаты сравнения оказались ошеломляющими. Биографии совпадали, когда речь шла о правителях, живших ранее XVII века. После XVII века совпадения не наблюдались.

Это заставило Фоменко и его соратников снова и снова проверять методику и выводы, но ошибки не было. Например, биографии всех китайских императоров ранее XVII века с невероятной точностью дублируют биографии средневековых европейских правителей.

Помимо дублирования одних и тех же героев под разными именами, обнаружились гигантские сдвиги во времени описываемых событий. Среди наиболее выразительных примеров —

многочисленные совпадения числовых характеристик биографий египетских фараонов и императоров Священной Римской империи. Анализируя на компьютере сочинения римского историка Иосифа Флавия, а это один из классиков, труды которого описывают солидные периоды истории как Израиля, так и Древнего Рима, ученые обнаружили, что, с точки зрения неумолимого компьютера, это просто пересказ Ветхого Завета с подтасовкой имен и географии событий. Или, наоборот, Ветхий Завет был заимствован у Флавия. С той лишь разницей, что в Ветхом Завете речь идет об иудейских царях, а Флавий пишет о римских императорах.

Излишне говорить, что столь кардинальные выводы, сделанные А. Фоменко и его соратниками, встречены яростной критикой. Историки-традиционалисты отвергают их и в целом, и в деталях. При этом, однако, пока ни в одной критической статье нет достаточно веских аргументов, способных опровергнуть математическую и астрономическую части трудов «новых хронологов». С математикой спорить невозможно, поэтому критика сводится к следующим тезисам: «не может быть, чтобы столько ученых прошлого так ошибались», «нельзя лишать человечество его истории», «есть методы, опровергающие Фоменко».

На последнем тезисе стоит остановиться особо. Речь идет о методах, разработанных как сравнительно давно, так и совсем недавно и получивших в свое время довольно широкую рекламу. В частности, об археологических датировках источников и памятников.

Вот вкратце основы археологической датировки. Например, в египетских могилах 18-й и 19-й династий обнаружены греческие сосуды микенской культуры. В результате эти династии и эта культура считаются археологами одновременными. Затем такие же сосуды (или похожие) были найдены в Микенах вместе с необычными застежками, напоминающими булавки. Булавки, сходные с микенскими, обнаружены в Германии, рядом с урнами. Похожая урна найдена близ Фангера, а в этой урне — булавка нового вида. Похожая булавка найдена в Швеции, в т.н. «кургане короля Бьерна». В результате этот курган был датирован временем 18—19-й династий Египта. При этом обнаружилось, что курган Бьерна «никак не мог относиться к королю викингов Бьерну, а был воздвигнут на добрых две тысячи лет раньше».

Здесь не ясно, что понимать под похожестью находок, поэтому вся эта методика (равно как и аналогичные ей) покоится на безраздельном субъективизме и (самое главное!) на известной хронологии. Вновь находимые предметы (сосуды и т.д.) сравниваются с похожими находками, датированными ранее на основе сомнительной традиции Скалигера. Изменение же хронологической шкалы автоматически меняет и хронологию новых археологических находок.

Ярким примером проблем, возникающих при датировании археологического материала, являются раскопки Помпеи. Автор XV века Джакоб Саннацар писал: «Мы подходили к городу (Помпее), и уже виднелись его башни, дома, театры и храмы, не тронутые веками».

Но ведь Помпея считается разрушенной и засыпанной извержением 79 года н.э. Поэтому археологи вынуждены расценивать слова Саннацара так: «В XV веке некоторые из зданий Помпеи выступали уже выше наносов».

Считается, следовательно, что потом Помпею снова занесло землей, так как только в 1748 году наткнулись на остатки Помпеи (Геркуланум открыли в 1711 году).

Раскопки велись варварски. Археологи пишут: «Теперь трудно определить размеры вреда, принесенного вандализмом того времени... Если рисунок кому-то казался не слишком красивым, его разбивали на куски и выбрасывали как мусор... Когда находили какую-нибудь мраморную таблицу с бронзовой надписью, срывали отдельные буквы и бросали их в корзину... Из фрагментов скульптур фабриковали для туристов сувениры, нередко с изображением святых».

Не исключено, что некоторые из этих «фальшивок» были настоящими подлинниками. Но только не вписывавшимися в уже принятую хронологию.

В XX веке археологи и историки обратили внимание на странный процесс: подавляющее большинство древних памятников за последние 200—300 лет, т.е. начиная с того момента, когда за ними стали вестись непрерывные наблюдения, почему-то стали разрушаться сильнее, чем за предыдущие столетия и даже тысячелетия. Вот типичная заметка, опубликованная в газете в октябре 1981 года:

«СФИНКС В БЕДЕ. Почти пять тысяч лет непоколебимо выстояло изваяние знаменитого сфинкса в Гизе (Египет). Однако теперь загрязнение окружающей среды отрицательно сказалось на его сохранности. Сфинкс оказался в бедственном положении. От изваяния отломился большой кусок (лапа). Причиной тому послужили повышенная влажность, засоление почвы и главным образом скопление в местности, где находится сфинкс, сточных вод, не подвергающихся никакой очистке».

Обычно ссылаются на «современную промышленность», но никто не проводил широкого исследования, чтобы оценить влияние «современной цивилизации» на каменные строения. Возникает естественное предположение: все эти постройки совсем не такие древние, как это утверждает традиционная хронология, и разрушаются они естественным порядком и с естественной скоростью.

Одним из современных методов, претендующих на независимые датировки исторических памятников, является *дендрохронологический*. Его идея довольно проста. Она основана на том, что древесные кольца нарастают неравномерно по годам. Считается, что график толщины годовых колец примерно одинаков у деревьев одной породы, растущих в одних и тех же местах и условиях.

Чтобы применить такой метод для датировки, необходимо сначала построить эталонный график толщины годовых колец данной породы деревьев на протяжении достаточно длительного исторического периода. Такой график назовем дендрохронологической шкалой. Если такая шкала построена, то с ее помощью можно датировать некоторые археологические находки, содержащие куски бревен. Надо определить породу дерева, сделать спил, замерить толщины колец, построить график и постараться найти на дендрохронологической эталонной шкале отрезок с таким же графиком. При этом должен быть исследован вопрос — какими отклонениями сравниваемых графиков можно пренебречь.

Однако дендрохронологические шкалы в Европе протянуты вниз только на несколько столетий, что не позволяет датировать античные сооружения. Ведь древние деревья в европейских лесах насчитывают всего 300—400 лет от роду. К тому же древесину лиственных пород изучать трудно. Крайне неохотно рассказывают о прошлом ее расплывчатые кольца. Доброкачественного археологического материала, вопреки ожиданиям, оказалось недостаточно.

В лучшем положении американская дендрохронология (пихта Дугласа, высокогорная и желтая сосна), но этот регион удален от Европы. Кроме того, всегда остается много не учитываемых факторов: местные климатические условия данного периода, состав почв, колебания местной увлажненности, рельеф местности — все это существенно меняет графики толщины колец. Важно и то, что построение дендрохронологических шкал было выполнено на основе уже существовавшей неправильной хронологии. Поэтому изменение хронологии документов изменяет и эти шкалы.

В 1994 году была проведена специальная конференция по данной проблеме. На ней американский профессор Peter Ian Kuniholm выступил с докладом о современном состоянии дендрохронологии и доказал, что ни одна из методик не может дать ясную и непрерывную картину датировок от нашего времени далее X века новой эры. То есть они пригодны только на тысячу лет. Причем и в этом случае они сомнительны, поскольку сами привязаны к оси времени лишь на основании хронологии Скалигера.

Какие-то отдельные бревна все же были датированы с учетом этой традиционной хронологии. Например, одно из бревен гробницы фараона. Исследователи отнесли его к одному из тысячелетий до новой эры. Находя затем другие бревна, они пытались хронологически привязать их к уже датированному бревну. Иногда это удавалось. В результате вокруг первоначальной датировки возникал отрезок дендрохронологической шкалы. Относительная датировка различных находок внутри этого отрезка, возможно, правильна. Однако их абсолютная датировка, то есть привязка всего этого отрезка к оси времени, ошибочна. Потому что неверна первая датировка, сделанная по уже построенной хронологии.

Были многократные попытки определить абсолютный возраст того или иного памятника *по скорости осадконакопления*. Они оказались безуспешными. Исследования в этом направлении велись одновременно во многих странах, но в результате, вопреки ожиданиям, стало очевидным, что даже одинаковые породы в сходных природных условиях могут накапливаться и выветриваться с самой различной скоростью и установить какие-либо точные закономерности этих процессов почти невозможно. Например, из древних письменных источников известно, что египетский фараон Рамзес II царствовал около 3000 лет назад. Здания, которые были при нем возведены, сейчас погребены под трехметровой толщей песка. Значит, за тысячелетие здесь отлагался приблизительно метровый слой песчаных наносов. В то же время в некоторых областях Европы за тысячу лет накапливается всего 3 сантиметра осадков. Зато в устьях лиманов на юге Украины такое же количество осадков отлагается ежегодно.

Поиск адекватной методики продолжается. В пределах 300 тысяч лет действуют *радий-урановый* и *радий-актиниевый* методы. Они удобны для датировки геологических образований в тех случаях, когда требуемая точность не превышает 4—10 тысяч лет. Для целей исторической хронологии эти методы, к сожалению, пока практически ничего дать не могут.

Наиболее популярным является *радиоуглеродный* метод, претендующий на независимое датирование античных памятников. Однако по мере накопления радиоуглеродных дат вскрылись серьезнейшие трудности применения метода, в частности, пришлось задуматься еще над одной проблемой: интенсивность излучений, пронизывающих атмосферу, изменяется в зависимости от многих космических причин, стало быть, количество образующегося радиоактивного изотопа углерода должно колебаться во времени. Необходимо найти способ, который позволял бы их учитывать. Кроме того, в атмосферу непрерывно выбрасывается огромное количество углерода, образовавшегося за счет сжигания древесного топлива, каменного угля, нефти, торфа, горючих сланцев и продуктов их переработки. Какое влияние оказывает этот источник атмосферного углерода на повышение содержания радиоактивного изотопа?

Для того чтобы добиться определения истинного возраста, придется рассчитывать сложные поправки, отражающие изменение состава атмосферы на протяжении последнего тысячелетия. Эти неясности наряду с некоторыми затруднениями технического характера породили сомнения в точности многих определений, выполненных углеродным методом.

Автор методики У. Ф. Либби (не будучи историком) был абсолютно уверен в правильности общепринятых датировок, и именно на них он опирался в своих работах. Однако археолог Владимир Милойчич убедительно показал, что этот метод в его нынешнем состоянии дает хаотичные ошибки до 1000—2000 лет и в своей «независимой» датировке древних образцов рабски следует за предлагаемой историками датировкой, а потому невозможно говорить, что он «подтверждает» ее.

Приведем некоторые поучительные подробности. У. Ф. Либби писал: «У нас не было расхождения с историками относительно Древнего Рима и Древнего Египта. Мы не проводили многочисленных определений по этой эпохе, так как, в общем, ее хронология известна археологии лучше, чем могли установить ее мы, и, предоставляя в наше распоряжение образцы (которые, кстати, уничтожаются, сжигаются в процессе радиоуглеродного измерения), археологи скорее оказывали нам услугу».

Это признание Либби многозначительно, поскольку трудности традиционной хронологии обнаружены именно для тех регионов и эпох, по которым, как сообщает Либби, «многочисленных определений не проводилось». С тем же небольшим числом контрольных замеров (по античности), которые все-таки были проведены, ситуация такова: при радиоуглеродном датировании, например, коллекции Дж. Х. Брэстеда (Египет), «вдруг обнаружилось, — сообщает Либби, — что третий объект, который мы подвергли анализу, оказался современным! Это была одна из находок,[...] которая считалась[...] принадлежащей династии (т.е. 2563—2423 гг. до н.э., — около 4 тысяч лет тому назад)». Да, это был тяжелый удар. Впрочем, выход был тут же найден: объект был объявлен подлогом, поскольку ни у кого не возникло мысли усомниться в правильности известной хронологии Древнего Египта.

Отсутствие (как признает и Либби) обширной контрольной статистики, да еще при наличии отмеченных выше многотысячелетних расхождений в датировках, ставит под вопрос возможность применения метода в датировке исторических событий. Другое дело — геология, где ошибки в несколько тысяч лет несущественны.

У. Ф. Либби писал: «Однако мы не ощущали недостатка в материалах эпохи, отстоящей от нас на 3700 лет, на которых можно было бы проверить точность и надежность метода [...] Знакомые мне историки готовы поручиться за точность в пределах последних 3750 лет, однако, когда речь заходит о более древних событиях, их уверенность пропадает».

Другими словами, радиоуглеродный метод широко был применен там, где полученные результаты трудно (а практически невозможно) проверить другими независимыми методами.

Некоторые археологи, не сомневаясь в научности принципов радиоуглеродного метода, высказали предположение, что в самом методе таится возможность значительных ошибок, вызываемых еще неизвестными эффектами. Но, может быть, эти ошибки все-таки невелики и не препятствуют хотя бы грубой датировке (в интервале 2—3 тысяч лет «вниз» от нашего времени)? Однако оказывается, что положение более серьезное. Ошибки слишком велики и хаотичны. Они могут достигать величины в 1—2 тысячи лет при датировке предметов нашего времени и средних веков.

В 1984 году на двух симпозиумах, в Эдинбурге и Стокгольме, развернулась дискуссия вокруг радиоуглеродного метода. В Эдинбурге были приведены примеры сотен анализов, в которых ошибки датировок простирались в диапазоне от 600 до 1800 лет. В Стокгольме ученые сетовали, что радиоуглеродный метод почему-то особенно искажает историю Древнего Египта в эпоху, отстоящую от нас на 4000 лет. Есть и другие случаи, например, по истории балканских цивилизаций... Специалисты в один голос заявили, что радиоуглеродный метод до сих пор сомнителен потому, что он лишен калибровки. Без этого он неприемлем, ибо не дает истинных дат в календарной шкале.

Радиоуглеродные даты внесли, как пишет Л. С. Клейн, «растерянность в ряды археологов. Одни с характерным преклонением[...] приняли указания физиков[...] Эти археологи поспешили перестроить хронологические схемы. Первым из археологов против радиоуглеродного метода выступил Владимир Милойчич... который... не только обрушился на практическое применение радиоуглеродных датировок, но и... подверг жестокой критике сами теоретические предпосылки физического метода... Сопоставляя индивидуальные измерения современных образцов со средней цифрой — эталоном, Милойчич обосновывает свой скепсис серией блестящих парадоксов.

Раковина живущего американского моллюска с радиоактивностью 13,8, если сравнивать ее со средней цифрой как абсолютной нормой (15,3), оказывается уже сегодня (переводя на годы) в солидном возрасте — ей около 1200 лет! Цветущая дикая роза из Северной Африки (радиоактивность 14,7) для физиков «мертва» уже 360 лет... а австралийский эвкалипт, чья радиоактивность 16,31, для них еще «не существует» — он только будет существовать через 600 лет. Раковина из Флориды, у которой зафиксировано 17,4 распада в минуту на грамм углерода, «возникнет» лишь через 1080 лет...

Но так как и в прошлом радиоактивность не была распространена равномернее, чем сейчас, то аналогичные колебания и ошибки следует признать возможными и для древних объектов. Вот наглядные факты: радиоуглеродная датировка в Гей-

дельберге образца от средневекового алтаря... показала, что дерево, употребленное для починки алтаря, еще вовсе не росло!...
В пещере Вельт (Иран) нижележащие слои датированы 6054 (плюс-минус 415) и 6595 (плюс-минус 500) годами до н.э., а вышележащий — 8610 (плюс-минус 610) годом до н.э. Таким образом... получается обратная последовательность слоев и вышележащий оказывается на 2556 лет старше нижележащего! И подобным примерам нет числа.

Живых моллюсков датировали, используя радиоуглеродный метод. Результаты анализа показали их возраст: якобы 2300 лет. Эти данные опубликованы в журнале «Science» в 1959 году. Ошибка — в две тысячи триста лет.

В журнале «Nature» (март 1970 г.) сообщается, что исследование на содержание углерода-14 было проведено для органического материала из строительного раствора английского замка. Известно, что замок был построен 738 лет назад. Однако радиоуглеродное «датирование» дало «возраст» — якобы 7370 лет. Ошибка — в шесть с половиной тысяч лет.

Только что отстрелянных тюленей «датировали» по содержанию углерода-14. Их «возраст» определили в 1300 лет! А мумифицированные трупы тюленей, умерших всего 30 лет тому назад, были «датированы» как имеющие возраст 4600 лет. Эти результаты были опубликованы в «Antarctic Journal of the United States» (1971 г.).

Л.С. Клейн продолжает: «Милойчич призывает отказаться, наконец, от «критического» редактирования результатов радиоуглеродных измерений физиками и их «заказчиками» — археологами, отменить «критическую» цензуру при издании результатов. Физиков Милойчич просит не отсеивать даты, которые почему-то кажутся невероятными археологам, публиковать все результаты, все измерения без отбора».

Археологов Милойчич уговаривает покончить с традицией предварительного ознакомления физиков с примерным возрастом находки (перед ее радиоуглеродным определением) — не давать им никаких сведений о находке, пока они не опубликуют своих цифр. Иначе невозможно установить, сколько же радиоуглеродных дат совпадает с достоверными историческими, т.е. невозможно определить степень достоверности метода. Кроме того, при таком редактировании на самих итогах датировки — на облике полученной хронологической схемы — сказываются субъективные взгляды исследователей.

В 1988 году большой резонанс получило сообщение о радиоуглеродной датировке знаменитой христианской святыни — Туринской плащаницы. Согласно традиционной версии, этот кусок ткани хранит на себе следы тела распятого Христа (I в. н.э.), то есть возраст ткани якобы около двух тысяч лет. Однако радиоуглеродное датирование дало совсем другую дату: примерно XI—XIII века н.э. В чем дело? Естественно, напрашиваются выводы:

— либо Туринская плащаница — фальсификат;

— либо ошибки радиоуглеродного датирования могут достигать многих сотен или даже тысяч лет;

— либо Туринская плащаница — подлинник, но датируемый не I веком н.э., а XI—XIII веками н.э. (но тогда возникает уже другой вопрос — в каком веке жил Христос?).

Есть и другие физические методы датировки. К сожалению, сфера их применения существенно уже, чем радиоуглеродного метода, и точность их также неудовлетворительна (для интересующих нас исторических эпох). Еще в начале прошлого века, например, предлагалось измерять *возраст зданий по их усадке или деформации колонн*. Эта идея не воплощена в жизнь, поскольку абсолютно неясно, как калибровать этот метод и как реально оценить скорость усадки и деформации.

Для датировки керамики было предложено два метода: *археомагнитный* и *термолюминесцентный*. Однако и здесь свои трудности калибровки, по многим причинам археологические датировки этими методами, скажем, в Восточной Европе, также ограничиваются Средневековьем.

Выводы новой хронологии таковы: подавляющая масса дошедших до нашего времени исторических свидетельств описывает события, происшедшие после 1200 года новой эры. Очень немногое сохранилось от X—XII веков. Этот отрезок письменной истории в значительной степени сфальсифицирован.

История Евразии до XVI века как бы склеена из нескольких повторяющихся исходных средневековых хроник, сдвинутых относительно друг друга во времени и пространстве. С высокой степенью достоверности сторонникам новой хронологии удалось выделить три временных сдвига в прошлое исходных европейских хроник. «Древнегреческий» (он же «древнееврейский») сдвиг произошел примерно на 1800 лет. То есть события, к примеру, XIV века оказались отнесенными в традиционной историографии более чем на тысячу лет назад. Общеевропейский, «христианский» или «римский» сдвиг произошел на 1050 лет, то есть Рождество Христово отнесено более чем на тысячу лет назад. И, наконец, «византийский» сдвиг примерно на 300 лет: фантомный перенос столицы Римской империи в Константинополь.

Основной результат работы А. Фоменко и его коллег — создание глобальной хронологической карты. На ее базе разработана оригинальная концепция реконструкции всемирной истории. В последнее время она находит поддержку и подтверждение в трудах болгарского профессора И. Табова, немецких профессоров Х. Иллига (Heribert Illig) и Г. Хайнсона (Gunnar Heinsohn), французского историка Р. Каратини (Robert Caratini) и др.

Одновременно французский лингвист Э. Бенвенист (Emile Benveniste) разработал строго научный метод «слово—понятие—вещь», позволивший ему доказать единство процесса развития языковой и социальной культуры на всем географическом пространстве Евразии во временном промежутке примерно 2500 лет.

Период дохристианский, отодвигаемый традиционной хронологией в глубь веков, на самом деле отстоит от нас на каких-нибудь тысячу лет. Он рядом, и именно оттуда все наши сегодняшние достижения, основы нашего материального и культурного бытия. Время, называемое сторонниками традиционной хронологии «темными веками», столетиями варварства, то есть разгула дикости и одичания, после якобы золотого века сочиненной Античности, на самом деле — время медленного поступательного движения вперед, накопления знаний, опыта, мучительных, но плодотворных духовных поисков человечества.

ПРИСТУПАЯ К РАССЛЕДОВАНИЮ...

Мы определяем книгу как историческое расследование. Историческое расследование на тему «Была ли средневековая Империя евреев?». Как и любое расследование, она будет подчиняться не законам истории, а законам логики и дедукции. Начнем.

При проведении исторического расследования, впрочем, как и при любом расследовании, необходимо определить объект изучения, среду его обитания, мотивацию поведения и собрать улики, доказывающие версию, предложенную следователем. При отсутствии прямых улик используются косвенные, к коим относятся рассказы очевидцев и свидетелей, причем зачастую противоречивые и субъективные, а также различные свидетельства и факты, напрямую к объектам не относящиеся, но позволяющие собрать, как из пазлов, картину ситуации, в которой происходило расследуемое действие или пребывал исследуемый объект. Далее следователь, наделенный, если он наделен, достаточно аналитическим умом и необходимыми знаниями, пытается воссоздать более-менее достоверную картину происшедшего и определить место, которое занимал объект его расследования в воссоздаваемой череде событий. Некорректно мыслящие или предвзятые следователи часто используют систему аналогий: такое уже было, и мой случай похож на тот, который расследовал до меня мэтр Имярек, поэтому я считаю, что это одно и то же. Не менее часто применяется термин «да это и так всем известно...», что тоже говорит о притягивании фактов за уши. Последняя уловка ленивого следователя — подгонка фактов под свою версию или версию, угодную начальству. Мы постараемся избежать всего этого по ряду причин. Во-первых, над нами нет начальства, во-вторых, у нас отсутствует фактор неумолимого времени, в-третьих, на нас не давят родные и друзья расследуемого.

Поэтому займемся своей работой по возможности объективно и добросовестно, стараясь использовать весь тот набор фактов и доказательств, который оставило нам время, как в рассказах и воспоминаниях любого вида, пусть то даже любовный экспромт в альбоме девушки, так и в сухих текстах счетов и доносов. Привлечем красочные полотна живописцев и тусклые лики икон. Заглянем в точные ряды формул химиков и математиков и в странные письмена алхимиков и астрологов. Попытаемся понять скрытый философский смысл мифов и религиозных тестов, расшифровать баллады и сказки, ибо многие из них являются криптограммами своего времени. У нас сохранился огромный массив улик. От величественных зданий и монументов, технология и архитектура строительства которых — сама по себе улика, до крошечных сережек модницы или прозрачного кубка прожигателя жизни. Монеты, ростовщические расписки, оружие и амуниция. Традиции и обряды. Культы и религии. Все это — наши улики. Надо просто добросовестно разложить их по полочкам, скинув с плеч груз исторической науки и принятых всеми толкований. А это гораздо тяжелее, чем нести его на своих плечах.

Начать придется с необходимого отступления.

НЕОБХОДИМОЕ ОТСТУПЛЕНИЕ

Определимся в отношении некоторых аспектов управления Империей, допуская факт ее существования, и ответим на некоторые вопросы, которые помогут нам в расследовании.

Например, вопрос: как управлять Ойкуменой?

Попытка воссоздать систему управления беспрецедентным геополитическим образованием, каким являлась Великая империя, сталкивается с целым рядом почти непреодолимых трудностей. К числу основных следует отнести:

а) практически полное отсутствие надежно датируемых источников ранее XVII века;

б) сознательное искажение информации о своем ближайшем прошлом историографами XVII–XVIII веков во всех странах.

Тем не менее положение не является таким уж безнадежным.

Во-первых, базовые принципы государственного управления хорошо известны из позднейшей истории и из современных наук об управлении государством. Надо лишь экстраполировать их на государственное образование, стремившееся к имперскому владычеству над Ойкуменой, и тщательно учесть все различия, из такого стремления вытекающие.

Во-вторых, информация о прошлом сохраняется и в поздних, и даже в тенденциозно отредактированных источниках. Методика выявления такой информации хорошо известна в источниковедении. Например, если установлена тенденциозность источника, приверженность его автора-редактора-компилятора определенной политической линии, то сведения, этой линии противоречащие, с большой вероятностью находятся ближе к фактологии реальных событий, чем сведения, «генеральной линии» соответствующие.

Однако, прежде чем формулировать теоретические предпосылки управления Империей, полезно разобраться со значениями основных используемых терминов. Это, во-первых, позволит избежать неоднозначности в толковании тех или иных понятий в различных документах и в разные эпохи, а во-вторых, может дать ключ к пониманию существа явлений, за этими понятиями скрывающихся.

Начнем с понятия, уже использованного несколько раз в нашем расследовании.

ИМПЕРИЯ. Это слово закрепилось в русском языке достаточно поздно, при Петре I. М. Фасмер отмечает появление этого слова у Шафирова, а производного от «империи» слова «император» — у Феофана Прокоповича, то есть в начале XVIII века.

В более ранних документах термин «империя» также встречается, но во всех таких случаях имеется в виду что-то постороннее, существующее за пределами Руси, — либо это Священная Римская империя, либо это Византийская империя (как полагают комментаторы этих документов, так как из самих документов подобные локализации, как правило, не следуют).

В нашем расследовании мы будем употреблять это слово для обозначения социально-властного (государственного) образования, имеющего целью, в отличие от национального государства, неограниченную экспансию и контроль над всем обитаемым миром (Ойкуменой).

ГОСУДАРЬ, ГОСУДАРСТВО. Словарь Фасмера выводит слово «государь» из русского слова «господарь», а слово «господарь» — из слова «Господь». Смысл прозрачен. Имеется в виду государство, как владычество. Таким образом, в русском языке до самых новейших времен (XIX в.) ничего общего с современным пониманием термина «государство» не наблюдалось. То есть в понятие «государство» не входили такие важнейшие для современных политологических и юридических дисциплин составляющие, как территория и суверенитет. Просто владычество чего-то над чем-то. Это необходимо иметь в виду, встречая слова «государь» и «государство» в древних документах.

ОРДА. Интересен смысл термина «орда». Тот же словарь Фасмера позволяет сделать удивительные наблюдения. Слово «орда» в русском языке заимствовано из тюркского. Причем заимствовано довольно-таки странным образом. В тюркских языках это слово означает либо «военный лагерь», либо «дворец, шатер султана, хана». А в русский вошло в значениях «кочующее племя» и «толпа, орава, ватага, скопище народа» — иными словами, что-то беспорядочное, хаотическое, но очень большое и стремительно куда-то несущееся.

Однако слово «орда» до букв совпадает с латинским словом «ordo», откуда корень «ord-» перешёл в западноевропейские языки (английский, немецкий, французский). И во всех этих языках это слово означает нечто прямо противоположное — ряд, порядок. А если мы вспомним значение слова «орда» в смысле «войско», то войско, эффективно воюющее, — это, безусловно, войско предельно упорядоченное.

Получается, что и в тюркских, и в западноевропейских языках рассматриваемый термин обозначает схожие по смыслу понятия. И только русскому языку досталось слово с противоположным смыслом.

ХАН, КЕСАРЬ, ЦЕЗАРЬ, ЦАРЬ. Все эти понятия являются синонимами. Пожалуй, только историографы XIX—XX веков стали находить различия в их употреблении. Древние же документы таких различий не улавливают. «Хан» — слово тюркское, «кесарь» — греческое, «цезарь» — позднесредневековый латинизированный вариант греческого слова, а «царь» — русское сокращение от «цезарь». И все эти термины означают одно: верховный правитель. Соответственно, этот верховный правитель называется ханом в тюркских источниках, кесарем в греческих, цезарем в латинских, а в русских летописях именуется исключительно царём.

Например, известный Девлет-Гирей, крымский хан (как его принято называть в позднейшей историографии), о котором ещё будет идти речь впереди, во всех русских хрониках XVII—XVIII веков называется исключительно крымским царём.

КОРОЛЬ. Среди немногочисленных дошедших до наших дней русских документов XVI века есть письма и актовые грамоты с упоминанием в них различных европейских королей и королев. Не рассматривая сейчас вопрос о возможной апокрифичности этих источников, попробуем чуть подробнее поразмышлять на тему самого термина «король»: какой смысл он мог иметь в то время.

При попытке выяснить происхождение этого интересного слова мы сталкиваемся с самой настоящей этимологической загадкой на грани сенсации. Заглянув в тот же словарь Фасмера, легко обнаружить, что слово с таким корнем присутствует только в славянских языках — русском, украинском (король), болгарском (*кралят*), сербохорватском (*краљ*), польском (*krol*), чешском (*kral*), словацком (*kral'*), словенском (*kralj*) и т. д. Сенсация же заключается в том, что этимологию этого слова Фасмер выводит из... имени Карла Великого (и в подтверждение своего мнения приводит ссылку на работы еще 13 специалистов, считающих точно так же). Факт совершенно феноменальный в своей исключительности. Ведь это слово попало только в славянские языки. В самом деле, по-латыни — rex, по-английски — king, по-немецки — könig, по-французски (а Франция в традиционной истории — метрополия империи Карла Великого!) — roi. Возникает законный вопрос: чем так прославился этот Карл на славянских землях, чем уж так велик и ужасен он был для славянских народов, если они даже вставили в свои языки его имя в качестве универсального термина, обозначающего правителя государства? Особенно для западных славян, которые этим словом называли не только иностранных, но и своих правителей.

Похоже, что, несмотря на законность, вопрос получился риторическим. А в таком случае не имеет ли смысла поискать другую этимологию?

Надо отдать должное научной честности М. Фасмера — в спорных случаях, подобных этому, он приводит и мнения, с которыми не согласен. И одно из этих мнений (польского лингвиста Рудницкого) очень любопытно: он производит слово «король» от исконно славянского «карать». И если допустить, что Рудницкий прав, то мы придем к любопытному выводу: королями назывались имперские наместники в Европе, одной из основных функций которых была именно карательная. Обозначив основные понятия, применяемые в нашем расследовании, определим общие подходы к организации управления геополитической структурой.

Формулируя задачу неограниченной всемирной экспансии, Верховное правительство Империи неизбежно должно было ставить перед собой вопросы обеспечения управляемости создаваемого геополитического образования. И не просто ставить, а находить механизмы решения этих вопросов.

Попытаемся поставить себя на место Верховного имперского правительства и для начала сформулировать те вопросы, без решения которых задача всемирного распространения имперской власти не может быть осуществлена в принципе.

Во-первых, нужен надлежащий силовой ресурс. Любое властное решение, принятое в центре (в столице Империи), должно неукоснительно исполняться в любой точке контролируемой территории — иначе просто бессмысленно говорить о наличии центральной имперской власти. Следовательно, необходим и механизм принуждения тех, кто с принятым решением не согласен.

В качестве силового ресурса Империи будем рассматривать военную силу — регулярное войско, орду.

Второе, не менее, а в определенном смысле и более важное: идеология. Власть, держащаяся на голом принуждении, не может быть устойчивой. Гораздо легче управлять, когда тот, кто управляет, и тот, кем управляют, являются единомышленниками в достижении общей цели.

Идеологией Империи была единая монотеистическая религия. Можно назвать эту религию и православием. Только тогда нужно четко понимать, что это совсем не то православие, каким оно является сейчас.

Третья проблема, которую надо решать, — коммуникации. Изданный в центре приказ надо иметь возможность довести до исполнителя, на каком бы расстоянии от центра он ни находился, даже на противоположной стороне земного шара. В таких условиях вопрос о коммуникациях приобретает важнейшее, принципиальнейшее значение.

И, четвертое, без чего не обойтись, — это экономика. Для эффективного управления Империей необходимо наличие на всей ее территории эффективных экономических рычагов. А также нужны исполнители, способные на определенных этапах развития Империи осуществлять определенные экономические функции имперского характера, которые, в конечном счете, определяются появлением товарно-денежных отношений.

Согласимся с предположением, что Империя, хотя сам термин некорректен, уже существовала к тому моменту, когда началось создание структуры управления Ойкуменой, *то есть Землей обитаемой, Землей обетованной*. Впервые слово Ойкумена встречается у древнегреческого ученого Гекатея Милетского в VI—V веках до нашей эры. Так он называет обитаемую часть суши, включающую все заселенные, освоенные или иным образом вовлеченные в орбиту жизни общества территории. Позволим себе занять у древнего грека этот термин.

Первоначально это могла быть Империя экспансии (в понятии расширения границ) с опорой на основную ее составляющую — военную касту, силовой ресурс, орду. Тогда, на этапе раздвижения границ от протоцентра и освоения новых территорий, идеологическая основа была размыта. Захватчики, первопроходцы, колонизаторы, конкистадоры... назовите их, как хотите. Все эти пионеры Запада (направление экспансии было с востока на запад) могли поклоняться огню, молнии, солнцу, деревьям, воде, камням.... На этапе экспансии это было непринципиально.

Однако к моменту создания на завоеванных землях протоколониальной системы с зачатками централизации, необходимость выработки единой идеологии стала насущным вопросом, и он был решен в пользу монотеизма. Первичного монотеизма с опорой на ведический монотеизм солнечного обряда мистерий. При этом данная единая Вера вводилась мягко, не ущемляя прав и притязаний жрецов других обрядов, используя концепцию дуализма.

Опора на монотеизм как на идеологическую базу централизма оправдана с точки зрения создания общей парадигмы — «Власть от Бога». Однако наличие единой Веры, предполагающей возможность разнообрядовости в оправлении культов, сделало возможным создание и существование Империи на принципе конфедерации, а не федерации, то есть системы общего управления из единого центра на основе договоренности и распределения полномочий между управителями на местах. Сложилась протоструктура управления Империей экспансии на основе разделения властей: на военную власть — касту воинов, ханов, продолжавших экспансию, духовную власть — касту жрецов, апологетов Веры и светскую власть — касту управителей завоеванными землями, князей, кормильцев.

Однако объединяющие факторы первого этапа — экспансия и создание единой Веры на стадии становления и зарождения единого организма не могли в полной мере служить централизующими факторами создания мощного единого государства. Необходимо было найти универсальные инструменты, принимаемые и востребованные всеми, вне зависимости от отправления культовых обрядов, отношения к различным родам и т.д. Или, по крайней мере, не вызывающие отторжения ни у завоевателей, ни у завоеванных в силу своей практической необходимости.

Во все времена, в том числе и в наше цивилизованное время такими факторами являются коммуникативные средства и экономика. Даже при наличии национальных, идеологических и различных других границ они продолжают оставаться единой мировой сетью, живущей по единым — наднациональным и надконфессиональным — законам.

Итак, ко второму этапу формирования Империи актуальной проблемой централизации стали: создание объединяющей, центростремительной экономической системы и коммуникаций, в основном обслуживающих эту систему.

Нашей целью будет доказательный анализ фактов, подтверждающих нашу версию о том, что централизация Империи могла быть осуществлена только после создания и при непосредственном участии экономической системы. А также рассмотрение места и функций экономики в структуре управления Империей и ее влияния на ход дальнейшего исторического процесса.

Позволим себе повториться. Создание экономической системы Империи ко второму этапу, этапу централизации и создания единого общего организма, стало проблемой номер один. Почему?

Если Империя — единый живой организм, то для его нормального функционирования необходим приток крови ко всем его частям. Кровь государства — это: деньги — дань для светской власти и люди — рекруты для власти военной, одним словом — десятина, десятая часть доходов и десятая часть прироста мужского населения.

Для нормального кровообращения в организме необходима сама система кровообращения, система кровеносных сосудов, иными словами, разветвленная система сбора и доставки десятины в имперские финансовые центры.

Субъектами осуществления системных функций, как известно, являются люди, другого пока не придумано. Следовательно, было необходимо воспитать, разместить и обеспечить целый корпус, институт функциональных исполнителей, осуществляющих движение «крови» по «системе кровеносных сосудов».

Кто же мог взять на себя тяжелую ношу создания такой системы, и на какие слои населения могли опираться ее создатели? Это первый вопрос, который мы должны рассмотреть прежде, чем рассматривать всю систему в целом и каждую ее составляющую в отдельности.

Ситуация к концу первого этапа становления Империи в основном выглядела так. Господствующая здесь парадигма представляла собой концепцию «союза двух мечей» — военного и духовного — согласно которой светский меч может обнажаться только по призыву Бога, чтобы поражать врагов Веры. Духовный же меч — меч истины, до поры лежит в ножнах уст. Догматы «Не мир я вам принес, но меч...» и «Огнем и мечом» поддерживались на первом этапе мечом, в буквальном смысле слова.

Основной силой Империи, можно сказать, ее главной составной частью, была ее военная составляющая — *Богоборец, Израиль*. Практически военная диктатура в метрополии и колониях под руководством единого военного вождя — Великого Хана.

Второй составной частью, вставшей на ноги и создавшей свою систему взаимоотношений на основе Веры, была ее духовная составляющая — *Богославец, Иудея*. Государство в государстве, управляемое пресвитером, первосвященником.

Светская власть — *князья* достаточно серьезной силы в данный период не представляла, в связи с отсутствием собственного силового ресурса, разобщенностью и отсутствием объединяющего начала. Значит, выбор организаторов новой экономической системы — системы подпитки властной структуры — ограничен двумя субъектами власти: *Израилем и Иудеей*.

Базовым создателем стабильной, закрепленной на местах системы взаимообщения могла стать только Иудея, духовная система власти, имевшая на местах постоянно действующую, закрепленную территориально сеть представительств (приходов, соборов, общинных домов, капищ, обителей...). Это существенно отличало ее от Израиля, который в силу своих профессиональных задач, был мобилен и базировался на постоянно мигрировавших сараях — ханских ставках.

Из кого же могла рекрутировать исполнителей духовная власть?

Конечно же из собственной среды. Из жрецов, друидов, волхвов, священников... иудеев. Однако для них это было понижением социального статуса, своего рода наказанием.

Из изгоев, в понимании Варварских Правд, отданных законодательно под руку церкви. Из людей, отправленных на покрут, службу, служителей... иереев. (Но об этом позже.)

Из торгового, образованного люда, по сути, уже экономически грамотного сословия сурожан, гостей, купцов... жидов.

Вот создание, обустройство, внутреннюю структуру, традиции, законы и вообще жизнь этой системы мы и постараемся проанализировать.

Итак, мы определили, что экономическая система снабжения Империи, основной задачей которой изначально был сбор и доставка десятины в Имперские финансовые центры, начала формироваться духовной властью — Иудеей — на базе собственных духовных центров. Контингент будущих функционеров этой системы рекрутировался из: иудеев, иереев и жидов. Отсюда смешение этих понятий в современное время. Рассмотрим более подробно среду, из которой формировались будущие имперские сборщики дани, государевы люди.

ИУДЕИ. Каста духовных проповедников, проводников Веры монотеизма, богославящих. Точнее «славящих Яхве», в противовес эллинам — «славящим Элохима». Массовая прослойка низших представителей данной касты (однако достаточно грамотных и образованных) была отряжена для создания и организации вновь зарождающейся системы, которую в дальнейшем будем называть финансовой сетью или паутиной. Использование для этого монашеских обителей, первоначально создаваемых как оплоты монотеизма на местах, и делегирование в новую систему части монастырской братии, определило их место в сети. Монашеские ордена — ессеи и назареи — выступили как идеологи создания узловых центров и в целом структуры сети, а бенедиктинцы и бернардинцы (цистерцианцы) составили костяк новой сети, предоставив первоначально свои обители как территориальную опору.

ИЕРЕИ. Варварскими Правдами определялись как изгои. Точнее по тексту: «...четвертый сын, попович, грамоте не разумеющий, смерд, себя из рабства выкупивший, купец, честно разорившийся и сын вдовы (княжеский сын осиротевший в детстве)», то есть одним термином называемые — «дети вдовы». Всем им полагался по закону «конь, доспех и покрут». Покрут — служба под рукой покровителя, духовенства (церкви). Служащие церкви — иереи — были второй опорой новой сети.

ЖИДЫ. К моменту формирования сети уже существовала стихийно сложившаяся система торговли, с зачатками торговых домов, гильдий, лиг, союзов, товариществ и т.д. Члены этих стихийных объединений имели различные названия: сурожане, генуэзцы, гости, купцы, жиды... В основном — жиды. Имея достаточную квалификацию во вновь создаваемом деле, широкие, в том числе родственные связи, профессиональные навыки, они стали прекрасной питательной средой для выращивания и воспитания новой касты — касты сборщиков государевой дани. Жиды стали третьей составляющей новой сети.

Мы определили, из кого состояли государевы люди, прозываемые в дальнейшем «рабы казны» или мытари. Теперь определим, как все началось. О чем и о ком будет наше исследование, скорее, историческое расследование с привлечением косвенных улик (потому как прямые улики или уничтожены, или затерялись в глубинах времени)?

КОГДА ИМПЕРИИ НЕ БЫЛО. ЕЩЕ ОДНО ОТСТУПЛЕНИЕ

В истории человечества есть вехи, которые независимо от взгляда на историю являются основополагающими, коренными. Одной из них является Троянская война. Троянская война погружена в туман далекого прошлого, это и миф, и сказка, это, как и всякое произведение героического эпоса, — быль. Являясь историческим фактом, Троянская война тем не менее полна загадок: ведь все дошедшие до нас свидетельства о ней облечены в художественную форму эпических поэм. Принимая как должное, что источниковой базой об этом историческом периоде служит только литература, историки оставляют за собой право выделять исторически правильную литературу и исторически неправильную литературу. Та же картина, что и в религии — деление на канонизированную и апокрифическую литературу. Оставим это на совести историков и в нашем исследовании будем опираться только на канонизированный, так называемый «троянский цикл», состоящий из более чем тридцати древнегреческих и древнеримских поэм, но исключим средневековую литературу на эту тему, считая ее за апокрифическую. Итак, основы нашего исследования это: «Киприи», «Эфиопиада», «Малая Илиада», «Гибель Илиона», «Возвращения», «Телегония», «Гекуба», «Разрушение Трои», ряд других эпосов и, конечно же, «Энеида», «Илиада» и «Одиссея».

Достоверно признается всеми историками, что Троянская война в корне изменила политическую ситуацию в Передней Азии, на Ближнем Востоке, Балканах и в целом по всему миру. Вслед за разрушением Трои прекратила существование Хеттская держава, под ударами северных племен — дорийцев — пала микенская Греция, в то же время Египет подвергся нападению племен, известных под именем «народы моря».

Народ, первым обосновавшийся на берегах Эгейского моря, древние авторы называют *пеласгами*. Пеласгический миф творения отличается от «олимпийского». Согласно представлениям пеласгов, Евринома, богиня сущего, восстала обнаженной из Хаоса и отделила небо от моря, чтобы было на что опереться. Она побежала по волнам на юг и поймала ветер Борей, а потом родила от него людей. Итак, пеласги пришли в Грецию с севера и принесли на ее землю культ богини Евриномы, что в переводе означает «кочующая чужачка».

Греки под Троей.
Grandes Chroniques de France, 14th Century (Фрагмент)

Двигаясь дальше, пеласги основали государство Арсава (Арзава, Арцава). В египетских надписях оно упоминается как Русена. В Библии называется Эрец или Арзену. В поэзии шумеров — Аратта. К собственно Арсаве с разных сторон примыкали несколько мелких государств: Мира, Капала и Страна реки Сеха. Столицей Арсавы был Эфес. Троя была северным форпостом, главным портом страны на стыке материков, контролирующим проливы и пути к Тавриде и Понту Эвксинскому. К моменту троянского конфликта она контролировалась потомками пеласгов. Но и вторгшиеся в Малую Азию ахейцы, по свидетельству историков, тоже были потомками пеласгов. Так ли это?

О том, кто властвовал в Передней Азии, древние знали достаточно хорошо. Согласно Помпею Трогу (римскому историку, автору «Всемирной истории»), скифы добивались господства над Азией трижды. («Historiae Philippicae», изд. Graucrt., 1827, и извлечение Юстина). Последний период скифского господства, несомненно, относится к VII веку до н.э., что хорошо известно из античных источников. Предыдущие же две эпохи главенства относятся к более ранним временам и кто выступает под именем скифов, неизвестно). Относительно первой древние историки утверждали, что она продолжалась полторы тысячи лет и завершилась около 2054 года до н.э. Помпей Трог писал: «Азия платила им дань в течение 1500 лет, конец уплате положил ассирийский царь Нин» («Prologi», изд. Graucrt., 1827). Это же самое событие датировал и испанский писатель V века Павел Орсия: «За 1300 лет до основания Рима царь ассирийский Нин, поднявшийся с юга от Красного моря, на Крайнем Севере опустошил и покорил Эвксинский Понт». Так называемые скифы вторглись в Азию и здесь на территории от Северной Месопотамии до Малой Азии созда-

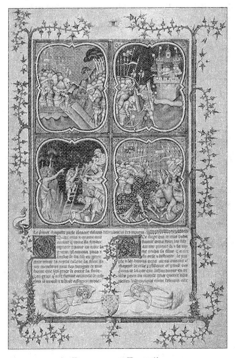

Греки под Троей.
Grandes Chroniques de France, 14th Century

Государство Арсава

ли государство Митанни, обеспечив поддержку первой волны пеласгов (ханаан, арамеев, аморреев), которые, будучи первой волной колонистов, сконцентрировались к этому времени в Палестине, Сирии и Малой Азии в стране Арсава. Подразумевая это событие, Помпей Трог утверждает, что отпрыски царского рода — Плин и Сколопит — основали на южном берегу Черного моря знаменитое царство амазонок. Воротами всех этих царств — Арсавы, Митанни и царства амазонок являлась Троя. Согласно представлениям официальной истории, приблизительно в то же самое время происходит знаменитый исход евреев из Египта и начинается расцвет Ассирии. И тогда же, согласно представлениям тех же историков, начинается нашествие «народов моря», то есть нападение племен, которые египетские памятники связывают с морем.

Можно предположить, что все это одно и то же, только изложенное разными сторонами конфликта. Первый поход «народов моря» предшествовал Троянской войне, и ахейцы в нем еще являются союзниками пеласгов, троянцев, дарданов и тевкров. Согласно надписям из Карнака, фараон Мернептах говорит о народе *ахейцы*, пришедшем с севера вместе с «народами моря» и составляющем их ударную силу. Он противопоставлен всем остальным как народ, знающий обрезание. Это были достойные сыны богини Евриномы. Первый поход «народов моря» закончился неудачей. При этом стоит учесть, что ахейцы в этом военном союзе участвовали в роли троянских наемников, но не получили награды и положенной компенсации за участие в боях. Они относились к группе выходцев из малоазийских колоний, так называемых милетских ахейцев. Решив силовым путем получить от троянцев расчет за участие в походе, они обратились за помощью к материковым царям, проживающим в Греции и на Крите — Агамемнону и Менелаю, скорее всего, к военным вождям таких же наемных отрядов, «обрезанным грекам», как называют их авторы троянского цикла.

Троянская война обозначает тот временной рубеж, когда политическая карта мира начала «трещать по швам» — результат гражданской войны и разрушения первогосударства на берегах Средиземного моря. А главное — результат расселения племен, первоначально объединенных в это государство в стороне от центра. Условно это можно назвать исходным толчком к началу экспансии, в результате которой произошло формирование Империи.

Кто же защищал Трою от нашествия обманутых наемников?

В «Илиаде» многократно повторяется формула «Слушайте меня, троянцы, дарданы и их союзники!». С первыми все ясно. Троянцы — это жители города Троя, дарданы — это жители Троады, окрестностей Трои, так сказать, областные жители поселений, разбросанных вокруг Трои по берегам моря и пролива, которому они дали название Дарданеллы. Перейдем к тем, кто назван обобщающим словом «союзники»

Обзор союзного войска необходимо начать с венетов, вожди которых руководили обороной Трои. *Венеты,* они же анты, осуществляли руководство всей троянской армией. Их предводитель Антенор был главным советником царя троянцев Приама. Сыновья Антенора Акамас, Архелох и Эней предводительствовали у дарданов. Еще один сын — Лаодок — руководил ликийцами. И так далее. Венеты были государствообразующей нацией Арсавы. Среди участников войны упомянуты пеласги — первопоселенцы и прародители и троянской и ахейской сторон.

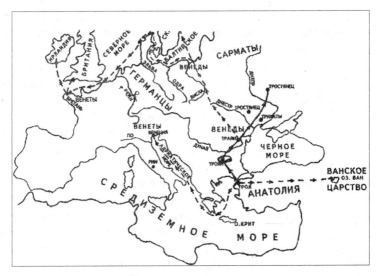

Схема исхода венетов

Список союзников можно расширить, однако нас интересует не сама Троянская война и не ее ход, а последствия поражения троянцев. Дело в том, что венеты — единственный народ, которому античная традиция приписывает исход из Троады после падения Трои. После поражения в войне они стали покидать малоазийский полуостров. Часть из них сконцентрировалась вокруг озера Ван и создала *Ванское царство*. Оно стало центром государства *Урарту*, занимавшего все Армянское нагорье.

Вторая группа венетов Арсавы, возглавляемая Антенором, переправилась на северо-западное побережье Адриатического моря. Рассказывая о событиях в Северной Италии, древнегреческий историк Полибий упоминает об «очень древнем» племени венетов, обитающем по берегам реки По. Он отмечает, что в отношении нравов и одежды потомки спутников Антенора «мало отличаются от кельтов. Писатели трагедий упоминают часто об этом народе и рассказывают о нем много чудес» (Полибий. Всеобщая история. Т.1. СПб. Наука. 1994). Одним из таких чудес стал город Венеция.

Маршрут третьей, видимо, самой многочисленной группы венетов-троянцев вырисовывается при изучении современной карты. С выходцами из Трои связаны следующие топонимы — города Троян в Болгарии, Траян в Румынии, два Тростянца и Трихаты на Украине. Там же, на современной украинской территории, располагался летописный Треполь, или русская Троя. Они, подобно маякам, обозначают воспетую в «Слове о полку Игореве» знаменитую «тропу Трояню».

Археологи установили, что в эпоху бытования в Среднем Поднепровье чернолесской культуры (X–VII вв. до н.э.) ведущим в системе хозяйства становится пашенное земледелие, а на смену привозной и потому малоупотребляющейся бронзе приходит выплавка железа из местной болотной и озерной руды. Использование железа произвело полный переворот в хозяйстве и военном деле местных племен. Люди, жившие практически в каменном веке, сразу вступили в век металла. Экономический скачок в развитии жителей Поднепровья связан с появлением малоазийских венетов. В этот же период у племен Среднего Поднепровья возникает целая система укрепленных городищ. Как тут не вспомнить Венецию?

Ареал расселения венетов не ограничивался областью Среднего Поднепровья. В карело-финской мифологии главный герой носит имя Вяйнемейнен. Это культурный герой и демиург, мудрый старец, чародей и кудесник. Он — обитатель первичного Мирового океана — создал скалы, рифы, выкопал рыбные ямы и т.д. Народный эпос доносит до нас историю взаимоотношений финнов с племенем ванов (венетов), представителем которых и был Вяйнемейнен. Мощная переселенческая волна венетов, захватив Поднепровье, докатилась до Балтики. Они раньше финнов освоили берега Балтийского моря, поэтому Вяйнемейнен назван создателем того северного мира, куда вступили финны. Венеты умели уживаться с другими народами. Они охотно делились своими знаниями и научили финских охотников искусным приемам рыболовства, новым способам получения и хранения огня. Вяйнемейнен — старший «брат» финских богатырей, он поддерживал и наставлял их. Когда же они подросли и окрепли, мудрый воин не стал им мешать, сел в лодку и отплыл.

Географические названия, связанные с именем венетов, обнаруживаются не только на территории скандинавских и прибалтийских государств, но и в Голландии и на Британских островах. Малоазийские венеты накопили колоссальный опыт плавания по Черному и Средиземному морям, который очень пригодился их потомкам, пришедшим на берега Балтики. Пришельцы не только колонизировали земли Скандинавии, но и совершили первые морские походы вдоль северного побережья Европы. Античным авторам было хорошо известно племя знаменитых мореходов-венетов, жившее на территории современной Бретани (северо-запад Франции). По сообщению Юлия Цезаря, это племя «пользуется наибольшим влиянием по всему морскому побережью, так как венеты располагают самым большим числом кораблей, на которых они ходят в Британию, а также превосходят остальных галлов знанием морского дела и опытностью в нем. При сильном и не встречающем себе преград морском прибое и при малом количестве гаваней, которые вдобавок находятся именно в руках венетов, они сделали своими данниками всех, плавающих по этому морю». (Записки Юлия Цезаря. Ладомир, 1993). Бретанские венеты поддерживали связи со своими более южными родичами. Они доставляли в Средиземноморье олово с Британских островов, и порты адриатических венетов были естественным местом стоянки их кораблей.

О балтийских венетах, добывающих янтарь, упоминает целый ряд античных авторов. Самое раннее свидетельство следует приписать Гесиоду. Главный янтарный путь проходил по Висле, затем вверх по Дунаю и его притокам, потом — по притокам и самой реке По и завершался в ее устье, в земле адриатических венетов. (Гесиод. Теогония, 1966). Итак, в течение полутысячелетия вытесненные из Трои венеты прочно обосновались в Поднепровье, на севере Италии, в Прибалтике и Бретани. Некогда единый народ раскололся, по меньшей мере, на четыре части.

Геродот в «Истории» писал, что племена скифов-земледельцев, обитавших в Среднем Поднепровье, назывались борисвенитами. Борисы в переводе с греческого означают «северные». Птоломей упоминает их как борусков, а русские летописи просто называют северянами. Венеты, пришедшие на эту землю с юга, получили название северных венетов. После вторжения сюда сарматских племен борисвениты под их натиском ушли на север в зону лесов или же отступили за Днестр и Дунай, образовав свою государственность.

Знаменитая Певтингерова таблица (дорожная карта, относящаяся к первым годам нашей эры) удостоверяет, что в начале первого тысячелетия венеты сосредоточились в двух центрах: в Северо-Западном Причерноморье и на Балтике. О балтийских венетах упоминают Плиний, Тацит, Птолемей. Согласно Тациту, венеты «...сооружают себе дома, носят щиты и передвигаются пешими, и притом с большой скоростью». (Публий Корнелий Тацит. «Германия»). Однако на Певтингеровой карте они поименованы как венето-сарматы, что говорит об их перемешивании с сарматами. Само Балтийское море Олаусом Магнусом и Герберштейном называется Венетским.

Черноморских венетов Певтингерова карта помещает юго-восточнее Карпат, в междуречье Дуная и Днестра. Историкам раннего Средневековья они известны под именем антов (по имени их последнего предводителя Антенора) — народа «бесчисленного и храбрейшего» (Маврикий) В V—VI вв. анты восстановили контроль над Поднепровьем и северным побережьем Азовского моря. Анты составили первичное ядро Киевской Руси или Причерноморской Руси. Можно предположить, что и само понятие «античность» произошло от этого названия.

Следствием Троянской войны стал распад союза Средиземноморских держав, конфедерации племен пеласгов, куда к тому времени входили: Арсава со столицей в Эфесе и пограничной областью Троада, Митанни, Ханаан, Царство амазонок и ряд более мелких образований. Этот распад и предопределил массовый исход части населения из Малой Азии. Возглавляли исход венеты — они же создатели этой конфедерации своего рода преддверия Империи. Венетов нельзя отождествлять с троянцами, областью их сосредоточения была соседняя с Троадой провинция Арсавы Пафлогония, но именно венеты согласно «Илиаде» и другим эпосам Троянского цикла, объединяли и вдохновляли союзников Трои на защиту города. Да и античная традиция хранила предания о миграции из Трои венетов во главе с Антенором и приемным сыном его Энеем. Путь этих групп переселенцев лежал в более западные районы Средиземноморья, в Адриатику и Италию. Потомки Энея заложили Рим, многие римские цари и императоры почитали Трою как священный город их предков. Часть троянцев, освобожденная от рабства, что говорит об их принадлежности к правящим племенам, возможно, венетам, обосновалась на севере Греции, в Эпире, где царствовал сын Приама Гелен. Это были единственные потомки рода Ахилла, и к ним возводил свою родословную великий Александр Македонский.

Ахилл как главный из ахейцев достоин отдельного рассмотрения. Он — центральная фигура мифов и легенд Троянского цикла. «Илиада» Гомера имела второе название «Ахиллиада». Согласно Гомеру, Ахилл — вождь мирмидонцев, с которыми он прибыл из Фессалии. В историческое время такого племени не существовало, а относительно происхождения этого «народа» известны только сказочные версии. Историк Н. В. Брагинская в исследовании «Кто такие мирмидонцы?» после скрупулезного анализа родословных всех известных мирмидонцев приходит к совершенно неожиданному выводу. Оказывается, что те мирмидонцы, о чьем происхождении хоть что-то можно узнать — пришлые. Они все изгнанники из своих родных мест. Собравшиеся под знамена Ахилла, они отправляются в поход на Трою и становятся самой свирепой силой ахейцев, которые сами по себе являются в большинстве своем наемниками. Гомер дает им эпитет «браннолюбивые». Ахилл им не соплеменник — он военный вождь. Страбон обобщил эту картину, сказав, что все племя мирмидонцев — племя изгнанников, изгоев.

Кто же такой Ахилл? Интереснейшее мнение приводит византийский историк X века Лев Диакон: «Ведь Арриан пишет в своем «Описании морского берега», что сын Пелея Ахилл был скифом и происходил из городка, лежащего у Меотидского озера (Азовского моря). Изгнанный за свой жестокий, дикий и наглый нрав, он впоследствии поселился в Фессалии. Явными доказательствами скифского происхождения Ахилла служат покрой его накидки, скрепленной застежкой, привычка сражаться пешим, белокурые волосы, светло-синие глаза, сумасбродная раздражительность и жестокость. Тавроскифы и теперь еще имеют обыкновение разрешать споры убийством и кровопролитием. О том, что этот народ безрассуден, храбр, воинствен и могуч, что он совершает нападения на соседние племена, утверждают многие, говорит об этом и божественный Иезекииль (древнееврейский пророк) такими словами: „Вот я навожу на тебя Гога и Магога, князя Рос"». Лев Диакон был не единственным историком, который говорил об этом. Евстафий Фессалонийский считал Ахилла и его воинов-мирмидонян тавроскифами.

Итак, основной боевой силой ахейцев был народ мирмидонцев — своего рода «сборная солянка». Изгои из разных племен объединились для совместного служения в качестве наемников в дальних военных походах. Именно поэтому и неизвестен исторический народ мирмидонцев. Эта интернациональная бригада во главе с князем-изгнанником очень точно отражает состав воинства ахейцев. Часть же его соплеменников, даже единокровников, билась на стороне троянцев.

Вернемся к судьбе побежденных, тех, кого разбили в этой войне взбунтовавшиеся наемники. Гальфрид Монмутский в своей «Истории бриттов» выводил народ бриттов также из Трои. Согласно изложенной им легенде, троянцы добрались до туманного Альбиона и основали там Новую Трою, которая впоследствии стала называться Триноват (Троя венетов), ныне город Лондон. На своем пути в Англию выходцы из Средиземноморья прошли через земли Франции. Античным авторам был хорошо известен народ венетов, обитавший на полуострове Бретань. В связи с этим в средневековой Франции были распространены предания о происхождении франков из Трои. К такого же рода легендам относятся и свидетельства Младшей Эдды, о том, что прародина скандинавских богов и царей лежит в стране, которая называлась «тогда Троя, а теперь страна Турков».

Исследователи теряются в догадках о причине такой необыкновенной притягательности образа Трои для древних авторов. Но разгадка не так сложна, просто надо сложить в единую мозаику все разрозненные факты об истории народа венетов.

О времени их появления по берегам Венетского залива (берега Балтики и Вислы) письменных данных нет. Но интересно, что именно в эпоху Троянской войны на этой территории появляется пришлое население, отмечаемое антропологами. Население это отличалось от местного прибалтийского более узким лицом, и сейчас его потомки составляют значительную часть прибрежных жителей Литвы, Латвии и Эстонии. Известный антрополог Н. И. Чебоксаров выделял эту специфическую группу как причерноморскую. Давно было замечено, что в так называемой поморской культуре распространены «лицевые урны» — погребальные урны со стилизованным на них изображением человеческого лица. Подобные урны ранее были известны в Трое. Встречаются у этрусков в Италии. Об освоении венетами Лапландии (Кольского полуострова, Финляндии, Швеции и Норвегии) рассказывает карело-финский эпос «Калевала».

Это был достаточно длинный и долгий путь. Его условно можно назвать франко-британо-балтийским. Более коротким по времени и расстоянию оказался путь проникновения венетов в южнорусские земли, который мы уже упоминали как «тропу Троянову». В этом случае центром их сосредоточения стало Поднепровье, где обосновались борисвениты (северные венеты). Плиний называл борисвенитов спалеями, а Иордан спалами, русские летописи называют их полянами. Это второе название венетов произошло от первоначального их расселения в пределах Арсавы в Пафлагонии. Их ветвь, которая ушла в Ханаан, позднее будет носить название *пулены*.

Древние источники упоминают о стране Вантит как окраине земель. Территориально ее границы совпадают с пределами салтово-маяцкой археологической культуры. В отличие от печенегов, половцев и тюрок, в салтовских поселениях представлены гончарное, железоделательное и другие ремесла. Венеты, расселившиеся в районе Подонья, известны русским летописцам под именем вятичей. Эта пограничная с Хазарией область была южной границей расселения северного пути венетов. Тогда как Хазария была северной границей южного направления расселения тех же венетов по маршруту озеро Ван — Урарту — Сванетия — Ванское городище — Дон. На Дону обе ветви расселения сомкнулись.

Однако, наряду с античным троянским циклом, разбор которого мы постарались произвести, существует не менее обширный средневековый Троянский цикл. Историки выносят его за скобки при изучении Троянской войны, придавая ему статус апокрифов и более поздней сказочной литературы. К нему относятся уже упоминаемая нами «История бриттов», «История о разрушении Трои» Дарета Фригийского, написанная от лица участника тех событий Дарета, непорочного священника Гефеста, упоминаемого в «Илиаде». Византийский хронограф Иоанн Малала приводит значительные выписки из «Сизифа Косского», который был писцом у Тевкра и оставил воспоминания очевидца о Троянской войне. Удивительно то, что ни один из романов о Троянской войне средневековых авторов не был написан на греческом языке. Зато все воспоминания «ветеранов» дошли в латинском переводе. Например, роман «Диктис Критский» (автор — писец Идомея по имени Диктис), созданный якобы еще в древние года, но обнаруженный на латыни.

Все эти истории представляют краткие прозаические повести и, по мнению историков, «примитивны и нелепы до неприличия».

Однако есть еще материалы М. В. Ломоносова, под конец жизни написавшего «Древнюю Российскую историю от начала российского народа до кончины великого князя Ярослава Первого или до 1054 года». Как бы ни был осторожен академик российский, даже год поставил в названии, и тем не менее труд этот издавался всего один раз — в 1766 году в Санкт-Петербурге. Небольшая книга среднего формата имеет всего 140 страниц прекрасной информации о рассматриваемом предмете с широким привлечением свидетельств мировых историков: Геродота, Полибия, Плиния, Птолемея, Иорнанда, Непота, Сомина, Катона, Ливия, Прокопия Кесарийского, Гелмолда, Нестора и др. Великий ученый мысли свои среди этих свидетельств и спрятал. Потому и дошла книга до наших дней.

Приведем несколько выдержек из нее. Что же пишет великий Ломоносов? Задолго до Морозова и Фоменко. Вот они — доподлинные цитаты:

«Плиний пишет „что за рекою Виллению страна Пафлогонская, Пилеменскую от некоторых переименованная, сзади окружена Галатею. Город Милезийский Матия, потом Кромна". На сем месте Корнелий Непот присовокупляет Енетов и единоплеменных им Венетов, а Италии от них произошедших „быть утверждает".

Непоту после согласовался Птоломей, хотя прежде был иного мнения. Согласовался Курций, Солин. Катон тоже разумеет, когда Венетов, как свидетельствует Плиний, от Троянской породы производит. Все сие великий и сановитый историк Ливий показывает и обстоятельно разъясняет.

„Антенор, — пишет он, — пришел после многих странствий во внутренний конец Адриатического залива со множеством Енетов, которые мятежом из Пафлогонии выгнаны были, и у Трои лишились короля своего Пилимена, для того к поселению и предводителя искали и по изгнании евганеев, которые жили между Морем и Альпами, Енеты с троянцами овладели этой землей. Место, где они высадились впервые, зовется Троя, потому и округа получила имя Троянской, а весь народ называется венеты".

Такие вот интересные выводы делал российский академик из текстов античных историков, которые пока еще были ему доступны. А вот еще:

«При Варяжском море на южном берегу живущие венеты издревле к купечеству принадлежали. В доказательство великого торгу служит разоренный великий город Виннета, от Венетов созданный и переименованный! Гелмолд о нем пишет: „Река Одра протекает на Север среди Вендских народов. При устье, где в Варяжское море вливается, был некогда преславный город Винетта, в котором многонародное пристанище Грекам и Варварам около живущим. Все Европейские города превосходил величеством... Видны еще только древних развалин остатки". После сего разорил его некто Король Датский"».

Достаточно много знала историческая наука российская о падении Трои. Знала, а потом по указу государеву забыла.

Подведем итог нашему краткому расследованию. Гражданская война, апофеозом которой было взятие Трои, произошла после первого похода «народов моря», или первой попытки пришельцев с севера, называемых «пеласги», подчинить племена, проживающие в акватории Средиземного моря. Пеласги были сборными дружинами, осваивающими новые территории, включающие и сборные дружины наемников изгоев, высланных из родовых общин, чтобы снять социальную напряженность, связанную с преизбытком мужского населения в племенах. Верообразующей богиней пеласгов была Евринома — богиня, покровительствующая кочевникам, тем, кто постоянно находится в движении, в том числе и мобильному войску. Центром распространения экспансии к тому времени было государство Арсава в Малой Азии со столицей в Эфесе, объединяющее вокруг себя конфедерацию более мелких государств, образованных на месте колонизации местных территорий племенами пеласгов.

Схема движения русов

Вследствие неудавшегося военного похода на северное побережье Африки и Египет, наемники, а точнее ахейцы, составлявшие ударную силу завоевательных дружин, вышли из повиновения. Разорвав договор, они решили возместить упущенные трофеи путем нападения на основной торговый город конфедерации, ее портовые ворота — город Трою. В результате Троя пала, была разграблена, и оттуда произошел исход базовых племен, в первую очередь венетов. Этот исход вызвал начало новой экспансии. Вторым следствием Троянской войны стала спровоцированная ответная акция на мятеж наемников и агрессию со стороны недружественных народов на государство Арсаву, известное под вторым походом «народов моря». В результате этой акции ахейцы и все участники разгрома Трои были уничтожены. Достаточно проследить судьбу всех участников-победителей Троянского цикла. Берег Северной Африки был колонизирован. Хеттское государство разгромлено. Экспансия, начатая с исхода из Трои венетов, продолжилась, превратившись в тотальное освоение всех земель, доступных пешему и конному войску. Происходит первичное формирование Имперских земель. Возможно, данное историческое событие отразилось в Ветхом Завете в виде Исхода Моисея.

КТО? ГДЕ? КОГДА?

К тому моменту, когда была осознана необходимость создания финансовой паутины в Ойкумене, находящейся под властью Империи, уже произошло деление на касты (португ.), кастусы (лат.), или джати (санскр.), то есть обособленные группы, характеризуемые чистотой их состава. Само слово «каста» означает «чистый». Первичное обособление происходило вследствие выполнения определенными группами населения специфических социальных функций, а также наследственных занятий и профессий, зачастую на эндогамной основе.

Сложилась определенная иерархия каст — архаичных сословий. Или, выражаясь современным языком, сформировались социальные ранги. Ведущей кастой Империи стали воины, богоборцы, богатыри, то есть Израиль. Учитывая степной характер экспансии — всадники, давшие начало сословию: всадников, шевалье, рыцарей, сипахов, шляхтичей. Иными словами, людям на коне.

Следующими в иерархии каст были служители культа, давшие начало сословию духовенства, иудеям, то есть «людям в сутане».

Заключала этот триумвират, троицу высших, правящих каст, каста князей, управителей, наместников, людей, кормящих две предыдущие касты — «людей в короне».

Как мы уже отмечали выше, третья составляющая, по сути, является производной из первой или очень сильно с ней увязана. Таким образом, высшие касты-классы сводятся к двум. Мы уже дали им названия, принятые в одном из используемых нами фактологических источников: Израилем и Иудеей. Если не нравится, можно заменить названия: на *Werbstand* (воины) и на *Lebrstand* (учителя), как это принято в эддических песнях. Могу предложить другую трактовку: *Armanen* — воины и *Istvaeonen* — маги, жрецы. Это уже Плиний, Тацит и Пифей. Главное, что основной смысл это не меняет.

Однако мы забываем, что была, конечно же, и третья — низшая, по нашим представлениям, каста. Именно по нашим. Потому что у древних ей отводилась почтенная роль. Речь идет о касте кормильцев: *Nabrstand (*в Эддах), *Ingvaeonen (*по Тациту), Русь. Напомним восклицание А.С. Пушкина в Евгении Онегине «О, Русь», переводимое досужими комментаторами как «О, деревня». Великий поэт имел в виду «Кормилица!».

Значит, косвенные улики подтверждают, что первоначальное деление на глобальные классы-касты в Империи уже произошло к моменту создания структуры управления, то есть к анализируемому нами моменту.

Кроме вышеперечисленных архаичных сословий, при развитии ремесел и закреплении оседлой части завоевателей на земле наметилось дальнейшее деление населения на более мелкие обособленные группы по принципу объединения на профессиональной и ремесленнической основе. Причем данный процесс наблюдался в основном в касте кормильцев, в которую вливались члены касты воинов по причине профессиональной непригодности (болезнь, увечье, старость...).

Начинается формирование так хорошо всем известных лиг, цехов, гильдий, гостевых дворов, товариществ и союзов. На современном языке их называют корпорациями, что, впрочем, суть одно и то же, если корпорация — это «объединение» на латыни, то все перечисленные выше наименования означают буквально то же самое, только на разных языках. Это братья-близнецы и по своему значению созданные как объединения профессиональных работников (ремесленников) одной или родственных специализаций обеспечивали своим членам монополии на производство и предложение (сбыт) товаров и услуг. Таким образом, создание финансовой сети Империи на базе формирования отдельной профессиональной касты не было чем-то из ряда вон выходящим и вытекало из эволюционного развития самого общества в целом.

Подробнее остановимся на той среде, из которой рекрутировался кадровый состав будущих сборщиков дани — мытарей. Мы употребляем этот термин, опираясь на известную терминологию Нового Завета, именующего так сборщиков пошлины, и на известный факт, что в Древней Руси существовала государственная пошлина с торговли, именуемая «мытом» и собираемая при проезде через заставы. На одной из таких застав сидел и небезызвестный нам Матфей. Упразднили пошлину не так давно: Торговым уставом в 1653 году — в Москве, а в Нижнем Новгороде она существовала до 1753 года. В память от нее нам осталось замечательное выражение — «мытарить», синоним «мучить».

Вернемся к нашему анализу. Мытарей нанимали из достаточно широкой среды. Взявшая на себя эту тяжелую работу каста духовенства уже достаточно сложилась и оформилась для выполнения таких функций. Образованная как мобильная группа миссионеров при ордынских отрядах колонизаторов, если хотите землепроходцев, к моменту окончания первичной экспансии она уже формализовалась и структурировалась достаточно качественно. Принимая во внимание, что на данном этапе столицей военной составляющей Империи (Израиля) был постоянно перемещающийся Стан — ставка верховного хана со следующим за ним караван-сараем (походным складом), то можно предположить, что и духовная столица второй составляющей Империи (Иудеи) была также привязана к ханской ставке. Необходимость стационарного закрепления духовной столицы, то есть создания Святой Обители (Иерусалима) на постоянном месте была нецелесообразна, учитывая опять же миссионерскую задачу духовной касты в обозе колониального войска.

При изучении западноевропейской истории мы сталкиваемся с интересным фактом. Оказывается, франкские короли не были королями в обычном понимании этого слова — обладателями дворов и дворцов. Они перемещались с дворовым поездом от замка к замку и могли останавливаться там только до тех пор, пока в замке не были израсходованы все припасы. Как объясняется эта кочевая жизнь, почему король шел к народу, почему, наоборот, не народ шел к королю? Где же их королевское самосознание и самонадеянность, которая будет в позднем Средневековье характерной чертой любого монарха? Может, первые «короли» были просто командирами мобильных подразделений Орды? Были воеводами Израиля? Карателями?

Первый этап экспансии завершился началом закрепления на земле. Это тот момент, когда из воинской касты выделились две группы возвращенцев-хазар, то есть воинов, вернувшихся к мирной жизни. К первой группе относятся: во-первых, ветераны из простых воинов, отошедшие от воинской службы из-за непригодности к дальнейшему участию в экспедициях по ряду причин: болезнь, возраст, увечья, ранения; во-вторых, высшая воинская, воеводская верхушка, оставившая службу по своим побуждениям. Первую группу, ранее принимаемую в метрополии в отдельном регионе, типа Дома Ветеранов (Хазарии), теперь начали размещать на завоеванных землях в качестве вспомогательного персонала при посадниках — управителях. Из второй группы вышли поземельные бояре, награжденные за службу наделами земли и осевших на ней. Начало формироваться сословие дворян (не при дворе, а при дворах), первоначально из вышедших в отставку высших дружинников военной касты, получавших землю и двор в награду за службу. Магнаты, бароны, кабальеро — первая волна оседлых воинов.

Зацепившись за землю, земщина начала прирастать хозяйством и поселенцами. Но именно это и позволяло укрепиться на завоеванных территориях. Колонизация пространства начинается с его стационарного обживания. Одновременно на новых территориях обосновывался административный аппарат управления и контроля за выполнением указаний центральной власти: короли, дьяки, графы, гранды, маркизы и другие должностные лица, наместники центральной власти на местах. Вокруг теперь уже стационарных пунктов размещения — замков и посадов — начали формироваться поселения земледельцев и ремесленников под охраной мечей малых дружин.

В свою очередь, и духовная власть начала размещать по соседству свои стационарные пункты — обители и монастыри. Начала стационарно закреплять в местах сосредоточения населения культовые сооружения — молельные дома, первоначально как общинные дома, место сбора общины, соборы и приходы, синагоги и бет-кнесеты.

Уже ранние миссионерские общины, следовавшие за Ордой, в силу военизированного их построения были больше похожи на воинские подразделения, чем на мирных пастырей. Первые известные монашеские образования (ессеи и назареи) строились по образу и подобию дружины, с наличием Устава и строгой дисциплины. Недаром понятие орден и Орда созвучны и образованы от единого корня «порядок».

Глубокое заблуждение, что под орденом подразумеваются только духовно-рыцарские образования, укоренилось в сознании и литературе. Это далеко не так. Понятие орден в период его широкого распространения подразумевало обозначение сословных групп, четко различающихся по своим правам, функциям и образу жизни. Общество первоначально четко делилось на три ордена: молящихся, сражающихся и трудящихся. Итак, то, о чем мы уже говорили выше, вернулось на круги своя.

Общины под руководством отцов (аббатов) вырабатывали своды правил, по которым они существовали. Одними из наиболее древних являются так называемые «Устав общины», «Книга Дамасского завета» и «Устав войны Сынов Света против Сынов Тьмы», найденные среди Кумранских свитков — библиотеки ессеев. Эти документы — типичные инструкции для замкнутой касты, проживающей вдали от метрополии.

Создание новых общин по образу и подобию первичных аскетических миссионерских отрядов было признано, выражаясь современным языком, целесообразным и рекомендовано к внедрению повсеместно и на всех территориях. Победное шествие новых монастырей, с новообращенной братией, живущей по апробированным законам и правилам, регулировалось уже единым уставом, созданным наподобие уставов первичных общин. Первоначально данный устав именовался Уставом Рудольфа, потом на смену ему пришел Устав святого Бенедикта. Именно с момента утверждения единого Устава святого Бенедикта, сменившего походный Устав святого Колумбана, и повсеместного подчинения ему всех братских общин, получивших название бенедиктинцы, и надо вести отсчет создания структурированной касты духовенства как второй силы Империи. В истории это известно под названием Клюнийская реформа. Монашеские ордена (будем для простоты называть их этим привычным названием, хотя орден — это, по сути, устав братства, свод его правил) делились на лавры (от лат. «квартал»), расквартированные в населенных пунктах, и монастыри, стоящие обособленно и сами становившиеся зародышами таких поселений.

Мы специально так подробно рассмотрели предысторию создания монашеских братств, потому что именно они являлись прообразом создания финансовой сети Империи и были первоначально ее основой и опорой.

Иудея (впредь везде мы будем именовать духовную власть этим термином) образовала обширную конгрегацию, включавшую сотни монастырей, зависящих от центральной власти. Получив новую задачу создания финансовой структуры Империи, она, естественно, решила использовать существующую сеть братств как опорную сеть новой системы.

Итак, первая задача кадровой проблемы — верность власти и вере, была решена. Остались еще две: близость к государствообразующим кастам и наличие профессиональных знаний.

Кастовая замкнутость, обособленность, возникшая как следствие первоначальной эндогамной основы при формировании каст, требовала привлечения к участию в финансовой сети практически представителей всех сословий. Как нельзя кстати, общие законы Империи выделили такой социальный клан. Но предварительно рассмотрим, на каких общих законах базировалось законодательное право в Ойкумене.

Естественно, если существует пусть еще не сформировавшееся, но стремящееся к централизации единое государство, то оно должно иметь общий свод каких-либо правил, регулирующих взаимодействие и общее проживание в нем. Для дисциплинированного войска достаточно войсковых правил, уставов и приказов командира. Однако при войске существует обоз, всяческие маркитанты, квартирьеры, интенданты, в конце концов, полковые бордели и многое другое. Взаимоотношения с этими, уже сложившимися к тому времени образованиями и с населением завоеванных территорий предполагает существование неких правил, законов или положений. Сборники таких правил законодательно закрепляют те положения, в толковании которых есть настоятельная необходимость. Для войска в походе это в первую очередь правила внутри войска и правила общения с окружающей средой, то есть перечисление преступлений и наказаний, принцип личности права (а не территориальности права), принцип наследования, правила судопроизводства для покоренных народов и тому подобное.

Такими сводами законов, практически повторяющими друг друга, являются так называемые Варварские Правды (лат. Leges barbarorum). Описание их — отдельная тема. Они существовали практически во всех землях Ойкумены, основываясь не на территориальном, а на этническом принципе субъектов права, что дает нам основание предположить, что перед нами походные законы экспедиционных подразделений, переносимые на подконтрольные территории волевым решением. Это могло осуществляться приказом наместника (королевским эдиктом), решением общего собрания поселенцев (правда, leges) или установлением договорных отношений между местным населением и властью (пакт). Так или иначе, общие законы внедрялись везде, иногда принимая форму отдельных законов для местного населения (законы для римлян).

Проследим победное шествие вышеупомянутых законодательных актов по землям Ойкумены.

Предварительно необходимо сделать существенную оговорку для дальнейшего продвижения в нашем расследовании. Все приведенные улики, прямые и косвенные, в нашем расследовании будут лишены одной детали — конкретных дат. Если обоснование такого подхода потребует отдельного отступления, стоит вернуться к законодательной базе.

Первые варварские законы в письменном виде появились у вестготов — Кодекс Эуриха, так называемая Вестготская Правда (лат. Codex Eurichi, Lex Visigothorum), причем был создан специальный свод законов для римлян, находившихся под властью вестготов (лат. Lex Romana Visigothorum). Одновременно были записаны: у остготов — Эдикт Теодориха (лат. Edictum Theoderici); у бургундов — Правда Гундобада или Бургундская Правда (лат. Lex Gundobada, Lex Burgundionum), а также специальный свод для римлян (лат. Lex Romana Burgundionum). К этому же периоду относится запись франкской Салической Правды (лат. Lex Salica), наиболее известного памятника древнего права. Эта группа законов точно проводит границу между законами для Ордынских частей (готами, гуннами) и законами для покоренных народов (римлянами). Чуть позднее по инициативе франкского короля Хлотаря II (или алеманнского герцога Лантфрида) была записана Алеманнская Правда (лат. Lex Alamannorum, Pactus Alamannorum). В королевстве лангобардов в действие был введен Эдикт Ротари (лат. Edictus Rothari), один из самых объемных сводов (388 глав). Затем появляется Рипуарская Правда (лат. Lex Ribuaria), представлявшая собой переработку Салической Правды, Баварская Правда (лат. Lex Baiuvariorum), особенностью которой является гарантия свободы, собственности и жизни. Благодаря деятельности Карла Великого были записаны Правда Хамавов (лат. Lex Chamavorum), Фризская Правда (лат. Lex Frisionum), Тю-

Четыре легендарных законоговорителя: Визогаст, Арогаст, Салегаст и Видогаст диктуют переписчику Салическую Правду

рингская или Англо-варнская Правда (лат. Lex Thuringorum/Angliorum et Verinorum), Саксонская Правда (лат. Lex Saxonum), в которых, наряду с особыми племенными обычаями, выражено стремление закрепить господство короля. Из англо-саксонских законов особый интерес представляют первые записи Кентского права — Правда Этельберта и Уэссекского — Правда Инэ. Схожее с варварскими законами явление представляют скандинавские областные законы, законы викингов, норманнов и варягов. Продвижение всех вышеперечисленных законов имеет характерную особенность. По времени их появления на территориях можно судить о продвижении войск от центра метрополии к ее периферийным частям, при этом в последних (у фризов, саксов, англов, турингов) начинают появляться, наряду с личностным законодательством, законоположения государственного права.

Наиболее ярким примером подобных законодательных актов является Русская Правда, включающая отдельные нормы «Закона Русского», Правду Ярослава Мудрого, Правду Ярославичей, Устав Владимира Мономаха и др. Основа ее положений — защита жизни и имущества княжеских дружинников и слуг, положение зависимых людей, обязательственное и наследственное право.

Многие положения Правд — положения о наследстве, статьи об опеке, о пользовании чужим конем и т.д. — вошли в так называемую Кодификацию Юстиниана, «Корпус гражданского права» (Corpus juris civilis), собрание римских законов и сочинений юристов, явно скомпилированное из Варварских Правд намного позднее. На протяжении многих веков эта компиляция, как нам говорят, служила главным источником права большинства европейских стран. И вплоть до настоящего времени она остается основой европейского, так называемого романо-германского права. Однако необходимо напомнить, что на Руси правовой основой служили «Кормчие книги», текстуально совпадающие и с тем, и с другим источником.

Этот экскурс в законодательную историю был нам необходим для того, чтобы понять, откуда Иудея получила возможность вербовать представителей всех сословий и каст для службы в своей финансовой системе. Итак, Варварские Правды, наряду со многими правилами и положениями, определяли принцип наследования, или, грубее говоря, принцип существования в кастовой среде определенных групп населения, получивших в правовом отношении общее название — «изгои». Заметим сразу, что к слову «гои» это не имеет никакого отношения. Лексическая составляющая этого юридического термина происходит от слова «гоить» — жить и слова «гой» — мир, мирное общество. Отсюда и изгой — *выжитый из рода, оставшийся без ухода*. Вернемся к тому, как определился их свод законов. Варварские Правды подразделяли изгоев на следующие категории: неграмотный попович, выкупленный смерд (раб), купец, честно разорившийся, и сирота княжеский. Да еще четвертый сын, так как земля (наследство) делилась по следующему принципу: коронный участок — старшему, второму и третьему остатки, а четвертому и всем последующим — по Правде, то есть ничего. Известная сказка про кота в сапогах нам все это иллюстрирует замечательно. Все эти так называемые «дети вдовы» без покровительства в этом мире не оставались и шли под руку духовенства, так как те же Правды определяли, что общество дает им «коня, доспех и покрут», то есть службу государству. Делалось все это из стратегических соображений: чтобы, с одной стороны, — не дробить капиталы и земельные уделы, а с другой — не «тиражировать» бездомный и нищий люд. И волки сыты, и овцы целы.

Вот из этого многоликого и многогранного сообщества изгоев и черпала Иудея вторую составляющую новых своих служилых людей. Хочу заметить, что духовенство в то время имело три степени священства, подразделялось на три отдельные подгруппы: дьяконство, иерейство и пресвитерианство. Дьяки — служилые думные люди, государственные чиновники. Иереи — служилые люди церкви, чиновники духовенства. Пресвитеры — старшие духовные лица, непосредственно представители касты духовенства. Как мы видим, две первые подгруппы — это служилые люди, привлеченные Иудеей для выполнения административных задач имперского характера, имперские чиновники. К служилым людям духовенства (иереям) и относились изгои, попавшие под руку церкви. Из них часть, по всей видимости, не знатная и грамотная, назначалась мытарями.

Итак, вторую задачу кадровой проблемы, задачу представительства всех каст в составе мытарей, духовенство решило с помощью изгоев.

Осталась последняя задача — профессиональная подготовка кадров.

Напомним, что при каждом воинском подразделении, при каждой дружине в походе, ватаге ушкуйников, шайке разбойников, ладье викингов, обязательно присутствовала группа торговцев, мародеров, маркитантов, одним словом, гиен войны. Необходимых и обязательных — обслуживающего персонала в походе. Из них впоследствии сформировалась каста торговцев, существование которых регламентировалось воинскими уставами и походными правилами. Это достаточно замкнутое сообщество, образовавшееся в основном по родственному принципу, передающее свои права и сферы влияния только внутри своих, к анализируемому нами периоду выросло в довольно обширную, сильную и обособленную касту. Каста купечества практически монополизировала мировую торговлю и мировые караванные пути, приступила к стационарному освоению покоренных земель, созданию укрепленных поселений, градов и созданию в них специализированных торговых мест — торгов, дворов, слобод. Разделение купечества начало приобретать специализированную форму. По товарным признакам — суконное, полотняное, шелковое и т. д. купечество, и по функциональным признакам — гости (межрегиональное купечество), сурожане, варяги и т.д. Одним из таких общепринятых названий вновь нарождающейся касты стало общемировое название городского торгового люда — «жиды».

Входящие в купеческие объединения жиды представляли в то время прекрасную среду для воспитания будущих профессиональных счетоводов, финансистов имперского уровня. По ряду причин они являлись готовым продуктом для будущей централизованной системы финансового оборота. Во-первых, они имели достаточно высокий образовательный ценз и подготовку, во-вторых, широкие горизонтальные и вертикальные связи, в-третьих, проблему, созданную законодательным путем (проблему изгоев).

Привлечение специалистов из среды купечества позволило изначально поставить всю систему сбора десятины на профессиональную основу, что предопределило успех всего начинания в целом.

Таким образом, начало второго этапа формирования Империи, переход от Империи экспансии, Империи раздвижения границ и покорения новых земель к Империи освоения этих земель и создания единого целостного государства на принципах договорной конфедерации, ознаменовалось созданием финансовой сети с общим центром сбора и распределения дани. Можно сказать, что создание такой сети и предопределило переход к этому этапу и создало предпосылки к качественному скачку, созданию Великой империи на экономических принципах объединенной и связанной едиными экономическими интересами. Иудея начала ткать паутину, которая должна была стянуть все покоренные территории в единое целое центростремительными силами общих финансовых и имущественных интересов. Цель была ясна. Средства определены. Исполнители найдены. Паутина начала свое существование пока как сеть центров сбора десятины-мыта, размещенных в монашеских обителях под защитой их стен и с благословения духовных отцов.

Следующий этап предполагал обособленность ее от монашеской братии. Он предполагал создание нового космополитического, гражданского мирового порядка, а потому был закономерен. Общая неуправляемость движения, торговцев и купцов, возникновение ремесленников и сферы обращения товаров, поиски возможностей для относительно неурегулированной торговли и производства, не облагаемых данью, вызвали необходимость формализации и структурирования всего этого процесса.

ТВОЯ МОЯ НЕ ПОНИМАЙ

Для продолжения нашего расследования необходимо разрешить один немаловажный вопрос. Как понимали друг друга жители Ойкумены? На каком языке они общались? Именно общались, а не писали. Писать можно на любом. Взаимопонимание людей пишущих зависит от наличия прослойки грамотных, не более того. (Впрочем, в то время они составляли незначительное количество служивых людей.) А вот говорить друг с другом, особенно во время боевых действий и колонизации земель, было необходимо на одном языке.

Для начала изложим гипотезу возникновения термина «евреи», широко распространенную в ученых и неученых кругах. Предполагается, что это не самоназвание народа, а название, данное ему соседними народами, или самоназвание при общении с чужестранцами. Сам себя указанный народ именует в Священном Писании «Израиль» и «сыны Израиля», что, исходя из вышеизложенного, закономерно и естественно. Этимологию же слова «иври» специалисты выводят из двух источников. Первый — арамейский — имеет географический подтекст. Эвер-ха-на-хар в переводе означает «другой берег реки». Мол, Авраам ушел из Ханаана с «другого» берега реки. Таким образом, слово «иври» выводится из арамейского слова «эвер» то есть «другой». Второй источник — аккадский — выводит это слово из аккадского «хабиру», что означает «те, кто приходит». И та и другая версия достаточно точно определяют социальный статус народа, скорее, группы, касты. Обе версии указывают на то, что группа, сама себя считающая частью богоборцев — завоевателей, для окружающего ее населения отождествлялась с «пришельцами», «чужаками», «другими». Притом хочу отметить, это версия, принятая в официальных кругах, исследующих происхождение и историю еврейского народа.

Изложив точку зрения научных исследований, акцентируем внимание на том, что она рассматривает происхождение термина на основе двух языков. Приведём академическую справку.

Семитские языки — ветвь афразийской, или семито-хамитской макросемьи языков. Состоит из групп:

1) северо-периферийной, или восточной (вымерший аккадский с диалектами ассирийским и вавилонским);

2) северо-центральной, или северо-западной (живые — иврит и новоарамейские диалекты, объединяемые под названием ассирийского (новосирийского) языков; мёртвые — эблаитский, аморейский, ханаанейский, угаритский, финикийско-пунический, древнееврейский и арамейские диалекты: древнеарамейский, имперский арамейский; западно-арамейские: пальмирский, набатейский, палестинские; восточно-арамейские: сирийский, или сирский, вавилоно-талмудический, мандейский;

3) южно-центральной: арабский (с диалектами) и мальтийский;

4) южно-периферийной: живые — мехри, шхаури, сокотри и др.; мёртвые — минейский, сабейский, катабанский;

5) эфиосемитской: живые — тигре, тиграи, или тигринья, амхарский, аргобба и др.; мёртвые — геэз, или эфиопский, гафат.

Три последние группы нередко объединяются в одну.

Что ж, достаточно конкретно и ясно. Аккадский и арамейский — эти близнецы-братья, относятся к группе семитских языков.

Однако нам так же достоверно известно, что этот самый арамейский язык, выражаясь высоким стилем, был lingua franca (свободный язык, язык межнационального общения) ассирийцев, парфян, персов и т.д. Я предполагаю, что этот язык использовался раньше в синагогах.

Присмотримся к арамейскому повнимательней. К сожалению, услышать нам его не удастся, и придётся всю аналитическую работу вести на визуальном материале, то есть на образцах письменности.

Письменность — главное и основное оружие духовенства, то есть Иудеи. Поэтому не стоит удивляться частому употреблению термина «иудей» при освещении данной проблемы.

Как и прежде, все приведённые улики, прямые и косвенные, в нашем расследовании будут лишены одной детали — конкретных дат. Эту фразу мы будем повторять постоянно.

Кто использует арамейскую письменность, кем являются арамейцы?

Еврейско-финикийская эпоха	Ассирийская эпоха	Персидская эпоха	Египетская эпоха	Названия букв	Еврейско-финикийская эпоха	Ассирийская эпоха	Персидская эпоха	Египетская эпоха	Названия букв
				alef					lamed
				beth					mem
				gimel					nun
				daleth					samech
				he					ain
				vay					phe
				zain					tsado
				cheth					gof
				teth					reach
				yod					schin
				kaf					thay

Постепенное развитие арамейского алфавита по Я.Б. Шницеру

Самым старым арамейским письменным памятником считается надпись царя Киламува, был такой царь в Сирии. Но кем являются арамейцы, как отличаются они от ассирийцев или вавилонян? Имеется ли вообще самостоятельный народ «арамейцы»? К сожалению, об этом ничего нельзя узнать из истории языков. Известный языковед Гаарман пишет лишь: «Арамейцы, язык которых очень родствен еврейскому, населяли важные области пограничных цивилизаций, что могло бы объяснить их распространение, вплоть до Северо-Западной Индии».

Арамейцы «населяют» и «распространяются», но как реально существовавший исторический народ арамейцы не проявляются нигде. Или только в том отношении, что другие народы используют их письменность (и язык?). Ассирийцы, например, «принимают» арамейский. Ассирийцы в Нимруде используют арамейский наряду с клинописью. Мы находим там арамейский прежде всего в области экономики

После гибели Ассирии, что историками датируется удивительно точно — 612 годом до н.э., — персы «перенимают» арамейскую письменность и язык. Неясно, «перенимают» ли они их от ассирийцев непосредственно или от предполагаемой Финикии. Но прежде всего неясно то, почему они тогда не используют собственную древнеперсидскую письменность и язык. Арамейский персов называется, во всяком случае, «имперско-арамейским». Самым старым документом этого имперско-арамейского является письмо короля Адона с юга Палестины египетскому фараону с просьбой о помощи против вавилонян. Профессор Зегерт пишет: «Персы приняли вавилонскую администрацию вместе с арамейскими писаниями. Довольно унифицированная орфография свидетельствует о систематическом употреблении арамейского языка в канцеляриях Персидского государства». Но тогда является странным то, что Дарий I не использует арамейский язык для скальных надписей в Бизутуне.

Однако если мы теперь более точно рассмотрим так называемый древнеперсидский, мы обнаружим, к нашему удивлению, что он не был языком общения древних персов, очевидно, являясь разновидностью искусственного языка. Дарий сообщает как раз о том, что он велел создать древнеперсидскую клинопись с целью изготовления на ней надписей. Цитируем Дария: «по воле Аурамазда, это является письменной формой, которую я создал, сверх того, на ариш... и она писалась и зачитывалась мне вслух. После этого я эту письменную форму разослал во все земли. Люди не решались ее использовать». Согласно Визенхеферу, древнеперсидский был применен впервые для больших речей Дария на скалах Бизутуна (Мидия). Но древнеперсидская клинопись является не дальнейшим развитием древне-месопотамской клинописи, а «новым творением при влиянии арамейской письменности из согласных, и обозначается как смесь из слогового шрифта и шрифта из согласных».

Арамейский язык сохраняется после гибели Персидского государства, в государствах Селевкидов и Птолемеев и в Малой Азии. Кочующие арабы продолжают писать на арамейском языке, о чем свидетельствуют надписи для богини Ган-Илат.

Талмуд сообщает, какие языки и какое письмо, согласно мнению талмудистов, были родственными: «После того, как закон израилитов был дан на иврите и на святом языке, он был дан в более позднее время Эзрой (в православной традицииЕздрой — реформатором иудаизма. — *Прим. ред.*) на ассирийском и арамейском языках. Теперь израилиты выбирали ассирийский и святой язык и позволяли несведущим (самаритянам) читать на арамейском языке». Соответственно, раввины называют самаритянскую письменность «ктаб ибри» — «ивритом» (Faulmann, Gesch., S.).

Талмуд излагает историю трех реформ письменности и языка таким образом:

сначала: древнееврейский (якобы иврит) + святой язык;

затем Эзра (реформа после вавилонского пленения): ассирийский + арамейский;

в конце концов, талмудисты: ассирийский + святой.

Иудеи выбрали, следовательно, ассирийский и святой язык для своих культов. Но языком общения и будней остался арамейский.

В «Грамматике иудо-палестинского арамейского» Густава Дальмана мы находим рассуждения о том, что руководители Вавилонской Иешивы — гаоны якобы обозначали арамейский как АРМИ. Маймонид, согласно Дальману, называет язык Талмуда также АРМИ. Но, с другой стороны, имеется также обозначение SVRSI (СВРСИ), которое использовалось, прежде всего, греками для обозначения арамейцев. Дальман упоминает о запрете в Палестине на употребление SVRSI, следовательно, на арамейский, и введение иврита или греческого. Иероним Стридонский указывает на арамейские слова как на полностью SYRUM (сирийские), но использует также термин «халдейские». Для греков Сирия в Палестине была страной, граничащей с ней с северо-востока, и в которой, согласно Дальману, в качестве разговорного языка использовался также и палестинский. Талмуд указывает на арамейский как на «всеобщий» язык, в противоположность ивриту — «святому языку», при этом отличая арамейский народный от арамейского учителей, и иврит Библии от иврита гаонов.

Иудеи, по-арабски пишущие, обозначали весь арамейский как сирийский. Впрочем, надо отметить то, что арабы обозначали свою письменность также как SURY.

Обратим внимание на одну деталь. Понятие ARAM должно осознаваться, прежде всего, как собственное обозначение языка арамейских иудеев. В то время, как понятие SVRI или SURI оказывается обозначением для того же языка арамейских иудеев извне, пока это понятие не стало общим для доминирующей над всеми культуры. Интересно, что ABU еще сегодня по-арабски значит отец. Вероятно, что имя праотца Авраама, которое писалось первоначально ABRAM, можно разложить на: ABU RAM (буквально: «отец арамейцев»).

Теперь, я думаю, нам будет легче понять, почему в средневековых источниках имеется столь много сведений о сарацинах, столь мало сведений об арабах и совершенно нет сведений о мусульманах. По отношению к сарацинам легко абстрагироваться от SAR. Слово SAR должно, согласно анализу, в сирийско-арамейском не означать ничего другого, кроме как «князь, господин». В этом же значении оно перешло в испанский, французский и английский языки: SIR (англ.), SIRE (испанское и французское). Точно в том же значении в индийском санскрите как SIRA, в арабском как SARY, на иврите как SAR, в славянских как ЦАРЬ.

В романо-германской группе языков слово SAR появляется не вдруг. Здесь мы находим слово KUNIG (король) и HARI в похожем значении. KUNIG мог бы быть формой минимизации KAN, слова, которое мы находим еще в Орде в похожем значении: KHAN (Хан).

Повторимся, арамейский мог бы быть собственным языком Империи, при этом словом «сирийский» его могли обозначать чужие народы, а именно те, для которых иудеи-евреи выступали как SAR, и в этом же смысле употребляли слова «господин, князь». Арамейский мог бы быть широко развившимся языком культуры общения, которая революционизировала бы тогда существующий мировой порядок.

В этой модели самым важным результатом должно было стать изобретение буквенного алфавита и вместе с ним основательное улучшение коммуникационных средств. Эта модель приносила бы экономическую выгоду и, наряду с созданием централизованной финансовой системы, облегчала распространение культуры и распространение языка.

С момента имперской экспансии, осуществляемой воинской кастой, Израилем, имела место и языковая экспансия арамейской культуры, понимаемая потом как арабско-исламская. История письменности представляет нам в этом направлении весомые доказательства.

Так называемый имперско-арамейский является языком «персидского» государства, но даже египетские фараоны ведут дипломатическую корреспонденцию на этом языке.

После «вавилонского пленения» иудеев древнееврейский язык и письменность вытесняются даже из Иерусалима. Иисус произнес на кресте арамейские слова «Eli, Eli, lema sabachthani?» (Примерный перевод: «Боже, боже, почему ты меня забыл?»).

Иудеи использовали в тексте Ветхого Завета арамейский, но в его «персидском» имперско-арамейском варианте. Древнееврейский язык мы находим только на маккавейских монетах и частично в Кумранских свитках. Арамейские тексты из Кумрана указывают даже на более поздний палестинский арамейский.

Древнееврейский квадратный шрифт, который будет позже, якобы со времен Маймонида, официальным шрифтом иудеев, является модернизацией арамейского шрифта. Арамейская письменность не только является образцом для средневекового иврита, но и стимулирует, собственно, почти все азиатские буквенные шрифты.

Также под влиянием (как говорят) арамейской письменности пребывала древнеперсидская клинопись. Она является «новосозданной при влиянии арамейской письменности из согласных и смесью из слоговых шрифтов и шрифтов, состоящих из согласных» (Визенхефер). То есть персы оставались народом без письменности до тех пор, пока не переняли арамейскую. Арамейский же снова оказывается языком без народа-носителя.

Арамейский является образцом для письменности на так называемых среднеперсидском, парфянском и пехлеви, на которых пишут тексты персы и парсы. Следовательно, персы наверняка использовали арамейскую письменность также для персидских диалектов.

Самой важной христианской азиатской письменностью является восточносирийская несторианская письменность. Она действует до Средней Азии и Китая, развиваясь там во множество различных буквенных алфавитов.

Арамейский является образцом для согдийского в Средней Азии и для уйгурского, с XIII до XV столетия он будет официальным языком легендарных монголов.

На базе арамейского возникают индийская письменность, в том числе брахми. А также тибетская, которая станет позже материнской для позднемонгольского и маньчжурского языков.

Надписи так называемых набатеев (Nabataeer) обнаруживают только совсем немного отклонений по отношению к имперско-арамейскому языку.

Арабская письменность в своих восточных и западных вариантах возвращается к арамейскому языку(!).

Образцы некоторых видов восточного буквенно-звукового письма, возникших на арамейской основе (сверху вниз): еврейское квадратное, еврейское раввинское, новоеврейский курсив, пехлевийское, авестийское, эстрангело, сирийско-палестинское, несторианское, каршуни

Итак, мы постарались обнаружить язык общемирового общения (мы преднамеренно не используем термин межнационального, предполагая, что понятия «нация» еще не существует). Им оказался язык Ветхого Завета, Торы, Талмуда и Нового Завета. Язык так называемой сирийской археологии. Язык не известных истории арамеев. Арамейский — единый язык общения каст воинов и духовенства, каст кормильцев и управителей Империи. И он был справедливо назван историками имперско-арамейским языком.

Постараемся привлечь воспоминания очевидцев. Вот что пишут персидские источники о развитии торговли в раннем Средневековье: «На север от Андалузии лежат Рим, Бурьян и страны славян и аваров. От западного моря шли славянские, греческие, франкские и ломбардские рабы, греческие и андалузийские рабыни, бобровые шкурки и другие меха, парфюмерия Стиракса (?) и лекарства в виде мазей. Торговцы говорят на арабском, персидском, греческом, франкском, андалузийском и славянском языках. Они путешествуют с запада на восток и с востока на запад сушей и морем. С запада они привозят евнухов, девушек и юношей в рабство, парчу, бобровые шкурки, клеи, соболя и мечи». (B. Lewis. Welt der Unglaubigen («Мир невероятного»).

Интересным является то обстоятельство, что торговцы как посредники между востоком и западом в этом перечислении говорят на всех важных языках своего времени, кроме латинского. Следовательно, латинский язык в раннесредневековой Европе либо идентичен с андалузийским или франкским языками, либо почти не распространен, либо просто неизвестен. (Это подтверждает предположение, что латынь является искусственным языком позднего Средневековья.)

Останавливаться на использовании «арабицы» в общении среди славянских народов и ее идентичности с вышеперечисленными языками мы не будем. Это отдельная большая тема. Достаточно упомянуть, что огромное количество грамот Белоруссии, Литвы и Германии написаны «арабицей». Надписи на оружии, «Хождение Афанасия Никитина» и многое другое. Остановимся на нашем предмете — создании финансовой системы. На удивительных средствах платежа — монетах.

Самой важной средневековой монетой, единой расчетной единицей является динар. «Дин» означает по-арабски «религия», «закон» или «вера». В значении «закон» это слово используется и на арамейском, и на иврите. «Бейт-Дин» на иврите «суд раввинский», дословно «дом закона». На старом немецком слово «Дин-Гуз» означает синагогу. Даже основной правовой принцип диаспоры, сформулированный в Талмуде, звучал так: «Дина де-Малхута Дина», то есть «Закон царства — это закон», и сформулирован был на том же арамейском языке. Слово «динар» должно происходить, по мнению нескольких нумизматов, от латинского слова «десять». Но фактически «десять» по латыни «decem». Мог ли динар быть связанным с арамейским словом «дин»? Если вспомнить, что «ар» на том же языке означает и «горение», и «год», и «мера», то мы получим вполне удачное название для имперского денежного знака — «Закон меры».

Как говорят источники, на славянских знаменах Вещего Олега, Аскольда и других князей арабской вязью писалось странное слово «Дин». Эта неразрешимая загадка имеет простой ответ. Богоборцы (Израиль) и должны были идти в бой под знаменем с надписью «Вера» или «Закон», написанной имперско-арамейским языком.

Германистика также подтверждает, что много старых немецких слов к настоящему времени являются исчезнувшими. Два таких слова достаточно интересны: «Alah» и «Zebar». «Зебар» переводится как «жертвенный зверь» и Алах переводится филологами как «храм». Может быть, это чистая случайность, что старое немецкое слово для храма, «Alah», соответствует сирийско-арамейскому и арабскому слову «Allah» (Бог), а древненемецкий «Zebar» соответствует сирийскому «Zebahim» (жертва битвы).

Мы постарались, со всей убедительностью, насколько это возможно, сформулировать гипотезу, что у Империи был единый язык — имперско-арамейский, незаслуженно отнесенный в глубокую древность и замененный в более близкие годы огромным количеством синонимов — арабских, персидских, сарацинских, монгольских и т.д., — хотя все это производные одного арамейского языка. Мы также постарались обосновать версию, что арамейский и сирийский (сарацинский) языки — это один и тот же язык, только называемый разными сторонами процесса (завоевателями и завоеванными).

Если нам удалось это обосновать, то можно сделать вывод: имея единую веру, язык и территорию, Империя могла приступить к формированию на всем этом едином пространстве единой финансовой системы.

ЧТО ТАКОЕ ДАНЬ?

Но не заблуждаемся ли мы? Не было никакой финансовой системы, был обыкновенный феодализм с непосильной работой крестьян на угнетателя, владельца феода, закованного в броню рыцаря, сидящего в неприступном замке на вершине холма. А с соседнего холма за ним наблюдал некий епископ в сутане, сидящий за стенами неприступного монастыря и угнетавший не только своих монахов, но и близлежащих крестьян. Над всей этой пирамидой стоял местный монарх, волею своею отнимавший у того и у другого часть их доходов и ведущий кровожадные войны с такими же жестокими тиранами и разбойными шайками, рыскавшими по дорогам мрачного Средневековья. Среди этого моря бесправия и разбойщины островками нарождающейся надежды были разбросаны города с городским самоуправлением, зачатками ремесленных объединений и зародышами буржуа, будущей надежды и совести новой капиталистической эпохи.

Наверняка мы со своими знаниями политэкономии и философии поторопились с выводами и приняли желаемое за действительное, никакой финансовой системы не было в то время и в проекте, а были сплошная экономическая анархия и базар, который еще не сменился на цивилизованный рынок.

Позвольте открыть Священное Писание, Ветхий Завет, Тору, Коран — кому как привычней называть. Эта книга, бесспорно, — идеально выстроенное символическое описание прошедших эпох, хотя она и является фиктивным и надвременным философским трактатом, излагающим догмы и основы построения нового мирового порядка в литературном виде.

Пятикнижие Моисея имеет к тому же принципиально другой характер, чем другие части Ветхого Завета. Оно предполагает рассказ безысторийного содержания, который имеет сильный морально-гуманитарный характер и содержит много конкретных указаний, изложенных в притчевой, иносказательной форме: нужно поддерживать бедняков и чужих, нельзя быть высокомерным, нужно исполнять десять заповедей и т.д. Это звучит не конкретно, но в этих пяти книгах излагаются основы вновь создаваемой морали и формируются принципы новой справедливости.

Так вот там, уже в книге «Бытия», то есть в самом начале, в описании жизни праотца всех народов Авраама — легендарного предка безродных и неуловимых арамейцев — встречается много интересных эпизодов, позволяющих нам утвердиться в своих выводах.

Начнем с того, что Авраам платит десятину царю-священнику Салима (Урусалима) Мелхиседеку (Малки-Цедеку): «...и дал ему десятину из всего». Кроме того, при преломлении хлеба и разделении между ними вина, жрец высшего Бога напоминает ему («...отдай мне души») — о включении в десятину и рекрутского набора в армию, притом из того же расчета — один мужчина от десяти (женщины даже еще в эпоху Чичикова душами не считались). В житиях праотца фигурируют тысячи изделий из серебра и другие ремесленные товары.

Все тексты Ветхого Завета настолько пронизаны экономикой, что трудно определить, о каком обществе идет речь — о древнем или современном. Тут и торговля, и налоги, и дань, и ремесла, и кредит, и пошлина. Чего только нет! Даже в иудаистских кругах США наконец пришло понимание, что Тору исторически и археологически проверить нельзя. Многие предлагают, подобно Роберту Альтеру, рассматривать Библию в качестве литературы, и именно так к ней и относиться. Тем не менее это не мешает нам в нашем расследовании приводить тексты из этой Книги Книг как косвенные улики в пользу наших версий.

В восточных источниках, я намеренно не называю их мусульманскими, мы находим доказательства, что подушная подать уже платилась к началу так называемых восточных завоеваний, но эти источники признаются традиционными историками фальсификацией. Так Н. Штильманн с пафосом пишет: «Later Muslim sources projecting back the legal Systems of their own time, created the Impression that all the conquered people paid a poll tax (jizya) and a land tax. This anachronism was uncritically accepted by many scholars» (Stillmann, 25). («Поздние мусульманские источники экстраполируют назад законодательную систему их собственной жизни и создают впечатление, что все завоеванные народы платили налоги согласно списку (подушный и земельный). Этот анахронизм был некритично принят многими исследователями». (Stillmann, 25).

Конечно, откуда рабовладение, темный ислам, а рядом — подушный и земельный налоги? Бред, с точки зрения истории.

В Персидском Курдистане были найдены в 1909 году в запечатанном кувшине три пергамента. Это были документы о продаже виноградника. Два первых на греческом, последний на арамейском. Покупная цена, указанная в первом документе, была 30 драхм серебра, в последнем 55 драхм серебра. Интересно то, что покупатель обязуется платить ежегодный налог и, кроме того, содержать виноградник в хорошем состоянии. Мы с удивлением узнаем, что в Древнем Курдистане производилось вино, что в экономической жизни использовались греческий и арамейский языки, что были свободные крестьяне и инфляционное денежное хозяйство.

Среди Кумранских свитков практически четверть составляют экономические расчеты и инструкции, документы по содержанию дружины и постройке общинных домов, точные указания о сборе пошлин и налогов.

Остается вспомнить знаменитую дань, представляющую собой натуральный и денежный побор с покоренных народов, а также феодальную ренту.

На Руси, наряду со всем этим, известны еще две интересные экономические новации: Ордынский выход и мыт.

Ордынский выход, по предположениям традиционных историков, равнялся десятой части дохода, то есть десятине. От него освобождалось духовенство. Он делился на денежно-товарную дань и забор в рабство мальчиков. Платился, с точки зрения тех же историков, покоренными русскими княжествами в Золотую Орду.

Мыт, уже упомянутый нами в предыдущих главах, являлся в Древней Руси государственной пошлиной с торговли. Взимался при провозе товаров через заставы. Мыт и мытари упразднены Торговым уставом только в 1653 году.

В завершение нашего списка упоминаний о финансовых операциях в стародавние времена напомним уложение Владимира Мономаха для ограничения «жидовских ростов на деньги». Была установлена наивысшая величина «рез» или процентов и другие ограничения для ростовщиков.

Кто-то хочет меня убедить, что такие финансовые операции могут проводиться без налаженной системы сбора, доставки и распределения. Предположим, что какая-то власть решила заняться такой экономикой с бухты-барахты. Как вы себе представляете подушный и поземельный налог без точного знания количества душ и того, кто на какой земле сидит? Как вы представляете налог на имущество без учета этого имущества, и налог с продаж без контроля над продажей? Как вы представляете контроль над ростовщиками без регуляции ростовщичества? Как вы представляете вычисление ДЕСЯТИНЫ без наличия учета и контроля? Кто этим будет заниматься? Как вы представляете сбор этой десятины и ее доставку в диких землях, где рыщут разбойники?

Даже в наш цивилизованный век сбор налогов — проблема номер один в высокоразвитых странах, не говоря о других, и силы на это брошены немалые. Это при наличии-то тотальной слежки и электронного контроля над оборотом средств и товаров?

Поищем признаки наличия такой системы в Империи.

Для начала нам придется усомниться в дикости нравов темных веков и признать, что картинка «Замок феодала», на которой изображен каменный неприступный замок на скале, немного не соответствует имперскому ландшафту.

Согласно работам Марка Блоха и Жоржа Дюби, которые исследовали раннесредневековые французские источники, и прежде всего, согласно работе Пьера Бонасси (La Catalogue du milieu du X e á la fin du XI e siècle) об испанских феодальных клеймах и гербах (Marken), можно говорить о «феодальной революции» XI столетия, которую Т. Н. Биссон характеризует, как «крах общественного правосудия, новые режимы произвольного правления господ над недавно повергнутыми часто запугиваемыми крестьянами. Размножение рыцарей и замков, и идеологические последствия этого».

Кажется, источник нас опровергает. Вот они — знакомые замки, рыцари и запуганные крестьяне. Однако задумаемся, авторы говорят о «новом режиме» и «феодальной революции». Давайте посмотрим дальше.

Сюзан Рейнольдс подтверждает в своих работах, что в Германии идея феодализма доказуема, самое раннее, в XII столетии, что зеркало Саксонии (Sachsenspiegel) еще в XIII столетии оперирует понятием «beneficium» («Дар») и совершенно не знает ленных указаний.

Уже интересней. Что там еще?

Вот. Наибольшее число исследователей исходят из того, что в каролингское время впервые появляется понятие «прав собственности». Следовательно, Каролинги якобы экспроприируют (оттесняют) старых племенных герцогов (воевод) и заменяют их собственными графами и старостами (фогтами): «Графы заменяли в это время более раннего герцога (вождя) племени... Вместе с тем Каролинги создали себе централизованный управленческий аппарат. С ним власть у старых племенных герцогов была отнята и перешла в достойные доверия — преимущественно франкские — руки» (M. Stromeyer. Merian-Ahnen). Или такой пассаж: «Во франкское время из королевской службы возникало служебное дворянство, которое возмущалось старыми порядками. Это служебное дворянство было административным лицом государства и церкви» (DTV Wörterbuch zu Geschichte).

Позвольте. Но кто тогда были эти самые герцоги, вожди, воеводы, если власть переходит в «преимущественно франкские руки»?

Но даже не это главное. А то, что формируется административный «централизованный управленческий аппарат». И при его формировании появляется законодательное «право собственности», ленное право, наследное право на недвижимость.

Самым важным ведомством раннесредневековой экономики и администрации был пост графа. Граф не был первоначально никем другим, как нормальным управленцем без собственного отношения к собственности. Следовательно, графы и старосты (фогты) представляли сначала лишь интересы владельца собственности. И владельцами собственности были преимущественно монастыри или князья (вероятно, еще не короли), а также оседающие на земле дружинники и герцоги (воеводы).

Еще цитата: «Тем, что каролингская политика подняла институт графов до одной из самых важных должностей во внутреннем управлении, она также способствовала оживлению путей сообщения, так как графы держали производство и содержание всех общественных дорог и заботились о трассах, дамбах, мостах... Также они должны были заботиться о безопасности дорог и торговых путей и следить за рынками. Торговцам в IX и X столетиях император охотно предоставлял особую защиту, право на свободу перемещения и свободу торговли, которая была действенной, только если графы исполняли долг и заботились о безопасности лица и собственности торговцев... Таким образом, графы были также опорой важных экономических функций» (Stromeyer).

Вот так! Административный аппарат императора (конечно, речь идет об императоре Священной Римской империи) заботится о коммуникациях, торговых путях, рынках, одним словом, как точно сказано, является «опорой важных экономических функций». В диком феодализме и лоскутном мире, раздираемом между баронами и графами, мы отмечаем, что экономические функции существовали и нуждались в опоре на центральную власть.

Это становится интересным. Смотрим дальше.

«Общее могущество административной власти принесло очень скоро понимание того, что, чтобы надежно избежать угнетения и произвола, есть только один путь: становиться добровольно под защиту графа... или под защиту его старосты (фогта) и ему доверить управление своим недвижимым имуществом. Следовательно, ведение борьбы против административного аппарата в плане экономическом и политическом было нецелесообразно. Понятия господина и должностного лица объединились, что неизбежно привело к объединению вокруг него мелких собственников, из соображений меньшего зла выбиралось уменьшение номинальной свободы личности в пользу большей безопасности» (Stromeyer).

По нашему мнению, историки достаточно достоверно и честно изображают картину. Служебное дворянство — графы и старосты (посадники) служат не королям (которых, вероятно, еще не было). Они служат духовной власти (монастырям) и воинской власти (хану). Монастыри были в Германии, Франции, Испании, Венгрии и других местах и в раннем Средневековье служили существенным экономическим двигателем (о короле как об экономическом факторе в источниках того времени ничего не слышно, разве только о том, что он должен раздаривать землю и имущество). При закреплении на территориях административная власть, так же как и центральная светская, нуждалась в распорядителе, управителе, несущем ответственность за регион и разрешающем споры внутри административного аппарата. Только тогда возникла потребность в выборе короля, первого среди равных, одного из себе подобных или из воинской касты, чтобы улаживать эти споры. Естественно, это только гипотеза, но картина, нарисованная историками, тоже чисто гипотетическая, так как она не может быть достоверно подтверждена источниками. Однако первый император Священной Римской империи Оттонов, согласно историческим данным, был именно избран.

Может, это не так. Может быть, высокородное дворянство происходило от племенных вождей и их прихлебаев у пещерного костра? Может быть, оно посчитало за счастье взять в руки писало и сесть за составление подушных списков и поземельных описей? Еще цитата.

«Уже во время Каролингов старое дворянство полностью слилось со служебным дворянством. Из высших родов должностные лица франкского времени, которые были с королями одной плоти, образовались как высшее сословие князей. Они были владельцами высших постов... А герцоги, маркграфы и графы? Путем наследования... чиновничество пришло к учреждению «высокоблагородных» появляющихся княжеских родов и династий» (M. Stromeyer). То есть княжеские роды состояли из двух ветвей: королевские бояре, которые заниматься писаниной и службой за счастье не посчитали, и чиновничество, созданное именно для этих целей. В действительности могло бы быть так, что само сословие «дворянство» возникло из-за получения и наследования административных ведомств.

До XII столетия никакое дворянство генеалогически не доказуемо вообще. Оно формируется, по мнению историков, именно в это время и проявляет себя в том, что занимает и распределяет должности в единой структуре управления. Бросается в глаза то, что в это же время имеют место постоянные отставки и изгнания епископов, что могло бы быть связано с процессом формирования духовной управленческой структуры на новых землях. В последующее время такая чехарда в высших кругах духовной власти, так же, как и изгнания епископов, в массовом порядке не отмечаются, потому внезапно в их именах появляется приставка «von».

Еще мы вспомним, что, по мнению историков, основную роль в становлении слаборазвитой Германии времен раннего Средневековья играли полные энтузиазма, невесть откуда появившиеся «молодые поселенцы, взявшие девственную землю, добывшие металлы и развившие земледелие». Эти ранние монастырские общины, опять же, по мнению тех же историков, для местных жителей были эталоном в том, что касается образа жизни и развития технологий, а также проводником мифическо-религиозного миропонимания и Веры.

«Позднее эти первоначальные общины будут бюрократизироваться, и глава этих общин епископ будет выделяться в административное лицо. Параллельно с отделением епископов от общин могло бы отделиться от крестьян дворянство как социальная группа, которым только с 1162 года запрещено носить оружие».

Вдумайтесь в это исторически обоснованное предположение. До какого-то времени «повергнутые и запуганные» крестьяне, имеющие право носить оружие, вообще не имели отличия от господ, а молодые поселенцы в монастырских общинах сами выбирали себе епископа. Простите. А где феод и замок на скале? Где епископ за мрачными монастырскими стенами? Спасибо за объективность, господа историки. Это типичная картина закрепления на земле воинских подразделений и выделения из их среды управленческого сословия, касты чиновников разного уровня.

Итак, мы постарались кратко аргументировать, что система административного управления Империей существовала и настоятельно требовала создания финансовой системы.

Попробуем так же, по крупицам, найти следы существования финансовой сети общемирового характера, имперской сети. Если нам это удастся, то наша гипотеза имеет право на жизнь. Исторические факты рассматриваются нами во вневременном и внетерриториальном пространстве.

Первое и очевидное, в чем не сомневаются все историки и все исторические школы, — общемировое Средневековье, бесспорно, испытывало чудесный взлет экономики.

Мы имеем в наличии ряд доказательных и аргументированно выведенных выше инструментов анализа:

межтерриториальный имперско-арамейский язык и его производные (арабский, персидский, древнееврейский, сарацинский, сирийский, брахми и т.д.);

управленческую структуру — чиновническую сеть Империи, выполняющую функции проведения на местах политики центральной власти;

единую законодательную базу, следовательно, единый законообразующий центр;

сеть духовной власти, взявшей на себя обязанность формирования на своей базе новой сети;

кастовое деление общества и продолжение дробления его на кастовой основе.

Итак, нам теперь достаточно ясно видно, что концепция становления экономики в обществе, основанная на так называемой классовой теории с ее постулатом о движущей роли буржуазии и превращении феодального общества в современную цивилизованную модель, мягко говоря, не соответствует исторической реальности. В этой самой исторической реальности просто не существует никакой рациональной, динамичной, элитарной силы, ориентированной на развитие торговли и соревновательности в ней. Попробуем открыть источники.

Оказывается, например, «что многие из полученных документов из архива государства Венеция о венецианских коммерсантах, которые вели торговлю с Ближним Востоком, представлены на иврите» (Lewis. Juden).

Затем мы узнаем, что немецкое банковское дело XIX столетия является плодом еврейского развития: «Как и в более ранние столетия, так и в этот раз христианские финансисты были слишком осторожны, чтобы предпринимать неизвестные и рискованные попытки решения новых задач. Эту функцию взяли на себя пришедшие в частную предпринимательскую деятельность банки, которые были созданы, по существу, иудеями. Наряду с большими банками возникает целый ряд мелких и средних иудейских банковских контор, главной задачей которых стало обеспечение кредитов для торговли и предпринимательской деятельности в стремительно процветающих городах». (H.M. Graupe. Die Entstehung des moderne Judentums (Возникновение современного иудейства). Гамбург, 1969).

Исследователям истории еврейства можно верить. Они горы материала поднимут и перевернут, лишь бы найти упоминание о роли евреев в описываемом процессе, тем более в экономике. Однако отметим мягкую замену термина у исследователей. Во всех работах используется термин «иудей». Если вернуться к изложенному нами выше, то мы полностью согласны со сказанным.

Действительно, достаточно ясно видно, что в определенное время начинается экономический взлет по всем направлениям. Притом носителями и катализатором данного процесса выступает некая централизованная, формализованная и структурированная сила. Особо зримо и наглядно это проявляется в архитектуре.

В рамках относительно короткого времени (примерно 200 лет) возникают, как будто из ничего, прекрасные готические соборы Северной Франции, Германии, Испании. (Willibald Sauerlaender. Das Jahrhundert des Grossen Kathedralen (Столетия больших соборов.) 1140—1260. München, 1989). Если признать, что проникновение в Европу так называемой арабско-индийской математики датируется началом XIII века (Leonardo Fibonacci), то непонятно, каким образом стало возможно то, что европейцы, еще не зная этой науки, могли строить эти шедевры инженерного искусства. Итак, очевидно, что нет никакой связи между «новой математикой» и началом строительства готических соборов. Удивительно, что историография экономики до сих пор не видит эту проблему. Я уже не буду дразнить вас гипотезой, что практически все европейские города построены по единому типовому плану в течение ста лет и разом. Ее достаточно подробно разобрали и обосновали.

Строителем этих соборов, согласно пониманию современной истории экономики, должна была быть восходящая буржуазия, другим просто экономически это было не под силу. Кого же нам предлагают исследователи на роль этих инвесторов, денежных мешков расцвета феодализма? Кем была восходящая буржуазия в раннем Средневековье?

В Рафельштеттенском таможенном уставе, принятом на заре Средневековья (как нас уверяют) в местечке под названием RUZARAMARCHA (*русская марка*) на востоке Баварии, в нескольких километрах от города Пассау, мы находим понятия «торговец» и «еврей», которые используются здесь обычно как однозначные. Но сначала оказываются синонимами такие понятия как «буржуа» (в понятии «горожанин») и «еврей». Отсюда вывод первый: города первоначально были под рукой имперской администрации. Вывод второй: они изначально создавались для размещения этой администрации и создавались евреями же. Города — это детище маркитантов, купцов, жидов. Договор, заключенный Генрихом IV с городом Вормсом в 1074 году, начинается со слов: «Judais ceterisque civibus Wormsae» («С иудеями и другими жителями Вормса»). (N. Bernt Engelmann. Deuthscland ohne Jüden.)

Даже традиционная история, приводя данные примеры, непроизвольно заставляет задуматься, что под термином «еврей» подразумевается конкретная социальная прослойка, каста, стоящая особняком от общей массы общества. При этом тесная ее связь с экономикой и финансовыми вопросами ни у кого и сомнений не вызывает.

Очень осторожно выскажем предположение, что именно в это время силами евреев и начинают появляться и развиваться города. Причем зародышами городов становятся торги, жидовские слободы, сити, сите, места поселения первых горожан — купцов. Конечно же, они появляются наряду с теми городами, что возникают вокруг ставок, станов, «оседающих» на землю воевод и чиновников новой администрации.

Иудеи и евреи к тому же, как оказывается, все Средневековье использовались как организаторы этих самых оседлых княжеских и королевских хозяйств. То есть они занимаются созданием земства, обустройства поземельных бояр и посадских людей — людей на земле. Это они указываются в документах как «Servi Camerae» (придворные служители).

Похожей была их роль на Востоке. Там их рассматривали как собственно носителей экономики. В официальном османском письме губернатору Сафеда в Палестине пишется: «У меня есть тысяча богатых и состоятельных евреев... с их имуществом, добром и с семьями посылаю их на Кипр». Губернатор Кипра, адресат документа, извещает о прибытии и размещении этих иудеев-евреев: «В интересах обетованного острова объявлено мной в приказе... пятьсот иудейских семей из Сафеда рекрутировать (rekrutieren в смысле нанять) и принять». Здесь это выразительно называется «в интересах острова» (B. Lewis. «Иудеи в исламском мире»). Кроме того, губернатор Сафеда заострил внимание на том, что он посылает богатых и с семьями, а не бедных иудеев. То есть он посылает чиновничью братию, а не монахов.

Французский капуцин, путешествовавший по Востоку, писал: «Нет у турок и иностранных коммерсантов никого, кто не имел бы на службе евреев. Они оценивают товары и их качество, работают как переводчики или дают советы для всего, что необходимо...»

Леди Мэри Вортли Монтагу, которая посетила Турцию уже в XIX столетии, пишет: «Я заметила, что наиболее богатыми коммерсантами были евреи. Этот народ имеет в этой стране невероятную силу. Они имеют много привилегий по сравнению с коренными жителями Турции и образовывают здесь практически свободное государство, так как оно управляется согласно собственным законам. Они превратили всю торговлю государства в собственное дело, частично из-за твердой связи друг с другом, частично из-за благосклонности турков. Любой паша имеет еврея, как homme d'affaires (домашнего поверенного), он посвящен во все его тайны и обеспечивает все его дела».

Ну и как тут не вспомнить знаменитого в России «еврея при губернаторе».

Автор книги «Современный капитализм» Зомбарт открывает происхождение капиталистического духа в иудействе. Посмотрите, какой гениальный вывод он делает, опираясь на изученный им материал. Зомбарт пишет: «Внезапный упадок Испании, внезапный взлет Голландии, увядание многих городов Италии и Германии и расцвет других, таких как, например, Ливорно, Антверпена, Гамбурга и Франкфурта, никоим образом не казалось мне объяснимым прежними причинами (открытие морского пути в Восточную Индию, смещение государственных силовых отношений). И тогда самым очевидным для меня представился внезапный и скорее всего чисто внешний параллелизм между экономической участью государств и городов и миграциями евреев. И при более близком рассмотрении можно было с достаточной долей достоверности прийти к выводу, что в действительности евреи были там, где происходил экономический взлет, и кризис наступал там, откуда они уходили».

Исключительно так, и только так. Осталось только рассмотреть, кто они — евреи?

СТРУКТУРА

Наше расследование показало, что версия о наличии в Империи финансовой сети имеет право на жизнь. Более того, в ходе расследования выяснилось, что роль данной сети в централизации Империи была не последней.

Дальнейший анализ изучаемых нами улик и свидетельств должен взять за основу важный постулат: все расследование и изучение фактов должно быть свободно от национального и религиозного фактора. Напомним также еще один (первый) принцип нашего расследования: мы должны быть свободны от хронологических привязок.

Несоблюдение второго постулата неизбежно приведет нас к выпячиванию роли отдельной нации и религии, что с нашей точки зрения является порочной методикой, неправильной в основе. Это ведет не только к неверным, но и прямо противоположным результатам.

Примеры применения такой методологии мы привели выше. Дополнительно можно напомнить, что Дэвид Рол привязывает все развитие цивилизации к шумерским корням, А. Т. Фоменко — к славянским, а Агаджи — к тюркским. Нелишне будет заметить, что таким же путем шли Отто Ран, Гвидо фон Лист, А. Хомяков и многие другие. Даже для загадочного Китая, когда возникла необходимость, иезуиты мгновенно написали «китайскую» историю.

Поэтому постараемся как можно более объективно продолжить наш опыт исторического детектива, невзирая на слезы и угрозы потомков нашего подследственного.

Мы уже говорили, что в период начала централизации Империи на базе создания целостной экономики и зарождения финансовой сети понятие «нация» как таковое еще не успело появиться, в силу отсутствия объекта.

Уточним. Что есть нация?

Нация (от лат. natio — племя, народ) — историческая общность людей, складывающаяся в процессе формирования общности их территории, экономических связей, литературного языка, этнических особенностей культуры и характера. Складывается из различных племен и народностей. Ряд современных ученых связывает нацию с определенным народом и включает в число ее сущностных принципов общность самосознания и социальной структуры; другие рассматривают нацию как общность принадлежности к определенному государству.

Отметим для себя, что нация складывается из племен и народностей. Отлично. Что есть народность?

Народность — исторически сложившаяся языковая, территориальная, экономическая и культурная общность людей. В современной литературе идет дискуссия о признаках и соотношении народности и нации.

Итак, понятно, что ничего не понятно. Ученые еще не определили для себя, что есть что. Но одно бесспорно. Без отдельного языка, территории, экономики и культуры ни нации, ни народности быть не может. Что и требовалось доказать.

Отсюда вывод — в изучаемый нами период формирования Империи никаких наций, народностей и т. д. в ней не было. Так как разделения языка еще не произошло (Вавилонская башня впереди), территории еще не обособились, экономику только собрались налаживать. Так что осталась только культура. А что же было? А были племена, или, если хотите, этнические общности. Было, выражаясь высоким стилем, «Великое переселение народов» — условное название совокупности этнических перемещений — племен, ныне известных нам под именем германских, славянских, сарматских и др.

Таким образом, расследование роли той или иной касты, составляющих структуру существования Империи, с национальной точки зрения было бы, мягко говоря, неправомерным или попросту притянутым за уши.

В предыдущем нашем анализе мы отметили, что основа идеологии Империи опиралась на веру монотеистического толка, основанную на обрядах солнечной мистерии. Это ни в коей мере не является никакой религией в современном понимании. Даже сам термин «религия» в те времена указывал на повторное объединение на новой идеологической основе групп людей. Отсюда же и Реконкиста, и Реконструкция, и Реформация, и Ренессанс, и все остальные «ре».... Они и возникли в эпоху Реформации и являются ее детищами. Попытку в наше время вывести этот термин из лат. religio — набожность, святыня, предмет культа, оставим на совести тех, кто это придумал вместе с латинским языком.

Мы намеренно остановились на этом, чтобы пояснить неправомочность рассматривания роли духовенства в Империи с религиозной точки зрения, так как к тому времени разделения на разные ветви Веры еще не произошло, и переобъединяться на новой идеологической базе, то есть создавать «религии», еще не было необходимости. Их еще не было, а была единая Вера.

В этом убеждении мы не одиноки. Позвольте привести цитату из книги Д. Рида «Спор о Сионе».

«В эпоху Иисуса Христа не существовало ни «еврейской», ни даже иудейской религии. Был культ Иеговы с его различными сектами фарисеев, саддукеев, ессеев и др., яростно спорившими друг с другом и боровшимися за власть над народом через синагогу. Это были даже не секты, а политические партии, и самой сильной из них были фарисеи с их «устным преданием» того, что Бог якобы заповедал Моисею».

Пояснив подробно нашу позицию по поводу введения в процесс расследования второго постулата, вернемся к самому процессу.

Так кого же понимают под термином «иудеи» все вышеупомянутые нами авторы? Ровно того же, кого понимают под термином «жиды» авторы противоположного толка и под термином «евреи» авторы более либеральных позиций.

За всеми этими ярлыками скрыты функционеры финансовой сети Империи, мытари, налоговые инспекторы, бессермены (басурмане), баскаки и многие другие, занимавшиеся на всей ее огромной территории подсчетом и сбором налогов.

Те, кого называли «пришлыми», «чужими», «другими», одним словом — «иври». Они и были для всех чужими и пришлыми. Государевы люди, «рабы казны», как образно называли их в темные Средние века в законодательных актах Империи.

Согласно нашей версии, после первичного формирования опорных структур финансовой сети из трех кадровых источников, упомянутых выше, и размещения функционеров на базе стационарного закрепления духовной власти (в монастырях), возникла необходимость в выделении этих структур в отдельную независимую кастовую общность. Такое развитие событий обусловливалось множеством факторов. Во-первых, необходимостью приблизить исполнителей к объектам их деятельности, (в первую очередь к городам и торговым артериям). Во-вторых, обособлением самой сети от влияния всех властей — военной и духовной — на местах и подчинением сети только центральной власти. Постепенно функционеры сети образуют отдельную замкнутую касту, ставшую, по сути дела, элитарной. Для формирующейся касты характерны строгое подчинение единым центральным законам и инструкциям и защита данной касты от влияния извне. При этом существует ответственность ее членов пред центральной властью, вплоть до крайних мер наказания.

Не было такого? Было. Постараемся показать на примерах наличие такой касты.

Начнем, как всегда, с Книги Книг. О том, как Авраам возвысился из Ура-Халдейского в Ур-Салимский, мы уже упоминали и упоминали также, что книга эта является глубоким философским трактатом, написанным в притчевой форме. Приземленность переводов сделана специально, дабы затушевать смысл самих притч. В данном случае замена термина «возвысился» на термин «пришел» многое меняет. Мы знаем, что даже сейчас говорят не «пришел в Иерусалим» и не «вошел в Иерусалим», а «поднялся в Иерусалим». Это отголосок давнего — «возвысился до Иерусалима». То есть поднялся до понимания поклонения Святой Обители. Так вот Авраам (праотец) возвысился от поклонения халдейским богам до понимания монотеизма, о чем и повествует данный текст. За это и был одобрен царем-священником Малик-Цедеком (Мелхиседеком) и принят в общий сонм Посвященных с уплатой положенной в данном случае десятины.

В той же книге находим другую историю.

После сорокалетнего блуждания народа Израилева по пустыне безверия и укрепления желания завоевать для себя «земли текущие молоком и медом», после Исхода, во главе которого стояли Моше (Мошиах, Моисей, Мессия), что означает буквально: Избавитель, Помазанник Божий, Царь, и брат его Аарон — Учитель, Просвещенный, Посвященный, во главе народа Израилева (Богоборца) встал Иисус Навин (Йеошуа Бин-Нун) — Спаситель, возглавивший вторжение (экспедицию) в раскинувшиеся перед их очами земли. Под его водительством объединенное войско израильское взяло штурмом Иерихон (Ярхан), город неприступный, до этого никем штурмом не бравшийся, и устремилось в глубь лежащих перед ними просторов. Далее, после смерти Иисуса Навина (Нового Иисуса. Меня все время смущает, а кто старый Иисус?), единое войско, разделенное на 11 колен (двенадцатое Левиты — священники), продолжило свой ратный труд. Под предводительством собственных вождей все пространство было завоевано окончательно и поделено между поколением. Левитам же «привратникам», выделили 48 городов-укрытий (монастырей? гетто?), в которых жители находились под юрисдикцией церкви и светские законы над ними силы не имели.

Вот эти самые левиты нас и интересуют. Присмотримся к ним повнимательней.

Книга Иисуса Навина содержит любопытный текст: «И дали сыны Израилева левитам из уделов своих, по велению Господню, сии города с предместьями их. Вышел жребий племенам Каафовым; и досталось по жребию сынам Аарона священника, левитам, от колена Иудина, и от колена Симеонова, и от колена Вениаминова, тринадцать городов; а прочим сынам Каафа от племен колена Ефремова, и от колена Данова, и от половины колена Манассиина, по жребию, досталось десять городов; сынам Гирсоновым — от племен колена Иссахарова, и от колена Асирова, и от колена Неффалимова, и от половины колена Манассиина в Васане, по жребию, досталось тринадцать городов; сынам Мерариным, по их племенам, от колена Рувимова, от колена Гадова и от колена Завулонова — двенадцать городов» (Библия. Книга Иисуса Навина, 21: 3—7).

Текст разделяет левитов на три группы: племена Каафовы, сыны Гирсоновы, сыны Мерарины. Имя Гирсон означает «изгнание». Это те гирсониты, что носили «скинию собрания» во время Исхода: «Вот работы семейств Гирсоновых, при их служении и ношении тяжестей: они должны носить покровы скинии и скинию собрания» (Библия Числа. 4: 24—25).

Сыны Мерарины, это те, о которых сказано «по племенам их». Большая часть земель мераритов — в Заиорданье. Имя Мерари означает «горечь». Фраза «по племенам их» указывает на принадлежность мераритов не к племени Левия (хотя и к левитам — жрецам), а к тому, что они из племен Гад, Рувим и Завулон.

Наиболее интересны «племена Каафовы», единственные из левитов названные «племена». Любопытно их разделение на две части: «сыны Аарона» и «прочие сыны Каафа». Имя Кааф означает «собрание». О первенстве каафитов среди израильского жречества говорит тот факт, что ими контролировалась половина левитских городов (двадцать три из сорока восьми).

Каафиты однозначно связаны с Аароном (правильно Ахарон — Aharon). Имя «Aharon» переводится с арамейского как «учитель», «просвещенный», «посвященный». Такое имя слишком точно соответствует роли Аарона (он родоначальник жреческого сословия), чтобы быть именем собственным. Скорее всего, это прозвище.

Колено Левитово оказалось собирательным: из племен Каафовых, сынов Гирсановых — *«изгнанников»*, *«изгоев»*, сынов Мирариных — *«горемык»*, *«детей вдовы»*. Да и сами племена Каафовы тоже неоднородны и делятся на сынов Аароновых, то есть *«учеников Учителя»,* и прочих сынов Каафа, то есть *избранных* (Кааф не имя, это — *«собрание»*). Каафиты как истинные иудеи по роду занятий своих получили большую часть монастырей, а неофиты, вновь обращенные, меньшую.

Итак, в силу своего особого положения, колено Левитово не получило никакой части территории Земли Обетованной, но обрело право на десятую часть ежегодного урожая, то есть десятину.

Достойное подтверждение восстановленной нами методики формирования касты мытарей. И название подходящее — «привратники», при воротах, значит, и место расположения точно указано — города-укрытия. Даже должностное соответствие в иерархии каст указано — Божьи служители. Не княжеские, не воеводские, даже не царевы. Божьи. «Рабы казны».

Что же это за удивительные такие, легендарные города-укрытия? Светские законы там не правят, юрисдикция светская не действует. Да, это монастыри, подскажут нам. Правильно, вроде все так, даже подтверждение есть, что были они под рукой первосвященников. Но почему города? Еще раз проведем анализ материала и увидим, что действительно были такие укрытия в городах. В черте самих вновь нарождающихся городов сразу же появлялись города в городе. Торговый Китай-город, дворянский Белый город, королевский (княжеский) Кремль-город (он и на картах так писался — «кремль-град»). Вот в числе их и находятся такие города-укрытия, хорошо нам известные под разными именами: еврейские кварталы, жидовские слободы, жидовские острова, гетто.

Да, «гетто». Вернемся еще раз к истории появления этого набившего оскомину термина и постараемся объективно разо-

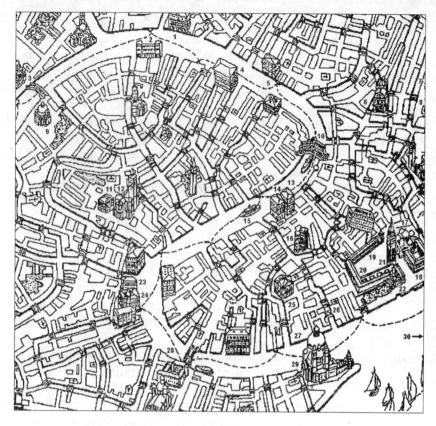

Карта Венеции.
1. Дв. Вендрамин-Калерджи. 2. Фондако деи Турки. 3. Скальци. 4. Дв. Пезаро. 5. Ка д'Оро. 6. Санта Мария деи Мираколи. 7. Скуола Сан Марко. 8. Санти Джованни э Паоло. 9. Сан Симеоне Пикколо 10. Мост Риальто. 11. Скуола Сан Рокко. 12. Фрари. 13. Дв. Лоредан. 14. Дв. Фарсетти. 15. Дв. Гримани 16. Дв. Контари+и даль Боволо. 17. Сан Марко. 18. Дв. Дожей. 19. Старые Прокурации. 20. Новые Прокурации. 21. Кампаниле. 22. Библиотека св. Марка. 23. Дв. Фоскари. 24. Дв. Редзонико. 25. Ла Фениче. 26. Сан Моизе. 27. Дв. Контарини-Фазан. 28. Галерея Академии. 29. Санта Мария делла Салюте. 30. Сан Джордже Маджоре

браться в первоначальном предназначении того образования, что известно под этим именем.

Средневековая Венеция. Если плыть по Большому каналу от площади Святого Марка и Дворца Дожей туда, вверх к Палаццо Калерджи и Палаццо Лабиа, то прямо за ними на впадении в него Северного канала находится район пушечного завода и пороховых складов с милым названием «GHETTO».

Самый центр Венеции, древнейший район Риальто, с которого она и начиналась. Рядом порт, Дворец Дожей, площадь

Святого Марка. Самый охраняемый и запретный район — оружейные склады. Самый удобный район для торговли, два главнейших канала и лагуна. Напротив — складской район и торговые ряды. Кто же размещается в этом районе? Знаменитые венецианские стеклодувы, морские волки великого венецианского флота во главе с адмиралом этого флота мавром Отелло, гвардия Венецианского государства или венецианские купцы, воспетые Шекспиром? Нет, господа, не угадали.

Сюда, заметьте, не в болота, окружающие сей город, не на морское побережье под ветра и приливы, не за городские стены под нападения всякого сброда, а именно сюда, в самое сахарное место, разместили евреев, дожам не подчиняющихся и живущих по своим законам. Да к тому же отчёты отправляющих невесть куда, то ли императору Святой Римской империи, то ли султану Оттоманскому, то ли Пресвитеру Иоанну, личности вообще полумифической и полубожественной. Это

Средневековая Венеция

там, рядом с Фондако деи Турки (Турецким домом) и Скальци, почти напротив великого Ка д' Оро (Золотого дома), высится синагога Спагнола.

Проект размещения внутригородского квартала сборщиков налогов в самом защищенном и самом удобном в торговом отношении месте города, после апробации его в Венеции, пошел в тираж. Аналоги венецианского гетто появляются повсеместно при строительстве новых имперских городов или отвоевывают себе лучшее место в старых городах, зачастую оттесняя торговые слободы. Однако во многих случаях они становятся зародышами новых городов, разрастающихся вокруг мытных дворов под защитой мечей охраны мытарей, так же, как совсем недавно маркитанты «оседали» под защитой мечей княжеских дружинников или монастырской братии.

Примерами гетто первого типа являются венецианское и римское гетто, еврейский квартал на Родосе, Мальте, Кипре, Крите, Новгородская жидовская слобода. Ко второму типу относятся: еврейский квартал в Иерусалиме рядом с Мытным двором (по словам Гийома Трирского и Пульхерия Шартрского, находившийся там, где сейчас находится мусульманский квартал), жидовские слободы в Киеве, Смоленске, Любеке, Саламанке и других городах. Наконец основой таких городов, как Париж, Лондон, Клерво были так называемые сити (сите), за которыми легко угадывается жидовское начало. Остров Сите в Париже до недавнего времени так и назывался Жидовским островом. А братья из аббатства Клерво носили имя «жидовских братьев».

Точно такое же положение наблюдается и на Востоке. Знаменитые «Меллах» в Марокко и «хара» (аббревиатура от харат ал-яхуд — еврейский квартал) в странах Ближнего Востока являются точными копиями гетто.

А вот во Флоренции не было гетто, но во Флоренции не было и крепостных стен. Здесь, в столице Тосканы, сердце Этрурии (хотя по всем правилам орфографии надо бы писать Этрусии, если жители — этруски), бояться Флорентийским герцогам было некого. Они ведь были не вассалы, не слуги, а друзья государевы. А посему и службы государевы жили у них вольготно.

И в Османской империи, странное исключение из всех мусульманских стран, тоже не было гетто. Не было их и на Руси, включая Польшу, Финляндию и Прибалтику. Варшава о нем узнала только при нацистах. Но это другое «гетто».

То есть гетто возникло там, где вновь созданной касте мытарей, сборщиков дани, было кого данью облагать, с кого дань собирать, чтобы затем считать и отправлять ее в мет-

Жители средневековой Венеции

рополию. Гетто в провинциях Империи жили отдельной жизнью. Это были те самые, упоминаемые в Книге Книг, города-укрытия, которые были отданы колену Левитову для его размещения по всей Земле Обетованной — Ойкумене.

Чем же отличалась жизнь в этих городах, которую вели чужаки — «иври», от жизни местных жителей?

В первую очередь — жесткой автономией, доходящей до самоизоляции. Внутри такого города в городе имелась собственная военная структура — цеховая стража. Это в дополнение к тому, что охрана таких образований возлагалась законодательно на местную власть.

Юрисдикция местных властей на эту территорию не распространялась, потому что она имела собственный суд — «малый синедрион» (от арамейского «санхедрин» — собрание) или «даяним», состоящий из 23 членов общины и подчиняющийся только Большому Синедриону, находящемуся где-то далеко в храме.

Внутри своих городов-укрытий они имели собственную власть — «кагал» во главе с «коэном», «мукадмином», опять же местной власти не подчиняющимся и перед ней не отчитывающимся. Все коэны в гетто имели над собой только одного властителя — «еврейского епископа», «придворного раввина». В Испании он носил достаточно емкий титул — Rab del Corte в дословном переводе «судейский раб».

Добавим к этому: свою казну, свою школу, свой общинный дом и многое, многое другое свое, жившее по совсем другим законам и правилам, отличным от окружающей среды. Самоизоляция была полной.

И последний штрих в картину жизни касты. Закрытые общины имели право на собственный флаг и герб. Например, пражская община имела знамя, украшенное Маген-Давид. Напомню, что право иметь копейный прапор (знамя) и герб (от слова «наследство») закреплялось только повелением монарха и давалось или за службу государю, или за родовые заслуги.

Закрытая каста мытарей, отгородившаяся высокими стенами собственных городов-укрытий, и жизнь вела обособленную и подчиненную собственным отдельным законам. Развернутая законодательная база была собрана в своде законов, именующимся «Галаха», то есть «Путь», и являющимся совокупностью законов и правил, регламентирующих все стороны жизни закрытого общества. Кодифицированным законом, созданным на основе Галахи, освобожденной от дискуссий и разногласий предыдущих лет, стала Мишна (от арамейского «переделать»). Она и написана была на другом языке, называемом ивритом Мишны (но о языке чуть позже). Мишна, включающая в себя 63 трактата, постаралась в своих шести разделах (седарим) охватить все случаи жизни общества и растолковать стиль поведения члена касты во всех сферах его существования.

1. Зераим (Семена) регулировал вопросы, главным образом, связанные с сельским хозяйством, и содержал трактат о ежедневных молитвах.

2. Моэд (Срок) посвящен праздникам, постам и субботе.

3. Нашим (Женщины) касается, в частности, вопросов брака, развода, супружеской неверности, назареев (то есть монашества) и обетов.

4. Незиким (Ущербы) толковал вопросы нанесения ущерба, торгового права, судебной процедуры, смертной казни, клятв. Этот раздел содержит также трактат об этике — Авот (Изречения отцов).

5. Кодашим (Святыни) посвящен жертвоприношению, ритуалам и службе.

6. Тахарот (Очищения) состоит из трактатов о проблемах ритуальной чистоты и нечистоты.

Неоднородность, прослеживаемая в языке, стиле и разных способах подачи материала, подтверждает компилятивный характер создания Мишны, а ссылки на ситуации, в которых тот или другой закон были сформулированы, позволяют сделать вывод о хронологической неоднородности источников. Постоянное обновление и корректировка законов существования закрытой касты в инородном окружении подтверждается не только структурой Мишны, но и постоянным ее обновлением в виде дополнительных сборников правил. Появляется Барайта — дополнение к Мишне. Судя по ее названию (арамейское «барайта» буквально «внешний»), — это сборник для внешнего пользования. Затем, в той же самой Венеции, Шулхан Арух (Накрытый стол) — сборник, толкующий гражданские и уголовные права, немного корректирующий правила повседневной жизни, праздников и брака. Однако, что характерно, в нем подробно рассматриваются вопросы приемы пищи, чистоты и траура. По всей видимости, формализация правил карантинной службы после волны эпидемий стала жизненно необходима для выживания в условиях скученности населения городов.

В городах-укрытиях, гетто, еврейских кварталах меллахах и харах шла собственная закрытая жизнь вновь созданной, подчинявшейся только центральной власти касты. Касты мытарей, сборщиков налогов, рабов казны, евреев — опоры новой финансовой системы Империи.

СОСЛОВИЕ

В русском языке есть такой термин «сословие». Сословие — социальная группа, обладающая закрепленными в обычае или законе и передаваемыми по наследству правами и обязанностями. При этом характерным классическим образцом сословной организации принято считать феодальную Францию, где с XIV—XV веков общество делилось на высшие сословия (дворянство и духовенство) и непривилегированное третье сословие (ремесленники, купцы, крестьяне). Сам этот термин содержит в своей основе ссылку на то, что основным параметром, основной характеристикой или характерной чертой рассматриваемой социальной группы было слово, то есть язык. Действительно, с появлением кастового, цехового, гильдейного деления появилась необходимость в создании внутрикастового языка. Некоего подобия криптограммы для посвященных. Необходимость создания такого шифра была вызвана многими причинами, среди которых немаловажными были сохранение внутрикастовых тайн и возможность передачи информации на расстояния без боязни ее утечки в чужие руки. В первую очередь данная необходимость возникла в сословиях, занимавшихся делами Империи, находящихся во враждебном, по ряду причин, окружении, к которым и относилась финансовая система.

Не лишним будет напомнить, что к функциям этой системы относились, помимо сбора десятины, дани, налога, еще и единоличное право на взимание «лихвы» — прибыли от оборота земли и денег. А еще ей принадлежало эксклюзивное право на торговлю, ростовщичество, ряд ремесел, внешнюю торговлю, колонизацию, контроль за качеством монеты и многое, многое другое.

Создание специфической письменности внутри замкнутого сообщества было делом не то чтобы необычным и из ряда вон выходящим. Жреческая каста давно использовала такой способ общения. Достаточно вспомнить египетские иероглифы и минойское письмо. Тайнопись — она и придумана была для записи того, что необходимо передать только своим. Заметьте, само название указывает нам, что разделение языка пошло по линии письма, а не разговорной речи. Отсюда и название «сословие» — люди одного слова, одного письма — закрытое для других общество. Как мы уже говорили, lingua franca (свободным языком, языком межнационального общения) был арамейский язык. По всей видимости, из него начали выделяться последовательно: руническая письменность (от древнеисландского runa — тайна, древненемецкого giruni — тайна, древнеанглийского runa — доверяю) как письменность воинской касты. По меткому выражению датского рунолога Эрика Мольтке, «Рунический ряд — это алфавит людей, находящихся в движении». Затем настал черед иероглифического письма (от греч. hieros — священный и glyphe — то, что вырезано) или идеографическое письмо (от греч. idea — идея, образ и grapho — пишу), как письменности духовенства, письменности касты иудеев (в том понимании этого слова, что мы давали выше). Следом за ним появилось финикийское (славянское) письмо — письмо касты кормильцев-управленцев.

Арамейское письмо, со всеми его производными, осталось для использования административным, управленческим аппаратом. Более мелкие касты, при их возникновении, использовали уже апробированную методику тайного общения.

Для начала рассмотрим письменность иудеев, так как финансовая система формировалась по образу и подобию и на основе касты духовенства. Поэтому закономерно, что основой для создания ее собственной письменности могла быть письменность ее создателей.

Какие же иудейские языки развивали иудеи, как национальность или религиозное течение, согласно Р. Векслеру?

Иудо-греческий язык

Самым старым документом на этом языке является Септуагинта. В ней различие между греческим языком и греческим иудейским неясно. Иудеи говорили по-гречески в Египте, Сирии, Малой Азии, Греции, Сицилии, Южной Италии до Рима и на северном берегу Черного моря. В нескольких областях, в которых иудеи говорили по-гречески, коренное население по-гречески не говорило (!). Это свидетельствует, что греческий язык иудеев не был адаптацией к «греческой» окружающей среде, но рассматривался как собственный язык общения.

Иудо-персидский

Самый древний документ — трехъязычная медная плита IX столетия с текстами на арабском, пехлеви и иудо-персидском (типичная модификация арамейского). Самые древние тексты на этом языке относятся к IX столетию. До этого персидские иудеи писали на арамейском.

Иудо-латынь зафиксирована на основании надписей (III столетие до н.э. — VIII столетие н.э. по традиционной хронологии).

Иудо-иберо-романский

(Иудо-кастильский + Иудо-каталонский)

Самые старые тексты происходят из XII века.

Иудо-каталонский, согласно Векслеру (германскому филологу), должен быть прямым продолжением иудо-латыни римско-иудейских колонистов.

Иудо-итальянский

Самые старые тексты — от X—XI столетий.

Иудо-французский

Самыми старыми являются тексты XI столетий.

Юдезмо/Ладино

Развивался, по мнению Векслера, в период с XI по XIV столетие и является продолжением иудо-кастильского, после ухода его носителей в эмиграцию и их «распыления».

Иудо-португальский

Самые старые тексты — из XV столетия.

Очевидно, что нет никакого соотношения этих языков ни с национальной, ни с религиозной их принадлежностью. Очевидно также, что нигде нет совместного наличия отечественного языка и иудейской вариации этого отечественного языка. Таким образом, возникает впечатление, будто иудеи присутствуют сразу при рождении любого нового языка, чтобы производить собственную вариацию этого языка. Причем странно, что эти национальные языки возникают так поздно. Персидский, например, появляется с опозданием более чем на 1000 лет, если принять, что Персидское государство переживает самое великое время при Дарии и Ксерксе, в любом случае, задолго до Христа. Отсюда вывод, что иудейский язык послужил основой для вновь создаваемых национальных языков и письменности. Только вот вопрос: какой? Совершенно точно, что это не иероглифический язык духовенства. И не иврит — священный язык еврейских книг. Тогда какой?

Остановимся на формировании письменности в закрытой системе финансового регулирования Империи. Учитывая профессиональную специфику самой системы, становление письменности внутри касты мытарей пошло двумя путями. Создание тайнописи для общения между жителями закрытых поселений и межпоселенческого, межродового общения и создание криптограммы для делового финансового общения. При этом официальным языком всеимперского общения в этой касте остается разновидность административного (арамейского) языка — иврит.

Среди перечисленных нами иудейских языков, внимательный читатель должен был это заметить, отсутствует *иудо-немецкий*, более известный как идиш.

Дело в том, что нет никаких доказательств возникновения идиш от немецкого, и вообще различия между идиш и немецким фиксируются только с конца XVI столетия.

Далее известно, что идиш писался не немецкими буквами, а буквами особой формы, которые литейщики всегда изготавливали с большими трудностями. Эти странные буквы таили решающее указание на происхождение идиш. Уже на первый взгляд бросается в глаза именно то, что шрифт идиш похож на арамейский. Если мы рассмотрим, например, литеру «t», то заметим, что эта буква полностью идентична букве «t», которую использовали в вавилонском арамейском. Такое же утверждение имеет место для букв «n» и «r», которые в самом идише соответствуют версии вавилонского арамейского, и так далее.

Упоминания еврейских поселений в Баварии и Франции известны лишь с XII столетия. Самые старые находки, приписанные иудейским памятникам Германии, находятся в Рейнланде, а также в Гессене и в Баден-Вюртемберге. Пауль Векслер предполагает, что идиш в Германии возник на юго-востоке на основании славянского языка. Векслер на этом основании предполагает, что славянские иудеи учились немецкому. Это, по его версии, и затем и привело к появлению идиш.

Но мы предполагаем, что идиш, наоборот, является более старым языком, из которого развился средневысоконемецкий и, вероятно, также ранневысоконемецкий. Понятие «идиш» является результатом онемечивания английского «Yiddish», которое появилось только при наступления нового столетия. Евреи ашкенази назвали язык «taitsch» (по-немецки). Но они всегда писали на этом языке собственными буквами.

Если евреи должны были принять немецкий язык немцев, почему они также не приняли тогда немецкий (латинский) шрифт, а вместо этого разработали собственный вариант арамейского шрифта? Это обстоятельство укрепляет предположение, что речь идет об идише как о собственном языке евреев ашкенази.

К этому же можно добавить, что археология в Восточной Европе (а также в Средней Европе) нашла много «восточных» монет и художественных экспонатов, которые приписываются результату торговли викингов. Однако они с той же степенью достоверности могут принадлежать евреям ашкенази или культуре, из которой они развились. Кроме того, самый старый памятник «немецкого» языка — Библия на готском — возник именно в этом восточноевропейском регионе (речь идет о знаменитом серебряном кодексе Ульфиллы). Впрочем, современный немецкий язык зародился опять-таки на востоке Европы. История языков полагает, что от конца Средневековья до начала современности именно пражская канцелярия оказала решающее воздействие на немецкий язык.

Как мы предположили выше, арамейский был широко распространенным языком общения старого Имперского мира. Из него развился арабский и многие другие, но у нас создалось впечатление, что он мог повлиять на «taitsch» или идиш, а также на так называемый, древневысоконемецкий. Как иначе можно объяснить тот факт, что Иисус называл арамейского бога «Eli» (арабы и сегодня называют его «алла») и что древневысоконемецкий также знал понятие «ала» для бога. Идиш еще знает обозначение бога «Эли», в то время как в ученом иврите бог чаще всего именуется «Jahwe» или «Adonai». Если такое центральное понятие в идиш и древневысоконемецком является идентичным, то это нельзя считать случайностью. И цивилизация Европы должна уходить корнями в эту восточною культуру «taitsch», на которую непосредственно повлияла арамейская.

Арнольд Вадлер (Der Turm zu Babel, «Вавилонская башня») убедительно демонстрирует, что немцы приняли старые арамейские слова, которые не приняли легендарные греки и римляне и которые, следовательно, не могли попасть в немецкий язык из латыни или из греческого. Мы хотим привести только несколько примеров:

нововысоконемецкое слово «Erde» («Земля») удивительно близко по смыслу слову «Eretz». (Еще ближе к «Eretz» английское «Earth»). У греков Земля именуется «Ge», у римлян — «Terra».

Немецкое слово «Herbst» («Осень») называлось у античных римлян (якобы) «Autumnus». Как объяснить, что немецкое «Herbst» снова совпадает с арамейским «Нагри» (время сбора плодов), ивритским «Horep» (осень), южно-арабским «H-r-ph», спрашивает Вадлер.

«Ярлык» (по-немецки «Schild») называется на иврите «Schelet», в арамейском «Schaltu», но у греков «Aspisdos», а у римлян «Scutum».

Вальдер предоставляет множество подобных параллелей между индо-германскими и семитскими языками. Он приписывает арамейскому происхождению, например, следующие слова: Sommer (лето), Jahr (год), Gott (бог, арам. Gad), Odin (Бог в германской религии, арам. Adon), Licht (свет), Hell (светлый), Sturm (шторм), Hitze (жара). Eiland (Ai, остров), Gipfel (вершина), Tell (холм, по древнешвейцарски — Huegel, иврит. Huegel), Mensch (человек, иврит. Enosch), Hand (рука, иврит. Jad), Amme (кормилица, мать), Wien (вино, арам. Wain), Warm (теплый, иврит. Cham). И наконец, немецкие слова schlachten (битва) и schlechten — плохой), созвучны слову, близкому по смыслу Schlechten — (идиш).

Эти многие сходства говорят о том, что немецкий должен был быть в прямом соприкосновении с арамейским.

Предположим, язык и письменность идиш (евреев ашкенази) был важным культурным языком общения. И действительно, письменность и язык идиш мы встречаем как средство общения и язык естествознания во время ренессанса. Например, в так называемой «Домовой Книге». Эта «Домовая Книга» является немецкой энциклопедией конца XV столетия, одной из первых подобного рода. Специалистов удивляет использование идиш для немецких специальных терминов. В каталоге экспозиции городской галереи института искусства во Франкфурте-на-Майне отмечается: «Еврейские буквы часто появляются в медицинской части книги и в части по домашнему хозяйству, а также доминируют на обеих страницах, на которых подробно объяснено, как обращаться с различными рудами и металлами». Специалисты не могут и не хотят объяснять применение идиш, они лишь рассматривают это как указание на то, что автор, использующий идиш, должен был быть связан почему-то с высоким дворянством. Из этого делается вывод, что автор книги — Фридрих III, отец Максимилиана, так как известно, что он имел врача-еврея, которого он возвел в дворянское сословие.

Однако гораздо более интересен вопрос, могло ли применение идиш для немецкой медицинской и металлургической специальной терминологии быть указанием на то, что к этому времени он был Lingua Franca естествознания, в то время, как латынь, вероятно, начала становиться лишь видом отточенного тайного языка духовенства.

Давайте рассмотрим теперь «Nomenclatura Hebraica» Элия Левита, которая писалась в начале XVI столетия. Это четырехязыковой словарь, который исходит от иудо-немецкого (идиш), и одновременно с этим является одним из самых старых немецких словарей вообще. В первом столбце мы находим немецкое слово, написанное на идиш, во втором — чистый иврит, в третьем — это же слово на латыни, и в четвертом — на немецком. Издал этот глоссарий Паулюс Фагиус, которого ивриту учил Элия Левита. Но совершенно неясно, рассматривает ли Фагиус первый столбец теперь в качестве немецкого языка с арамейскими буквами или как немецко-иудейский. Видит ли издатель вообще различие между немецким языком и немецко-иудейским, который, как он считает, происходит от различных типов этого языка. Мы придерживаемся мнения, что Фагиус этого различия не видит и что он отличает немецкий язык от идиша только по способу орфографии.

Вот интересный пример из этого словаря. Немецкое слово «Schule» («школа») там в части идиш обозначается как «Schuil». В немецком столбце стоит «Schul», в столбце иврита — «Benesch», в латыни — «Synagoga». Действительно, нынешние польские евреи, говоря на идише «Schil», имеют в виду синагогу. Но все же значит ли это, что в начале XVI столетия слово «Schule» на идиш в латыни обозначало только синагогу?

С середины и до конца XVIII столетия появились несколько грамматических учебников, которые были посвящены иудо-немецкому. Таковой является, например, книга Вильгельма Христиана Юста Хризандерса из университета в Ринтельне «Unterricht vom Nutzen des Juden=Teutschen, der besonders studiosos theologiae anreizen kan, sich dasselbe bekannt zu machen». Книга вышла в 1750 году в Вольфенбюттеле и вот цитата из нее: «Иудейский Тойч или Ибри-Тойч (идиш) состоит большей частью из немецких слов. В нем чисто еврейские, а также халдейские выражения частично перемешаны с несколькими произвольно заимствованными словами и пишутся немногими сохранившимися еврейскими буквами. Евреи пользуются этим письмом и говорят между собой на нем во всей Германии, в Богемии, в Моравии, в Венгрии, в Польше, в Петербурге, на Украине, в Авиньоне, в Лотарингии и в Эльзасе, также большей частью в Голландии, и в равной степени они могут говорить на языке страны пребывания».

Хризандер в другом месте пишет, что не только в Германии, в Праге и в Богемии живут немецкие евреи, но что с немецкими евреями еще можно столкнуться и в других местах за границей (при этом он определяет их по разговорной речи и письму на идиш).

ИТАЛИЯ. Прежде всего, немецкими евреями полна Венеция, но они имеются также почти во всех других городах (Рим, Неаполь, Милан).

ФРАНЦИЯ. Хотя евреи в 1615 году были изгнаны Людвигом XIII, в папском Авиньоне многие из них не скрываются, к тому же в Париже и во всей Франции есть еще много скрытых евреев.

АНГЛИЯ. В Лондоне живут семьи, которые переехали туда с Кромвелем.

ПОЛЬША — это основное место проживания евреев. Если немецкие евреи очень хотят иметь способных раввинов и певчих, то они направляют свои запросы в Краков и Львов.

ВЕНГРИЯ, СЕМИГРАДЬЕ, ВАЛАХИЯ, СЕРБИЯ и ХОРВАТИЯ. Проживает очень много евреев.

ГОЛЛАНДИЯ. Имеется много «Hoch-Teutsche евреев», которые живут там после *бегства из Испании?* (По традиционной версии).

Еще цитата из этой книги: «Поэтому евреи утверждают: можно ездить с иудо-тойче по всему миру. Он может применяться вплоть до Константинополя, в Греции вплоть до Салоник, в Персии вплоть до Исфагана, Лара, Шираза, Кандагара, успешно в Аравии, в Восточной Индии, на морских берегах от Мальгаши до Калькутты, в Китае, в большой Тартарии, в азиатской Турции до Смирны, в Алеппо, Дамаске, Иерусалиме, Александрии, в африканской Берберии. На нем понимают в Абиссинии, в Америке, на Ямайке, на Барбадосе и в Бразилии». Далее Хризандер перечисляет конкретную пользу от владения идиш.

Во-первых, на нем можно читать иудо-немецкие переводы Ветхого Завета. Можно читать и другие иудо-немецкие тексты.

Он перечисляет множество книг. В том числе «Историю двора короля Артура», догматические, полемические, моральные, литургические, философские, естественнонаучные и многие другие книги. Например, «Порядок торговцев и менял купюр» («Ordnung der Kaufleute und der Wechsel-Zetter»).

Во-вторых, на идиш можно читать еврейские рукописи, которые написаны иудо-тойче буквами.

В третьих, можно проверить свою стойкость в вере.

В-четвертых, читать ежедневные письма и документы: коммерческие письма, расписки, арендные письма, контракты, удостоверения.

В-пятых, понимать беседы о торговле и поведении.

В-шестых, этот язык нужен, чтобы иудеи охотней обращались в свою веру. И чтобы пояснить, что он под обращением в веру подразумевает, Хризандер цитирует Вильгельма Фортунати «О правде христианской религии» (Wilhelm Fortunati «Von der Wahrheit der Christlichen Religion»).

А в качестве седьмой выгоды он приводит то, что путем изучения иудо-немецкого можно лучше было понимать некоторые слова на немецком. Язык евреев является для него древним немецким языком, так как на нем немцы говорили примерно несколькими столетиями раньше.

В идиш еще не употребляется пунктуация, но зато гласные пишутся вместе. Назовем алфавит идиш: Алеф, Байз (в немецком тексте Beis, но вообще-то эта буква называется Бет), Гимель, Далет, Гай (Hei), Вав, Заин, Хет, Тет, Иуд, Крумеков, Шлехтехов, Ламед и т.д.

Если мы сделаем небольшой обзор наиболее распространенных слов в идиш, то увидим немало интересного. Некоторые из этих слов, такие, как Stus и Zof (глупость и конец) сохранились в немецкой разговорной речи. Узнаются английские слова (gay, mile), арамейские (Baal, melek) и французские (mauvais). И еще, прежде всего, признается немецкими филологами, что в современный немецкий язык центральные абстрактные слова оказываются привнесенными прямо из идиш, например: Scheck (чек), Eid (свидетель), Schema (схема).

Другой словарь идиш появляется в 1792, «Lehrbuch zur gründlichen Erlernung der jüdisch-deutschen Sprache für Beamte, Gerichtsverwandte, Advocaten und insbesondere Kaufleute» («Учебник по изучению иудо-немецкого языка для должностных лиц, сотрудников суда, адвокатов и в особенности для торговцев»)

Г. Зелига. Уже заголовок выдает то, что и в XVIII веке была потребность в иудо-немецком языке, чтобы быть в состоянии принимать участие в деловой жизни современного общества. Некоторые из слов, которые мы там находим, также являются очень интересными. (Естественно, эти слова ничего не доказывают, но наводят на некоторые мысли.) Leschon: язык (ср. language), Ad: до тех пор, пока (в немецком и латыни), Tawal: он купался (ср. towel — по-английски полотенце), Koran: глянцевание, бросок луча, Tarbiff: ростовщичество (ср. Tariff), Raiion: мысль (ср. raison, reason — по-английски резон, причина), Remis: знак (по-немецки и по-польски ничья), Schaddai: всемогущий.

Эти слова указывают на то, что здесь не просто копируется старый вариант немецкого. Из него только потом будет формироваться средненемецкий. И как мы говорили раньше, старый английский язык, старый романский и старый арабский.

Гораздо более вероятно то, что франки или лангобарды, или норманны, или саксы, или остаток готов, или те, кто всегда здесь жил, приняли язык евреев и сформировали собственные национальные языки, называемые сегодня романо-германской группой языков при образовании на обособляющихся территориях Империи государств, востребовавших идеологему нации как базовую опору. Еще раз подчеркнем, что искусственная тайнопись духовенства — латынь, сформированная в эпоху Раскола, такой функции нести не могла, так же, как и язык богемы — греческий.

Само формирование идиш как тайнописи закрытой финансовой касты для общения на бытовом уровне было до смешного простым.

Действительно, с точки зрения криптологии, что может быть проще зеркального отражения.

Взяли так хорошо всем знакомый арамейский (или иврит, как хотите), и в зеркале получили хорошо знакомую всем латиницу. Вполне пригодно для написания прозаических писем общедоступного характера, скажем так, для использования в бытовых целях, в основном детьми и женщинами. Арамейский остался языком всемирного общения, иврит, его разновидность, языком священных текстов, а идиш стал языком внутрикастового бытового общения.

Надписи в зеркальном изображении для сопоставления еврейского и латинского алфавитов

Отдадим должное, традиционная историческая наука видит все совершенно иначе и верит прежде всего в то, что евреи принудительно жили в гетто. Она на полном серьезе верит, и поддерживается в этом иудаистикой, что собственный язык иудеев Европы (идиш) есть порождение проблемы их ассимиляции. Ну что ж, это их право.

Мы же считаем, что формирование сословия евреев, мытарей начиналось естественным путем — с образования собственной письменности для кастового обособления. И пошли они этим путем в числе первых, создав основу для формирования других языков обособления на основе идиша.

Остается добавить, что для серьезных деловых бумаг, имелась, конечно же, серьезная криптограмма, основанная на цифровом шифре, с добавлениями буквенного шифра со смещением по дням, то есть по всем правилам конспиралогии. Эта штука — каббала. Что-то сродни иероглифам, видимо, сказалась школа духовенства. Тут все по серьезу, потому она свои

Каббалистическая азбука

тайны от соглядатаев наместнических и вражеских, от конкурентов, и других лихих людей прятала. Ее только мастера знали, только мастерам она была открыта, остальным — идиш. За качество же изобретения говорит то, что до сих пор конспиралогия методики шифрования лучше, чем примененная в каббале, не придумала.

И еще одна косвенная улика. Оказывается, древнеславянский алфавит «глаголица» довольно похож на еврейский алфавит (это на котором написаны ветхозаветные книги Библии, то есть арамейский). Даже несмотря на то, что глаголица предполагает запись слева направо, а в еврейская запись — наоборот, сходство весьма заметно, просто некоторые буквы как бы зеркально отражены.

Последовательность еврейских букв (назв. по словарю совр. иврита): Алеф, Бет, Гимель, Далет, Хэй, Вав, Зани, Хет, Тет, Йуд, Каф, Ламед, Мем, Нун, Самех, Айни, Пэ.

Глаголица: Аз, Буки, Глаголь, Добро, Веди, Ять, Зело, Живёте, Твёрдо, Иже, Како, Люди, Мыслете, Наш, Слово, Есть, Покой.

Соответствия: Аз — Алеф — Аз, Божи — Бет — Буки, Глас — Гимель — Глагол, Дам — Далет — Добро, Ять — Хэй — Ять, Веди — Вав — Веди, Знай — Зани — Зело, Живо — Хет — Живёте, Твоё — Тет — Твёрдо, Иже — Йуд — Иже, Како — Каф — Како, Эльлого — Ламед — Люди, Мати — Мем — Мыслете, Нун — Наш, Сыни — Самех — Слово, Его — Айни — Есть, Поним — Пэ — Покой

Проведем эксперимент, сопоставим первые 17 букв еврейского алфавита с аналогичными по смыслу буквами глаголицы. Что получается — смотрите на картинке:

Во избежание кривотолкований специально подчеркну, что я в этой теме не хочу сказать ничего иного, кроме как отметить сходство между двумя алфавитами — глаголицей и еврейским. То есть я взял последовательность еврейских букв (эта последовательность зафиксирована в Библии, в конце книги Притч) и на места этих букв подставил соответствующие буквы из глаголицы. Присвоение буквам названий производилось, исходя из логического значения букв, полученного в результате изучения еврейских текстов (т.е. ветхозаветных книг). Таблица различий названий букв:

Моя версия	Офиц. версия
Божи (Божий)	Буки (Буквы)
Глас (Голос)	Глаголь
Дам (Даждь)	Добро
Знай (Знание)	Зело
Живо (Жив)	Живёте
Твоё (Ты)	Твёрдо
Элого (Логос)	Люди
Мати (Матерь)	Мыслете
Сыни (Сын)	Слово
Его	Есть
Поним (Понимать)	Покой

Обратим внимание на последовательность и-к-л-м-н, фактически она представляет последовательность 1-2-3-4-5, где количество опорных точек (графически) в каждой букве последовательно возрастает.

иже (1 точка) = [объект] — глава

како (2 точки) = [уподобление] — сравнение двух объектов

эЛого (3 точки) = [возложение наверх] — третий объект сверху двух, глава над домом, мати (4 точки) = [материя] — плоть, земля, тело, к которому надо приложить голову («иже») наше (5 точек) = [человек] — к телу приложена голова, получился сидящий человечек, далее: сын — голова («иже»), внутрь которой указывает стрелочка, то есть это «то, что внутри», смысл.

Его — графический смысл непонятен. Поним — лица (понь — др.евр), отсюда же «понимать», «понять» — то есть «приближать к лицу». Изображение символизирует лицо. Другие графические закономерности: глас — буква графически может восприниматься как звук, исходящий из точки (острый угол), и разлетающийся наподобие брызг; веди — буква графически напоминает волну, символом ведения является вода; дам (дом) — буква графически напоминает крышу дома. Система Иже-Дам-Ять представляет иже [объект]-[дом]-[объект в доме], аналогичная графическая закономерность присутствует и в еврейском алфавите (йуд-далет-hэй). На картинке добавлен нижний ряд букв возможных соответствий. цади-цы, «ерь»-куф, рцы-реш, «ша»-шин, «ю» — тав. соответствия букв «ерь» и «ю» весьма условны, ибо не нашлось подходящих вариантов. Последние четыре буквы глаголицы нарисованы не соответственно известным вариантам написания.

ЗАЩИТА

Вместе с возмужанием и расширением Империи финансовая система разрасталась и диверсифицировалась. Наряду со сбором и учетом дани она стала заниматься таможенными и портовыми сборами, земельным, подушным и дорожным налогом, ростовщичеством, банковской и кредитной деятельностью, финансированием: экспедиций, строительства, колонизации и многим, многим другим, что требует федерального выделения материальных ресурсов.

Мягко говоря, любви функционеры данной системы не вызывали. Скажите, у кого вызывают любовь налоговые инспектора, таможенники, банкиры и ростовщики? Миф о том, что груженные под завязку возы с данью пробирались непролазными дорогами и разбойными чащобами в легендарные закрома родины, оставим на совести мифотворцев. Львиная доля собранных средств (дани) уходила здесь же, на местах, на финансирование федеральных программ и никуда не везлась. Только все это происходило под неусыпным контролем мытарей. Разве могли они вызвать любовь у тех, с кого взимали дань, или у тех, кто к кормушке допущен не был, то есть у местной власти и духовенства?

Финансовая система, теперь ее правильнее назвать финансово-экономической системой, становилась для Империи структурообразующей, становым хребтом, на котором держались все остальные структуры. Она становилась необходимой всем — и завоевателям и завоеванным. Она составляла основу централизации власти.

Через короткий промежуток времени неугодность присутствия мытарей во всех жизненно важных точках Империи стала всеохватывающей. Их присутствие было оком государевым, тем знаменитым «Словом и делом».

Дадим слово историкам и богословам. Архиепископ Херсонский и Таврический Иннокентий пишет: «Кроме неохоты платить подати в них видели орудие порабощения, тем более ненавистное, что ими соглашались быть иудеи. Посему «мытарь» и «поганый» почитались словами равнозначными». Английский теолог Ч. Додд добавляет: «Глубокая ненависть, сопровождающая слово «мытарь», объясняется особым положением этих людей»; и он же: «Хуже того, налоги обогащали ненавистных чужеземных правителей или их ставленников, местных царьков. Поэтому в мытарях видели прислужников врага. Евреи, принимавшие такую должность, были проклинаемы». Добавим цитату из известного французского историка Эрнеста Ренана: «Эти несчастные люди, изгнанные из общества, виделись только между собою». Таким образом, мытари, состоящие из иудеев, согласившихся пойти в службу, евреев, принявших такую должность, и изгоев, становились париями Имперского мира. Однако это не мешало занимать им самые высшие ступени иерархической лестницы, вплоть до апостолов. Иисус, проходя мимо места взимания пошлин, увидел сидящего на мытнице мытаря, именем Левия, сына Алфеева. «Следуй за Мною», — сказал Он ему. В этом эпизоде все. И сын колена Левитова, о которых мы упоминали, и мытница — место сбора пошлины, и привлечение ненавистного всеми мытаря в сонм апостолов.

Защита закрытой касты сборщиков дани от воздействия извне, состоящая из внутрицеховой стражи и местной охраны, приданной провинциальным или городским управителем, стала неадекватна той угрозе, что исходила от окружающей среды. Даже законодательная защита, вплоть до смертной казни, за притеснение жителей еврейских поселений не давала желаемого результата. При этом возник актуальный вопрос силового прикрытия не только мытарей в городах-укрытиях, но и всей финансово-экономической системы в целом, на всем ее протяжении, во всех ее болевых точках. Встал вопрос о создании военизированных подразделений на совершенно иных принципах, чем воинские подразделения — Орда.

Итак, вопрос создания военизированного силового прикрытия финансово-экономической сети назрел, и решение его было таким же масштабным (глобальным), как и все решения в Империи. Разрастающаяся с каждым годом каста изгоев, даже после рекрутирования из нее наиболее грамотной прослойки в состав функционеров системы — мытарей, — подсказала кардинальное решение проблемы. Главный фактор в пользу использования изгоев был тот, что среди них присутствовали представители всех ведущих каст. Отданные под руку Церкви, изгои представляли прекрасный материал для организации военизированных подразделений. Практически грамотные во всех отношениях, они нуждались только в организации и в воспитании их под определенным идеологически правильным углом. Данную задачу призваны были решить братства. Духовенство — иудеи — умело тиражировали социальные матрицы и структуры, доказавшие свою действенность и жизнеспособность. Структура монашеского братства как опоры распространения Веры во вновь колонизируемых регионах оправдала себя полностью. Дублирование этой структуры при создании финансово-экономической сети во всех ее узловых точках только подтвердило правильность выбранной схемы. Отказываться от ее применения в данном случае не было никаких причин. Поэтому при формировании силового прикрытия системы за основу была взята матрица братств. Возникла только одна проблема, если во всех предыдущих случаях к контингенту, составляющему наполнение автономных поселений, таких, как монастыри духовной братии, или города-укрытия мытарей, не предъявлялось особо повышенных требований, может только за исключением грамотности, то в данном случае все было не так. Состав новых военизированных братств должен был в первую очередь отвечать требованиям, предъявляемым к особо мобильным и специально обученным кадрированным воинским структурам, действующим автономно. Во-первых, это высокая профессиональная выучка и мастерство. Во-вторых, самоотверженная личная преданность делу, основанная на идеологической, а не корыстной базе. В-третьих, умение мгновенно ориентироваться на изменение ситуации и собственная повышенная адаптация к изменяющимся условиям, как в бою, так и в мирной жизни. В-четвертых, строжайшая дисциплина и подчинение непосредственному командованию во всех сферах жизни. Такой контингент необходимо было воспитать, и воспитать в отрыве от влияния внешней среды. Притом сразу много и сразу для исполнения различных специфических функций в рамках единой системы. Попробуйте решить такую задачу сейчас.

Первое, что необходимо для массового создания и воспитания военизированных подразделений — это создание условий для проживания и учебы, размещение лагерного типа в отрыве от влияния окружающей среды, проще говоря, необходима огромная обитель, гигантский монастырь. Попробуем найти такое образование в историческом прошлом, зная, что его, образно говоря, продукцией должны быть мобильные отряды спецназа, приспособленные для прикрытия структур различного функционального назначения.

Далеко и долго искать не надо. Ответ лежит на поверхности. Если мы вспомним, где была колыбель всех военно-монашеских орденов или духовно-рыцарских братств, то ответ напрашивается сам собой. Итак — Иерусалим, то есть Святая Обитель, столица Святой Земли, Заморья, Нового Израиля.

Принципы организации вновь создаваемых структур определил вдохновитель и главный сторонник их формирования Бернард Клервосский.

Бернард Клервосский (Бернард; франц. Bernard de Clairvaux, лат. Bernardus Claraevallensis 1090, Фонтен, Бургундия — 1153, Клерво), святой, крупнейший католический церковный деятель, учитель Церкви, мистик. Канонизирован, день памяти в Католической церкви — 20 августа. Принадлежал к знатной бургундской семье, в 1113 году удалился в монастырь Сито, стоявший у истоков ордена цистерцианцев. В 1115 году вместе с 12 братьями основал на лесистом берегу Оби монастырь Клерво (Бургундия), настоятелем которого оставался до смерти. Благодаря усилиям Бернарда, к 1153 году Клерво положил начало 60 цистерцианским монастырям, а сама обитель насчитывала 700 монахов. Огромный духовный авторитет Бернарда, приобретенный аскетическими подвигами, обширной перепиской, проповедями и дидактическими сочинениями, обусловил быстрый рост ордена в целом.

Он сыграл важнейшую роль в подготовке 2-го Крестового похода. В своих многочисленных проповедях Бернард благословил создание духовно-рыцарских орденов. Монашество представлялось Бернарду единственным нравственным ориентиром для общества и церкви: «Нет никого на земле, столь подобного сословиям ангелов, никого, кто был бы ближе... Небесному Иерусалиму, красотой ли целомудрия или жаром любви». Современник, оценивая плоды трудов Бернарда, восклицал: «Мир стал цистерцианским!» — вот таков вдохновитель, как о нем сказано в энциклопедической статье, создания новых структур.

Бернард очень образно сформулировал принципы построения новой структуры. Дадим слово самому учителю Церкви:

«Гиппократ и его последователи учат, как сохранить жизнь в этом мире; Христос и его ученики — как ее потерять. Кого же из двух вы избираете своим учителем, за кем будете следовать? Не скрывает своего намерения тот, кто станет так рассуждать: такая-то пища вредна глазам, от такой-то происходит боль в голове, в груди или в желудке. Разве вы в евангелиях или у пророков читали об этих различиях? Конечно, нет; плоть и кровь открыли вам эту истину...

— Разве я обещал излагать вам Гиппократа и Галена, или беседовать с вами о школе Эпикура? Я — ученик Христа и говорю с учениками Христа; если я введу сюда чуждое ему учение, то сам согрешу. Эпикур и Гиппократ предпочитают: один — наслаждение плоти, другой — ее сохранение; мой Учитель наставляет, как презирать и то, и другое...»

Кроме обета целомудрия Бернард настаивал и на неукоснительном соблюдении монашеского обета — бедности. В одной из своих рождественских проповедей он так объясняет рождение Христа в Вифлееме: «Может быть, кто-нибудь полагает, что Ему следовало бы избрать для Своего рождения величественный чертог, где Царь Славы был бы принят с великой славою; но не ради этого Христос сошел со Своего царственного жилища. Богатства и славы на небесах вечное изобилие, но одного там не обреталось — бедности. Зато на земле ее было много и слишком много, но человек не знал ей цены. Бедности именно и пожелал, сходя на землю, Сын Божий, чтобы, избрав ее для Себя, Своею оценкой сделать ее нам драгоценной...»

И третий обет не забыл Святой Бернард: «Своя воля в человеке — источник греха и всякого нравственного зла. Поэтому собственная воля человека так ненавистна Господу, что делает для Него противными все жертвы людские, вследствие яда, который она к ним подмешивает...»

Точно сформулированные принципы основы создания и существования структуры выполнения воли центральной власти. Вечно живущая триада: ЦЕЛОМУДРИЕ, БЕДНОСТЬ, ПОСЛУШАНИЕ. Основа основ преторианцев, Божьих Дворян, Псов Господних. На этих трех китах и строилось воспитание вновь создаваемой силы.

Не лишне будет напомнить, что по традиционной исторической трактовке, военно-монашеские ордена образовались в Иерусалимском королевстве крестоносцев после окончания Первого крестового похода и взятия Иерусалима в 1099 году объединенным войском крестоносцев с благословения папы Урбана II. Произошло данное событие после принятия решения о преломлении копья о земли неверных, прозвучавшем на соборе в Клермоне в 1095 году.

    Все эти подробности стали известны нам после выхода в 1675 году знаменитой работы придворного хрониста Людовика XIV — Луи Мембура. Свой труд автор назвал «История крестовых походов». Даже сами термины «крестовый поход» и «крестоносец» были впервые применены им. Рассказ о том, как неистовый папа Урбан раздавал матерчатые кресты, а народ с криками «Этого хочет Бог!» нашивал их на одежду, относиться к поэтическим вымыслам. Так как, даже по официальной истории Церкви, нашивать крест на одежду разрешили в 1146 году специальной папской буллой и то только рыцарям знатной

Гербы великих магистров Госпитальеров

Гербы великих магистров Тевтонов

крови и представителям орденов. В те же далекие годы то, что мы ныне именуем крестовыми походами, в хрониках и летописях и даже в поэтических произведениях величалось достаточно скромно и непретенциозно, а именно: «перегринацио», что означает всего-навсего «странствование», «экспедиция» или «поход», либо «итерин террам санктам» — «путь в Землю Святую». В русских же летописях то же самое имело емкое название «хожение», достаточно хорошо известное и применяемое разными авторами.

Тем не менее, не вдаваясь в исторические диспуты, продолжим наше расследование уже под другим углом. Кто и для чего создавался и воспитывался в Новом Израиле, в Outremer — «Стране по ту сторону моря», как ее принято называть в Европейских хрониках, в Заморье, как говорится о ней в русских летописях?

Рассмотрим историю военно-монашеских братств, созданных на принципах Святого Бернарда, от их возникновения до середины XIV века.

ИОАННИТЫ, обозначавшиеся в статусах как «Братство бедных всадников госпиталя святого Иоанна Иерусалимского», ведут свое происхождение от госпиталя (странноприимного дома), основанного под Иерусалимом купцом Пантелеймоном Мавром (Святым Маврикием) из Амальфи примерно в 1020 году и находящегося вблизи от бенедиктинского монастыря Святой Марии Латинской. Его покровителем был Иоанн Александрийский, которого позднее заменили на более известного Иоанна Крестителя. Именно здесь образовалось небольшое братство, объединившееся для ухода за ранеными и больными. По другой версии, около 1048 года некто Герард де Дорн — выходец из Амальфи — построил в Иерусалиме на месте старого аббатства Проба новый дом для больных паломников рядом с церковью Святой Марии Латеранской. Не будем заниматься сравнительным анализом достоверности обеих версий, однако отметим, что обе они дают дату основания Братства задолго до взятия Иерусалима крестоносцами, обе ссылаются на выходцев из легендарной страны Амальфи как основателей данной структуры и обе упоминают о существовании в Иерусалиме действующих христианских обителей (церкви Богородицы Латеранской, монастыря, аббатства Проба). Все это немного не укладывается в канву освобождения оскверненных христианских святынь от ига мусульман.

ТАМПЛИЕРЫ. «Отцом» второго по древности (но не по значению) военно-монашеского братства обычно называют бургундского рыцаря Хуго де Пэйнса, который в 1118 году, участвуя в Крестовом походе, вместе с восемью сподвижниками нашел пристанище во дворце правителя Иерусалимского Балдуина I. Дворец этот располагался на месте бывшего иудейского храма Соломона, откуда новое духовно-рыцарское объединение и получило название храмовников или тамплиеров. По замыслу его создателей, братство должно было охранять хлынувших в Палестину после победы крестоносцев паломников, в первую очередь, все дороги из Яффы в Иерусалим. Это монашеское братство и было задумано изначально как военная организация.

ТЕВТОНЫ. Третье крупнейшее духовно-рыцарское «Братство Всадников госпиталя Пресвятой Девы Марии немецкого Дома в Иерусалиме» возникло в Палестине и Сирии гораздо позже двух других военно-монашеских организаций, и основная сфера его деятельности, распространялась, скорее, на Европу, чем на Восток, несмотря на то, что резиденция Гроссмейстера до 1271 года располагалась недалеко от Акры. В Тевтонском ордене были представлены преимущественно германские рыцари, в отличие от иоаннитов и тамплиеров, имевших в своих рядах выходцев из различных стран. Предшественником Тевтонского ордена считается так называемый «германский госпиталь» в Иерусалиме, организованный для паломников с полабских стран.

Первые сведения о братствах на Святой Земле дает нам историограф Гийом Тирский, чье объемное произведение было создано где-то между 1169 и 1184 годами, то есть в то время, когда крестовые походы якобы достигли своего апогея. Когда Гийом начал писать свою книгу, королевства крестоносцев на Святой земле, которые он называет Outremer (Страна по ту сторону моря), существовали уже давно, а братства отметили полувековой юбилей. Поэтому сведения обо всех событиях, связанных с их образованием, он получил из вторых, если не из третьих рук.

Попробуем, ничего не отвергая, но во всем сомневаясь, подтвердить свою версию о том, что Новый Израиль был не завоеван в ходе войн крестоносцев, а создан как гигантский монастырь для формирования и воспитания военизированных структур поддержки финансово-экономической системы

Империи. Поэтому имя ему было дано Новый Богоборец по аналогии со старым Богоборцем — Израилем. Потому что на смену воинам Орды, раздвинувшим пределы Империи и создавшим Страну обетованную, должны были прийти новые воины, новые богоборцы, чтобы эту Страну обетованную удержать в повиновении.

В следующей главе мы попытаемся с нашей позиции рассмотреть создание орденов в Святой Земле и их использование в историческом плане. Посмотрим на них внимательно, без ссылок на Луи де Мембура и иллюстраций Дюрера.

Но сначала — небольшое отступление относительно самого термина «орден». Это понятие (нем. Orden, от лат. Ordo — порядок, строй) включает в себя четыре значения:

1. Знак отличия, почетная награда за особые заслуги. Значение ордена как знака отличия восходит к светским орденам европейских монархов XV века, подражавшим духовно-рыцарским орденам.

2. Обычное в средневековой Западной Европе обозначение сословных групп, четко различающихся по своим правам, функциям, образу жизни. Начиная с XI века, общество разделяли на три ордена: молящихся, сражающихся и трудящихся.

3. Название некоторых тайных обществ, например, масонский орден.

4. Военно-монашеские организации, возникшие в XII веке в эпоху крестовых походов с целью защиты паломников и больных при христианских святынях в Палестине. Позднее сосредоточились на ведении «святой войны» за Гроб Господень, борьбе с «неверными» в Испании и Прибалтике, подавлении еретических движений. Идеологом «воинства Христова» (лат. militia Christi) выступил Святой Бернард Клервосский: «Великое счастье умереть в Боге, счастливее тот, кто умирает за Бога!»

Итак, первое, что мы отметим. Понятие «орден» прекрасно существовало до «крестовых войн» и обозначало сословные группы, имеющие четкие различия, то, что именуется кастами. При этом было их три, о чем мы постоянно и говорили в предыдущих главах.

Второе — понятие «орден» восходит к понятию «порядок». То же можно сказать и о слове «ордер», хотя и оно имеет несколько значений: ордер — официальный документ, содержащий приказ, предписание, распоряжение; ордер архитектурный — определенное сочетание несущих и несомых частей стоечно-балочной конструкции, их структура и художественная обработка; ордер — регламентированное командующим расположение кораблей при выполнении задачи. Возможно, к этому ряду относится и слово «орда». Первоначально слово «орден» относилось не к самим братствам, а к регламентирующим их жизнь уставам, говоря о порядке его исполнения. Потом в западной литературе и историографии оно заменило сначала термины «свод» и «устав», а затем и само слово «братство». Сегодня мы понимаем его как название одной из военно-монашеских организаций.

ОРДЕНА. ПРИОРАТ СИОНА

Начнем с того, что, вопреки распространившемуся мнению, Орден иоаннитов был не первым Орденом, возникшим на Святой Земле. Да и вообще церковное строительство в Палестине неожиданно резко пошло на подъем за полвека до прихода крестоносцев. В 1036 году строятся ротонда храма Гроба Господня, монастырь Креста и несколько православных церквей около Иерусалима, а также церкви Святого Иоанна в Эйн-Кареме и Севастии. В 1058 году церковь Святой Марии в Абуде, церкви Святой Марии Латинской и Святой Марии Магдалины в Иерусалиме. Ко времени всем известного Первого крестового похода под «игом мусульман», буквально за несколько десятков лет до его начала отстроились и процветали: монастырь преподобного Георгия Хозевита и церковь Св. Ильи недалеко от Вифлеема, церкви Св. Иоанна Крестителя на Иордане и Св. Марии Каламонской в Иерихоне. В самом Иерусалиме — церкви Св. Архангела Михаила, Св. Николая и Св. Феклы. В Лидде — собор Св. Георгия под одним куполом с мечетью. На Масличной горе — церковь Вознесения по восьмиугольному плану так же, как и Купол Скалы (Мечеть Омара), имевшая еще одно название — Храм Господен.

Одним из главных храмов Иерусалима был собор Святой Марии на горе Сион, построенный на месте Успения Божьей Матери, известный как «Мать всех церквей». До наших дней от него сохранилась лишь часовня над южной галереей, которая ког-

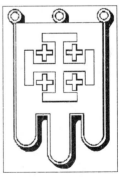

Герб Братства всадников Усыпальницы Богоматери Иерусалимской, или Приоров Сиона — Иерусалимский крест

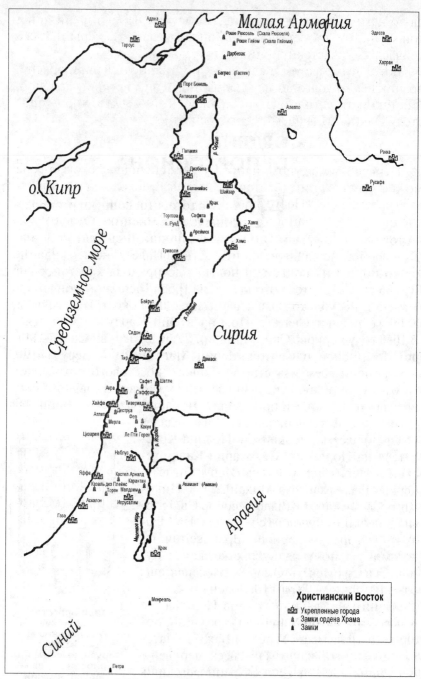

Карта замков в новом Израиле

да-то находилась над святилищем главной церкви и считается той комнатой, где совершалась Тайная вечеря. На первом этаже сейчас размещается Гробница царя Давида.

Вот с этим местом и связано упоминание о первом ордене, возникшем задолго до начала официальной истории орденов, и истоки которого уходят, по легенде, к его основателю — апостолу Иакову Младшему, брату Господню.

* * *

Первое прямое упоминание об этом специфическом ордене можно найти в книге «История крестовых походов и государства крестоносцев в Иерусалиме», написанной одним из ведущих специалистов по данной теме Рене Груссэ. В этом труде имеется ссылка на Балдуина I, младшего брата Готфрида Бульонского, герцога Нижней Лотарингии, завоевателя Святой земли. Известно, что после смерти Готфрида (1100 г.) Балдуин принял корону и стал первым королем Иерусалима, подписывая свои грамоты: «Я, Балдуин, получивший Иерусалимское королевство по воле божьей».

Как пишет Груссэ, Балдуин был первым из королевского рода, «созданного тут, на горе Сион», который стал равным по рангу всем другим властительным домам Европы: династии Капетингов во Франции, англо-норманнской (Плантагенетов) в Англии, Гогенштауфенам в Германии и Габсбургам в Австрии.

Почему же Груссэ, обычно тонко разбирающийся во всех династических хитросплетениях Средневековья, говорит о «королевском роде», основанном Балдуином, и почему вдруг созданное «на горе Сион» королевство «равно по рангу» самым значительным европейским правящим династиям, хотя известно, что Балдуин и его наследники были избранными монархами, а не принцами крови? На оба эти вопроса историк ответа не дает.

Груссэ прозрачно намекает на таинственный «приорат Сиона», или «Орден Сиона», который имел резиденцию в аббатстве «Нотр-Дам дю Мон де Сион» и которому Балдуин «обязан троном».

Сохранился документ, датированный концом XVII века, который рассказывает о том, что «Во время крестовых походов в Иерусалиме уже были рыцари, которых называли «Chevaliers de'l Order de Notre-Dame de Sion» («Всадники ордена Богоматери Сиона»). Кто же этот «великий инкогнито»?

При патриархе Иерусалимском с незапамятных времен (мы уже упоминали легенду про апостола Иакова) существовало Братство, носящее имя «сепулькриеров» — хранителей Святого Гроба. В качестве своего герба они использовали «иерусалимский крест» как символ «обличения заблудших и для утверждения православия», по словам архиепископа Иерусалимского Кирилла, сказанным им императору Констанцию. Вот на их основе и образовался «Орден Святого Гроба, что в Иерусалиме» (Ordo Eguestris S.Sepulcri Hierosolymitani). Он и был колыбелью всех орденов на Святой Земле. Первоисточники дали ему множество имен, кроме тех, что мы уже упоминали, это: «Братство всадников Богоматери Сиона» или «Братство всадников Усыпальницы Богоматери Иерусалимской», но самое известное они получили после того, как разделились в 1188 году с тамплиерами. Первый «самостоятельный» Великий Магистр ордена Сиона Жан де Гизор сменил название братства на «Приорат Сиона» — «Prieure de Sion», герб — на золотого грифона, объясняя его так: «Лев — царь зверей, орел — царь птиц, а над людьми будем царствовать мы при помощи золота». Достойный герб для опоры финансово-экономической системы. И не менее достойный девиз:«Per Me reges regnant» — «Через Меня царствуют Цари».

Целые горы литературы о крестовых походах и о католических орденах можно перелистать, но увы... нигде больше не найдется упоминания об ордене Сиона. Среди письменных свидетельств, появившихся еще до разделения ордена, дотошный исследователь может найти оригинальные документы с печатью и подписью приора Нотр-Дам де Сион Арнальдуса, датированные 19 июля 1116 года. На другой грамоте от 2 мая 1125 года имя Арнальдуса стоит рядом с подписью будущего Великого Магистра тамплиеров Хуго де Пейнса. Однако после 1188 года их нет ни в одной хронике. Нет в Заморье, а вот в Европе Великий Магистр ордена в сопровождении трех принцев Богоматери и девяти рыцарей Святого Иоанна Крестителя распределяет братьев ордена по всей территории от Испании до Скандинавии. Именно с этого времени в действиях финансово-экономической системы и всех ее подразделений прослеживается четкое руководство. Финансовая система обрела профессиональную администрацию.

Герб Приоров Сиона — грифон

Не так давно в английской прессе был опубликован «полный список великих магистров Приората Сиона», в который, наряду с малоизвестными личностями, входили Сандро Боттичелли, Леонардо да Винчи, Исаак Ньютон, Виктор Гюго, Клод Дебюсси, Жан Кокто.

Структура ордена, сохранившаяся до наших дней, показывает, как организационно правильно создавалось административное управление силовым прикрытием мытарей.

В организационном отношении эта структура выглядит следующим образом (уставные статьи XI и XII образца 1989 г.):

«Генеральное собрание «Приората Сиона» состоит из 729 провинций, 27 комтурств (округов духовно-рыцарского ордена) и таких подразделений, как «Kyria», и ковчег. Каждое комтурство состоит из 40 членов, провинция — из 13.

Все члены ордена разбиты на две группы: легион, занимающийся апостолической деятельностью, и фалангу — охранителя и блюстителя традиций.

Члены 729 провинций имеют другое деление: новички и всадники.

27 комтурств разбиты так: герои, оруженосцы, всадники и комтуры.

Ковчег насчитывает 40 членов, выполняющих функции визитеров.

В Курии 13 ее членов разделяются следующим образом: коннетабли — 9, сенешали — 3 и рулевой (навигатор) — руководитель Курии».

Достаточно строгое деление контрольного органа, охватывающего практически все области административного права. Жесткий орган, имеющий функции судебного разбирательства сложных финансовых вопросов. Достаточно взглянуть на состав Курии, странного органа, имеющего неафишируемые функции. Коннетабль (connetable), с XII века — военный советник королей, начальник королевских рыцарей, с XIV века — главнокомандующий армией. Сенешаль (франц. senechal, от франкского siniskalk, латинизир. siniskalkus — старший слуга), королевский чиновник, глава судебно-административного округа (сенешальства). Итак, в Курии девять главнокомандующих королевскими войсками (девять рыцарей Святого Иоанна Крестителя), надо понимать, представляющих девять королевств, и чрезвычайная тройка (три принца Богоматери).

Рыцари Братства Богоматери Сионской

Несколько лет назад на конвенте «Приората Сиона» в Блуа после третьего тура голосования 83 голосами из 92 Великим Магистром избран Пьер Плантар де Сен-Клер. Английские исследователи М. Бейген, Р. Лэй и Х. Линкольн пишут по этому поводу:

«Избрание Плантара Великим Магистром «Приората Сиона» представляет собой решительный шаг в развитии идей и духовной жизни ордена, ибо не менее 120 иерархов «Приората Сиона» являются «серыми кардиналами» высших финансовых, экономических и политических кругов западных стран».

Такова вкратце история создания первого ордена в Новом Израиле. «Орден Святого Гроба, что в Иерусалиме» ставил перед собой много задач, однако каких, для нас так и осталось тайной. Процитируем Жана Кокто, одного из последних Великих Магистров XX века. «Теперь перейду к способу укрепления династических корней царя Давида до последних пределов земли...

Несколько членов от семени Давидова будут готовить царей и их наследников, выбирая не по наследственному праву, а по выдающимся способностям, посвящая их в сокровенные тайны политики, в планы управления с тем, однако, чтобы никто не ведал этих тайн...

Только этим лицам будет преподано практическое применение названных планов через сравнение многовековых ответов, все наблюдения над политико-экономическими ходами и социальными науками — весь, словом, дух законов, непоколебимо установленных самою природою для урегулирования человеческих отношений...

Царь Иудейский не должен находиться под властью своих страстей, особенно же — сладострастия...

Опора человечества в лице Всемирного Владыки от святого семени Давида должна приносить в жертву своему народу все личные влечения».

В 1977 году во французском журнале «Круг Одиссея» появилась обширная статья, подписанная Жаном Делодом, в которой, наряду с общеизвестными фактами, мы находим некоторые детали о «Приорате Сиона»: «В марте 1117 г. Балдуин I по инструкциям, полученным от руководителей «Орден Святого Гроба, что в Иерусалиме», разработал Устав ордена тамплиеров. С 1118 до 1188 года. Рыцари ордена Храма и «Братство всадников Усыпальницы Богоматери Иерусалимской» имели одного Великого Магистра».

Но об этом позднее.

Остановимся подробнее на книге Майкла Байджента, Ричарда Лея и Генри Линкольна. В английском варианте она носит название: The Holy Blood and the Holy Grail (Святая кровь и Святой Грааль), во французском — L'Enigme Sacre (Священная загадка). В настоящее время авторы выпустили еще одно сочинение The Messianic Legacy (Законное мессианское наследование).

Данные книги рассматривают вопросы Святого семейства и наследование королевской власти в ведущих венценосных домах Европы. Вопросы престолонаследия увязываются авторами с родословной Иисуса Христа. Кроме того, авторы относят восстановление престолонаследия к активным действиям Приората Сиона, считая основной целью его существования восстановление монархий.

Нужно отдать должное прозорливости авторов. Если принять нашу версию создания и сосуществования орденов, то именно для этой цели и был создан первый из них. Братство Приоров Сиона выполняло функции контроля за управлением в провинциях Империи подбором, выражаясь современным языком, руководящих кадров, их обучением и переподготовкой. Кроме того, орден подготавливал почву для финансистов. Он проводил переписи населения, земельное районирование, размещение в провинциях финансовых домов и сборных пунктов дани. Формирование казны в девяти основных регионах Империи и отправку ее в метрополию.

Поэтому именно в недрах этого ордена и были сокрыты основные сведения о престолонаследии в провинциях и родословной связи наместников с правящим домом Империи. А также о взаимодействии упомянутых нами Израиля и Иудеи между собой, в том числе и в родственном отношении. И поскольку орден патронировал основные изыскания в области магии и алхимии, то есть научные изыскания в Империи, с ним связывают и легендарный цикл «Святого Грааля», и результаты главных научных разработок того времени.

Что же предлагают нам авторы вышеупомянутых книг? Они в основном разрабатывают генеалогию династии Меровингов, не углубляясь в ее связь со всеми царскими династиями в мире. Принимая во внимание троянскую версию происхождения франков, они выдвигают версию их происхождения от колена Вениаминова. Жан Робен, французский историк, называет эту теорию «телесно-плотской иудаизацией Меровингов». Хотя, если придерживаться версии Фоменко, то колено Вениаминово в составе других колен осуществляло экспансию с Востока, а размещалось оно в районе Эфеса в Малой Азии. И тогда версия авторов священной загадки смыкается с троянской. В продолжение этой гипотезы и в развитие ее утверждается, что Иисус был женат на Марии Магдалине, принадлежащей к роду Вениаминову, и имел от нее наследника престола. В знаменитой «Золотой Легенде» Жак де Воражин указывает, что она была царского рода. При этом отец ее носил персидское имя Сиром, а мать греческое — Евхария, что указывает на ее не просто царское, а имперское происхождение. Кроме того, Жак де Воражин, как и более ранние христианские авторы, отождествляет Святую Марию Магдалину с Марией из Вифании, что подтверждается Евангелием от Иоанна.

По «Золотой Легенде», обе сестры, их брат (Лазарь), Иосиф Аримафейский, брат Господень Иаков и святой Максимин приплыли на корабле в Марсель. Русские летописи тоже упоминают пришествие Марии Магдалины из Земли Обетованной, ее визит к Тиберию в Рим и преподнесение ему даров. Вполне интересный сюжетный поворот, подтверждающий нашу версию создания орденских структур.

Если ордена были созданы на территории Нового Израиля как структуры поддержки имперских управленческих подразделений в первые десятилетия после создания культа Христа, то все становится на свои места. Основатель «Братства всадников Усыпальницы Богоматери Иерусалимской» брат Господень Иаков и последние оставшиеся из Святого семейства (родственников Иисуса Христа) в сопровождении Великого Магистра (Максимума) Сепулькриеров (Хранителей Гроба) переправились в Европу.

Они и продолжали хранить гроб. Только теперь гроб Марии Магдалины — в Провансе в местечке Экс в пещере Сент-Бом, что означает Святое исцеление. Восточная версия о погребении Марии Магдалины в Эфесе проливает свет на происхождение мифа о Храме Артемиды в Эфесе, одном из семи чудес света. Это действительно был Храм Артемиды — Матери Ариев, впоследствии трансформировавшийся и слившийся с культом легендарной Марии Магдалины — Матери рода полубогов.

Вопрос о династическом соединении царских домов Европы и «Дома Давидова», правителей Империи, неизбежен в контексте единства правящего дома Империи. При этом ни о какой «иудаизации» Меровингов и других королевских династий речь не идет. Даже в порядке того, что правящая династическая ветка формировалась из всех трех правящих каст: Богоборцев-воинов (Израиля), Богославцев-жрецов (Иудеи) и кормильцев (Руси).

Нет ничего удивительно в том, что династические линии всех венценосцев Европы, а зачастую и Азии, тесно переплетены, и что после установления христианства как правопреемника единой Веры, связаны с родословной Христа. Естественно, что Империя опиралась на один главенствующий род, но род не в смысле родственных признаков, а род как каста управителей. Поэтому совершенно спокойно должны восприниматься раскрытые фрески Архангельского и Благовещенского соборов в Московском Кремле. При Романовых они были заштукатурены и частично сбиты.

«И тут удивлению историков не было предела. На первых фресках изображена родословная Христа, в которую включены... русские великие князья Дмитрий Донской, Василий Дмитриевич, Иван Третий, Василий Третий, а также античные философы и поэты: Платон, Плутарх, Аристотель, Вергилий, Зенон, Фукидид, Гомер и другие...» Удивлению искусствоведа можно позавидовать. А ведь были еще переделки Киприана, Никона, и других. Но и то, что сохранилось, говорит однозначно. До Романовых еще знали, что родословная правящих каст была общей родословной.

Авторы книги «Священная загадка» путем долгих манипуляций приводят дерево Меровингов через все отростки и веточки к Анжуйской и Лотарингской династии. Это им стоит больших трудов, а главное — потери доказательности под градом критики оппонентов. В частности, французский исследователь вопросов генеалогии Ришар Бордес тут же указал им на этот прокол: «Нигде на самом деле не сказано о возвращении Дагоберта I в Разес в 671 году, ни о его браке с Гизелой де Реде. Ясно, что это выдумка... возникла из соединения двух реальных историй. Во-первых, Сигиберт I был женат на вестготской принцессе Брунхильде, дочери вестготского короля Атанахильда. Брунхильда и ее сын были отстранены от власти Хильдериком I, но некий близкий им человек доставил их в Метц, где жители Австразии провозгласили сына Брунхильды королем в канун Рождества 575 года под именем Хильдеберта II. Во-вторых, Хариберт, король Аквитании, сын Хлотаря, женился на Гизеле, дочери Арно, герцога Гасконского. Их сыновья Боггис и Бертран, которым покровительствовал их дед, избежали грубого обращения дяди и обрели наследие отца. Эти две истории, смешавшись между собой, сложились в легенду Ренн-ле-Шато, суть которой такова: Дагоберт II, сын Сигиберта III, женился на Гизеле де Реде, дочери вестготской принцессы по имени Гислис. Дагоберт II был убит, а его сын Сигиберт IV был спасен своей сестрой Ирминой и отвезен в Реде другом-рыцарем, где он принял наследие своего деда Беры. Но в любом случае Дагоберт II не мог быть женат на Гизеле де Реде, псевдодочери Беры II. Этот последний был на самом деле сыном Аргилы и внуком Беры I, он вступил во владение графством Разес в 845 году, то есть 166 лет спустя после гибели Дагоберта II, которого выдают за его зятя».

Убийственный разнос, и с первого взгляда достаточно достоверный. Но критик сам попадает под огонь не менее убийственной критики. Владимир Карпец, исследователь средневековой истории, пишет по поводу замечания Бордеса: «Исследования последних лет показали, что Ирмина де Эррен была женой, а не дочерью Хугоберта, а имя Дагоберта в ее жизнеописание попало по ошибке писателя хроники».

Все они загнали себя в угол необходимостью выстроить правильную, хронологически верную смену поколений. Насыщение ее выдуманными или, мягче скажем, легендарными героями (о чем в первую очередь говорят имена) и привело к путанице и чехарде имен (взятых из народного медвежьего и арийского циклов кельтского эпоса). Трудность в том, что исследователям надо было заполнить немалые хронологические просветы, которые заполнить было нечем. Но это и породило ошибку: само заполнение временных дыр было неправильно, потому что их не было. Так называемое Святое семейство происходило непосредственно из этой самой Анжуйской династии и Лотарингского дома, то есть из династии Ангелов управителей Империи и Лотарингского дома — финансистов империи. Из колена Вениаминова, к коим относился и Готфрид Бульонский, «завоеватель» Иерусалима. Скорее всего, он был наместником Нового Израиля, прокуратором при котором и было вывезено в Европу Святое семейство, принадлежащее по женской линии к тому же Анжуйскому (Ангельскому, Давидову) династическому дому, к касте управителей Империи.

Авторы приводят документ из «Архива Сионского Приората» за подписью так называемой Мириам Давид. «Невозможно отрицать, что есть некий малый пастух (пастырь), правящий нами через поднятие мизинца, король Франции. В тревожные исторические времена вздымается его красное знамя, ибо красный цвет есть цвет империи». Уж не слова ли это самой Марии Магдалины, продолжательницы древа Давидовых наместников Империи. Далее она продолжает «Без Меровингов Сионский Приорат не мог бы существовать, а без Сионского Приората Меровингская династия угаснет». Четко сформулированный постулат. Наместник без опоры на имперских посланников ничто, так же как и они без опоры на наместника.

Но вот что удивительно, к Меровингам себя относят не менее дюжины семейств в Европе. Дома Габсбургов-Лотарингов — герцоги Лотарингские и короли Иерусалима. Герцоги Люксембургские, Герцоги Монпезы, правящая династия Дании, Дом Стюартов, и династии Синклеров и Девонширов, а также другие, занимающие не самые низшие ступени в иерархии монархических домов. А красное знамя — родовое знамя великих князей Руси, византийского Дома Ангелов и многих других.

Если все это так, то лица, о которых говорится в документах Приората Сиона, и которые в течение веков стояли у власти в Европе, составляли подобие транс- или панъевропейской конфедерации — нечто вроде всемирной Империи, — царствуя над королевствами и княжествами, объединенными между собой в единый союз.

Поиски, предпринятые авторами исследования о судьбе этих династий, зашли в тупик, потому что они провалились в черную дыру хронологии, образованную между династией Меровингов и орденами, пришедшими из Нового Израиля, якобы после захвата крестоносцами Иерусалима.

Когда мы убираем этот временной провал, все становится на свои места. Мария Магдалина, Мириам Давид, провозглашенная небесной покровительницей всех монархов, была тайным символом Приората Сиона и называлась в орденских документах Мелюзиной. Именно поэтому она осталась святой в провинциях Империи. В метрополии же Империи и в имперских городах, а также в уделах прямого правления ее место занимала Пресвятая Богородица Мария. Хочу отметить, что обе они продолжали культ Марии (Артемиды) Девы Ариев, первоматери единой Веры.

Приорат Сиона непосредственно связан с этой темой, потому как в имперской структуре власти именно он отвечал за легитимность передачи наместничества в провинциях и престолонаследия в имперских землях, где сидели на тронах прямые потомки имперских правящих родов — Ангелы. Они, выражаясь современным языком, отвечали за осуществление кадровой политики в высших эшелонах власти на местах, и в осуществлении контроля за исполнением обязанностей верховными правителями. Приоры Сиона также отвечали за определение функциональных обязанностей наместников в соответствии с регионом их подчинения, осуществляя перепись населения и определяя экономические возможности данного региона.

Второй легендарной темой, связанной с именем Приоров Сиона, является тема Святого Грааля. Наибольшим авторитетом по этой теме является итальянский барон Юлиус Эвола, стоящий в одном ряду с такими выдающимися специалистами как Рене Генон и Отто Ран.

Символ Грааля, по Эволу, это символ Традиций, то есть знаний и понимания мира, передающихся по наследству верховным правителям. К разряду Традиций относились и те знания, которые позволяли укреплять обороноспособность Имперских войск, по тем временам это в первую очередь знания, относящиеся к разряду магии и алхимии (порох, философский камень, эликсир молодости, панацея и т.д.) Однако наибольший интерес для нас в работах Ю. Эволы представляют его исследования мифов о пресвитере Иоанне, широко распространенные в Средневековье и, по сути, составляющие целый пласт литературного материала, историками во внимание не принимающийся.

По разным легендам, пресвитер Иоанн посылает дары и экзаменует на готовность к исполнению императорских обязанностей Фридриха Второго Штауфена, сделав заключение: «Император мудр в словах, но не в делах». Автор делает вывод: «Дары пресвитера Иоанна императору Фридриху являются как бы внешним мандатом, предложенным германскому правителю Священной Римской империи с тем, чтобы он установил реальные контакты с Господином. Однако Фридрих показал некую неадекватность для получения такого мандата. Предел Фридриха — это достоинство рыцаря и чисто временного правителя, на что указывает его ответ: «Мера — лучшая вещь на свете». Рассмотрение данной легенды позволяет определить методику выбора наместника. Если осознан смысл посылаемого высшего мандата, заключенный в символических дарах, то претендент на этот пост его достоин.

Ю. Эвола добавляет еще несколько деталей к описанию царства пресвитера Иоанна. «Tractatus pulcherrimus» называет его «царем царей — rex regum». Он объединяет в себе духовную и светскую власть и может сказать о себе: «Пресвитер Иоанн, Божьей милостью Господин всех господ, которые только есть под небом от Восхода солнца до земного рая».

Во всех средневековых источниках пресвитер Иоанн контролирует и сдерживает племена Гогов и Магогов и управляет видимым и невидимым мирами. Препятствует проникновению в свое царство «львов» и «гигантов». Уточним, что, по понятиям того времени, львам соответствовали имперские воинские подразделения, имевшие на своих прапорах (штандартах) изображения льва. Гигантам или титанам соответствовала «деградировавшая каста воинов, отказавшаяся от высоких принципов и попавшая во власть гордыни, насилия и воинственности. Гиганты согласно эпосу тех времен — это поклонники Волка».

В царстве пресвитера Иоанна, согласно тем же легендам, находится «источник молодости» и первичное местопребывание трех волхвов, город Сеува на холме Победы, в котором располагался символ имперских функций Орел. Некоторые источники утверждают, что царь Ксеркс, Александр Македонский, римские императоры, Огьер, король Дании и многие другие посещали царство пресвитера Иоанна. Все они узаконивали у него свое царственное достоинство.

Далекая и могущественная империя в различных таинственных и чудесных историях именуется империей «Великого Хана», в которой растет Древо, дающее тому, кто к нему приблизится или повесит на него щит, победу и место в универсальной Империи. Такое олицетворение родового древа, к которому тянутся все мировые ростки и к которому можно присоединиться путем обретения воинской славы или служения Империи. В то время пресвитер Иоанн зачастую олицетворялся Великим Ханом сидящем в Центре Мира. Согласно описаниям Марко Поло, Хайтона, Мандевилля, Иоханнеса де Плано, Карпини и других, он понимался как могущественный император огромной империи, как мудрый и счастливый монарх. Что полностью соответствует нашей версии.

Основной вывод, сформулированный Ю. Эволой, звучит так: «Идея Грааля — это идея имперской власти. Такой властью обладал легендарный пресвитер Иоанн. Мало этого, он обладал властью практически над всем миром». Потомки дома Давидова — это ответвления от основного родового дерева имперских управителей, назначаемые на места центральным монархом, носящим титул пресвитера Иоанна. Структурой, осуществляющей контроль за правящими династиями, был орден Приоров Сиона. Он же и определял функциональные обязанности каждого правителя в зависимости от экономических возможностей и политической значимости подконтрольной ему территории.

Отдельное место в разработке темы Святого Грааля принадлежит Отто Рану. Если с точки зрения Ю. Эволы, показанной нами выше, Грааль — это имперскость, то с точки зрения Отто Рана Грааль — это создание и сохранение массива знаний. Если Эвола опирается на роль пресвитера Иоанна в граалевском цикле, то Отто Ран рассматривает применительно к этой теме роль катаров.

Изучая германское направление этого цикла, в частности, поэзию Вольфрама фон Эйшенбаха, трубадура из Прованса, рыцарского брата ордена тамплиеров, автора поэмы «Парцифаль», он соединяет идею Грааля с движением катаров. Катары — «чистые», по версии Фоменко и по нашей версии, были оплотом имперской власти в центре Европы и, по сути, образовали в Лангедоке имперскую провинцию, в которой концентрировалась собранная дань перед использованием ее в федеральных целях. Кроме того, Лангедок и его замки были неким питомником, выражаясь современным языком, «технологической теплицей» для развития и апробирования новых и наукоемких технологий Средневековья. Разработка новейших технологий происходила под их присмотром и в их замках. По всей видимости, это направление курировали Приоры Сиона под охраной тамплиеров. Одним из таких центров был Монсегюр, построенный по сакральному принципу и мистическим канонам. К югу от него размещался подземный центр в гротах, которые местное население называло «Собор». Сам Отто Ран описывает это так: «В незапамятные времена, в ту далекую эпоху, которой едва коснулась современная историческая наука, подземелья использовались как Храм, посвященный иберийскому богу Иллхомберу, богу Солнца. Между двумя монолитами, один из которых обвалился, крутая тропинка ведет в гигантский вестибюль собора Ломбрив. Между сталагмитами из белого известняка, между темно-коричневыми, сверкающими горным хрусталем стенами тропинка ведет вниз в самую глубину горы. Зал высотой около 80 метров служил для катаров собором». Как мы видим, это типичная картина Веры до разделения на религии. То, что Ран называет богом Солнца, подтверждает, что ее основой были солнечные мистерии, а имя Бога еще раз возвращает нас к медвежьему эпосу кельтов (Бер).

Наряду с этим на стенах залов были обнаружены символы, характерные для рыцарей Храма, причем рядом с эмблемами катаров. Стоит напомнить, что тамплиеры в самом начале своей организации были неразрывны с орденом Сиона. Возможно, катары были его, так сказать, мистическим крылом, научной лабораторией, продолжавшей работу в тесном взаимодействии с тамплиерами. Если их организационно-финансовые направления пошли каждое своим путем, то научные изыскания могли продолжать существовать совместно.

Кроме того Отто Ран считал, что большинство трубадуров были тайными переносчиками знаний, продолжая традиции скальдов и бардов, которые, в свою очередь, на протяжении многих лет осуществляли функции сохранения правово-традиционной базы управленческих каст. Песни трубадуров, как когда-то песни их предшественников в форме эротического и героического символизма, несли ряд доктрин, недоступных для непосвященных. Данная система передачи знаний была распространена повсеместно среди друидов, богомилов, альбигойцев, волхвов и многих других практически по всей Ойкумене. В работах Отто Рана, Мигеля Серрано, Найджела Пенника, Антонина Габаля и других исследователей катаров и их связи с легендой о Граале прослеживается мысль, подтверждающая, что под Граалем также понималась система создания, аккумуляции и передачи знаний имперского уровня. Можно предположить, что этим направлением также занимались приоры Сиона, может быть, в сотрудничестве с тамплиерами, а на начальном этапе — и с назареями. Мигель Серрано писал: «Когда мы говорим о религии любви трубадуров, о посвященных рыцарях Грааля, об истинных хранителях Веры, мы должны попытаться открыть, что скрывается за их языком».

Вторым по времени создания, да, пожалуй, и по степени необходимости был упомянутый нами орден иоаннитов. «Братство всадников госпиталя Святого Иоанна Иерусалимского», орден госпитальеров или Мальтийский орден. Около 1120 года глава Иоаннитского братства французский рыцарь Раймунд де Пюи принял титул Великого Магистра и издал первые статуты ордена. При нем монастырские начала отступают на второй план и орден начинает приобретать тот вид, в котором он просуществовал до конца XVIII века. Однако как братство, созданное для ухода за ранеными и больными, оно известно еще до завоевания Иерусалима воинством Христовым. Даже второе название — «госпитальеры» они получили в связи со своими странноприимными домами, отелями для приюта странствующих. Это потом слово «госпиталь» примет свое современное значение, но этим

Герб Братства всадников госпиталя Святого Иоанна Иерусалимского или ордена госпитальеров — Мальтийский крест

мы обязаны госпитальерам и их предназначением в системе Империи, а первоначально оно восходило к слову «гость».

Все члены этого духовно-рыцарского ордена подразделялись на три категории: рыцари (воюющие), капелланы (молящиеся) и служащие братья (сержанты), или оруженосцы. Штаб-квартира организации располагалась в большом госпитале в Иерусалиме, построенном по образцу и подобию больницы Пантократора в Константинополе. В Акре, Тире, Антиохии и других населенных пунктах находились филиалы госпитальеров, так называемые орденские дома, в которых размещались рыцарские гарнизоны и госпитали.

Госпитальеры не ограничивались только Палестиной и Сирией, а построили госпитали и в некоторых европейских городах: в Марселе, Отранто, Бари, Мессине, а также госпиталь св. Симеона в Константинополе.

Во всех землях, где они появлялись, госпитальеры сооружали замки, крепости и укрепленные дома в черте городских стен. Форпосты «Рати Господней» возникли в Антиохии, Триполи, на берегу Тивериадского озера, на границах с Египтом. В 1186 году иоаннитские зодчие и мастера закончили строительство Маргатского замка, на территории которого без труда могли разместиться более тысячи рыцарей; здесь были и церковь, и жилища, и мастерские ремесленников, и даже деревня с садами, огородами и пашнями.

По Западной Европе были разбросаны земельные угодья и имения, принадлежавшие ордену. 19 тысяч братских вотчин — таков итог «материальных достижений» иоаннитов в XIII веке. А еще раньше, в 1113 году, был утвержден устав госпитальеров, предоставивший им ряд привилегий, главной из которых явилось то, что он подпадал под юрисдикцию Римской курии. Уж не той ли самой Курии, что являлась административным аппаратом «Приоров Сиона»? К такому выводу можно прийти, так как из всех возможных вариантов предлагаемых энциклопедией, ни один нам не подходит.

КУРИЯ, [лат. cūria]. 1. *ист.* В Древнем Риме: совокупность 10 патрицианских родов (10 курий составляли *трибу*). 2. *ист.* В Римской империи: провинциальный городской *сенат*. 3. Совокупность учреждений, посредством которых Римский Папа управляет католической церковью. 4. *ист.* В Средние века в Западной Европе: совет сеньора с его вассалами, решавший финансовые, судебные и другие вопросы. 5. Разряд избирателей в феодальных и некоторых буржуазных избирательных системах.

* * *

Римские века уже прошли, времена Папской курии и избирательного права еще не наступили. А совет синьора с вассалами нам как-то не подходит, если только не считать Великих Магистров вассалами некоего рулевого (навигатора) Курии.

Продолжим далее.

Белый восьмиконечный крест осенял госпитали, воспитательные дома, приюты, родильные дома. Братья занимались гинекологией и акушерством, строительством специализированных больниц и домов младенца.

А еще были у ордена филиалы, братства Святого Лазаря: «Орден Святого Лазаря Иерусалимского», «Орден Святого Маврикия и Святого Лазаря», «Орден Святого Лазаря и Богородицы Кармелитской». Это от них, и отражая их деятельность, образовалось на-

Рыцарь-госпитальер

звание «лазарет», до сих пор применяемое в мире. Один из первых европейских домов ордена иоаннитов носил название «Орден милосердного боевого топора», вот так, не более и не менее — «милосердного боевого топора». Название загадочное, но имеющее некое толкование, если учесть, что орден занимался и карантинными операциями. На нашей иллюстрации показано разнообразие таких боевых топоров, имеющих еще одно название — гизарма (ловушка для человека).

Символом братьев Святого Лазаря стал такой же, как и у госпитальеров, мальтийский крест, только зеленого цвета.

Мальтийский крест сам по себе представляет определенный интерес. По основной версии, такой крест носили граждане республики Амальфи, откуда родом были основатели ордена. Но крест этот состоит из двух сакральных знаков — прямого и перевернутого, имевших хождение в совершенно конкретных местах их поклонения.

В течение 20 лет госпитальеры жили и действовали в Лимассоле и успели создать там не только сильное централизованное государство, но и один из лучших по тем временам флот. Они

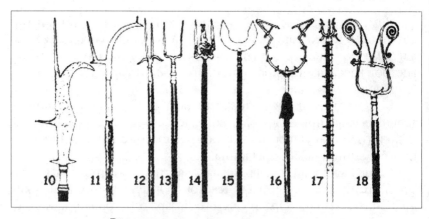

Виды гизарм и «ловушек для человека»

создали его совместно с орденом Святого Самсона, бывшими назареями. Внимание госпитальеров не мог не привлечь остров Родос, занимавший центральное положение в Эгейском море. В 1307 году под предводительством Великого Магистра Фалькона де Вилларета с помощью вездесущих генуэзцев рыцарская «братия» высадилась на Родосе.

Получая огромные доходы от своих европейских владений, «ратники Господни» начали на Родосе и прилегающих островах строительство укреплений. Прекрасно оснащенный и оборудованный орденский флот контролировал важнейшие коммуникации в Эгейском море.

И вот новый «наместник аллаха на земле», султан Сулейман Великолепный, торжественно поклялся изгнать иоаннитов с Родоса — «сатанинского убежища гяуров».

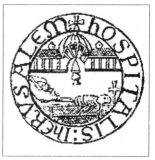

Печать Великого Магистра ордена Святого Иоанна Иерусалимского

В 1552 году турецкая армада в 200 тысяч человек на 700 судах обрушилась на Родос. Рыцари сопротивлялись целых три месяца, прежде чем Великий Магистр Филипп Вилье де Лиль Адан сдал свою шпагу Сулейману. Султан обошелся с побежденными более чем великодушно: предоставил свободу, предложил помощь при эвакуации с острова, выделив для этого целую эскадру и вручил свою охранную грамоту.

Орден Святого Иоанна Иерусалимского за семь лет после этого «освоил» Чивитавеккья, Крит, Мессину, Витербо, Ниццу. Император Священной Римской империи Карл V не оставил госпитальеров без внимания: он предложил им острова Мальту, Гоцо и Комино, прославленные чудесами апостола Павла. В октябре 1530 года их корабли бросили якоря в Кастела Маре и Биргу, недалеко от пирса Большой гавани. Получив в ленное владение Мальтийский архипелаг, иоанниты дали клятву продолжать борьбу с морскими разбойниками и берберийскими пиратами.

С течением времени в Мальтийском ордене установились и разряды его членов: настоящие рыцари или кавалеры, священники и военнослужащие. Те кандидаты, которые удовлетворяли всем генеалогическим требованиям, получали рыцарство по праву рождения: «cavalieri di giustizzia». Однако в порядке исключения Великий Магистр мог предоставлять звание рыцаря и другим, которые не полностью отвечали этим требованиям, — в таком случае они назывались «cavalieri di grazzia». Одно правило соблюдалось в кавалерстве неукоснительно: доступ сюда был закрыт любому претенденту, если он был потомком еврея, даже самым отдаленным, как в мужском, так и в женском колене.

Военнослужащие («servienti d'armi») не предоставляли никаких свидетельств своего дворянского происхождения. Единственное, что от них требовалось, — это доказать, что их отец и дед не были рабами и не занимались каким-либо ремеслом или художественным промыслом. Главу ордена, считавшегося державным государем, избирали из числа рыцарей «cavalieri di giustizzia». Одной из странных, но тем не менее важных привилегий, которыми обладал высший иерарх госпитальеров, было его исключительное право на разрешение пить воду после вечернего колокольного звона. Великий Магистр имел звание «стража Иерусалимского странноприимного двора» и «блюстителя рати Господней». Ему были выделены знаки власти: корона, «кинжал веры» (обыкновенный средневековый меч) и государственная печать (поначалу на орденской печати был изображен больной на постели с мальтийским крестом в головах и светильником в ногах, а затем на печати был вычеканен всего лишь лик очередного Великого Магистра). В ознаменование своего духовного и светского владычества он имел титул «Celsitudo eminentissima», что означает «его преимущественнейшее» или «преосвященнейшее высочество» и звание «Державный Государь».

Рыцари-госпитальеры времен Нового Израиля

Структура Мальтийского ордена отличалась простотою и четкостью: высшие подразделения — 8 «языков» или «лангов», каждый из которых составлял Великое Приорство соответствующего ланга и от него получал содержание. Великое Приорство, в свою очередь, было поделено на несколько приоратов, а те — на бальяжи или командорства, состоявшие «из недвижимых имений разного рода». Владельцы таких имений, как родовых, так и принадлежавших ордену, носили титул бальи (в древности они назывались пилье, то есть столбы).

Все ланги имели своих представителей в святом капитуле (соборе), главном органе управления орденом. Прованс был представлен великим командором, управляющим финансами. Овернь — маршалом, командиром сухопутных войск. Франция — главным госпитальером, ответственным за госпитали, врачей, обслуживающий персонал и приобретение медикаментов. Италия — адмиралом, командующим флотом. Арагон с Каталонией и Наваррой — великим консерватором, отвечающим за выплату братьям жалованья. Англия с Шотландией и Ирландией — туркопольером, возглавлявшим вспомогательные силы ордена из местных наемников. Германия — великим бальи, отвечавшим за снабжение боеприпасами и продовольствием и за строительство оборонительных укреплений. Кастилия и Португалия — великим канцлером, отвечавшим за всю документацию ордена и архив.

Напомню, «Приоры Сиона» имели девять коннетаблей, то есть на один ланг больше, но в целом структура совпадает.

Прекрасно сформированная имперская структура наглядно показывает отсутствие национальных государств и деление Империи на воинские провинции. Опять же, судя по разделению обязанностей в органе высшей власти, один из представителей в составе руководства отвечал, кроме общепринятых дел, необходимых для поддержания жизнедеятельности ордена, за основную деятельность ордена. Как легко догадаться, орден создавался для осуществления медицинских и карантинных функций, в рамках всей финансово-экономической системы. В эпоху повальных эпидемий и моров это было имперским делом первой важности.

Вся медицина — вся сеть, которая принимала на себя удары «черной смерти», чумы, оспы, «священного огня», инфлюэнцы, да мало ли какой еще дряни ходило тогда по свету, в основном принадлежала госпитальерам. Это они ставили заслоны и карантины, хоронили мертвых и выхаживали умирающих, создавали лазареты, госпитали и лепрозории, это им мы обязаны тем, что эпидемии не выкосили тогда всех, живущих в городах и селах. Им поставили памятники в Буде, Ревеле, Париже, Лондоне, в честь их заслуг построены соборы в Мадриде и Толедо. Они были иммунитетом имперского организма и принимали на себя первый удар любой болезни.

Мальтийские рыцари, как начали они именоваться с момента своего размещения на Мальте, самый кастовый орден, самый, если можно так выразится, аристократический. По его уставу, в братство не принимались банкиры, даже если имели дворянский герб, а особенно — потомки евреев-мытарей. Не хотели они, защитники финансистов, родниться с ними. В него принимали действующих царственных особ, как, к примеру, Государя всея Руси Павла I.

Италия, Австрия, Пруссия, Испания, Россия да и многие другие почитали за честь награждать своих дворян за особые отличия золотым эмалированным восьмиконечным крестом Мальтийского ордена. Ритуальная одежда «ратника Господня» — красный супервест с нашитым на груди мальтийским крестом и поверх блестящими латами — была объектом вожделения многих, но исключение делалось только для независимых государей. Парад так парад, решил капитул, и ввел специальную одежду для «рыцарей» ордена женского пола — черную одежду с белым мальтийским крестом на груди и левом плече, правда, не забыли черный остроконечный клобук с черным же покрывалом.

Три главные святыни имело «Братство всадников госпиталя Святого Иоанна Иерусалимского»: части Древа Животворящего Креста Господня, икону Филермской Божьей Матери, письма евангелиста Луки и десную руку Святого Иоанна Крестителя. 12 октября 1799 года эти святыни были перенесены с Мальты в российскую Гатчину. Удивительное дело, святыни эти приехали в ту страну, где с XII века, так же, как и в Иерусалимской церкви, отмечали праздник Спаса или Изнесение честных Древ Животворящего Креста Господня. Туда, где в честь иконы Святой Богоматери письма евангелиста Луки, построена была церковь на реке Нерль удивительной красоты. Такие вот повороты истории.

Между стенами цитадели Иерусалима и Золотыми воротами города, наверху земляной насыпи стоял храм Господень, мечеть Омара, купол над скалой. Город в городе, крепость в крепости. А чуть дальше, там, где сейчас одно из чудес мусульманского мира Мечеть Аль-Акса — Храм Соломона, точнее говоря, прямо в ней рядом с церковью Святой Марии Латеранской и располагался Дом ордена Храма. Там и было родовое гнездо «Братства бедных слуг Христовых всадников Девы Марии Иерусалимской Богородицы Соломонова Храма», то есть храмовников, или рыцарей-тамплиеров. Если орден Сиона самый закрытый из орденов, то орден тамплиеров — самый легендарный. Уж столько о нем написано, столько косточек его рыцарям перемыто, что вроде и сказать о нем нечего. Это понимал еще в те времена хронист короля Пульхерий Шартрский, потому и промолчал о соседях, живущих, можно сказать, у него под носом, даже двор был общий.

Основали орден девять рыцарей под руководством Хуго де Пэйнса, как принято писать в переводах, хотя в документах ордена он пишется Hughes de Poganes, проще говоря, «из поганых», то есть из степняков (кочевников). Из тех самых *Гогов, Магогов и князей Роша, Мешеха и Фувала*.

Герб Братства бедных слуг Христовых всадников Девы Марии Иерусалимской Богородицы Соломонова Храма или ордена тамплиеров

Церковные сановники расточали похвалы в их адрес, и не кто иной, как сам Бернар из Клерво в 1128 году написал в их честь трактат под названием «Хвала новому рыцарству», в котором приветствовал появление «монахов по духу, воинов по оружию». В этом панегирике клервоский аббат противопоставлял холеному и расфранченному светскому воину простого монаха-храмовника, не заботящегося о своей внешности и манерах, зато ведущего праведный образ жизни, воюющего за идеалы, ставящего превыше всего служение богу, то есть — воинство Христово.

Своеобразным символом ордена стал белый плащ, надевавшийся поверх остальной одежды того же цвета. По этому поводу в орденском уставе сказано: «Всем профессам мы выдаем, как для зимы, так и для лета, поелику возможно, белые облачения, по которым их могут распознать все, кто провел жизнь в темноте, так как их долг — посвятить свои души Творцу, ведя чистую и светлую жизнь». Професс — рыцарь-монах, принявший три обязательных обета: бедности, целомудрия и послушания.

Рыцари Храма, действующие под непосредственным покровительством «Приоров Сиона» и по их Уставу, подразделялись на братьев-рыцарей (воюющих), братьев-священников (молящихся) и «полубратьев» (трудящихся). Все по давно апробированной схеме. Верховным органом власти в ордене был Генеральный капитул (собор), состоявший из высших должностных лиц всех орденских провинций и высших правителей ордена. К первым относились Великие приоры Триполи, Антиохии, Франции, Англии, Пуату, Арагона, Португалии, Апулии и Венгрии. Вторые делились на высших и низших. Высшие — это: прокуратор — орденский посол в Иерусалиме; Великий Мастер, выбираемый капитулом; Сенешаль — первый заместитель Мастера; Маршал — командующий войсками; Великий прецептор Иерусалимского королевства — казначей ордена; Комтур Святого града Иерусалима — командир гарнизона Иерусалима. К низшим относились услужающие братья, носящие не белые одеяния братьев-всадников, а черную или коричневую одежду мастеровых; Низший маршал, командующий сервентами (ремесленниками); Знаменосец ордена; Управляющий земельными владениями ордена и строителями; Главный кузнец ордена; Адмирал или комтур порта Акра, командующий флотом.

К 1130 году, всего через два года после его учреждения и утверждения Устава на Соборе в Труа, орден уже располагал обширными земельными владениями во Франции, Англии, Шотландии, Фландрии, Испании и Португалии. А еще через 10 лет он стал крупным землевладельцем и в других странах: Италии, Австрии, Германии, Венгрии и Святой земле.

Тамплиеры были орденом банкиров и дипломатов, ученых и мореплавателей, строителей и алхимиков, кузнецов и оружейников. Одно только перечисление того, что принесли в мир рыцари Храма, займет немало строк. Вот только малость того, что благоденствовало под рукой закованных в сталь и одетых в белый плащ с красным восьмиконечным крестом воинов Богородицы, под сенью черно-белого Босеана (стяга ордена), и с благословения Великого Магистра — государя над государями. Банкирская деятельность Ордена Храма известна хорошо. Еще от первого казначея братства Евстафия Собаки (Эсташа Шенье), который появился тогда, когда не было разделения между Домами Богородицы, когда всадники Богородицы Сиона и всадники Богородицы Храма Соломона правили одним Домом, ходили под одним Магистром. Так вот, эти Собаки занимались скучным делом, считали казну орденскую, то есть мытарили. Сначала Евстафий Собака, потом внук его тоже Евстафий, потом правнук Гугон Собака, потому как право это, по всей видимости, было наследное, клановое. За всю свою жизнь они ввели в мировую практику, или точнее в финансово-кредитную жизнь мира, следующее. Первое — бухгалтерские

Рыцари-тамплиеры

книги, следовательно, всю бухгалтерию со всей ее приходно-расходной отчетностью, со всеми сальдо-бульдо. Второе — «узуфрукт» собственности во время отсутствия заемщика, термин ныне забытый, но суть его в праве пользования заемным имуществом незаслуженно получило хорошо всем известное название «ломбард» по имени основных его пользователей — ломбардцев. Третье — банковские чеки, вексельный расчет — основа основ банковской системы, то есть, попросту говоря, создали банковскую систему как таковую. Ввели контроль во всех монарших домах, церковных землях, кантонах и далее за чистотой и содержанием золота и серебра в монетах, контроль за сбором десятины и налогов, взимание штрафов за нарушение Законов Божьих с монарших персон и иерархов церкви на местах. Одним словом, если проводить аналогии с современностью, выполняли они функции налоговой полиции, или, мягко говоря, силовой структуры, обеспечивающей бесперебойную работу финансовой мировой системы.

Другая ипостась ордена — дипломатия — покрыта некоей завесой секретности и недомолвок или просто искажена с никому неведомой целью (на то она и дипломатия). Известно только, что командорства ордена были в девяти провинциях Запада, что кроме самих командоров существовали еще смотрители и контролеры, под общим названием «визитеры», то есть приезжающие откуда-то с визитом, с проверкой. Известно, что при каждом королевском дворе, церковном епископатстве, герцогском доме, то есть везде, где хоть как-то, хоть каким-либо краешком вершилась, проводилась централизованная политика Империи, находилась чрезвычайная тройка. Триада тамплиеров находилась при дворах Франции и Англии, Фландрии и Венгрии, Аквитании и Португалии — практически везде. Без подписей этих свидетелей любой общеполитический документ, выражаясь языком современной юрисдикции, не был парафирован.

Когда в 1252 году Генрих III Английский осмелился бросить вызов тамплиерам и пригрозил им конфискацией имущества, от Великого Магистра последовал ответ, который своей смелостью заставляет поразмыслить о действительном могуществе ордена. Судите об этом по следующему диалогу: «Вы, тамплиеры... — резко говорит король, — имеете столько свобод и хартий, что ваши безграничные возможности наполняют вас гордыней и наглостью. То, что вам было так неосмотрительно дано, должно быть предусмотрительно взято обратно, и то, что вам было по неосторожности пожаловано, должно быть продуманным образом отобрано». На эти слова последовала уничтожающая реплика Великого Магистра: «Что говоришь ты, о король! Неуместные слова твои больно слышать. Пока ты будешь справедлив, ты будешь

Рыцари-тамплиеры времен Нового Израиля

править; но если ты нарушишь справедливость, ты перестанешь быть королем!»

В перечень деятельности ордена стоит включить дипломатические связи с ассасинами, этими тамплиерами Востока, и посольство в Аламуте в Иране у Гассана Сабаха, главы этого братства, известного как «Шейх-эль-Джебель» — «Старец с Гор». Некоторые историки утверждают, однако, что истинное значение этого слова — «Мудрец (или Волхв) Каббалы (или Традиции)». А также лотный контакт с суфийскими братствами и ессеями, апостолами Иоанна Крестителя, поддерживаемый в ключе подготовки Пришествия Параклита на основе Авраамова учения.

Если мы вспомним с вами, что венценосные особы являлись кастой управленцев Империи, то роль тамплиеров становится ясной. Они выполняли функцию контрольно-ревизионного управления в провинциях. Функцию догляда за справедливостью имперского правления.

Ну и уж совсем схематично. В науке они патронировали геодезию, картографию, медицину, особенно изучение применений антибиотиков, алхимию (отсюда все мифы об их занятиях магией и связях с дьяволом). В строительстве они проявили себя тем, что в их домах под их руководством по всему миру учредились и утвердились братства вольных каменщиков — архитекторов готического стиля, цеха строителей дорог, храмов, замков и крепостей, о неприступности которых ходили легенды. Это Сен-Жан-д Акр (Акру, Акко), Газу, Тортозу, Бет Жибелан, Монсегюр и другие, их воспевали менестрели и ваганты еще многие и многие века. Это Гильдия вольных каменщиков «полубратьев» тамплиеров построила: Малый мост и Лувр в Париже, башню Тампль в Лондоне. В мореплавании они имели свои верфи, флоты, порты, кстати, знаменитый Ля Рошель — это порт Тамплиеров. Васко да Гама, например, был рыцарем ордена Христа (португальской ветви рыцарей Храма), а принц Энрике Мореплаватель — его Великим Магистром. Интересно, что сам португальский принц никогда не плавал, но на средства ордена Христа основал в Сагрише обсерваторию и мореходную школу, способствовал развитию кораблестроения в Португалии. По его инициативе были снаряжены океанские экспедиции Г. Кабрала, А. Кадамосто и др., открывшие острова Азорские, Зеленого мыса, Бижагош, обследовавшие реки Сенегал и Гамбия. Корабли ордена плавали под восьмиконечными тамплиерскими крестами. Под этими же флагами каравеллы Христофора Колумба «Санта-Мария», «Пинта» и «Нинья» пересекли Атлантический океан и достигли острова Сан-Сальвадор в Багамском архипелаге. Кстати сказать, сам великий первооткрыватель Америки был женат на Фелипе Мониз Перестрелло, дочери сподвижника Генриха Мореплавателя, рыцаря ордена Христа, который передал ему свои морские и лоцманские карты.

В так называемом кузнечном деле, поиске и обработке металлов, выплавке оружейного и колокольного чугуна, ковке и секретах оружейной стали, тамплиеры просто не имели конкурентов.

Есть одно общее, что объединяет все нами перечисленное. Это федеральные программы, финансирующиеся из десятины, из федеральных централизованных налогов.

Тамплиеры выполняли функцию имперских федеральных налоговых досмотрщиков. В их структуру входило более девяти тысяч командорств, бальяжей и прецепторий (укрепленных усадеб). Они имели постоянное войско (корпус быстрого реагирования), собственные суды, собственные церкви, собственную внутреннюю службу безопасности, собственные финансы. Они были государством в государстве. Ровно так же, как и вся финансово-экономическая сеть.

ТЕВТОНЫ

Поддержкой и опорой госпитальеров с первого их шага на Святой Земле было «Братство Всадников госпиталя Пресвятой Девы Марии немецкого Дома в Иерусалиме». Только после основания собственного госпиталя в Сен-Жан д'Акр стали они называться «Братство всадников Богородицы Тевтонской». Тевтоны — под таким именем вошли они в историю. Начав как орден лекарский, странноприимный и основав свои европейские Дома: «Братство Святой Марии немецкого Дома в Ливонии», ошибочно называемый Ливонским орденом и «Братство всадников Святого Георгия» в Испании, братья-тевтоны очень быстро поменяли функциональные обязанности. После выхода «Золотой Буллы» в обязанности ордена вменялось защита прав и чести рыцарей и борьба с врагами церкви. По этой же Булле на все земли, покоренные орденом, он получал «Право Земли и воды». За короткое время рыцари в белых плащах с черным восьмиконечным крестом обосновались по всей Европе — в Германии, Пруссии, Литве, Польше, Франции, Испании, Греции, Заморских землях. Средневековые хроники и русские летописи называют их «Божьи дворяне». Многочисленные и подробные письменные документальные свидетельства говорят о преимущественно мирном освоении тевтонами земель, до их прихода по большей части непригодных для проживания человека, в лучшем случае, малонаселенных. Братья строили больницы, сиротские и странноприимные дома и богадельни,

Герб Братства Всадников госпиталя Пресвятой Девы Марии немецкого Дома в Иерусалиме или Тевтонского ордена

церкви и монастыри, основывали города и села, осушали болота и вводили земледелие среди местных племен, живущих охотой, рыбной ловлей, собирательством и бортничеством, не знавших вкуса печеного хлеба.

Что, к примеру, представляла собой Пруссия перед приходом туда «Божьих дворян»? Это была своего рода военная конфедерация одиннадцати родственных территорий: Помезании, Погезании, Вармии, Натангии, Бартии, Самбии, Надровии, Скаловии, Судовии, Галиндии и Сассовии, на которых расселились военные дружины племен, пришедших сюда в ходе первичной Имперской экспансии. Данное объединение граничило с провинциями Литва, Польша и Русь. Центральная власть на землях этой воинской конфедерации еще не укрепила своих позиций, и создание имперской провинции на этих землях было осложнено в силу ряда причин. Идеализация доимперских порядков — кровная месть, человеческие жертвоприношения, отсутствие цивилизованной торговли и освоения земель — нам не к лицу. Жмудь, литовцы, ятвяги, пруссы и многие другие не были кроткими агнцами, которых люто терзали свалившиеся им на голову тевтонские волки. Они жили набегами на своих соседей. Пребывание в перманентном состоянии войны в землях еще продолжалось. Возглавляемые слабыми военными вождями и воеводами, дружины начали превращаться в конные банды, представлявшие опасность для Империи в целом.

Рыцари-тевтоны времен Нового Израиля

Задачей орденских братьев было переломить эту ситуацию. Тевтонский хронист XIV века Петр из Дусбурга писал об этом так: «Кто бы [из пруссов] ни обратился к вере Христа, оставив идолопоклонство, братья милостиво обращаются с ним, и вот как. Если он знатен и происходит из рода нобилей (высшего дворянства), то ему даются земли в свободное владение и в таком количестве, что он может жить приличествующе положению своему ...» В результате образовался слой прусских «свободных» или «вольных», нечто вроде однодворцев, которые со своих земель были обязаны нести службу ордену и зарекомендовали себя прекрасными воинами. Выполнялся принцип: «Дайте пруссам остаться пруссами».

Аналогичная картина наблюдалась в Померании и Мазовии, Ливонии и на юге Романии. В самом центре Империи разрасталась неподконтрольная вольница, полоса земли под властью разбойных шаек. Первая задача вновь созданного ордена тевтонов была в том, чтобы навести там порядок и привести всех непокорных под государеву руку. Орден начал создавать свои провинции — бальяжи во главе с ландкомтурами во многих землях.

«Божьи дворяне» состояли из братьев-рыцарей, набиравшихся, в основном, из младших сыновей, братьев-священников и услужающих братьев. Кроме них были другие категории членов ордена: Благодетели — выражаясь современным языком, спонсоры, Мараны или Маранцы — светские рыцари и арендаторы орденских земель (серые плащи) и орденские сестры.

Верховной властью ордена был Великий капитул (собор), возглавляемый Гроссмейстером — Верховным Мастером, в отличие от Великих Мастеров храмовников и иоаннитов. В состав капитула входили земельные магистры (наместники) от всех провинций. К ним относились: Ливония, Пруссия, Австрия, Апулия, Сицилия, Испания, Романия, Армения и Венеция.

Тевтонский орден выполнял функции защиты северных морских путей. На юге этим занимались госпитальеры с базами на Родосе, Крите и впоследствии на Мальте. На западе — тамплиеры, с портами в Португалии и Франции. А вот север контролировали тевтоны, создавшие торговые морские союзы: на юге Венецианский, а на севере Ганзейский, в который, между прочим, входили Новгород и Лондон. Именно тевтоны уничтожили город Висби на острове Готланд, главное пиратское гнездо «виталийских братьев», и положили конец морскому разбою в северных морях.

Это в недрах тевтонского братства родилась «фема» — страшная тайная полиция, прообраз всех тайных полиций мира, «рыцари плаща и кинжала». Уже много веков назад простое упоминание фемы внушало ужас крестьянам и бюргерам, рыцарям и иерархам церкви, даже самим королям и принцам во всех уголках земли. Тайное орудие господства «Божьих дворян» — фема, по существу, являлась своеобразными «глазами и ушами» государевыми и свирепствовала на территории Империи, сея страх и смерть среди ее подданных. Цель — держать в повиновении народные массы, средства — террор против населения. Так действовала служба собственной безопасности Тевтонского ордена по ночам, похищая свою беззащитную жертву прямо из постели, невзирая на стоны и вопли домочадцев. Затем виновный представал перед «судом фемы» («Фемгерихт»), откуда путь был один — смерть. Но прежде чем подвергнуться мучительной казни, которую сами братья и творили, осужденный официально «исключался из тевтонской общины», то есть помимо физического насилия подвергался еще и моральному унижению. Таким образом, таинственная фема была призвана охранять покой властителей в метрополии и провинциях, а посему пользовалась особым покровительством не только ордена, но и высших иерархов Империи.

Специфика их предназначения — жандармские, карательные функции — породила и специфику структуры ордена, что вводит многих в заблуждение. Разбросанность укрепрайонов по регионам возможного неповиновения и в непосредственной близости от очагов мятежей и восстаний, породила видимость множественности орденов, выполнявших функции подавления. К таким структурным подразделениям тевтонов, выдаваемым за отдельные ордена, относятся: Ливонский орден — «Братство Святой Марии немецкого Дома в Ливонии», Добринский орден — «Добрынское братство в Мазовии», Орден меченосцев — «Братья рыцарства в Курляндии», Опричники — «Кромешный орден», Левантийский орден — «Военный тевтонский Левантийский орден».

Идеология тевтонцев, краеугольным камнем которой был тезис об исключительной миссии ордена, по сути, предусматривала условием существования этой структуры вечную войну, ибо без этого ее существование теряло смысл. Поэтому, с одной стороны, освящались и дозволялись любые средства для исполнения «миссии» и заранее отпускались все совершенные при этом грехи, о чем, впрочем, писал еще Бернар Клервосский, а с другой — определялась сугубо утилитарная направленность своеобразной цивилизации ордена. Действительно, братья ценили и активно внедряли различные новшества в хозяйстве, будь то более прогрессивная система обработки пашни или подъемные механизмы в портах. Однако искусства и науки, средоточием которых в Средневековье была церковь, в ордене получили слабое развитие. Репертуар немногочисленных библиотек конвентов был весьма беден: псалтырь, хроники, сборники житий, предназначенные для группового прочтения вслух. Здесь практически отсутствовала литература для индивидуального чтения, даже теологические трактаты, равно как и столь характерные в Средневековье пометки читателей на страницах книг. Судя по всему, то, что не могло быть использовано непосредственно для получения осязаемой, материальной выгоды и пользы, мало занимало братьев ордена. Ярким показателем этого является положение братьев-священников, к ведению которых, собственно, и относились в ордене все духовные материи — они парадоксальным образом не играли в этой духовной корпорации никакой роли. Число священнослужителей в конвентах вообще было невелико, поскольку в положенный по уставу минимум зачисляли всех церковников, включая причетников и служек.

Главным отличием тевтонцев от других постоянно находившихся в состоянии боевой готовности орденов, было то, что они сумели на базе немногочисленной касты профессиональных воинов развернуть многочисленную армию. Основную часть тех «военных мускулов», которые орден при необходимости быстро «накачивал» вокруг своих кадровых сил — братьев и полубратьев, составляла так называемая «земская служба» Тевтонского братства. Эти отряды, собственно говоря, представляли собой ополчение, такое же, какое было основой всех армий средневековой Европы. Светские рыцари, недворяне — солтысы и старосты деревень, словом, все, имевшие земли во владениях ордена, согласно вассальной присяге были обязаны по призыву магистра отправляться на военную службу. Таким образом, перед нами стандартные отношения Средневековья, только в качестве сюзерена у светских подданных тевтонцев выступал не король или иной правитель, а орден как корпорация.

Проведение жесткой политики центра в колонизуемых землях — вот какая задача стояла перед «Божьими дворянами» — введение новых принципов взаимоотношений между теми, кто осел на землю, и остающимися на службе у власти. Жесткое введение на всех землях разделения населения на Земщину — людей земли и Опричнину — тех, кто опричь земли (государевых людей). И, конечно же, как всегда, защита торговых путей, строительство, освоение территорий и т.д., то есть все федеральные программы.

Известно, что в период между 1100 и 1300 годами на территории Нового Израиля возникло 12 духовно-рыцарских орденов, которые превратились в своего рода ударные отряды и были спешно переброшены в Европу.

МЕЧЕНОСЦЫ

Благодаря литературному гению Сенкевича, за тевтонов часто принимают меченосцев. Однако это обобщающее название нескольких братств. От «Ордена меча Святого Иакова в Англии» до «Ордена Сантьяго» в Испании. Отличием их был красный крест в виде меча с рукоятью из лилий. В их задачу входили функции горной пограничной стражи. Выражаясь современным языком, это были подразделения горных егерей, размещенные по всей земле от Пиренеев до вала Адриана.

Герб ордена меча Святого Иакова

«Орден Калатравы», носивший изначально название «Орден Богородицы Лилии», а впоследствии распавшийся на несколько орденов. В Испании — «Дамы Калатравы» и «Орден Сальватьерры» (как тут не вспомнить цикл про Святой Грааль), а в Португалии — «Орден Святого Бенедикта Ависского». От его рыцарей и пошла династия португальских королей Ависсо и многие династии испанских грандов и французских баронов. Орденской эмблемой всех этих орденов был крест, состоящий из четырех лилий. Все эти ордена носили общее название «Военное благородное братство Нового рыцарства» и являлись своеобразным инкубатором и воспитательным домом нового сословия управителей Империи. За время службы в них отпрыски венценосных каст проходили подготовку для работы в административном аппарате.

Во Франции — «Орден Святого Михаила» и «Орден Святого Духа», кстати, имевший на своем гербе изображение голубя.

Герб ордена Святого Бенедикта Ависского

В Англии это были «Орден Гартнера», разделившийся на «Орден Подвязки» и «Орден Бани», названный так в честь крещения рыцарей.

В Шотландии — «Орден Святого Андрея Первозванного» и «Орден Чертополоха» — охранники караванных путей.

В Бургундии — «Орден Золотого Руна», рыцари которого имели на штандартах и в гербах изображения агнца Божьего.

И по всей Европе — «Братство всадников Святого Дома Богородицы» или «Рыцари Лучезарной Звезды».

Ордена здесь названы по расположению главных Домов ордена, орденские же комтуры (укрепленные Дома) были рассыпаны по странам всей Европы, и не только Европы, но зарождались они все в Иерусалиме на Святой Земле, в Новом Израиле. Все они имели привилегии не подчиняться никому, кроме решений собственных соборов и не отчитываться ни перед кем, кроме высшего Церковного суда. Сейчас мы с точностью не сможем сказать, с какой целью был создан каждый из них, ка-

Герб ордена Святого Духа

Герб ордена Золотого Руна

кую задачу выполнял. Мы даже названий их точных не знаем, но знаем, в Уставе каждого из них была одна ОБЩАЯ фраза.

«Я, имярек, рыцарь ордена, клянусь, моему господину и повелителю, и преемнику князя апостолов, и его наследникам в постоянной верности и послушании. Клянусь, что я не только словом, но и оружием, всеми своими силами буду защищать таинства веры... Обещаю также повиноваться Великому Магистру ордена

и быть послушным, как того требуют уставы... В любое время дня и ночи, когда будет получен приказ, клянусь переплыть все море, чтобы сражаться против неверных королей и князей...»

Когда настала необходимость, они переплыли море и прикрыли собой всю финансово-экономическую систему Империи во всех ее основных узлах: на мытнях, таможнях, караванных путях, в портах и торговых Китай-городах. Все ордена служили верой и правдой, «словом и делом», словом на совете и делом на ратном поле. Все ордена были верными «псами господними», псами центральной власти.

НА СЛУЖБЕ ИМПЕРИИ

Итак, мы приближаемся к основной части нашего расследования. На всей территории Империи после первичного освоения земель в основных кастах периода экспансии началось дробление и формирование более мелких профессиональных каст. Однако одна из вновь образуемых замкнутых систем первоначально стала претендовать на особое место во всей структуре управления. Это была вновь создаваемая финансово-экономическая система управления со всеми входящими в нее структурами обеспечения. Вокруг оседлых представителей воинской (Израиль) и духовной (Иудея) каст стали образовываться укрепленные поселения и посады, так же, как и вокруг укрепленных замков управленческих структур Империи. Наравне с этими «земскими структурами», структурами, осевшими на землю, поземельными сословиями, называемыми «земщиной», сформировалась новая система, возникающая на совершенно других имущественных, духовных и законодательных принципах. Система, вставшая отдельно от всего населения Земли обетованной, опричь всех, она получила название «опричнины». По своим местам, входящим в ее сеть — кромам, комтурам, командантам и др., имела еще название «кромешнина».

Земля обетованная постепенно превращалась в Землю городов — Гардарику, Урарту, Парсию — она имела много разных названий. Пока только превращалась, Землей городов она станет потом, когда гильдии вольных каменщиков в течение одного столетия на местах укрепленных поселений воздвигнут по указу верховной власти и по единому плану 3000 каменных городов. Тема эта хорошо проработанная с хорошей доказательной базой, освещать ее можно широко.

На базе создаваемых городов начало проявляться конфедеративное устройство Империи. Сначала оформились главные провинции: Италия с Апулией и Сицилией, Кастилия и Португалия, Арагон с Каталонией и Наваррой, Англия с Шотландией и Ирландией, Германия с Ливонией и Пруссией, Франция, Дания. В каждой провинции было свое автономное руководство, со своим войском и атрибутами власти. Свой Земский собор — законодательный орган.

В каждой провинции был свой провинциальный духовный центр, проводящий общую идеологическую линию центральной власти. Кроме этого в каждой из них, опричь земщины, закрепились административные центры управления медицинскими и карантинными операциями. Центры осуществления федеральных проектов по строительству, связи, развитию ремесел, землеустройству и землеосвоению. А также центры по поддержанию порядка и обеспечению внутренней безопасности управленческих структур.

Затем обозначились казначейские финансовые центры: Новый Израиль (Иерусалим), Париж, Лондон, Пуату, Арагон, Португалия, Апулия, Венгрия, Прованс. В этих центрах встали центральные мытные дворы — Тампли, в которые после сбора, учета и разделения на федеральную и провинциальную часть свозилась та часть десятины, дани, налога, сбора, что уходила в центральную метрополию. Большая часть их сохранилась (Тампли в Гарвее, Арагоне, Лондоне, Лувр, Шателье), что-то уничтожили (Тампль в Париже), но в основном они видны. В центре Европы, кроме того, была главная перевалочная торгово-финансовая база — маркграфство Еврея, расположенное чуть южнее Альпийских перевалов, за перевалом Большой Сен-Бернар, практически в современной Южной Швейцарии в районе озера Лугано.

Но над всем этим стояли центры имперской администрации, места, где размещались соправители Ойкумены: Русь, Романия (Византия), Армения (Румелия), Венеция, Иерусалим, Венгрия, Тоскана, Анжу, Швабия.

Все эти места были прикрыты военизированными структурами военно-монашеских орденов. Не регулярной армией — Ордой, находящейся в постоянном походе во главе со своими управителями ханами, и не дружинами — гвардией светских управителей, а орденами.

Даже мобилизационное предписание у них отличалось. Орда и дружины по боевому расчету разворачивались по правилам, именуемым в средневековом воинском деле «*Rossdienst*», когда каждый, опоясанный мечом, должен был прибыть к месту сбора во главе собственного знамени в окружении нескольких воинов, оруженосцев и слуг. Орденские структуры придерживались другого правила, называемого «*Plattendienst*», когда всадник прибывал с одним, двумя братьями оруженосцами и становился под стяг ордена. Орденская выучка и дисциплина позволяли им в кратчайшие сроки наращивать мускулы.

Появившееся государство в государстве — финансово-экономическая Империя, Империя евреев, начала развиваться по своим законам. Мы назвали ее Империей евреев. Действительно, Империя Богоборцев (Израиль) клонилась к закату, все больше и больше перенося экспансию в дальние земли. Воинская каста на освоенных землях теряла свою ведущую роль. Сражающиеся, выполнив свою функцию, уходили в тень, отползали на окраины Ойкумены.

Империя Богославцев (Иудея) четко заняла свою нишу в управленческой структуре, оставив за собой умы и души людские. Однако и она начала терять свой первоначальный вес, уступив ряд функций управленческому аппарату, центральной власти. Даже пост первосвященника пришлось упразднить

Четыре времени года и сборщик налогов. Bartholomeus Anglicus, On the Properties of Things, 15th Century

и отдать его титульное название главе светской власти — Царю-священнику (пресвитеру).

Управленческая каста администраторов-наместников, в силу своей разобщенности и выборности, на создание собственной Империи претендовать не могла. К тому же вышеупомянутые касты, делегирующие в нее своих представителей в качестве кадрового состава, ей этого бы и не позволили.

Более мелкие касты, в том числе и торговцев (жидов), на такую роль и не замахивались, хотя, может, и очень хотели. Но «широко шагать — штаны порвешь», как говорят в народе.

Вновь же созданная система, вобравшая в себя представителей всех каст и продолжавшая развиваться, первоначально имела задачу опутать сетью весь мир и держать его под контролем. Исключительная ее задача была в том, чтобы по задумке центральной власти противопоставить себя всей, уже существующей и поделенной, системе властного управления. Главное же — взять эту систему под контроль. Поэтому создание Империи евреев, Централизованной империи экономического регулирования жизни Ойкумены, отвечало поставленным ей задачам и тайному желанию светской центральной власти. При помощи вновь создаваемой паучьей сети ослаблялась власть и Израиля и Иудеи. Усиливалась власть пресвитеров и их наместников. Мало того, там, где жизнь шла под рукой новой структуры, работали новые законы и правила, отличные от земщины. Новая сеть создавала Империю опричь других империй во всем. Политически, экономически, идеологически, оставаясь при этом территориально на землях старых структур. Она их вытесняла из власти методично. Это был заговор в пользу центральной власти, объединившей в одном лице власть духовную и власть светскую. Заговор против военной власти — Орды.

В чем же было коренное отличие существования в Империи евреев от всей остальной земли.

Земля городов — это в подавляющем большинстве была земля нового образования. Земщина оставалась на земле в прямом смысле слова, Израиль завяз в колониальных завоеваниях, Иудея скрылась за стенами монастырей. Во вновь создаваемых городах и поселениях безраздельно правили представители новой власти, власти финансов. Под себя они и верстали правила жизни.

С приходом военно-монашеских орденов и установления ими своих порядков получила распространение военно-ленная система наделения земельными наделами, поместьями, уделами. До этого, как мы отмечали ранее, такое наделение базировалось на условиях добросовестной воинской службы в Орде и получения своего удела в качестве поощрения за эту службу в наследственное пользование, с правом выхода в отставку и оседания на землю. По новым правилам каждый, военный и гражданский, мог получить свою вотчину — лен (герм.), икт (араб.), бенефиций (лат.), аллонд (старогерм.), альменду (герм.), апанаж (фр.), латифундию (лат.), манор (англ.), феод (нем.), фи (англ.), фьеф (фр.) в пожизненное пользование. Единственным условием получения земельного надела было несение военной или административной службы на условиях вассалитета. За выслугу лет это право переходило в наследственное, с уплатой поземельного налога. Другим видом военно-ленных отношений стало получение права взимать различные подати в пользу центральной казны с несением тех же вассальных обязанностей.

В деревнях и поселениях появились старосты, раисы, кази, в чью компетенцию входил разбор мелких судебных тяжб гражданского характера (уголовная юрисдикция находилась в ведении сеньоров), они несли также ответственность и за сбор натуральных поступлений.

Вилланы на землях под юрисдикцией центральной власти имели ряд специфических прав. Во-первых, свободно переходить от одного владельца земли к другому владельцу. Во-вторых, при отсутствии барщины, домен — крестьянское поселение — обрабатывался в основном силами свободных виллан, на которых возлагались повинности продуктом и деньгами в пользу братств, предоставивших им землю.

Как правило, с крестьян взимались всевозможные натуральные оброки и платежи. В большинстве случаев деревня вносила старинный денежный налог «мууна» (арам.), который потом стал именоваться «моне», поземельный налог «харадж» (арам.) — «терраж» (лат.) и т.д.

Платежи, кроме того, обусловливались характером имущества, с которого они вносились: с пахотного поля, пастбища, фруктового сада платили по-разному. О величине вилланских оброков кратко, но выразительно рассказывает в своих дорожных записках Ибн Джубайр: сеньоры, пишет он, взимали с вилланов от одной трети до половины урожая. Господину шла также часть сбора с фруктовых деревьев, олив, нередко — половина сбора винограда. Вилланы платили и государственные налоги (с фруктовых насаждений), а кроме того, всевозможные пошлины (за провоз продуктов на городские рынки, за продажу этих продуктов, судебные сборы и пр.). Важным нововведением на федеральных землях явилась талья — поголовный налог. Талья (франц. taille), постоянный прямой налог. Было два типа этого налога: личная талья (taille personnelle) и имущественная или реальная талья (taille reelle). Различие заключалось в том, что первая давалась по знатности рода, а вторая общине.

После же введения на своих землях баналитета [фр. banalit — banal общинный], то есть общинного владения давильными прессами, печами для выпечки хлеба, мельницами и т. д. за символическую плату в центральную казну, представители новой структуры удостоились следующего выразительного замечания монаха-доминиканца Бурхарда Сионского, передающего настроения касты духовенства по отношению к пришлым господам (иври): «Хотя они и являются христианами, но не дают никакой веры латинянам». Сказано емко, и добавить нечего.

Политическое устройство Империи евреев, вобрав черты старых властных структур, тоже во многом отличалось от них. Воссоздав апробированную в Новом Израиле, в Заморье систему иерархического подчинения, она стала ее дублировать на землях Ойкумены. Точно так же, как король Иерусалимского королевства был равен с князьями других заморских земель: Триполи, Антиохии, Эдессы и др., точно так же в Европе начало строиться взаимодействие глав равноправных членов, своего рода конфедерация провинций.

Главные федеральные провинции подразделялись на более мелкие единицы федерального владения — баронии; последние, в свою очередь, дробились на еще более мелкие — феоды, или лены, разных размеров: феод (фьеф) мог включать несколько деревень, одну деревню или даже ее часть, так что деревня делилась между несколькими сеньорами.

В Иерусалимском королевстве, например, было четыре крупных владения: на севере Палестины — княжество Галилея (с центром в Тивериаде), на западе — сеньория Сайды, Кесарии и Бейсана, а также графство Яффы и Аскалона, на юге — сеньории Крака де Монреаль и Сен-Абрахама.

Кроме четырех крупных владений, королям были подвластны свыше десятка менее значительных ленников — владетелей

Арсуфа, Иерихона, Ибелина, Хеброна и иных местностей и укрепленных пунктов. Всего в Иерусалимском королевстве имелось 22 сеньории (вотчины). При этом каждое владение представляло собой феод, каждый его владелец был вассалом короля, которые принесли вассальную присягу и представляли сведения о своих феодах и поступающих с них доходах, включая денежные суммы, уплачиваемые городами.

Эта же система была перенесена в Европу с приходом туда Империи евреев. Наряду с этим, выполняя свою основную задачу — создание общей централизованной финансово-экономической системы, — функционеры этой системы были не только вассалами, имеющими вотчины, но и занимались осуществлением и защитой следующих областей экономической жизни. Одни — сбором рыночного налога, другие — таможенных пошлин, третьи — охраной весов и меры для торговых сделок и пр. Происходила, по выражению французского исследователя К. Казна, фискализация фьефов (вотчин), в большой мере обусловленная своеобразием новых экономических правил, развитием торговли, интенсивным строительством городов и развитием ремесел. Контроль за этими денежными (рентными) фьефами, или так называемыми «фьефами безанта», осуществлялся из городов.

В пользу центральной короны взимались различные сборы на городских рынках и в гаванях. Таможенные сборы, якорный налог (по одной марке серебром с каждого прибывшего корабля), налог с паломников (терциарий — третья часть стоимости проезда пилигримов) и др. Помимо этого требовали уплаты пошлин с торговых караванов, направлявшихся во все концы света: Каир, Багдад, Дамаск, Мекку, Медину, Китай, Индию....

С первых шагов существования новой экономической системы была введена строжайшая дисциплина. Тот, кто, оставив свой фьеф без разрешения наместника, не вернулся обратно в течение года и одного дня, терял права на эти владения (так называемая ассиза одного года и дня). Вассал должен был являться по призыву на коне, в полном боевом снаряжении. Он обязан был приводить с собой своих вооруженных людей и служить там и столько времени, где и сколько потребуется. Вассальная служба в дружине обычно лимитировалась 40 днями в году. Служба в Орде была пожизненной.

Обязанностью баронов и других имперских вассалов было также участие в думском совете, или ассизе. Курия, в которой участвовали высшие представители финансово-орденской системы, называлась Высокой палатой.

Ассиза — это был суд: он рассматривал тяжбы вассалов. Вместе с тем ассиза представляла собой и военно-политический орган, обсуждавший и решавший вопросы войны, мира, дипломатии. Высокая палата ограничивала королевскую власть (власть наместников) и контролировала действия короля по отношению к вассалам. Курия выступала хранительницей кутюмов (обычаев от франц. coutume — обычай). «Одни только братья-рыцари, — писал о Курии арабский эмир Усама ибн Мункыз в своей «Книге назидания» — пользуются у них преимуществом и высоким положением. У них как бы нет людей, кроме братьев. Они дают советы и выносят приговоры и решения». Постановление, принятое Курией, «не может быть изменено или отменено ни королем, ни кем-либо из предводителей, и брат-рыцарь у них — великое дело». Понятие «ассиза» имело и другое значение: так именовались судебники, являвшие собою не что иное, как перечень решений той же Курии. До нас дошел обширный памятник, зафиксировавший нормы обычного права, применявшегося в Новом Израиле — «Иерусалимские ассизы», то есть свод законодательных установлении, считавшихся обязательными для всех на этой территории. Известно, что «Иерусалимским ассизам» предшествовали какие-то более древние законодательные памятники. Первоначально кутюмы (обычное право, действующее в отдельных провинциях, округах, городах и т. д. основанное на Варварских Правдах) вовсе не записывались. Одно поколение бардов, скальдов, баянов... певцов передавало их другому устно: отцы — сыновьям, деды — внукам. Затем кутюмы стали записывать. Первая запись принадлежит Курии и состоит из 24 параграфов, или статей, определявших юрисдикцию самой Курии.

Историческая традиция сохранила также упоминания о применявшихся некогда пресвитерских законах и распоряжениях, получивших название «Письма Святого Гроба», а точнее, «Грамоты хранителей Святого Гроба».

Начало новой записи, или кодификации права, было положено созданием «Книги для короля» — она-то и образует самую старинную часть сохранившейся редакции «Иерусалимских ассиз». Позже «Книгу для короля» дополнили другие записи, произведенные знаменитыми законодателями Иерусалимского королевства — Филиппом Поварским и Жаном д'Ибелином.

Они свели воедино все правила, которые могли бы быть использованы для исполнения функций наместника в провинции. Несколько ранее была произведена запись юридических норм, специально применявшихся для разбора судебных споров между горожанами, — «Книга ассиз палаты горожан».

Так со временем сложился свод законов Иерусалимского королевства — «Иерусалимские ассизы». Их содержание сводится к тому, что они детальнейшим образом определяют порядок федеральной службы, права сеньоров, обязанности вассалов, регулируют взаимоотношения между ними. Здесь обстоятельно формулируются условия, на которых вассалы несут службу сюзерену, устанавливается, в каких случаях король или кто-либо иной вправе лишить вассала его феода.

Позднее была издана «Ассиза об очередности вассальной службы», в силу которой король объявлялся высшим сюзереном для всех вассалов в провинции: любой держатель лена, чьим бы вассалом он ни являлся, отныне обязан был стать прямым вассалом короля и повиноваться ему как верховному сеньору. Эта «Ассиза» была продублирована во всех основных провинциях Империи, являясь опорной и коренной в установлении новых централизованных отношений. Она существенно ущемляла права крупных баронов и другой знати, даже управленческого аппарата на местах, напротив, расширяя прерогативы королевской и центральной власти.

Так в политическом строе Империи формировались и действовали элементы государственной централизации.

Политическую централизацию поддерживало становление прочных и постоянных экономических связей между провинциями и метрополией, равно как и в каждой из них. Торговля начала играть значительную роль в хозяйственной структуре Империи, но это была главным образом торговля, находящаяся преимущественно в руках купцов (жидов) и мытарей — из Венеции, Пизы, Новгорода, Константинополя и др.

Новая система делала ставку на мытные дворы и на опору на подконтрольные ей гильдии в Генуе, Ломбардии, Ганзе, Кастилии, предоставляя им права и привилегии. Зачастую такие купеческие флоты ходили даже под флагами прикрывавших их братств, так генуэзцы плавали под флагом тамплиеров — красным крестом на белом фоне.

Эти права и привилегии были троякого рода. Некоторые из них имели территориальный характер. Купцам предоставили в приморских городах кварталы с жилыми домами, складскими помещениями, с обязательными бассейном и баней, пекарней, церковью и, конечно, рынком. Другая категория привилегий принадлежала к сфере сугубо юридической, которая для людей, систематически заключавших коммерческие сделки, являлась весьма существенной. Привилегии этой второй категории представляли собой разного рода изъятия из местного правопорядка. Так, купец или ремесленник, поселявшийся в отведенном для него отдельном квартале, мог быть судим только по законам этого квартала, и притом не иначе как его судом; мало того, вообще любой житель этого квартала подпадал под действие этих законов. По сути дела, купцы, будь то генуэзцы, пизанцы, венецианцы, марсельцы, барселонцы и т.д., пользовались в облюбованных ими гаванях правами экстерриториальности. Вот мы и вернулись еще раз к гетто и к городам-укрытиям.

Привилегированные поселения негоциантов [нем. Negoziant — купец], располагавшиеся полукругом вблизи гавани или центра города, занимали до одной трети городской территории. Они стали опорными пунктами торговых сношений.

Помимо территориальных и юридических привилегий, торговцы обладали еще и разнообразными привилегиями коммерческого и фискального свойства. До нас дошло множество хартий (грамот), которыми государи и князья, крупные и средней руки сеньоры, властвовавшие над теми или иными городами, жаловали приезжим купцам эти привилегии. Так, сохранились хартии, снижавшие ввозные и вывозные пошлины на пристанях и внутренних городских рынках.

Торговые привилегии, даровавшиеся купечеству, обычно не означали полной свободы от уплаты каких бы то ни было налогов вообще, хотя встречались и такие случаи. Как правило, однако, привилегии коммерческого характера сводились к частичному освобождению от торговых пошлин. Так, Жан д'Ибелин, сеньор Бейрута, в одной из жалованных грамот, освобождая генуэзцев от портового сбора, тем не менее обязывает их платить с продажи и покупки вина, зерна, посуды. Иногда взимались особые пошлины за торговлю лошадьми и рабами; подчас купцов освобождали от уплаты пошлин при продаже товара, но взимали пошлины с покупки, или наоборот.

Однако это не исключало жесткого контроля со стороны мытарей и структур финансовой системы за торговлей. В портовых городах функционировали особые учреждения и должностные лица, ведавшие взиманием торговых пошлин в гаванях и на рынках. Вход в гавань нередко преграждался цепью (поднимавшейся или опускавшейся по мере надобности); вот почему эти учреждения (а они занимались также разбирательством тяжб по поводу сбора портовых пошлин, конфликтов из-за причалов и прочих морских дел) назывались «Палатами цепи», а их чиновники — «цепными бальи». Была учреждена особая Рыночная палата, к которой со временем перешли судебные функции в отношении горожан. Изредка контроль за торговыми сборами в гавани или на рынке передавался администрации (консулам) экстерриториальных кварталов.

Ежегодно, перед Пасхой и в конце лета, суда венецианских, пизанских, амальфитанских, марсельских купцов доставляли в портовые города Нового Израиля партии новых рекрутов из Южной Франции, Италии, Германии, Фландрии.... Новоприбывшие учились, кто долго, кто быстро, и уезжали назад в Европу, пополняя армию новой Империи евреев, финансово — экономической сети мира.

Кроме того, в дополнение ко всему возникли новые братства — близкие по характеру к орденам (а в некоторых случаях даже формально связанные с ними узами вассалитета) военные объединения горожан. Известно несколько таких братств ремесленников и горожан. Братство Святых Андрея и Петра, созданное в Акре, братство Пизанцев, братство Святого Духа, братство Святого Якова, братство, названное именем короля Эдуарда Исповедника, Гильдия Вольных каменщиков, Гильдия Миннезингеров и др. В отличие от духовно-рыцарских орденов, братства представляли собою ассоциации, включавшие в свой состав главным образом купцов и ремесленных мастеров.

СЕТЬ. ОРГАНИЗАЦИЯ И ЦЕНТРАЛИЗАЦИЯ

Братская община — первичная ячейка сети

Наше историческое расследование приближается к основной загадке. Какая основа была заложена в построение сети, опутавшей все обитаемые земли?

Первичной ячейкой сети была братская община, сегодня именуемая монашеской. Братства делились на упомянутые нами: духовно-рыцарские ордена, общежитское монашество, нищенствующее монашество, ремесленные братства, гильдии, цехи и др.

Рассмотрим корни образования данной общественной ячейки. Зачастую бытует мнение, что таковая форма не характерна для иудаизма в его религиозном рассмотрении. Это далеко не так, что еще раз подчеркивает: иудаизм не есть религия или национальное обособление, а есть общественная кастовая форма существования с характерным индивидуальным созданием социальной ячейки быта и экономической жизни.

В середине I века до Р. Х. иудейский писатель Филон Александрийский — чьи написанные на прекрасном греческом языке произведения сохранились лишь у христиан, а иудеями утрачены — в сочинении «О жизни созерцательной» описал жизнь египетских «терапевтов» (буквально «служителей»). Правила этой жизни были так близки к позднейшему общежительному монашеству, что в первой половине IV в. Евсевий Памфил написал в своей Церковной истории, будто Филон говорил о первых христианских монахах.

На заре научной патрологии — в XVII веке — ученые поверили Евсевию, но уже в XIX веке они стали осознавать свою ошибку. В действительности за идентификацией филоновских «терапевтов» как монахов не стояло ничего, кроме догадки самого Евсевия или каких-то его предшественников. Но после 1947 г. линия развития научной мысли неожиданно вычертила резкий зигзаг — так на нее подействовало обнаружение поселения монашеского типа в Кумране. Устав этого поселения имел очень много общего с описанными Филоном египетскими «терапевтами», а также с упоминавшимися у разных историков «ессеями». До самой середины 1960-х гг. раздавались сильные голоса, предлагавшие считать Кумран поселением христианским или хотя бы «прото-христианским». Открытие Кумрана и, в не меньшей степени, стимулированное этим открытием изучение источников, относящихся к иудейскому и христианскому миру с III в. до Р. Х. по III — IV вв. Р. Х., привело к радикальному изменению научных представлений как об *исторической стороне* развития форм братских общин, так и, еще более, *о концептуальном содержании* этой формы. Именно последнее для нас наиболее важно, и именно здесь современная наука располагает совершенно новыми данными. Кумран не был христианским, не был он и прямым предшественником христианства. Но он не был и альтернативой христианству. В отличие от фарисейской традиции, давшей начало талмудическому иудаизму, кумраниты и другие движения ессейского типа имели с христианством гораздо более близкие общие корни. Упомянем один пример. Пусть Иоанн Креститель — вопреки надеждам некоторых ученых середины XX века — не принадлежал к кумранитам. Тем не менее, то братское движение, к которому он принадлежал, и которое он возглавил, имело с кумранитами много общего: и те, и другие унаследовали много сходных воззрений и обычаев более раннего периода Церкви. Гипотеза Евсевия была неверна, но породившая ее интуиция была верной: формы монашеской жизни (аскетические идеалы и даже формы общежития) сложились еще в имперскую эпоху как формы основных ячеек обслуживающих каст империи. Они были Дохристианскими, Домусульманскими и Доиудейскими. Они были Дорелигиозными, потому что были имперскими.

Иудейский мир, мир духовенства на пороге эры создания религий был раздроблен на несколько, если не на множество, течений. С точки зрения позднейшего талмудического иудаизма, из них только фарисейское было правоверным вполне, хотя и саддукейское имело некоторое право на существование (ведь все фарисеи были мирянами, а преобладание в священстве получили саддукеи). Однако фарисеи были вполне чужды христианской аскетике. Христианство наследовало свои аскетические идеалы от других традиций — с точки зрения талмудизма, их нужно назвать сектантскими. С точки же зрения христианства, только эти традиции и представляли первичную Церковь.

Говоря о проблеме происхождения монашества в ее концептуальном аспекте, мы оказываемся перед необходимостью уяснить происхождение не одной, а двух идей — *девственного жития* вообще и *жития, обособленного от людей*, в частности. Достаточно очевидно, что именно на этих идеях строились все формы монашества.

Мессианская эпоха, по Библейским источникам, — это эпоха дарования Нового Завета, предсказанная пророком Иеремией (Книга Пророка Иеремии. 31, 31—33), у которого и встречается это понятие впервые в Библии. Община или Церковь Нового Завета — подобна Израилю, странствующему в пустыне. Это военный стан, и к членам этой общины предъявляются не те требования Закона, которые относятся к мирной жизни земледельцев и скотоводов, а требования к призываемым на войну. *Никто же бо воин бывая обязуется куплями житейскими, да воеводе угоден будет* — напоминает об этих же требованиях Апостол (Второе послание к Тимофею. 2, 4). Здесь продолжается мысль Второзакония, 20, 1—8 об отправляющихся на священную войну (нельзя идти людям, привязанным к собственности, к жене и, конечно же, боязливым). Воины не должны быть обременены ни имуществом, ни семьею — мы скоро увидим, насколько буквально ранняя Церковь переносила это требование на себя. Кроме того, даже в мирное время они несут постоянную стражу. Главное событие Исхода — тот праздник, в котором ежегодно празднуется сам Исход, праздник Пасхи, — был установлен именно как «ночь стражи», или «бодрствования (бдения)» (Исход. 12, 42) (эти понятия совпадают в еврейском термине, как и в латинском vigilia). Не случайно праздник Пасхи стал позднее главным праздником христианства и иудаизма. Но в христианской Пасхе сошлись воедино вообще все три главных жертвоприношения. Христос — Новая Пасха Нового Исхода, но Его кровь — это и кровь жертвы Нового Завета (*кровь Завета вечнаго*: Послание к Евреям. 9, 20), которая приносится в праздник Пятидесятницы (когда праздновалось дарование Завета на Синае), а также кровь очищения и искупления грехов, — которая приносится в День Очищения (Послание к Евреям. 9 — именно тогда совершалось то ежегодное вхождение Первосвященника во Святая Святых, о котором говорит здесь Апостол). Самосознание Церкви как воюющего «стана» в пустыне подразумевало обособленность ее членов от прочих людей, и даже более — отношение к тем, кто вне стана, как к потенциальным врагам. Израиль (Богоборцы) не искал войны, но еще менее искал дружбы с теми народами, через владения которых он шел, как сквозь пустыню.

Если требование освобождения от семьи очевидным образом приводило к идеалу девственной жизни, то еще более глубоко этот же идеал обосновывался требованием постоянного (в идеале) пасхального бдения, или стражи. Именно в этом бдении люди соединяются с ангелами, постоянно несущими стражу Господню. Именно эта мысль постоянно выражается в богослужении не только в христианском, но и в кумранском и, надо думать, в богослужении ранней Церкви. Когда мы сегодня поем *Ныне силы небесныя с нами невидимо служат* (песнопение вместо Херувимской на литургии Преждеосвященных Даров), мы повторяем основную мысль старого богослужения. Вопрос, значит, заключается не в существовании монашества в иудаизме и христианстве, впрочем, так же и в исламе, а в различии форм монашества и главном отличии дальнейшего развития в братских общинах вновь сформировавшихся религий. Отличие это «аскетизм». Аскетизм, унаследованный христианской Церковью от ранней Церкви, оказался вскоре одной из наиболее резких граней, отделяющих ее от талмудического иудаизма. Последний отверг саму идею Нового Исхода и мессианской эпохи. В глазах иудеев христианский аскетизм стал казаться ненормальностью (пригодной лишь для экстремальных условий на короткое время), а в глазах христиан принципиальное отрицание иудеями христианских аскетических принципов дало повод к обвинению их в блуде и нечистоплотности.

Но эти темы никогда и не исчезали из общецерковной традиции. Чтобы убедиться в этом, мы приведем иллюстрации из учения тех святых отцов, которые жили в одно время с первыми монахами, и представляли два важнейших региона мира — Сирию (Иаков Афраат) и Малую Азию (Мефодий Олимпский). Подчеркнем, что мы не найдем в это время святых отцов, излагавших какое-либо другое аскетическое учение. Другого попросту не было. Поэтому, обращаясь к Афраату и Мефодию, мы увидим тот общецерковный фундамент, на котором империя возвела свое здание монашества как особого имперского института.

У святого Мефодия главным обоснованием девства становится его учение о Церкви — учение чисто богословское и глубоко уходящее корнями в предхристианскую эпоху ранней Церкви. Мы не можем сейчас проследить основные аспекты этого учения и поэтому остановимся только на одном, сравнительно второстепенном у святого Мефодия, но зато очень знакомом нам, — Церкви как стане воинском в Исходе. Как Израиль (Богоборцы) останавливался в своем странствовании вместе со Скинией Завета каждую субботу, так и Церковь останавливается в своих празднованиях «истинных суббот» Воскресения-Суда-Кущей, пока не завершится противостояние Империи и мира.

Так нас, вместе со святым Мефодием, тема Исхода возвращает к учению об Империи как о «месте» уже осуществившегося Царствия — где ангелы и человеки совместно несут «стражбу Господню». Но это Царствие в отношении к миру все еще находится в состоянии войны, и поэтому «сыны Царствия» должны быть воинами.

Итак, к моменту появления первых монахов Империя не переставала сознавать себя станом Нового Израиля, совершающим Новый Исход. Исход — это война. На войне не уместны браки (только по снисхождению они могут быть дозволены для неспособных — пока что — к брани). Во время маршей по вражеской территории смертельно опасно заводить дружество с местными жителями.

Вероятно, не очень многие читатели так называемых «монашеских уставов» отдают себе отчет в том, что они были написаны отнюдь не для монахов — а для общин совершенно особого рода, хотя и разделенных на мужские и женские и предполагавшие обет безбрачия для всех своих членов. Недаром слово «монах» в них нигде не употребляется. «Кто не знает, что человек есть животное кроткое и общительное (*что мы бы теперь перевели* как «общественное»), а не уединенное («монашествующее») и дикое. Ничто так не свойственно нашей природе, как иметь общение друг с другом и нужду друг в друге, и любить соплеменных».

Но надо теперь сказать и о самой общежительной системе. Это были объединенные общим распорядком жизни и общим трудом как мужские, так и женские общины, организованные в единую систему на уровне руководителей. Управление общинами строилось независимо от структуры епархиального управления.

И все же эти общины имели совершенно особый екклисиологический статус. Это проявилось в ответе на вопрос: «Надобно ли в одном селении основывать многие братства?» Ответ отрицательный. Сначала он обосновывается длинным рядом вполне житейских соображений: практическая невозможность найти второго человека, способного для должности руководителя, в случае же обнаружения такового («дело, впрочем, нелегкое и нам еще не встречавшееся») — бо́льшая польза от него на должности помощника первого руководителя; повод для соревнования между общинами — хотя бы и в добрых делах, но чреватого конфликтами; соблазн для новоприходящих в общины: они теперь будут вынуждены начинать не с подчинения, а с суда над сравнительными достоинствами разных братств; большее удобство, при единстве управления, для обеспечения необходимых жизненных потребностей; соблазн для внешних: «...пребывающие в разделе как могут назидать живущих в мире, или в случае нужды склоняя их к миру, или убеждая к исполнению других заповедей, если сами на себя навлекают худое подозрение тем, что не соединяются?»; лучшее доказательство смиренномудрия настоятелей — в их взаимном подчинении друг другу; попечение братства только о своих нуждах при независимом от другого существовании — «не явное ли это преслушание апостольской заповеди, в которой говорится: *не своих си кийждо, но и дружних смотряйте* (Послание к Филиппийцам. 2, 4)»

Впрочем, не эти аргументы решающие. То, что здесь было перечислено, — это обыкновенные искушения, которые всегда возникали между монастырями, находившимися поблизости друг от друга, и которые, тем не менее, никогда не служили основанием для *принципиального* запрета создавать несколько монастырей в одной местности. Однако вот еще аргумент: «И из многократного в Деяниях свидетельства о святых, о которых пишется в одном месте: *народу веровавшу бе сердце и душа едина* (Деяния святых Апостолов. 4, 32); и в другом: *все веровавшии бяху вкупе, и имяху вся обща* (Деяния святых Апостолов. 2, 44), видно, что у них не было никакого разделения, никто не жил по своей воле, но все управляемы были, состоя под одним и тем же попечением, и это соблюдалось при числе, доходившем до целых пяти тысяч, от чего, может быть, немало было такого, что по человеческому расчету казалось препятствием к соединению. А если в каждом селении находящееся число братий гораздо меньше, то какая причина дозволит им разделяться между собою? О, если бы возможно было, чтобы не только собравшиеся вместе в одном селении жили всегда вкупе, но чтобы и многие братства в различных местах, под единым попечением людей, способных нелицеприятно и мудро устроить полезное для всех, назидаемы были в *единении духа и союзе мира* (Послание к Ефесянам. 4, 3)» (*Правила, пространно изложенные в вопросах и ответах*, 35; Святой Василий).

Здесь сказано нечто большее, нежели традиционная ссылка на первохристианскую общину как на пример для монашеского общежития. Происходит отождествление принципа единства братства с принципом единства Империи. Именно абсолютное требование единства Империи было причиной единства общины. Столь же абсолютное перенесение этого требования на структуру братства — доходящее до полного запрета на одновременное существование двух братств в одной местности — показывает, что братство рассматривается наподобие организационной структурной ячейки империи. Это *не одна из* структурных организаций, но *сама* организационная сеть, точнее, что-то вроде ее организационно составляющей сердцевины.

Древнейшие монашеские тексты, особенно послания, имеют одну особенность, которая доставляла трудности для понимания уже на рубеже IV и V вв. Особенность эта заключается в том, что культура этих посланий не испытала эллинизирующего влияния, она не была иудео-христианской в том смысле, в котором можно говорить об Иерусалимских христианских традициях того же времени. Это была культура того своеобразного эллинистического иудео-христианства, которое было возможно только в Империи. Она не испытала эллинизации интеллектуалов, зато сама ее «иудейская», то есть духовная, основа была эллинистична. Об этой своеобразной — эллинистической — природе иудаизма (или, как теперь говорят, «иудаизмов» — подчеркивая конфессиональную неоднородность иудейского мира) часто не учитывают историки монашества (например, С. Рубенсон и А. Л. Хосроев). Важно отметить само наличие эллинизма в иудейском «субстрате». Если св. Антоний обращается к своим адресатам: «Ныне приветствую вас всех, возлюбленные чада мои о Господе, урожденные израильтяне святые по умной вашей сущности» (Послание V, 5; цитируется по грузинской версии: G. Garitte. Lettres de S. Antoine.

Version géorgienne et fragments coptes. Louvain, 1955 (CSCO 148-149 / Iber 5-6). 31/20), то в данном случае, «умная сущность» соответствует невидимому единству Израиля, т. е. Империи. В одной Александрии иудеев в общинах жило больше, чем в Палестине. Основным языком культуры поздней Империи стал греческий, такой всеобщелитературный язык. Из среды этих общин выходили первые религии — и под их влиянием формировались первые монашеские общины, создававшие культуру Империи, названную эллинской по Элохиму. Бытовавшие или создававшиеся в этой среде священные книги (да и вообще литература, как на греческом общелитературном, так и на коптском и других языках общин), концентрировали в себе идеи раннего общежитского монашества. Иные из книг, написанных или хотя бы читавшихся между 100 г. до Р. Х. и 200 г. по Р. Х., стали основополагающими для выработки некоторых из самых близких монашеству концепций — искупительных страданий за народ и подвига мученичества (2 и 4 книги Маккавейские), обращения девы от язычества в истинную веру и к богодарованному жениху (Повесть об Иосифе и Асенеф), апокалиптики (Книги Сивилл) — но все перечисленные произведения литературы объединяла также и их принадлежность к культуре эллинизма. Так формировалась идеология и литература первых общин как структурных ячеек Империи, и эллинизм был его литературно-идеологической составляющей. Маккавейские книги написаны в форме исторических хроник. Повесть об Иосифе и Асенеф — в форме античного романа, Книги Сивилл — гекзаметрами, подражающими поэмам и самому диалекту Гомера. (G. W. E. Nickelsburg. Jewish Literature Between the Bible and the Mishnah. Historical and Literary Introduction. Philadelphia, 1981; J. J. Collins. Between Athens and Jerusalem. Jewish identity in the hellenistic diaspora. N. Y., 1983) Четыре книги Маккавейские входят в Септуагинту, но в славянскую Библию из них вошли только первых три. Об основных богословских идеях Маккавейских книг см.: The Maccabean Martyrs as Saviours of the Jewish People: A Study of 2 and 4 Maccabees. Leiden, 1997 (Supplements to the Journal of the Studies of Judaism, 57).

Даже «монахи»-терапевты, описанные Филоном, основывали ряд своих уставных правил на понятиях так называемой греческой философии (пифагорейской символики чисел). Греческой философией и культурой был пропитан насквозь иудейский культурный мир. О его преемстве по отношению к иудейской эллинистической культуре Империи лучше всего говорит тот факт, что все литературные произведения этой культуры, начиная с самой Септуагинты, сохранились. «Иудео-христианство» было в Империи только «греческим» — в том смысле, что греческий культурный элемент был в нем неотъемлемым как базовый элемент первичной культуры Империи. Называемый ныне греческим, он, по сути, являлся основой литературы общежитского монашества.

В основу структурирования и создания каждой ячейки Империи, каждой общины легли те принципы, которые изложены в книге Левит, и не ради «типологического» (символического) истолкования описываемых там установлений культа, а в первую очередь для внешней организации своих монастырей по образцу стана Израильского, то есть воинского стана периода экспансии. В Империи слова «гора» и «пустыня» употреблялись как синонимы. Такова была особенность ландшафта — где была гора, там и пустыня (необитаемое место), а пригодные для земледелия и человеческого обитания земли могли быть только в низинах. Кроме того, воинство Израилево вело экспансию в «пустыне», среди народов, Веру не принимавших. В монашеской литературе это привело к тому, что «гора», то есть «пустыня», стало обыкновенным обозначением монастыря.

То же происходит с понятием «Завет». Те, с кем заключается «Завет», естественно, могут именоваться не иначе как «Израиль», в качестве которого выступают только монахи, члены общин. Только с ними осуществляется некая договоренность на уровне высших иерархов Империи, почти Небожителей, об их службе. «Слыши, Израилю» — начинает цитатой из Варуха (3, 9-15) свое завещание монахам преподобный Орсисий. О самом же Орсисии сказано: «Не зовите его Орсисием, но Израильтянином», уточняя при этом: «Сие глаголет Антоний: Вонми чадам Израильтянина». Такое отождествление Израиля именно с монашеством, а также присущее представление о монашеском общежитии как о части единого, ставит перед нами вопрос: «Откуда идет традиция Завета?»

Во всей истории спасения главный образ странничества — Авраам. Завет Моисеев и Завет Христов одинаково собираются в «Законе Завета» Авраама. По давней традиции, излагавшейся еще во II веке у святого Иринея Лионского, Авраам — отец обоих Заветов, первого и последнего, и этот завет Авраама — завет «странничества», то есть Исхода.

«И таким именно образом надлежало быть сынам Авраама, которых Бог воздвигнул из камней и поставил ему, сделавшемуся предшественником и предвозвестником нашей веры, а он получил завет обрезания после оправдания верою, которое он имел еще необрезанный, чтобы в нем предзнаменовались оба завета, и он был отцом всех, следующих Слову Божию и странствующих в сем веке, т. е. верующих как из обрезанных, так и необрезанных, как и Христос камень великий краеугольный (Послание к Ефесянам. 2, 20) все носит и собирает в единую веру Авраама годных в здание Божие из обоих заветов. Эта вера необрезанных, как соединяющая конец с началом, сделалась первою и последнею. Ибо, как я показал, она была в Аврааме и прочих праведниках, угодивших Богу прежде обрезания; и в последние времена снова явилась в человеческом роде чрез пришествие Господа. Обрезание же и закон занимали средний период времени». (Св. Ириней Лионский. Против ересей, III, 25, 1). Итак, образ Авраама неслучаен. Авраам первым получил Завет обрезания, но еще раньше он получил завет Христов, завет «нашей», то есть старой веры. «Через пришествие Господа» явилась та вера, которая «была в Аврааме и прочих праведниках» независимо от той поддержки «обрезанием и законом», которая временно ей оказывалась. Поэтому можно сказать с уверенностью, что «Завет», которому последовал Авраам, — это не что иное, как «наш» (выражение св. Иринея Лионского) Новый Завет, и «следующие Слову Божию и странствующие в сем веке» вместе с Авраамом совершают тот «новый» Исход, во время которого этот Новый Завет обретается.

Само понятие Исхода-«странничества» является одним из главных определений монашества. «Монах — странник, не должен ни во что вмешиваться в чужой стране, — и тогда он будет покоен». Даже в поздние времена монашеская традиция продолжает возводить свое странничество к Аврааму. Классический трактат о «странничестве» — III степень Лествицы св. Иоанна Лествичника (VII в.). Там, в частности, сказано: «Никто в такой мере не предавал себя странничеству, как тот Великий, который услышал: изыди от земли твоея, и от рода твоего, и от дому отца твоего, и притом был призываемым в иноплеменную и варварскую землю. Иногда Господь много прославляет того, кто сделается странником по примеру сего Великаго; но хотя сия слава и от Бога дается, однако ее хорошо отвращать щитом смирения». Итак, Исход, по понятиям первых общин, был участием в первичной и последующих экспансиях империи. По разрозненным упоминаниям в текстах восстанавливается следующая концепция: Бог заключает «Завет» с отцами-основателями (прежде всего, с Авраамом), а остальные участвуют в «Завете», который распространяется и на их отношения между собой. Общежительный устав чрезвычайно усиливает тему Исхода — полного отрешения от всех родственных, личных и имущественных связей или привязанностей. Итак, «семейство Божие», «Божьи псы», «Божьи дворяне», «Божьи люди» и др. должны отказываться от житейского комфорта потому, что они несут «стражбу Божию» — и не просто «стражбу», но и войну. Пророк Исаия говорит: «Терпящии Господа изменят крепость, окрылатеют, аки орли, потекут и не утрудятся, пойдут и не взалчут» (Исход. 40, 31). Еще: «Воздвигнет убо знамение во языцех, сущих далече, и позвиждет им от конец земли, и се скоро легце грядут. Ни взалчут, ни утрудятся, ни воздремлют, ни поспят, ни распояшут поясов своих от чресл своих, ниже расторгнутся ремени сапогов их. Их же стрелы остры суть, и луцы их напряжени, копыта коней их яко тверд камень вменишася, колеса колесниц их яко буря» (Исход. 5, 26-28). Не просто войну, а войну, о которой пророк мог говорить только в будущем. Эта священная война того нового Израиля, которым стали монахи, прокладывает путь Новому Исходу — Новой борьбе за господство над миром.

О некоторых сторонах жизни военного стана Нового Израиля — общежительных монастырей — достаточно хорошо известно уже давно. Прежде всего — о принципах послушания и нестяжания (полного отсутствия личной собственности, хотя бы на одежду). Мы остановимся только на менее известном. Важнейшим следствием принципа абсолютного равенства монахов во всем, кроме самого положения в структуре управления монастырей, стал запрет на принятие в монастыри клириков (запрет сохранялся очень долго — даже при Шенуте, когда наличие собственных клириков в монашеских поселениях стало нередким). Этот запрет иногда нарушался, но тогда принимаемый должен был навсегда отказываться от священнослужения. Никто из настоятелей не имел священного сана. Исповедание грехов происходило двояко, но всегда без участия священника: постоянно — в виде откровения помыслов своему духовному руководителю (кажется, обычно это был начальник по послушанию), и ежегодно — в особом чинопоследовании «Дня оставления». Смысл

Дней Оставления в месоре — обновление Завета. Тот Завет, который был заключен с Авраамом и с другими патриархами, обновляется через покаяние и оставление грехов. Период семи недель по существу своему есть период праздника Обновления Завета — период Пятидесятницы. Тем более таков же праздник по истечении юбилея недель — а, как мы видели, именно к такому празднику восходит собрание в месяце месоре. Если так, то только в упоминании о «юбилее», а также в самом положении праздника в последнем месяце года еще проступает связь с древней структурой годового цикла. Древний праздник в последнем месяце года получил значение второго Дня Очищения (евр. «Йом Киппур»), праздновавшегося за несколько недель до ветхозаветного праздника Йом Киппур 10 тишри (месяц тишри примерно соответствовал сентябрю), и во многих традициях приобрел значение главного праздника соответствующего полугодия. Йом Киппур являлся днем ежегодного очищения грехов и исповеди (читавшейся от имени народа первосвященником: Левит. 16, 21) и, таким образом, имел много общего с годом оставления (начало которого также провозглашалось в Йом Киппур: Левит. 25, 9). Поэтому августовский праздник, совмещавший в себе идею юбилея и Дня Очищения, в некоторых традициях стал днем главного празднования Йом Киппур, и вся неделя, занятая этим праздником, превратилась в «дни оставления», заместившие «годы оставления» календаря книги Левит.

Затем следует тема суда (присутствующая и в других документах, относящихся к собранию в месоре, но здесь развитая особенно): «Ныне же да будут чресла ваша препоясана, и светилницы горящии, и вы подобни человеком чающым господа своего, когда возвратится от брака (Лука. 12, 35-36), как написано в Евангелии: Полунощи же вопль бысть: се, жених грядет, исходите в сретение его (Матфей. 25, 6). Пять дев мудрых, которые были готовы, вошли с женихом; те, что не были готовы, остались за дверью (Матфей. 25, 10-12). Сего ради и мы да будем готовы (ср.: Матфей. 24, 44; Лука. 12, 40), ибо Апостол сказал: Да не како, аще приидут к вам и не обрящу вас неприготованных (Второе послание к Коринфянам. 9, 4), но станем наблюдать, чтобы быть нам готовыми, ибо Давид сказал: Готово сердце мое, Боже, готово сердце мое (Пс. 56, 8 = Пс. 107, 2)». Описывается знакомая нам ситуация — «стражбы Господней». Цитата из Луки, 12, 35-36 происходит из того же ряда, что и предписания Исхода, 12.

Сыны Израиля вошли в Завет с Богом через Законоположника Моисея и через отца Авраама. Это был Завет по присоединению новых земель и созданию Империи. Сыны Нового Израиля вошли в Новый Завет с Богом, созданным в Новом Израиле и давшим имя всему монашеству, или, точнее, всем структурам типа «братская община», по месту их первого создания — Новый Израиль. Таким образом, название Новый Израиль обозначало структурные ячейки вновь создаваемой сети Империи, отражая их принципиальную сущность как новых Богоборцев, пришедших на смену старой Орде. Воинские подразделения периода экспансии Империи сменились на завоеванных землях на новые военизированные подразделения, созданные по принципу братской (монашеской) общины, не зависящие ни от духовной, ни от военной власти и имевшие своей целью опутать всю империю экономической, финансовой паутиной, стягивающей ее в единое целое. В этом был смысл их создания и существования, то есть смысл Нового Исхода новых Богоборцев, заключивших Новый Завет с главными правителями Империи.

Основанная на структурах типа общежитского братства, рассмотренных нами выше, выросшая из воинских (Орда) и военизированных (Орден) структур, финансово-экономическая сеть опиралась на базу, подобную базе духовенства. В период первой экспансии, духовенство создало свою опорную структуру, первоначально состоящую из городов-убежищ, и впоследствии развернула ее в целостную систему за счет прирастания к ней вновь создаваемых монастырских и церковных приходов. Созданная в основе своей по принципу духовенства (Иудеи), финансовая сеть также опиралась на подобные структуры. Как и для всех имперских жителей, в обособленных кастовых поселениях основной проблемой была проблема изгоев, то есть излишних лиц мужского пола. Учитывая наличие полигамии и законодательной базы, следующей установкам Варварских Правд, проблема эта решалась повсеместно откомандированием изгоев на службу Империи под патронаж Иудеи. Как мы уже отмечали, часть из них, наиболее образованная, оставалась на имперской службе в самой сети. Однако, благодаря плодовитости семей того времени, лишние люди составляли проблему и в закрытых кастовых поселениях имперских служителей. Наличие собственных образовательных учреждений — синагог и седеров — позволяло поддерживать среди молодежи высокий уровень грамотности, что, в свою очередь, позволяло демпфировать проблему изгоев за счет высокого спроса на грамотных людей, как в структурах власти, так и в торговых структурах. За счет этого происходило срастание финансово-экономической сети с торговым капиталом и структурами обслуживания властных представителей Империи. Изгои из касты финансистов формировали новую касту советников — «евреев при губернаторе» по точному народному выражению.

Внутри же самих кастовых поселений действовал стандартный принцип общежитского братства с наличием внутри него собственных уставов и законов. Учитывая, что в данном случае эти поселения подчинялись единому центру и выполняли единую централизованную задачу, законы, действующие внутри них, также имели тенденцию к централизации. Все это усугублялось наличием единых инструкций и единой отчетности, повязанность кровной и круговой порукой, что было не редкостью в те времена. Результатом такого структурирования стало выделение жестко обособленной касты имперских финансистов, называемых по их основных составляющим, евреями, иудеями или жидами. Качества, необходимые для выполнения профессиональных функций, со временем оттачивались по системе естественного отбора и стали отличительными. Это: грамотность и быстрая обучаемость, аккуратность и умение вести дела, быстрота ориентации и многое другое. Замкнутость проживания и кастовые законы, одинаковые в то время для всех каст (замечательный пример — Монтекки и Капулетти) наложили отпечаток и на внешние признаки членов касты — в основном за счет внутрикастовых браков, зачастую родственных. В ряде случаев это приводило к вырождению или родовым дефектам. От полного вырождения каст, не только этой, но и всех других, как раз и спасал институт изгойства. Он позволял вливать в замкнутую систему новую свежую кровь за счет возвращающихся изгоев, уже имевших детей от смешанных браков. Возврат изгоев стал возможным вследствие большой смертности в период эпидемий или мятежей и уменьшения численности населения кастовых общежитских братств, а также вследствие потери наследников по тем же причинам. Возвращение изгоев не являлось чем-то из ряда вон выходящим. Такой принцип был естественным и в воинской касте, и в касте управленцев, и даже в касте духовенства.

СЫНОВЬЯ СИМА И ЯФЕТА

Теперь постараемся проанализировать так называемую «национальную» гипотезу еврейства.

Евреи нашего времени делятся на две главные категории: сефарды и ашкенази.

Сефардами называют потомков евреев, живших в Испании («сефарад» по-древнееврейски) с античных времен до конца XV в., когда они, будучи изгнанными, расселились по странам Средиземноморья, на Балканах и, в меньшей степени, по Западной Европе. Они говорили на испанско-еврейском наречии «ладино» и сохраняли собственные традиции и религиозные обряды. В 60-е годы прошлого века число сефардов оценивалось в 500 тысяч человек.

Ашкенази в это же время насчитывалось более 11 миллионов. В просторечии понятие «еврей» практически синонимично «еврей-ашкенази». Правда, сам этот термин обманчив, поскольку еврейское слово «ашкеназ» обозначало в средневековой раввинской литературе Германию, что тоже работало на легенду, будто современное еврейство вышло из долины Рейна. Однако другого термина для не-сефардского большинства современного еврейства не существует.

Кажется, все становится ясным и понятным. К тому же, если взглянуть на демографию этих двух групп, ясно видны стабильная численность сефардов, приблизительно колеблющаяся в пределах 500 тысяч человек на протяжении восьми веков, и плавный рост по общедемографической экспоненте числа ашкеназов. Вывод лежит на поверхности. Сефарды — это каста финансистов, замкнутая в стенах гетто и городов-убежищ, то есть их численность — это кадровая численность мытарей. Ашкенази — это заштатная численность отпрысков сефардов

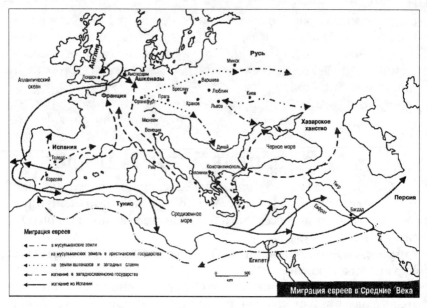

Схема миграции евреев в Средние века по традиционной версии

и семей этих отпрысков. Однако в этой простоте и кроется ловушка.

Заметим для начала, что в Библии словом «ашкеназ» назван народ, живший где-то неподалеку от горы Арарат, в Армении. Имя это звучит дважды (Бытие, 10:3 и Паралипомнон, 1:6), обозначая одного из сынов Гомера, потомка Яфета. Ашкеназ был также братом Тогармы (и племянником Магога), которого, по утверждению кагана Иосифа, считали своим предком хазары. Но самое неожиданное еще впереди. В книге пророка Иеремии (51:27) сам пророк призывает свой народ и его союзников подняться и разрушить Вавилон: «Созовите на него царства Араратские, Минийские и Ашкеназские». Знаменитый Саадия Гаон, духовный лидер восточного еврейства X века, объявил этот отрывок пророчеством, относящимся к его времени: Вавилон символизировал Багдадский халифат, а ашкеназами, которые должны на него обрушиться, были либо сами хазары, либо какое-то союзное с ними племя.

Теперь посмотрим, так ли уж родственны они друг другу.

В Энциклопедии «Британника» Рафаэл Патаи в статье «Евреи» писал:

«Данные физической антропологии показывают, что, вопреки распространенному мнению, никакой еврейской расы не существует. Антропологические измерения групп евреев в разных частях мира доказывают, что они сильно отличаются друг от друга по всем существенным характеристикам облика и сложения: ростом, весом, цветом кожи, формой черепа, строением лица, группами крови и т.д.»

Ныне на этой позиции дружно стоят и антропологи, и историки. Более того, все они согласны, что сопоставления формы черепа, группы крови и прочее демонстрируют больше сходства между евреями и не евреями, среди которых они живут, чем между евреями из разных стран.

Однако, как ни парадоксально, укоренившееся мнение, что евреев, или, по крайней мере, некоторые еврейские типы, можно мгновенно распознать, нельзя просто так отвергнуть, ведь его правоту как будто доказывает наш каждодневный опыт. Данные антропологии явно расходятся с обывательской практикой. Прежде чем пытаться устранить столь явное противоречие, полезно внимательнее разобраться с данными, на основании которых антропологи отказывают еврейской национальности в праве на существование. Для начала обратимся к прекрасным брошюрам ЮНЕСКО «Расовый вопрос в современной науке». Автор, профессор Хуан Комас, делает на основании статистики следующее заключение: «Вопреки укоренившимся представлениям, еврейский народ расово разнороден; его постоянные миграции и контакты — добровольные и нет — с самыми разными нациями и народами привели к такому широкому скрещиванию, что так называемый народ Израиля может давать примеры черт, типичных для любого народа. Для доказательства достаточно сравнить румяного, коренастого, плотного роттердамского еврея с его единоверцем, скажем, из Салоник: блестящие глаза, болезненное лицо, нервные черты. То есть на основании имеющихся сведений можно утверждать, что евреи как таковые демонстрируют такое же морфологическое разнообразие, как представители любых двух народов, если сопоставлять их между собой» (Comas, J., «The Race Question in Modern Sciens». UNESCO, Paris, 1958).

А теперь перейдем к физическим характеристикам, используемым антропологами в роли критериев и послужившим Комасу основой для выводов.

Одним из простейших критериев — и, как выясняется, самых наивных — является рост. В «Расах Европы», монументальном труде, изданном в 1900 г., Уильям Риплей писал: «Все европейские евреи мелки; более того, они чаще всего абсолютно чахлы». (Ripley, W., «The Races of Europe», London, 1900). В то время он был до некоторой степени прав, да и с обильной статистикой, которую он приводит в доказательство своего вывода, не поспоришь. Однако даже ему хватило ума оговориться, что недостаток роста может быть вызван факторами среды. Спустя 11 лет Морис Фишберг опубликовал книгу «Евреи. Раса и среда» — первое антропологическое исследование такого рода на английском языке. В нем был приведен удивительный факт: дети восточноевропейских евреев, иммигрировавших в США, достигали среднего роста 167,9 см, тогда как средний рост их родителей равнялся 164,2 см, то есть за одно поколение прирост составил почти дюйм. (Fishberg, M., «F. Stady of Race and Environment, London, 1911) С тех пор все имели возможность убедиться, что потомки иммигрантов — будь то евреи, итальянцы, японцы — вырастают гораздо выше своих родителей благодаря, несомненно, более качественному питанию и другим факторам окружающей среды.

Далее Фишберг приводит статистику среднего роста евреев и не евреев в Польше, Австрии, Румынии, Венгрии и в других местах. И снова удивительный результат. Обнаружилось, что рост евреев колеблется точно так же, как рост нееврейского населения, среди которого они живут. Если местное население выше, они тоже выше, и наоборот. Даже внутри одной страны и еще уже, одного города (Варшавы) рост и евреев, и католиков, как оказалось, сильно зависел от зажиточности района. Все это не означает, что на рост не влияет наследственность, однако ее перекрывает и модифицирует влияние среды, поэтому на роль критерия расы рост не годится.

Займемся замерами черепов, некогда очень модным занятием среди антропологов, ныне перешедшим в разряд устаревших. И снова мы сталкиваемся со знакомым заключением: «Сравнение формы черепов у еврейского и нееврейского населения различных стран выявляет близкое сходство между евреями и не евреями во многих странах, тогда как при сравнении формы черепов у евреев из разных стран обнаруживаются большие расхождения. Напрашивается вывод, что этот параметр также указывает на большое разнообразие среди евреев». (Patai, R., Enc.Britannica, 1973.)

Но вот что удивительно, это разнообразие наиболее заметно при сравнении евреев-сефардов и ашкенази. В целом, сефарды — долихоцефалы (обладают длинным черепом), а ашкенази брахицефалы (широкий череп). Кучера усмотрел в этом различии доказательство разного расового происхождения ашкенази и сефардов.

Статистика, касающаяся других черт облика, тоже говорит против расового единообразия. Обычно евреи темноволосы и кареглазы. Но насколько обычна эта обычность? По данным Комаса, 49% польских евреев светловолосы (Comas, J., «The Race Question in Modern Sciens». UNESCO, Paris, 1958), а 54 % школьников-евреев в Австрии голубоглазы. Правда, Вирхов (Fishberg, M., «F. Stady of Race and Environment, London, 1911) насчитал в Германии всего 32 % блондинов среди школьников-евреев, тогда как среди немцев доля блондинов была выше.

Полезно закончить еще одной цитатой — из брошюры Гарри Шапиро «Еврейский народ: биологическая история» (ЮНЕСКО): «Большие различия между еврейским населением в особенности облика и генетическом составе их крови делают любую их единую расовую классификацию терминологически противоречивой. Хотя современная расовая теория допускает некоторую степень полиморфизма или вариаций внутри расовой группы, она не допускает сведения различных, согласно расовым критериям, групп в одну расу. Если все же сделать это, то расовая классификация для биологических целей станет бессмысленной, а вся процедура — произвольной и бесцельной, К сожалению, эта тема редко поднимается в полном отрыве от небиологических соображений, и вопреки очевидности продолжаются попытки каким-то образом выделить евреев в отдельную национальную общность».

Итак, даже антропологи говорят о резком различии сефардов и ашкеназов, что категорически отметает гипотезу об их родстве, или заставляет заняться поисками исторического момента, когда их пути разошлись до такой степени, что развели эти ветви так далеко друг от друга.

История еврейских общин в Европе, если отбросить совсем уж легендарных их представителей, идущих за римскими легионами, совпадает с созданием европейских королевств и герцогств. Первичное их упоминание относится к так называемой империи Меровингов, где они под именем раданитов контролируют экономические связи между Западом и Востоком. Внутри империи евреи рассматривались как подданные центральной власти ad cameram nostram, буквально — принадлежащие нашей палате. Они избавлялись от подчинения местным феодалам и князьям.

В XII веке была издана гарантировавшая защиту евреев папская булла sicut judeis. Этот документ оставался в силе на протяжении всего средневековья. К этому же времени относится образование в районе озера Лугано, в современной Швейцарии, маркграфства Евреи и Земли Лотаря в среднем и нижнем течении Рейна и в долине Мозеля. Оба этих образования выполняли функции промежуточного мытного двора Империи при сборе десятины в западных землях.

Периодические возмущения против засилья финансовой сети, происходившие во всех провинциях Империи, не имели далеко идущих последствий и не изменяли структуры в целом, нисколько не влияя на распространение евреев по всей Ойкумене. Спорадические их конфликты с наместниками решались не в пользу светской власти королей и герцогов.

В Европе евреи жили хорошо организованными общинами (кагал) и селились в основном в городах. Первые общины к концу XIII века окончательно определили свои рамки и сформировали свою внутреннюю организационную структуру.

Общинная форма жизни евреев явилась следствием их статуса в имперском обществе. Привыкшие жить по собственным специфическим правилам, установленным раввинским законодательством (Галаха), евреи, естественно, стремились объединиться, жить едиными группами, которые обладали собственной структурой власти и могли обеспечить строгое соблюдение имперских установок. Община заботилась о каждом ее члене от рождения до смерти. Она обеспечивала его безопасность, представляла его интересы в структурах власти стран проживания, являлась формой солидарности, способной защитить даже самых нуждающихся. Община выполняла фискальные функции, собирая налоги в пользу суверена или местного феодала. Внутри общины раввинский суд следил за порядком в религиозных делах, в вопросах собственности и супружеской жизни и разбирал тяжбы между евреями. Жизнь общин регулировалась формальными законами (таккенами), которые изменялись и дополнялись в зависимости от перемен условий жизни. Короче говоря, община представляла собой строго организованную форму жизни евреев, имевшую собственную властную верхушку, выборные органы, ученых, раввинов и прочие структуры, необходимые для обеспечения ее жизнеспособности и выживаемости. При этом каждый член общины был дисциплинирован и послушен.

В общинных школах стали изучать Талмуд. Школа, основанная Раши (1040—1105), и его учение были поддержаны его внуками и затем их последователями в течение жизни многих поколений с XI по XIV вв. Эта блестящая плеяда эрудитов (тосафистов) создала дополнения (тосафот) к комментариям Талмуда, написанным их учителем.

В XII-XIII вв. среди Хасидей Ашкеназ распространилось течение пиетизма. ПИЕТИЗМ (от лат. pietas — благочестие) — мистическое течение. Он отвергал внешнюю церковную обрядность, призывал к углублению веры, объявлял греховными развлечения.

В Провансе под влиянием идей, пришедших из Испании и Средиземноморья, преимущественное развитие получили наука, философия, кодификация законов.

Общины занимались своим делом, для которого и были предназначены. Одна группа переправилась через Ла-Манш, последовав за вторгнувшимися в Англию войсками Империи, известными как войска Вильгельма Завоевателя. Их историю обобщает Барон: «Впоследствии они превратились в класс «королевских ростовщиков», чьей главной функцией было предоставление кредитов для политических и экономических целей. Скопив большие богатства благодаря взиманию высокого процента, эти ростовщики были вынуждены предоставлять его часть в том или ином виде королевской казне. Длительное благосостояние многих еврейских семейств, роскошь их жилищ и одеяний, их влияние на судьбы общества заставляли даже проницательных наблюдателей закрывать глаза на опасности, кроющиеся в растущем недовольстве должников всех сословий и в усугубляющейся зависимости евреев от протекции их коронованных господ. Недовольное ворчание, вылившееся во вспышки насилия в 1189—1190 гг., предвещало трагический финал — изгнание в 1290 г. Головокружительный взлет и еще более стремительное падение английского еврейства всего за два с четвертью столетия (1066—1290 гг.) контрастно высветили фундаментальные факторы, определившие судьбу всего западного еврейства в критически важной первой половине второго тысячелетия нашей эры». (Baron, S.W., Social and Religious History of the Jews, New York, 1957.)

Пример Англии показателен, потому что, в отличие от ранней истории еврейских общин на европейском континенте, прекрасно документирован. Основной урок, который можно из него извлечь, состоит в том, что социально-экономическое влияние евреев было несообразно велико, учитывая их скромное количество.

Они были персона grante, подобно придворным алхимикам, ибо одним им была ведома тайна функционирования экономики. «В раннем средневековье — писал Сесил Рот, — торговля в Западной Европе была, в основном, в руках евреев, не исключая и работорговлю, а еврей и торговец в записях эпохи Каролингов являются почти синонимами» (Roth, C., «The World History of the Jewish People», London, 1966).

В дни «медового месяца» в 797 г. Карл Великий отправил посольство в Багдад, к Харуну ар-Рашиду, для переговоров о заключении договора о дружбе; посольство состояло из еврея Исаака и двух знатных христиан.

Переходя к истории германского еврейства, прежде всего необходимо отметить, что «как ни странно, мы не располагаем полной, научной историей германского еврейства... «Germanica Judaica» — это всего лишь ссылки на исторические источники, проливающие свет на отдельные общины до 1238 г.» (Baron, S.W., Social and Religious History of the Jews, New York, 1957). Свет довольно-таки тусклый, но позволяющий, по крайней мере, представить территориальное распределение общин западноевропейского еврейства в Германии. Одно из самых ранних свидетельств существования такой общины в Германии — упоминание некого Калонимуса, приехавшего в 906 г. вместе с роднёй в Майнц из Лукки. Примерно тогда же заговорили о евреях в Шпайере и Вормсе, чуть позже — в Трире, Меце, Страсбурге, Кельне — в узкой полосе, идущей через Эльзас и по долине Рейна, то есть в Земле Лотаря. Путешественник Вениамин Тудельский побывал в этом районе в середине XII в. и записал: «В этих городах много израильтян, людей мудрых и богатых».

Несколько раньше в Майнце проживал некий рабби Гершом бен Иегуда (960—1030 гг.), заслуживший своей редкой учёностью прозвище «Свет диаспоры» и пост духовного главы французской и рейнско-германской общины. Примерно в 1020 г. Гершом собрал в Вормсе Совет раввинов, издавший разнообразные эдикты, включая запрет на многоженство.

Традиционная концепция еврейских историков, по которой Крестовый поход 1096 года послужил толчком к массовой миграции евреев из Германии, —всего лишь легенда, вернее, надуманная гипотеза, изобретенная по причине слабого знакомства с историей. Между прочим, источники ни слова не говорят о какой-либо миграции, ни массовой, ни даже слабой, на восток Германии, не говоря уж о далекой Польше.

Первой попыткой выдворить евреев стало их изгнание из владений французского короля Филиппа Красивого. 21 июня 1306 г. он подписал тайный указ арестовать в определенный день всех евреев королевства, конфисковать их собственность, а их самих изгнать из страны. Аресты прошли 22 июля, выдворение — спустя несколько недель. Однако при наследниках Филиппа имело место возвращение евреев, по зову новых французских монархов (в 1315 и 1350 гг.).

Второй катастрофой того ужасного столетия стала Черная смерть, уничтожившая в 1348—1350 гг. треть европейского населения, в некоторых районах — до двух третей. В этот период практически вся финансовая сеть, базирующаяся в городах, в отдельных гетто или в монастырских замках, была уничтожена в ходе карательной карантинной операции, наряду со всем населением районов, подвергшихся эпидемии.

Поредевшее население Западной Европы достигло прежнего уровня только в XVI в. Евреев, подвергшихся совместному нападению крыс и двуногих, выжило и того меньше. Как писал Кучера, «чернь мстила им за жестокие удары судьбы, и тех, кого пощадила чума, добили меч и пламя». (Kutschera, Hugo Freiherr von, Die Chasaren, Wien, 1910.)

После почти полного искоренения старых еврейских общин во Франции и в Германии при эпидемии чумы, Западная Европа примерно на два века осталась Judenrein (землей свободной от евреев — термин средневековья), если не считать нескольких крохотных анклавов и Испанию. Евреи, заложившие в XVI — XVII вв. основы общин в Англии, Франции и Голландии — это совершенно другая ветвь, сефардим (испанские евреи).

Испания, уцелевшая от жестокой косы Черной смерти, действительно стала тем местом, из которого были рекрутированы новые силы на восстановление разрушенной финансовой сети. Она практически отдала все свои еврейские общины, не входившие в штат мытарей, на создание новых общин в вымершей Европе.

Италия. Парадокс в исследовании еврейской истории заключается в том, что в средние века папство было среди главных защитников евреев. Оживленная торговля между Италией и Османской империей, в которой принимали участие евреи, делала их присутствие желательным для любых властей, стремившихся развивать экономическую жизнь своей страны, и папство не было исключением. Евреям предоставляли определенные привилегии в различных городах и государствах. Так, в Ферраре создается сефардская типография, в которой в 1553 г. был опубликован перевод на испанский язык библейского текста, так называемая Феррарская Библия. Начиная с 1573/74 гг., Венеция также становится одним из крупнейших центров понантейцев (так называли западных сефардов), в 1600 г. там уже проживало 2500 евреев, то же самое происходит в Пизе и Ливорно.

Франция. Вновь прибывшие в страну евреи еще долго назывались «португальскими торговцами». Они поселились в Сен-Жан де Люз, Бордо, в Сент-Эспри-ле-Байонн, а также в приграничных областях, в Пиренеях и Ландах. Их можно было встретить в Биаррице, Марселе, Лионе, Нанте, Руане, Париже и во французских колониях в Америке, в частности на Мартинике. 8 актов, принятых между 1550 и 1656 гг., позволили «португальцам» селиться на территории королевства. В XVIII в. численность еврейского населения в Бордо составляла 1500—2000 чел.

Нидерланды. Те же экономические соображения благоприятствовали расселению евреев в этом регионе. С начала XVI в. Антверпен, находившийся под властью Габсбургов, уже принял марранов, но произошедшие в городе перемены заставили Амстердам взять на себя главенствующую роль. Евреи играют заметную роль в торговле с испанскими и португальскими территориями Нового Света. Особо активно они действуют в рамках Голландской Вест-Индийской компании, которая вела торговлю с северными территориями Бразилии. Сефардское население Амстердама увеличивается с 200 в 1610 г. до 1800 чел. в 1655 г. и до 2500 в 1675 г. Такие видные деятели, как Оробио де Кастро (1617—1687) и Манессе бен Исраэль, активно действуют в области популяризации и защиты еврейской веры. Эта политика вызывает недомолвки и оппозицию: судьба Уриеля да Косты (1585—1640) и Баруха Спинозы (1632—1677) — марранов по происхождению, является убедительным доказательством интеллектуального и религиозного брожения в амстердамской Общине.

Германия. Новые евреи начинают прибывать в Гамбург в конце XVI в., прежде всего из Антверпена, а затем из Амстердама. С самого начала они принимают активное участие в торговле с Пиренейским полуостровом, этим перевалочным пунктом торговых связей с Новым Светом. В 1612 г. в городе проживало 150 евреев, а в 1646 г. уже 500. Их экономическая деятельность не ограничивалась морской торговлей, в 1619 г. они были в числе основателей гамбургского банка, занимались посредничеством и морским страхованием.

Англия. В середине XVII в. в Лондоне, после 4-векового перерыва снова начали селиться евреи. Милленаристские движения, развивавшиеся в Англии в то время, благоприятствовали этому заселению. Между 1650 и 1713 гг. наблюдается бурное процветание западных сефардов и сефардов Нового Света.

К другой волне относятся не затронутые эпидемией общины старых евреев — ашкеназов. Тем не менее, общие контуры разных миграционных процессов различить можно.

Хорошим примером этих процессов служит «еврейская диаспора» в Венгрии.

Как известно, несколько степных племен, именуемых кабарами, примкнули к мадьярам и откочевали в Венгрию еще во времена Атиллы. Позже, в X в., венгерский герцог Таксони призвал на поселение в своих владениях вторую волну степных эмигрантов. Еще через два века, в 1154 г., Иоанн Синнамус, византийский хронист, писал о части венгерской армии в Далмации, придерживающейся еврейского Закона (Baron, S.W., Social and Religious History of the Jews, New York, 1957). Как свидетельствует Константин, страна была первоначально не только двуязычной, но имела даже некое двоецарствие: царь делил власть с главнокомандующим, носившим титул «джыла» (это по сей день распространенное венгерское имя, со временем несколько изменившееся — Дьюла). Такая система просуществовала до конца X в., когда святой Стефан и победил восстание Джыла, который был, как следовало ожидать, степняком, держащимся своей веры и отказывающимся стать христианином.

Этот эпизод положил конец двоецарствию, но не влиянию еврейской общины в Венгрии. Отзвук этого влияния можно расслышать в «Золотой булле», венгерском эквиваленте «Великой хартии Вольностей», изданной в 1222 г. королем Андре II, согласно которой, евреям запрещалось выступать в роли чеканщиков монеты, сборщиков налогов и контролеров королевской соляной монополии. Надо полагать, до этого многие евреи осуществляли именно эти привилегированные функции. Однако некоторые залетали и повыше. Так, при короле Андре хранителем доходов королевской казны был граф Тека — еврей, богатый землевладелец и, судя по всему, гений финансов и дипломатии. Трудно не вспомнить об аналогичных функциях при дворе калифа Кордовы, исполнявшихся испанским евреем Хасдаем ибн Шафрутом. Королевский казначей исполнял обязанности еще целых 11 лет после выхода «Золотой буллы», пока не счел за благо подать в отставку и податься в Австрию, где его приняли с распростертыми объятиями. Сын короля Андре Бела IV снова призвал его к венгерскому двору. Тека послушно возвратился и погиб.

Таким образом, восточное происхождение еврейского населения в Венгрии в Средние века хорошо документировано. Может показаться, что Венгрия представляет особый случай ввиду давних венгерско-хазарских связей; но на самом деле «прилив» хазар в Венгрию был всего лишь частью массовой миграции из восточных степей на запад, в Восточную и Центральную Европу.

В Киеве процветающая еврейская община существовала многие годы. Схожие колонии имелись в Переяславле и в Чернигове. Примерно в 1160 г. киевский раввин Моше был во Франции, а черниговский раввин Абрахам в 1181 г. — в талмудической школе в Лондоне. В «Слове о полку Игореве» упомянут знаменитый русский поэт Коган. Через некоторое время после взятия Саркела, названного русами Белая Вежа, хазары построили город с таким же именем вблизи Чернигова.

На Украине и в Польше очень много древних топонимов, происходящих от слов «хазар» и «жид» (еврей): Жидово, Козаржевск, Козара, Козарзов, Жидовска Воля, Жидалице и т.д. Схожие названия можно также найти в Карпатских горах и в Татрах, а также в восточных провинциях Австрии.

Главный маршрут восточных евреев вел на запад, однако некоторые никуда не двинулись, а остались в Крыму и на Кавказе, где образовали еврейские анклавы, сохранившиеся до Нового времени. В древней твердыне Тмутаракане (Тамань) на восточном берегу Керченского пролива существовала династия еврейских князей, правившая в XV веке под опекой Генуэзцев, а позднее — крымских татар. Последний в династии, князь Захария, вел переговоры с московским царем, приглашавшим Захарию в Москву и предлагавшим привилегии русского боярина. А. Н. Поляк высказывает предположение, что восхождение еврейских элементов на высокие должности в Московском государстве было, возможно, одним из факторов, приведших к появлению ереси «жидовствующих» среди русских в XVI в. и секты «субботников», соблюдающих Субботу, распространенную среди казаков и крестьян традицию. (Poliak, A.N., Khazaria — The History of a Jewish Kindom in Europe, mossad Bialiik, Tel Aviv, 1951.)

Показательно, что евреи играют важную роль в одной из ранних польских легенд, относящихся к образованию Польского королевства. В ней рассказано, как военные племена решили избрать себе короля, и остановились на еврее по имени Авраам Проковник (Baron, S.W., Social and Religious History of the Jews, New York, 1957). Возможно, это был богатый и образованный купец, чьим опытом решили воспользоваться, а возможно, речь идет о вымышленной фигуре, но даже во втором случае напрашивается вывод, что такие евреи пользовались большим уважением. Так или иначе, Авраам проявил неожиданную скромность и сложил корону в пользу местного воеводы по имени Пяст, ставшего основателем династии Пястов, правившей Польшей до 1370 г.

Независимо от того, реальное лицо Авраам Проковник или вымышленное, существует много свидетельств, что представители еврейских общин приветствовались как ценное дополнение к экономике страны и государственному управлению.

Среди восточной волны было немалое количество караимов, отвергающих учение раввинов. Согласно традиции, пронесенной караимами вплоть до наших дней, их предки были призваны в Польшу великим литовским князем-воином Витольдом в конце XIV в. В пользу этой версии говорит тот факт, что в 1388 г. Витольд даровал хартию прав евреям Троки, так что французский путешественник Гильбер де Ланноа обнаружил там множество евреев, говоривших не на языке местных жителей и не по-немецки, а на собственном наречии. Этот язык был и остается тюркским, причем самым близким среди живых языков к лингва куманика, на котором говорили на бывших хазарских территориях во времена Золотой Орды. По утверждению Зайончковского, этот язык по-прежнему остается языком устной речи и религиозного культа в общинах караимов, оставшихся в Троки, Вильне, Панавежисе, Луцке и Галиче. Сами караимы утверждают, что до Великой эпидемии 1710 г. в Польше и Литве насчитывалось от 32 до 37 их общин. Свой древний диалект они называют «язык кедар», помнится, в XII в. раввин называл их земли к северу от Черного моря землей Кедар. Зайончковский, крупнейший современный тюрколог, вообще считает караимов самыми близкими сегодняшними родственниками древних хазар. (Zajaczkowski, The Problem of the Language of the Khazar, Breslau, 1946.)

По Хартии, изданной Болеславом Благочестивым в 1264 г., и подтвержденной Казимиром Великим в 1334 г., евреи получили право иметь свои синагоги, школы и суды; владеть земельной собственностью и заниматься любой торговлей и деятельностью по своему выбору. При правлении короля Стефана Батория (1575—1586) евреи получили собственный парламент, заседавший дважды в год и обладавший властью обкладывать евреев налогами. Яркой иллюстрацией их привилегированного положения может служить краткое послание, выпущенное во второй половине XIII в., предположительно папой Клементом IV, и адресованное польскому принцу. В этом документе папа доводит до сведения адресата, что римское священство осведомлено о существовании в польских городах большого количества Синагог — не менее пяти на один город.

Процитируем польского историка Адама Ветулани: «Польские ученые согласны, что эти старейшие поселения были образованы мигрантами из России, а евреи из Южной и Западной Европы стали прибывать и селиться позднее, и что, по крайней мере, некоторая часть еврейского населения (а раньше — основная часть) происходила с Востока, возможно, из страны хазар, а позднее — из Киевской Руси». (Vetulani, A., The Jews in Mediaeval Poland, 1962.)

Но что известно о социальной структуре и составе восточной еврейской общины? Первое, что бросается в глаза, — это удивительное сходство в привилегированном положении евреев в Венгрии и в Польше в ранний период. И в венгерских, и в польских источниках о евреях говорится как о чеканщиках монет, управляющих доходами королевской казны, контролерах соляной монополии, сборщиках налогов и ростовщиках, банкирах.

Ранние свидетельства высвечивают роль, которую играли евреи в зарождающейся экономической жизни обеих стран. Они обладали опытом, который отсутствовал у их новых господ, поэтому вполне логично, что они помогали советами и участием в управлении финансами двора и знати. Монеты с надписями по-польски, но еврейскими буквами, отчеканенные в XII—XIII вв. — неожиданные реликты этой деятельности. Загадочным остается их назначение. На одних красуется имя короля (Лешек, Мешко), на других значится: «Из дома Абрахама бен

Йозефа, князя», на некоторых — благословение: «Удачи» и т.д. Показательно, что современные венгерские историки также говорят о практике чеканки монет из серебра, поставлявшегося евреями (Vetulani, A., The Jews in Mediaeval Poland, 1962).

Некоторые виды деятельности были чисто еврейскими. К ним относилась торговля лесом, дерево было главным строительным материалом и важной статьей экспорта, то же самое можно сказать о транспорте. Другим специфически еврейским занятием было содержание постоялых дворов, мельничное дело и меховая торговля.

Все то же мы находим и в Западной Европе. Те же привилегии и то же место в социальной структуре. Резкая грань между западной ветвью — сефардами, и восточной — ашкеназами, проявляется в другом. В языке. У сефардов ладино, у ашкеназов идиш. В расселении у сефардов — гетто, у ашкеназов — местечко.

Их не следует путать. «Местечко» представляло собой некий изолированный еврейский городок: «айара» по-арамейски, «штетел» на идиш. Все это — уменьшительные обозначения, которые, впрочем, не подразумевают малых размеров. «Местечки составляли систему торговых факторий или рыночных центров. Там регулярно проводились ярмарки. Одновременно там трудились и торговали своими изделиями колесные мастера, бондари, кузнецы, серебряных дел мастера, портные, мясники, мельники, хлебопеки, торговцы свечами. Здесь же находились писари, обслуживающие неграмотных, синагоги для верующих, гостиницы для путешествующих, хедер, то есть школа. Добавьте к этому бродячих рассказчиков и певцов» (Koestler A., The Thirteenth Tribe, London, 1976). «Густая сеть местечек, — пишет А.Н. Поляк, — позволяла целые столетия распространять изделия везде на превосходных еврейских бричках. Доминирование этого вида транспорта было настолько очевидно, что еврейское обозначение повозки, «Ба-ал агалах», перешло в ее название как «балагол». Что-то это нам напоминает? Командорства братских общин. Такими они были до середины XIV века. «В функции командорств входило не только предоставление центру денег и людей. Они были еще и базами военной подготовки, домами престарелых. В командорствах были гостиницы, лазареты, школы, приходы, кладбища, церкви. В командорствах располагались мельницы, маслобойни, хлебопекарни. Экономика основывалась на прекрасной технической и коммерческой организации» (Энтони Латрел, «Военно-монашеские ордена», Лондон,

1978). Еще одна характерная особенность командорств и местечек. Они не имели высоких крепостных и замковых стен. Они им были просто не нужны, их охранял авторитет Империи.

Так продолжалось до эпидемии чумы и прихода карантинной операции. Опыт, почерпнутый из этого, заставил создавать гетто, о чем прекрасно рассказано в Книге Навина, то есть города-убежища и укрепленные орденские замки. Новые формы расселения, наряду с карантинными правилами Кашрута, должны были уберечь от новых болезней и мародеров. Гетто превратились в такие же замки, как и замки баронов или рыцарей. Часть старых функций из них пропала, в частности, мельничное дело, торговля мехами, содержание постоялых дворов и многое другое, связанное с внешними контактами. Такова цена урока Черной смерти.

Старые специфические черты еврейской общины остались в местечках, которые не были затронуты повальной эпидемией, то есть за Иорданом, откуда двигалась армия карантинщиков.

К таким специфическим чертам следует отнести сходство с пагодами, отличающее старейшие из сохранившихся в местечках деревянных синагог XIV—XV вв., совершенно чуждое и местной архитектуре, и стилю строительства, перенятому евреями Запада. Внутреннее убранство старейших синагог в местечках тоже очень сильно отличается от стиля, сложившегося в гетто Запада: стены местечковых синагог были покрыты арабесками и изображениями зверей, вызывающими в памяти и персидское влияние, и декоративный стиль востока.

Традиционная одежда евреев тоже имеет, безусловно, восточное происхождение. Типичный длинный шелковый кафтан скопирован с наряда монголов в период Золотой Орды. Тюбетейку (ермолку) носят и по сей день ортодоксальные евреи, а также узбеки и другие тюркские народы Средней Азии. Поверх ермолки мужчины надевали штримель — особую круглую шапку с лисьим мехом, скопированную у казаков. Как уже говорилось, торговля лисьим и собольим мехом превратилась в настоящую еврейскую монополию.

Женщины носили до середины XIX в. высокий белый тюрбан — точную копию головного убора казашек и туркменских женщин (ныне ортодоксальные еврейки вместо тюрбана вынуждены носить парики из собственных волос, которые они сбривают при замужестве).

Значительное еврейское население местечек существовало не только вокруг Вены и Праги. В Карпатских Альпах не меньше пяти населенных пунктов носят название «Юдендорф», «еврейская деревня», в горах Штирии насчитывается еще больше «Юденбургов» и «Юденштадтов». «В зените Средневековья мы обнаруживаем на востоке россыпь поселений, протянувшуюся от Баварии до самой Персии. К западу от Баварии разверзлась пустота...» (Mieses, M., Die Entstehungsuhrsache der judischen Dialekte, Berlin, 1915.)

Альпийские поселения представляли отростки от главного дерева восточной миграции, протекавшей несколькими самостоятельными маршрутами: через Украину, славянские районы Венгрии, через Балканы. В Румынии существует легенда о вторжении в страну вооруженных евреев.

Другая любопытная легенда касается истории австрийского народа. Она появилась в хрониках в Средние века и пользовалась большой популярностью у историков до XVIII века. По этой легенде в дохристианскую пору в Австрии правили еврейские князья. Австрийские хроники, сведенные воедино венецианским писцом в правление Альберта III (1350-1395), содержат перечень двадцати двух таких князей. Список указывает не только предполагаемые имена, но также продолжительность правления и место, где они были погребены. Например: «Сеннанн (Sennann) — наивысший князь (Ahnherr), правил 45 лет, погребен в Штубентор (Stubentor) близ Вены; Зиппан (Zippan), 43 года, в Тульне (Tulln) был погребен» и т.д., включая такие имена, как Лаптон (Lapton), Маалон (Maalon), Раптан (Raptan), Рабон (Rabon), Эффра (Effra), Самех (Samech) и др. После этих иудеев пришли пять языческих князей, после которых последовали христианские правители. Легенда повторяется с несколькими вариациями и в «Истории Австрии», написанной на латыни Генрихом Гундельфингусом в 1474 году, а также у других авторов. Последний из них — Ансельм Шарм, выпустивший «Хронологические цветы Австрии» («Flores Chronicorum Austriae»), в 1702 году.

«Сам факт, что такая легенда могла появиться и продержаться несколько веков, указывает на то, что в глубинах сознания древней Австрии брезжат воспоминания о еврейском присутствии на верхнем Дунае в незапамятные времена. Кто знает, может приливные волны когда-то докатились до подножья Альп, что могло бы объяснить сильный урало-алтайский привкус княжеских имен. Вымыслы средневековых хронистов могли вызвать народное эхо только в том случае, если они опирались на коллективные воспоминания, пусть даже очень смутные». (Mieses, M., Die Entstehungsuhrsache der judischen Dialekte, Berlin, 1915.) Так прокомментировал средневековые работы Мизес.

По всей видимости, местечки — это, выражаясь современным языком, рудименты старых еврейских общин, на смену которым пришла структура гетто. Таким образом, сефарды — это штатная каста финансистов, размещенная в гетто после карантинной чистки, вызванной эпидемией Черной Смерти, набранная в основном из не подвергнутой эпидемии Испании. Ашкеназы — это первоначальные волны финансистов, пришедшие с Ордой и создавшие первичную финансово-экономическую сеть Империи. Впоследствии уничтоженные в период эпидемии и сохранившиеся на землях метрополии. Название, как это часто бывает, перешло потом на евреев вне штата, то есть не сефардов. Но все это версии.

Интерьер синагоги в Доре

«В некотором смысле, — писал Сесил Рот, — еврейское "темное средневековье" началось одновременно с европейским Ренессансом». То есть после мятежа, с началом реформации, легально утвердился взгляд на евреев как на недочеловеков. Надо было вытравить правду о том, что было. А главное, надо было полностью поменять вектор направления движения евреев с восточного на западный, да хоть на южный. Знакомая тактика, применяемая повсеместно, как в данном случае, так и в случае с Исходами и Крестовыми походами.

ВО ЧТО ЖЕ ОНИ ВЕРИЛИ?

Начнем данную главу со старинной английской поговорки.

«What is hits is history,
And what is mist is mystery»

(Что в цель попало, то история, А где туман, там тайна.) Мы привели ее только потому, что данное наше исследование к истории не относится.

Для того, чтобы попытаться приблизиться к пониманию, какую Веру или учение исповедовали в период Империи, надо попытаться откатится в тумане времени далеко назад, по крупицам выискивая остатки этого учения, сохранившиеся в известных ныне религиях и обрядах.

Начнем рассмотрение с известных учений после античного периода.

ДРУИДЫ — маги Запада. Их учение во многом сходно с доктринами гимнософистов и браминов в Индии, магов в Персии, жрецов в Египте и всех жрецов древности вообще, как нам известно по «историческим» реконструкциям этих учений. Их обряды совершались и в Британии, и в Галлии, остров Энглези считался их главным местопребыванием. Вероятно, слово «друид» произошло от слова «дуб» (это дерево почиталось в высшей степени священным среди кельтов). Но некоторые исследователи считают, что слово «друид» происходит от галльского слова «мудрец» или «кудесник».

Храмы. Их храмы, где хранился священный огонь, всегда стояли на возвышении и в густых дубовых рощах; они были разного вида — круглые, потому что круг изображал вселенную; овальные, как намек на всемирное яйцо, крестообразные, потому что крест — эмблема перерождения, или с крыльями, чтобы изобразить движение божественного духа. Три главных храма такого рода находились в Британии: Стоунхендж и Абурийский на юге и Шапский в Кемберленде. Где камней было мало, там они заменялись земляными валами, и храм состоял из высокого вала и рва.

Обряды. Их главные божества сводились к двум — мужскому и женскому: великие отец и мать, Гю и Церидвен, Озирис и Изида, Вакх и Церера, или какие-либо другие высшие боги и богини, символизирующие собой два начала всякого существа. Великие периоды посвящения наступали каждую четверть года и определялись движением солнца, когда оно достигало равноденственных и солнцестоятельных точек. Но временем ежегодных празднований была ночь на первое мая, когда огни зажигались по всему острову и горели до рассвета, — майские игры, от которых взяли начало все национальные игры, и прежние, и настоящие. Вокруг этих огней водили хоровод в честь солнца, которое в это время года, как говорили в символическом смысле, вставало из гроба.

В празднество 25 декабря разводили большие огни на вершинах гор, чтобы возвестить о рождении бога Солнца. Это празднество справляли во всем древнем мире. Летнее солнцестояние праздновалось 24 июня. Оба эти дня до сих пор празднуются: первый как Рождество, а второй как Иванов день.

Доктрины. В учении друидов есть одно высшее существо, будущее состояние возмездия или наказания, бессмертие души. В их учении главным было, что вода есть первое начало всех вещей, и она существовала до сотворения мира в неприкосновенной чистоте. Однако в их другой доктрине день происходит от ночи, потому что ночь, или хаос, существовала до сотворения дня. Они учили еще, что время есть только перехваченный отрывок вечности и что существует бесконечный ряд миров.

Политическая и судебная власть. Во многих случаях власть друидов превышала власть государя. Разумеется, они были единственными толкователями религии и, следовательно, распоряжались всеми; ни одному частному лицу не дозволялось приносить жертву без их разрешения. Они имели власть отлучать от храма — самое ужасное наказание после смертной казни, действие которого постигало даже самых высших сановников. Великий государственный совет не мог объявить войну или заключить мир без их участия. Они решали все споры окончательным и неизменным приговором и властны были подвергать смертной казни.

Жрицы. Жрицы, в белых одеяниях с металлическим поясом, предсказывали будущее по наблюдению естественных явлений. Многие из этих жриц неизменно сохраняли девственность. Жили они на пустынных скалах, о которые разбивались волны океана, и моряки смотрели на эти утесы, как на храмы, окруженные несказанными чудесами. Таким образом, остров Сен или Лиамбис, остров Святых близ Ушанта, был местопребыванием некоторых из этих жриц, прорицавших морякам.

Хотя владычество друидов было уничтожено римлянами, многие из их религиозных обрядов существовали гораздо дольше, и даже в одиннадцатом столетии, в царствование Канута, приходилось запрещать народу поклоняться солнцу, луне, огням и пр. Бесспорно, даже во франкмасонстве еще держатся многих друидических обрядов.

ДРОТТЫ. Скандинавские жрецы назывались дроттами. Их сословие было учреждено скифским правителем по имени Сигге, который впоследствии принял имя Один. Дротты, в количестве двенадцати, были в одно время и жрецами и судьями; от них произошел впоследствии институт присяжных в Англии. Их власть не имела пределов, в силу дарованного им преимущества выбирать человеческие жертвы, что распространялось даже на верховных правителей — отчего возникла необходимость стараться заслужить доброе расположение верховных жрецов. Это сословие, подобно священнослужителям у израильтян, ограничивалось одним родом.

Скандинавская триада обыкновенно изображается в виде Одина, главного божества, Тора, первородного сына, известного посредника между божеством и людьми, власть которого над миром неограниченна, и Фрейи, гермафродита с разнородными символами владычества над любовью и браком. В наставлениях неофиту сообщали, что величайший и древнейший бог есть Альфадер (отец всех) с двенадцатью эпитетами, напоминающими двенадцать атрибутов солнца, двенадцать созвездий, двенадцать главных богов в Египте, Греции и Риме.

Главным праздником в году, как у друидов, было зимнее солнцестояние. Праздник получил название Иуль и был порой повсеместных пиршеств.

ВОЛХВЫ. Волхвы не имеют единого названия, ибо у них были весьма разнообразные функции.

Наименования жрецов:

Волхвы — во время народных бедствий толковали народу причины несчастий, часто указывали на каких-либо лиц, называя их виновниками и обрекая народному мщению.

Лигушоны — низшие служители славянского языческого культа в литовских и прусских землях.

Обаянники — фокусники, которых призывали.

Кудесник — совершал разные заклинания и чародейственные обряды, в кудесы (бубны) бия и предвещая будущее. Шаман.

Сновидцы — рассеивали в народе разные предзнаменования на основании виденных ими снов и уверяли, что они приняли извещение свыше.

Облакопрогонники — волшебники, которые повелевали дождем и ведром и через то самое могли приносить урожай или неурожай.

Волкодаки — колдуны, могущие вызвать затмение солнца.

Ведуны и ведуньи — лица обоего пола, знавшие тайную силу управлять обстоятельствами.

НАИМЕНОВАЕНИЕ ЗНАХАРЕЙ

Ворожей — привораживали жениха и невесту.

Вежливец — знахарь, которому поручается оберегать молодых от порчи, дурного глаза и прочего зла.

Дока — исцеляющий болезни и снимающий порчу мастер своего дела.

Кобники — служители культа, присматривающие за статуей бога и участвующие в обрядах жертвоприношения.

Самыми знаменитыми волхвами были Валтасар, Мельхиор и Каспар, которые первыми поведали иудеям о рождении Иисуса. И хотя они были язычниками и никогда не принимали христианского крещения, их не только объявили святыми, но даже в их честь построили в Кельне собор, в котором ныне хранятся мощи сих святых язычников.

Неизвестно, как появились мощи святых язычников в Кельне. Но вот что о них знал Марко Поло:

«ГЛАВА XXXI

Здесь начинается рассказ о большой области Персия.

Большая страна Персия, а в старину она была еще больше и сильнее, а ныне татары разорили и разграбили ее. Есть тут город Сава, откуда три волхва вышли на поклонение Иисусу Христу. Здесь они похоронены в трех больших прекрасных гробницах. Над каждой могилой — квадратное здание, и все три одинаковы и содержатся хорошо. Тела волхвов совсем целы, с волосами и бородами. Одного волхва звали Белтазаром, другого Гаспаром, третьего Мельхиором».

Марко спрашивал у многих жителей города, кто были эти волхвы. Никто ничего не знал, и только рассказывали ему, что были они царями и похоронили их тут в старые годы.

Но все же ему удалось узнать еще кое-что. Впереди, в трех днях пути, есть крепость Кала Атаперистан, а по-французски «крепость огнепоклонников», и это правда, тамошние жители молятся огню, и вот почему почитают они огонь: в старину, говорят, три тамошних царя пошли поклониться новорожденному пророку и понесли ему три приношения: злато, ливан и смирну; хотелось им узнать, кто этот пророк: бог ли, царь земной или врач. Если он возьмет злато, говорили они, то это царь земной, если ливан, — то бог, а если смирну, — то врач.

Пришли они в то место, где родился младенец, пошел посмотреть на него самый младший волхв и видит, что младенец на него самого похож и годами, и лицом, вышел он оттуда и дивуется. После него пошел второй и увидел то же: ребенок и летами, и лицом такой же, как и он сам, вышел и он изумленный. Пошел потом третий, самый старший, и ему показалось то же самое, что и первым двум, вышел он и сильно задумался.

Сошлись все трое вместе и порассказали друг другу, что видели; подивились да и решили идти всем трем вместе. Пошли и увидели младенца, каким он был на самом деле, а было ему не более тринадцати дней. Поклонились и поднесли ему злато, ливан и смирну. Младенец взял все три приношения, а им дал закрытый ящичек.

Далее, в следующей главе он рассказывает, что в том ящичке лежал Алатырь-камень, от которого возжегся волшебный огонь, которому с тех пор и поклоняются в странах тех волхвов. Довольно странная трактовка известного сюжета.

Тему волхвов мы развивать не будем, заметим только, что в Средние века название Персия происходило от общеславянского «перси», то есть «грудь». Такое название носили приступные стены кромов — городских замков, называемые по-другому «грудь города». Города такого типа получили в архитектуре термин «города персейского типа». Так что к исторической Персии средневековый термин «Персия» никакого отношения не имеет. Он обозначал то же, что Гардарика — «страна городов».

Закончим на волхвах перечисление легендарных жрецов и посмотрим более поздние учения.

Основой широкого поля учений, распространившихся по всему миру, стало учение Мани — манихейство. Печальные умозрения дуализма, чистого и простого, вечность и абсолютное зло вещества, вечная смерть тела, неизменность принципа зла — вот что господствует в смеси, принявшей от Мани свое название. Неведомый Отец, Предвечное Существо Зороастра, совершенно отвергается Мани, который разделяет вселенную на две несогласуемые области света и тьмы — одну выше другой. Бог света имеет бесчисленные легионы воинов (эонов), во главе которых находятся двенадцать высших ангелов, соответствующих двенадцати знакам Зодиака. Сатанинское вещество окружено подобной же ратью. Власть называется Мать Жизни, она же и есть душа мира.

Последователи Мани разделялись на избранников и слушателей. Первые должны были отказаться от всяких телесных наслаждений, от всего, что может помрачить в нас небесный свет; со вторыми обращались не так сурово.

Типичный гностицизм антиков или первохристиан.

Между тем такое заключение было бы преждевременным и поспешным. Мы располагаем подлинными манихейскими молитвенными текстами, которые на основаниях палеографии историки датируют приблизительно 400 г. н.э. Эти тексты, написанные на свинцовых таблицах, в целом уже содержат имена манихейских божеств и ряд важнейших положений манихейства. Однако до появления Мани остается зазор более чем в 100 лет. Между тем к этому добавляются другие соображения. Сами манихеи называют себя мандеи от восточно-арамейского обозначения гнозиса, «манда». Однако более обычным их самоназванием является другое, а именно «назареи». Характерно, что этот термин служит сейчас для обозначения христиан. Уже Иисус в евангелической литературе (Матф. 2:23) называется назарей. Этот термин обосновывается тем, что он происходит из города Назарет. Однако в надписи Картира из Накш-и-Рустама перечисляются последователи различных незороастрийских религий, которые, судя по хвастливым словам жреца, подвергались преследованиям с его стороны. Он называет там вместе как христиан, так и назареев. Эту надпись можно датировать приблизительно 275 г. н.э. Таким образом, в то время в пределах сасанидского государства существовали и христиане, и назареи как последователи двух религиозных обществ, причисляемых иранским государством к разным конфессиям.

Таким образом, по всей видимости, манихеи носили имя «назареи», которое означает нечто вроде «блюдущих обряды».

Согласно книге Чисел (6, 121), назареями называют людей, принявших на определенное время обет воздержания (на иврите буквально «тот, кто принял обет»). Они, в частности, воздерживаются от употребления вина и всего, что производится на основе винограда. Они не стригутся и не должны находиться рядом с телом умершего (даже из числа ближайших родственников). По окончании этого периода они делают приношения и возлагают жертвы в святилище, выбривают череп, сжигают волосы на алтаре, после чего возвращаются к нормальной жизни. Обычай назарейства бытовал исключительно на земле Израиля и перестал существовать с разрушением Храма.

Библия приводит два случая пожизненного назарейства: Самсон (Суд. 13:2—5) и Самуил (I Сам., 1:11).

Когда мы пытаемся точнее определить возраст и обстоятельства возникновения манихеев, то уже при изучении мы сталкиваемся с парфянским миром. Германский историк и религиовед Гео Виденгрен пишет: «Этот результат великолепно подтверждается и недавно публикованными мандейскими текстами, посвященными их древнейшей истории. В них утверждается, что парфянский царь Артабан — к сожалению, мы не можем точнее определить, что представляет собой эта фигура, — сыграл решающую роль в возникновении назарейской общины. В тех же текстах манихеи и их центральная фигура, Иоанн Креститель, прочно связываются с горами Мидии». (Geo Windengren. Mani und der Manichaismus. Stuttgart, 1961.) Следует добавить, что новейшие исследования приходят к заключению, что действительно существовала связь между манихеями и кумранской общиной, то есть ессеями.

Учение манихеев или «сынов вдовы», как их называли посторонние, дало широкие и обильные ростки. Под другими названиями, но с теми же догматами и эмблематикой мы находим ее повсеместно. В Болгарии — богомилы, в Ламбардии — патерийцы, в Аквитании — альбигойцы и катары, в России — нестяжатели, стригольники и др. От нее ведут родословную гуситы и последователи Уитклифа, павликиане и трубадуры, исмаилиты, ассасины, друзы, тамплиеры, фемы, Беат Паоли, и многие другие. Рассмотрим поближе их схожесть. Может, все это одно и то же, под им разными именами вошедшее в историю. Сохранившиеся остатки, осколки старой Веры.

Первыми упомянем павликиан.

ПАВЛИКИАНЕ (от имени апостола Павла), — по историческим данным, приверженцы еретического движения в христианстве, возникшего в VII в. на востоке Византийской империи, возможно, в Западной Армении. Религиозно-философское учение павликиан основывалось на дуализме. Павликиане отвергали Ветхий Завет, часть Нового Завета, а также культ Богородицы, пророков и святых, церковь, духовенство и особенно монашество. Павликиане создали в середине IX века в Малой Азии свое государство, разгромленное византийскими войсками в 878 г. Бо́льшая часть павликиан бежала в Армению, где их последователями стали тондракийцы, проживающие в Ванском царстве. Догматика павликиан оказала влияние на богомильство.

КАТАРЫ (греч. «Чистые»). Еще манихеи присваивали себе это название, в особенности гностико-манихейская секта, распространившаяся с конца X века почти по всей южной и западной Европе. Родоначальниками их можно считать восточных павликиан, приверженцев абсолютного дуализма; вторую степень в развитии ереси представляют собою болгарские богомилы, среди которых господствовал умеренный дуализм. В Италии катары имели последователей в Риме, Неаполе и Флоренции, но особенно многочисленными и многолюдными были общины их в Ломбардии.

Во Франции катаров в X и XI веках часто называли публиканами (искаженное павликиане), также болгарами, в некоторых местностях — ткачами (так как многие катары принадлежали к этому цеху), наконец, в 1181 году впервые является знаменитый термин «альбигойцы».

Жизнь даже обыкновенных последователей катаризма можно характеризовать как аскетическое подвижничество. Принятие мясной пищи, даже сыра и молока, считалось смертным грехом. Брак, узаконивающий плотские наслаждения, в принципе отвергался совершенно. Катары отвергали иконы и необходимость храмов. Богослужение состояло исключительно в чтении Евангелия (на народном языке) и в проповеди: из молитв узаконенной считалась только Отче наш.

Догматика катаров восходила к манихейству и была проникнута дуализмом (Бог — творец невидимого, духовного и единственно истинного мира; земной же, материальный мир создан Сатаной). Катары делились на верующих (масса) и совершенных (духовенство).

Существовал только один главный обряд, возведенный на степень таинства и заменявший крещение, а отчасти и причащение — принятие его знаменовало собою вступление в высший разряд верующих, в разряд совершенных (друзей божьих). Во главе нескольких общин стоял епископ, при котором состояли три духовных лица: старший сын, младший сын и дьякон. Перед смертью епископ посвящал себе в преемники старшего сына. У катаров были и дьякониссы.

Всего долее катары просуществовали в Боснии.

ВАЛЬДЕНСЫ (Лионские бедняки) — религиозная секта, участники средневекового еретического движения XII—XIII веков, возникшего во Франции и в Западной Европе. Вальденсы отрицали право католической церкви иметь собственность, собирать налоги, не признав власть пап, отрицали таинства. Подвергались жестоким преследованиям.

Основатель движения — купец Пьер Вальдо, основавший в 1176 году общину «совершенных». Вальдо заказал для себя перевод некоторых мест из Библии на романском языке, изучение которых привело его к мысли о необходимости раздать имение нищим, чтобы добровольной бедностью восстановить первобытную чистоту христианских нравов. С толпой приверженцев он отправился на проповедь Евангелия. Так как секта его отвергала собственность, то получила второе название «лионские нищие».

АЛЬБИГОЙЦЫ — заимствованное от города Альби в Тарнском департаменте название одной распространенной в южной Франции церковной секты, усвоившей религиозные принципы катаров и их позднейших последователей — вальденцев. Сторонники этого направления явились еще в начале XI столетия и вообще считались преемниками манихеев. Они проповедовали апостольское христианство и вели простую, строго нравственную и уединенную жизнь. Поэтому их называли сначала «добрыми людьми» (Les bons hommes), но «людьми темными» (hommes obscurs), а после первого отлучения их от церкви, произнесенного на соборе в Тулузе, созванном папою Каликстом II (1119), стали звать «тулузскими еретиками». Они впоследствии подверглись сильному гонению по подозрению именно в дуализме, отвержении учения о Пресвятой Троице, таинств причащения и брака, в отрицании смерти и воскресения Иисуса Христа и т. п. Альбигойцы бежали на Восток и поселились в Боснии.

Из восточных ответвлений этого учения отметим: кандидатов, ассасинов, друзов.

КАНДИДАТЫ. Сефид-шамеганы, кандидаты или одетые в белое — их местожительством был Кавказ, во главе секты стоял Закрытый Покрывалом Пророк. Гакем-бен-Гашем носил золотую маску и учил тому, что Бог принял человеческую форму с того дня, как приказал ангелам обожать первого человека, и с этого самого дня божественная натура переходила от пророка к пророку и дошла до него. Что после смерти злые люди превращаются в зверей, а добрые переходят к Богу, и он, считавший себя очень добрым, для того, чтобы никаких следов его тела не нашлось и чтобы люди думали, что он, как Ромул, вознесся на небо, — бросился в колодезь.

АССАСИНЫ. Только Аравия и Сирия могли быть театром ужасных деяний Старца или, лучше сказать, Владыки Горы. Хасан ибн Саббах, один из проповедников Каирской школы.

ДРУЗЫ. Можно сказать, что секта друзов возникла от предполагаемого воплощения Небесного Существа в Гакема, Биамр-Аллаха, публично возвещенного в Каире в 1029 году. Этот Гакем был шестым египетским халифом.

Друзы верят в переселение душ, но, вероятно, это только символ, как у пифагорейцев. Гакем — их пророк, и у них семь заповедей, религиозных и нравственных. Первая из них — правдивость, под чем подразумевается вера в унитарную религию, исповедуемую ими, и отвращение ко лжи, называемой политеизмом, неверием, заблуждением. Брату по вере следует оказывать полное доверие и правдивость, но позволительно, даже обязательно, поступать вероломно с людьми других верований. Секта разделяется на три степени: профанов, искателей и мудрых друз. Вступивший во вторую степень может вернуться в первую, но подвергается смерти, если откроет то, что узнал. Полагают, что на своих тайных собраниях друзы поклоняются телячьей голове, но так как их религиозные книги наполнены протестами против идолопоклонства и так как они сравнивают иудаизм, христианство и мусульманство с теленком, то вероятнее, что это изображение олицетворяет принцип лживости и зла, иблиса, соперника и врага Гакема. Они имеют притязание на некоторую связь с франкмасонами, у которых есть степени, называемыми «соединенные друзы» или «ливанские повелители».

Однако примерно все то, что мы находим во всех этих учениях, наиболее рельефно проявлено в учении ариан.

АРИАНЕ. Арианами называли последователей Ария, самого замечательного из еретиков, потрясавших Церковь. Арий был пресвитером в Александрии. Впервые сформулировал свою доктрину во время споров со своим епископом Александром в 318 году. Он утверждал, что Сын не вечен, не существовал до рождения, не был безначальным. Признать Сына «частью единосущного» для Ария значит считать «Отца сложным, и разделяемым, и изменяемым». Арий энергично повел пропаганду своей доктрины. Он сочинил много песен и выпустил популярный сборник (Пир). В 336 году Арию предстояло обратное принятие в Церковь, но он скоропостижно умер. Православные приписывали его смерть суду Божию, а Ариане — отравлению православными.

Арианство в несколько смягченной форме евсевианства торжествовало победу по всей империи. В 359 году были созваны два Собора: в Селевкии для Востока и в Римини (Аримине) для Запада. Западные отцы, прибывшие на собор с намерением дать торжество Никейскому символу, в конце концов подписали в лице своих депутатов формулу, где стояло с опущением даже. Такой же подписи добились и от представителей собора Селевкийского, в том числе и от омиусиан (360 г.). Победа осталась на стороне партии омиев, питавшейся придворными интригами и отдалявшейся от наиболее ярких представителей других партий.

После 40-летнего господства арианство потеряло перевес в Константинополе. Но оно долго еще давало знать о себе. Так как армия и даже гарнизон столицы состояли из варваров ариан, то не раз империя оказывалась фактически в руках арианских генералов. Следы ариан мы находим в Константинополе еще в VI в.

По мнению профессора Гуоткина, арианство гораздо упорнее держалось среди народов варварских благодаря сравнительной простоте положений арианства (Gwatkin: Studies of Arianism, 1900). Притом ограничительные меры императоров не распространялись на варварские государства. Остготы оставались арианами до 553 года, вестготы Испании — до собора в Толедо в 589 году, вандалы, занявшие северную Африку в 429 году, угнетали православных до 533 года, когда были сломлены Велизарием; бургунды были арианами до присоединения их к королевству франков в 534 году, лангобарды — до середины VII века.

Что же во всех этих учениях общего и что отразилось в Арианстве?

Арианство, по мнению специалистов-теологов, невозможно считать случайной вспышкой. Была масса условий общего характера, которые подготовляли и поддерживали его. Не случайно пожар загорелся в Александрии, этом «величайшем торжище вселенной». Сюда свозились не только товары со всего света, но и идеи — религиозные и философские. Здесь возникла самая могучая богословская школа (Климент и Ориген). Нигде не было такого трения систем и мировоззрений как здесь. И неоплатонизм вышел отсюда, и Филон был иудеем александрийским. Здесь зародилось и арианство. По мнению некоторых историков, арианство является только логическим продолжением богословских споров III века. В известном смысле это справедливо. Но такое объяснение не исчерпывает всего огромного явления.

Автор лучшей монографии об арианстве, профессор Гуоткин пытается понять его как последний бой, данный христианству соединенными силами влияний иудейских и языческих, к которым присоединялось и воздействие индийского Востока. «Буддизм также в то время имел завоевательный характер. Его призыв направлялся к берегам Средиземного моря по торговым путям, на которых лежали греческие общины. Греческие цари Сирии и Египта называются на памятниках царя Ашоки. Александрия еще более чем Сирия была благодаря своей торговле (через Красное море) открыта влиянию Востока. Отсюда проникла восточная мысль и в стоицизм, и в гностицизм. Почти всецело она царила в богословии неоплатонизма. Ее возвышенный спиритуализм и ее мрачный взгляд на природу одинаково были привлекательны для людей, разочаровавшихся в вульгарном политеизме. Строгое противоположение мира и Бога, понимание божества как чистого бытия, бесстрастного и далекого от мира, стало аксиомой философии. Бог был [сущий] и только. То же отчасти случилось и с иудейством. После разрушения Иерусалима, а в лице пророков — и раньше, народ иудейский должен был перестроить свое миросозерцание, чтобы приспособиться к новым условиям существования. Он очищает понятие о Боге от антропоморфических признаков и создает новую индивидуалистическую этику. Работавшие над переводом 70 толковников всюду сглаживали следы антропоморфизма в Библии и превращали Иегову в [сущее]. Хотя Израиль никогда не забывал своего Иегову, всюду видны черты трансцендентального деизма, старавшегося отрешиться от представления личности в Божестве. Казалось, что между Богом и человеком не может быть соприкосновения. И даже более: расстояние между Богом и миром так разрослось, что иудейство позднейшего периода отчуждает отчасти у Бога власть промыслительную, вручая ее ангелам, архангелам, космократорам. У Филона творческой властью является посредствующий Логос».

То же происходит и в греческой философии. Стоицизм и неоплатонизм творческую власть отдают Логосу. Но здесь движение было глубже, чем в иудействе. Бог иудеев остался бытием религиозной мысли; о греческом можно было только думать, но ему нельзя было молиться. Это было бытие чисто философское. Для религиозных переживаний годились только боги Олимпа и Капитолия. Отсюда любопытное явление: философия, обрабатывая концепцию Единого, в то же время не отворачивается от политеизма, а тянет его за собой. Убив религию, философия пытается опереться на тех самых богов, которых она разгромила. Соперником ее являются восточные мистерии, пытавшиеся удовлетворить потребность личного общения с личным Богом. «Древний мир,— говорит Гуоткин,— метался между философией и суеверием. Философия не могла раскрыть небо, мистерии не были способны низвести его на землю. Ни спекуляция, ни интуиция — только историческое воплощение могло соединить небо и землю, только воплотившееся Слово могло озарить одинаково Восток и Запад».

Но протохристианство могло идти навстречу христианству только до известного предела: оно могло признавать Христа равным обитателям Олимпа Богом, но не могла назвать Его единосущным Сущему.

Итак, в арианстве зримо присутствуют остатки первичной веры, как и во всех оставшихся в истории учениях. Как бы их не переиначивали на новый лад.

Во-первых, это так называемый «языческий монотеизм», то есть вера в единого Бога, сочетающий в себе дуализм, то есть обе стороны мира (светлая и темная) в этом Боге.

Во-вторых, это наличие жреческой касты (чистых, совершенных, белых и т.д.), несущей функции судей.

В-третьих, это опора на солнечные (огненные) мистерии в отправлении культов и обрядов.

В-четвертых, это огромная доля мистицизма в основе Веры, с обрядами инициации и посвящения при формировании касты жрецов.

В-пятых, это опора на изучение природных сил в создании обрядовости и культов.

Можно продолжать, но одно бесспорно: до разделения на религии в Империи была одна, единая вера Солнечных мистерий, монотеистического толка с догматами дуализма. Притом основным было соблюдение обрядовости и культов при существовании различных имен Верховного Бога и Богов Олимпа, в соответствии с местными диалектами и традициями.

В дальнейшем эта религия расслоилась на несколько ветвей: христианство, мусульманство, иудаизм, буддизм и т.д. Из которых наиболее сохранил архаичную форму иудаизм, вследствие замкнутости касты финансистов и стремления сохранить имперские правила и законы.

ЭКОНОМИКА ИЛИ АДМИНИСТРИРОВАНИЕ

А теперь вернемся непосредственно к теме нашего расследования, то есть к роли евреев в экономике развития Империи. Привлечем к этому специалистов и авторитетов в экономическом мире. Экономическая история евреев в древнюю и средневековую эпоху до последнего времени почти не привлекала к себе внимания исследователей. Если по общей истории еврейства, не считая более ранних работ Иоста, уже в пятидесятых годах XIX века начал выходить капитальный труд Герца, если правовые условия существования евреев в «мрачную эпоху Средневековья» точно так же уже давно служили предметом специальных исследований, если история духовной культуры и развития евреев подверглась специальной и обстоятельной обработке в работах Гюдемана, то вопросы, касавшиеся экономической истории еврейства, напротив, оставались в течение долгого времени совершенно неисследованными и даже в общих трудах по истории евреев вопросы эти затрагивались лишь случайно и мимоходом.

Небольшая, появившаяся еще в половине семидесятых годов XIX века статья известного экономиста Рошера «Евреи в Средние века с точки зрения торговой политики» представляет единственное исключение в этом отношении. Развитые в ней взгляды относительно экономического положения и роли евреев в Средние века в течение долгого времени являлись общепризнанными и принимались другими историками, поскольку им приходилось касаться этой области, почти без возражений. Однако, как ни содержательна и ни интересна была сама по себе статья Рошера, как ни авторитетно было само имя ее автора, все же и она представляла собою не более, как общий очерк, блестящую гипотезу, не основанную на специальном исследовании вопроса и не подкрепленную даже достаточным количеством фактов.

Только в первом десятилетии прошедшего XX столетия приступили наконец к специальному изучению и исследованию условий экономической жизни и экономического развития еврейского народа в Средние века. Причем выпущенные в 1902 году «Регесты» Арониуса, представляющие богатейший свод материалов по истории евреев во франкской и германской империях (до 1273 г.), в значительной мере облегчили последующую работу исследователей. В «Ежемесячнике» Франкеля-Бранца 1904 года появился небольшой очерк Г. Каро, разросшийся впоследствии в обширный труд. В русском переводе Гроссмана (Санкт-Петербургское издание, изд. 1912 г.) книги Зомбарта «Евреи и хозяйственная жизнь» мысль автора может быть резюмирована в немногих словах: «Точно солнце шествует Израиль по Европе; куда он приходит, там пробуждается новая капиталистическая жизнь, откуда он уходит, там увядает все, что до тех пор цвело».

Обращая внимание на то, что отношение христианского населения к евреям и политика правящих кругов относительно них «находилась в обратном отношении к общей экономической культуре» и что «в первую более суровую эпоху Средних веков с евреями обращались гораздо лучше, чем во вторую половину, в общем результате более цивилизованную», Рошер такой рост враждебных чувств по отношению к евреям связывает прежде всего с экономическими условиями и причинами. «Дело в том, — говорит он, — что евреи в то время удовлетворяли великой потребности народного хозяйства, которая долгое время не могла быть удовлетворена никем другим, — потребности в промышленно-торговой деятельности. Германские и отчасти также и романские народы уже чувствовали ту потребность, но вследствие своей недозрелости не были в силах удовлетворить ее собственными средствами, между тем как евреи тогда уже вполне соответствовали этой потребности и были вполне способны удовлетворить ее». На первом месте Рошер ставит торговые услуги, оказанные евреями европейским народам в раннюю эпоху средневековья, услуги, особенно важные в виду «неимоверного упадка путей сообщения по сравнению с римской эпохой». «Далеко нельзя назвать простым случаем то, что в нижней Саксонии первое появление торговли и евреев было одновременным. Их деятельность признавали в христианском и магометанском мирах не только вследствие того, что они одни обладали необходимыми для торговли познаниями, обычаями и капиталами, но и вследствие их столь же тесной и великой между собою связи». Другим преобладающим родом занятий и вместе с тем заслугой евреев Рошер считает развитие денежных операций. «Новые народы обязаны средневековым евреям... изобретением интересов на капитал, без чего немыслимо никакое развитие кредита, немыслимо было бы даже и самое образование капиталов и разделение труда». Евреям же приписывает Рошер и введение векселя, представляющего собою «инструмент, который для денежных сношений имеет такое же значение, как железные дороги для передвижения грузов и телеграф для сообщения известий».

Евреям принадлежала, таким образом, видная роль в развитии экономической жизни Империи; вместе с этим они, естественно, являлись и признанными господами в области экономической жизни. Такое положение дел не могло, однако, продолжаться до бесконечности, и конец господства евреев был одновременно и началом борьбы против них и, следовательно, враждебного отношения к ним. Целые столетия евреи были, так сказать, коммерческими опекунами новейших народов в пользу сих последних и без признания с их стороны этой пользы. Но всякая опека делается тягостной, если ее хотят удержать далее, чем продолжается незрелость опекаемого. И целые народы эмансипируются... только в борьбе против опекающей их власти других народов. Преследования евреев в последние эпохи Средних веков суть, большею частью, продукт коммерческой зависти. Они имеют тесную связь с возникновением национального торгового сословия. Рост враждебных чувств по отношению к евреям стоит в непосредственной связи и зависимости с развитием национального бюргерства и купеческого сословия; там, где ранее развивается это последнее, раньше начинаются и преследования и стеснения еврейского населения. Ограничения евреев и враждебное отношение к ним прежде всего проявилось в Италии и в южной Франции. Напротив, германский Восток, дольше нуждавшийся в услугах еврейских торговцев, в течение более продолжительного времени щадил евреев и не стеснял их, еще более льготным было положение евреев в Польше, расположенной еще восточнее и еще позднее Германии вступившей на путь торгового развития.

Вытесненные конкуренцией региональных купцов из сферы торговых операций, евреи удержали за собою денежную торговлю и в этой последней области «еще долгое время играли первенствующую роль». «Факт совершенно понятный, — прибавляет по этому поводу Рошер. — С одной стороны, торговля деньгами обыкновенно развивается гораздо позже, чем торговля товарами, тем более, что она больше нуждается в международных сношениях, а с другой стороны, потому что все стоящие на высокой ступени развития народы, когда младшие соперники начинают превосходить их в торговле товарами, удаляются со своими капиталами в поприще денежной торговли. Такое исключительное обращение к денежной торговле заключает в себе, однако, «новое зло», так как ближайшим его последствием является «антагонизм между заимодавцем и заемщиком, пауперизм против капитализма».

Преследования евреев в последнюю эпоху Империи с этой точки зрения следует, таким образом, рассматривать прежде всего «как кредитные кризисы самого варварского свойства, как средневековую форму того, что мы в настоящее время называем социальной революцией. Главным противником евреев при этом являлось городское население, тогда как, дворянство или духовенство, напротив, „всего менее было расположено преследовать евреев". И только в последующее время при новейшей эмансипации евреев отношение к ним со стороны тех и других классов населения резко изменилось и сделалось совершенно обратным».

Именно в Италии и южной Франции враждебное отношение к евреям, за исключением только Испании, было слабее выражено, чем где-либо, и положение их там было наиболее благоприятным, — в Италии до самого конца Средневековья, в южной Франции до времени альбигойских войн.

В заключение статьи Рошера проводится параллель между значением евреев для экономической жизни новых европейских народов в начальную эпоху Средневековья и аналогичной ролью финикиян в жизни древней Греции или армян в жизни современных малоазийских народов.

Таким образом, Рошер, с одной стороны, видит в евреях пионеров в деле развития торговли и денежно-хозяйственных отношений в средневековой Европе и «коммерческих опекунов новых европейских народов». С другой стороны, он ставит в связь те изменения, какие произошли в положении евреев и в отношении к ним со стороны христианского населения в течение средневекового периода, с изменившейся ролью и значением их в общем ходе экономического развития западноевропейских государств.

Ближе других из исследователей к взглядам Рошера на экономическую роль и значение средневекового еврейства стоит Шиппер. Однако и Шиппер отклоняется от точки зрения Рошера в изображении экономического положения евреев в раннюю пору Средневековья. В отличие от последнего, он почти совершенно отрицает участие евреев в торговле до конца VI столетия, признавал единственным источником накопления ими богатств: землевладение и извлечение земельной ренты.

С другой стороны, Каро не только не признает участия евреев в кредитных операциях прогрессивным фактором, но находит, что они своими капиталами поддерживали землевладельческую знать, то есть именно наиболее консервативные общественные элементы, в их борьбе против городского населения, чем, в свою очередь, прежде всего объясняет и самый рост враждебного отношения к евреям со стороны этого последнего. «В течение XIV столетия, — говорит он, — отношения между городами и знатью обострились, и дело дошло до решительного столкновения. Неясно, почти инстинктивно, городское население сознавало, что те суммы, которые знать занимала у евреев, способствовали укреплению ее положения. Этим именно и следует объяснять все усиливавшееся среди городского населения отвращение к евреям в гораздо большей степени, нежели таким случайным обстоятельством, как ощущавшаяся отдельными гражданами тяжесть их небольших займов. Не случайность, что обширные, имевшие место в 1349 году преследования евреев исходили именно от цехов и что во многих местах антиеврейские вспышки следовали непосредственно после падения патриотических советов. Организованные ремесленники чувствовали, что евреи представляли тормоз на их пути к господству внутри города и к господству города над округом... В конце концов, однако, наибольшие выгоды от истребления верующих (евреев) пришлись на долю той же земской знати и те немногие евреи, которым удалось спастись из городов, находили покровительство со стороны князей, простиравших над ними свою охраняющую руку, так что в результате, несмотря на все насилие против евреев, мало что изменилось. Только в XV столетии, когда городское управление и городская политика достигли, наконец, полной согласованности между собою, проявились и все последствия предшествовавшего развития. Евреи должны были удалиться из большей части верхненемецких и рейнских городов, но к этому времени спор меж городами и земскими округами уже был решен, и не в пользу цеховой демократии, которая ранее, казалось, была в состоянии превратить верхнюю Германию в область городских республик, подобных ломбардским городским республикам». Если таким образом, и согласно точке зрения Каро, преследования евреев во второй половине Средних веков носили, прежде всего, характер социальной революции, то эта революция имела совершенно иное значение, нежели в изображении Рошера.

Говоря об экономическом положении и значении еврейского народа в Империи, нельзя, наконец, упускать из виду и теорию, развитую Зомбартом в его книге «Евреи и хозяйственная жизнь», и приписывающую еврейству исключительную роль в развитии современного капитализма. Если теория Зомбарта и не касается непосредственно имперской эпохи, все же она тесно соприкасается с этой последней, так как именно конец Средневековья служит исходным пунктом исследования Зомбарта. В частности, экономическое положение и роль евреев на границе Средних веков и Нового времени характеризуются ею совершенно иначе, нежели в господствовавшей до того схеме В. Рошера.

Как видим, в результате исследований последнего времени, не только стройность нарисованной Рошером картины экономической жизни евреев в Средние века оказалась нарушенной, но и все отдельные части этой картины, все отдельные положения схемы Рошера, как в отношении первой половины Средних веков, так и в отношении позднейшего Средневековья подверглись сомнению и, во всяком случае, пересмотр их сделался необходимым и неизбежным.

Не осталось без возражений и предложенное Рошером решение другой проблемы, именно вопроса об отношениях к евреям со стороны христианского населения средневековой Европы. Как мы уже знаем, Рошер искал причины изменений в этих отношениях, прежде всего в области экономических условий, не придавая большого значения ни религиозным мотивам, ни невежеству и темноте масс. Растущая конкуренция между христианами и еврейскими купцами и стремление первых свергнуть экономическое иго своих непризнанных опекунов с одной стороны, и все более и более прогрессировавшая зависимость массы главным образом городского населения от евреев по мере вынужденного обращения последних к исключительному занятию ростовщичеством, с другой, — таковы были, согласно взглядам Рошера, главные причины и источник враждебных чувств в отношении евреев.

Рассматривая продвижение касты мытарей с экономической точки зрения по мере их исторического появления в регионах, заметим, что свою функцию сборщиков десятины, податей, мыта и так далее они выполняют только на первом этапе их появления. Далее их отлаженная финансово-экономическая структура начинает выполнять административные функции экономического порядка. Итак, Империя после периода экспансии ставит пред собой задачу удержания завоеванных территорий, которая решается рядом подзадач. Во-первых, недопущения сопротивления местных племен, то есть партизанской войны, во-вторых, подчинение этих племен центральной власти, в-третьих, руководство жизнью этих племен через своих людей или коллаборационистов. Имея в виду, что жизнь полудиких племен носит практически кочевой или полукочевой образ, главной задачей становится их территориальная привязка. Привязка же к земле невозможна без введения земледелия и закрепощения племени на отведенном участке путем привязки его к орудиям труда и производственному процессу. Второй путь — это введение ремесел и привязка племени к посадскому двору, но он более трудоемк и требует длительного учебного процесса. Повязанное земледельческим процессом племя становится зависимым даже в естественных потребностях (утоление голода) от земли и теряет мобильность, вследствие чего легко ассимилируется и включается в имперский процесс. Заметим, что первое появление массовых еврейских и орденских братств связано с внедрением земледелия повсеместно по всей Европе.

Данное организационное мероприятие достаточно хорошо получило свое отражение в ветхозаветных источниках. Возьмем, например, Книгу Царств. Что же там отражено? Земледелие в эпоху царств получило, согласно изложенным там событиям, преобладающее и даже, в сущности, почти исключительное значение в экономической жизни Империи и составляло основу как народного благосостояния вообще, так, равным образом, и каждой индивидуальной семьи в частности. Однако многие признаки свидетельствует об относительно еще очень недавнем распространении земледелия. Скотоводство все еще играет очень заметную роль в преобладающем числе частных хозяйств; как в частной, так и в общественной жизни сохраняется ряд пережитков, уцелевших со времен кочевой эпохи. Даже в позднейших законодательных памятниках, как во Второзаконии, встречаются еще, следы таких архаических учреждений как институт родовой мести или родовой собственности на землю. Предания о странствованиях в пустыне, равно как и предания о первых патриархах, ведущих чисто пастушескую жизнь, еще свежи в памяти народа.

Далее в средневековой литературе этот процесс также освещен достаточно полно. Папа Стефан III в письме к архиепископу нарбоннскому говорит о еврейском землевладении, жалуясь при этом, что евреи заставляют работать на своих полях и виноградниках подвластных ему людей. В жалованных грамотах Людовика Благочестивого отдельным евреям речь, прежде всего, идет о принадлежавших евреям земельных владениях. Во всяком случае, как видно из самого содержания жалуемых грамот, главным занятием получающих их евреев являются, наравне с торговлей, землевладение и сельское хозяйство. В конце правления того же императора два еврея обращаются к нему с просьбой подтвердить их права на поместья, унаследованные ими от предков и заключающие в себе обработанную и необработанную землю, виноградники, луга, поля, мельницы и другие доходные статьи. Примерно в то же время преемник Агобарда Лионского, епископ Амулон жалуется на то, что «в Лионе и других городах империи» его люди работают на евреев, служа им в домах и возделывая их поля. В середине IX века, именно в документе, датированном 849 годом, упоминается в городе Виенне «внутри городских стен» «еврейская земля». Такая же «еврейская земля» — Terra Ebreorum упоминается в следующем столетии вблизи городов Лиона и Макона. В XI веке упоминается земледелие под контролем евреев в Бургундии. Известны еврейские поместья в Нарбонне. В письме Филиппу Августу папа Иннокентий III сообщает, что евреи владеют не только простыми имениями, но взяли под сельское хозяйство церковные земли. И еще множество примеров. Мытари сажали людей на землю.

Второй способ — ремесленнический — тоже применялся достаточно широко. Мытари насаждали ремесло в областях Испании и Италии, где земледелие было нерентабельным по ряду факторов, в частности, из-за малярийных болот или климатических условий. Таков, например, известный факт привлечения королем Сицилийским Рожером евреев из Греции в целях налаживания в Сицилии и южной Италии шелководства и шелкопрядения. Эта новая отрасль промышленности получила широкое распространение благодаря евреям, преимущественно, в южной Италии. Так, мы встречаем еврейские цеха, занимающиеся шелководством и шелкопрядением в Калабрии, в Реджио, Катанцаро и других южноитальских городах и местностях. Еще более широкое и повсеместное распространение среди евреев Италии получило обучение красильному ремеслу, представлявшему одну из важнейших отраслей промышленности Италии вообще. Так, мы узнаем о процветании красильного ремесла среди евреев в городах Козенце, Трани, Палермо, Веневенте, Салерно и Неаполе. «Начиная с севера Италии и до крайнего юга еврейские общины занимались по преимуществу красильным ремеслом. Ярким показателем этого является то обстоятельство, что налог на красильное ремесло и еврейский налог были равнозначными понятиями».

Кроме шелкопрядения и красильного дела евреи освоили в Италии и другие ремесла. В Сицилии многие из них занимались изготовлением различных металлических изделий, точно так же на острове Сардиния было много евреев-кузнецов, слесарей, серебряных дел мастеров, ткачей. Евреи заняты были также в строительном деле и в горной промышленности. В Падуе встречались евреи-суконщики. В самом Риме также было немало евреев-ремесленников, причем особенно распространенным среди них было, по-видимому, портняжное мастерство. Многие занимались еще и ювелирным делом. Повсеместно встречались евреи-копиисты рукописей, которых с изобретением печатного дела заменили рабочие-типографы. Еврейские типографии уже к концу Средних веков имелись в Реджио, Мактуе, Ферраре, Болонье, Неаполе и многих других менее значительных городах и местечках. Широко известны евреи-врачи и представители других профессий.

Итак, подводя итоги нашему обзору экономического положения евреев в Империи, мы можем констатировать прежде всего то, что их продвижение начиналось с обучения земледельческим навыкам местного населения и обучению ремеслам городского населения. Землевладение, то есть собственно сельское землевладение, связанное с сельскохозяйственной эксплуатацией различных земельных угодий, встречается в первую половину Средневековья; начиная же с XII столетия евреи владеют землей почти исключительно лишь в качестве залога. По-другому дело обстоит только у испанских евреев, среди которых не только землевладение, но и земледелие существовали до позднейшего Средневековья. Однако и в жизни испанских евреев ни то, ни другое не являлось типичным или господствующим родом экономической деятельности.

Главными в деятельности евреев Испании и, в особенности, Италии являлись ремесленная промышленность и различные интеллигентные профессии, и только затем — торговля и денежные операции. Деятельность евреев оказывалась в описываемое время одинаково полезной и необходимой. В Италии евреи-ремесленники заняты были преимущественно, как мы видели, в новых родах ремесла, мало еще распространенных и частью даже вовсе незнакомых местным ремесленникам (в шелкопрядении и красильном деле), либо работали в различных отраслях промышленности и обслуживали более широкие круги населения в местностях с малоразвитой местной промышленностью, например, в Сицилии и отчасти в южной Италии и Сардинии. Не менее полезной и ценимой со стороны населения была, как мы видели, и деятельность итальянских евреев в качестве врачей, переводчиков и представителей иных свободных профессий. Как в Италии деятельность евреев-ремесленников, так в других странах роль их в качестве пионеров и не только в торговле, а впоследствии и в качестве менял и банкиров, оказывалась также необходимой на тех начальных стадиях экономического развития, на каких находились еще в то время территории средней и северной Европы. Значение и роль евреев в первоначальном развитии экономической и городской жизни средневековой Европы в достаточно определенных и недвусмысленных выражениях констатированы были, как мы знаем, еще в конце XI столетия в грамоте шпейерского епископа, имевшей целью привлечение евреев в епископский город.

Евреи при своем проникновении в страны Западной Европы в течение почти всей первой половины Средневековья занимались обучением туземного населения различным профессиям, которые привязывали это население территориально и связывали его в единую сеть имперской экономики. Таким образом, экономическая деятельность евреев Западной Европы в описываемое время либо протекала параллельно с производительной деятельностью туземцев, не сталкиваясь с нею, как это было в Италии, либо еще не успела прийти в столкновение с аналогичной деятельностью местного населения вследствие того, что эта последняя получила свое развитие значительно позже, лишь к самому концу описываемого периода. Почвы для взаимных столкновений, благодаря этому, еще не существовало, и мы действительно в течение всего описываемого периода времени так же, как и в предшествовавшую меровингскую эпоху, нередко наблюдаем прекрасные отношения с туземцами. Обращаясь к фактам, характеризующим взаимные отношения, существовавшие в то время между местными жителями и евреями, мы прежде всего можем констатировать почти полное отсутствие данных о каких-либо открытых враждебных выступлениях против евреев. Наоборот, согласно почти всем данным той эпохи вырисовывается совершенно обратная картина, свидетельствующая в большинстве случаев о благожелательных и дружественных отношениях между ними. Тот же положительный характер сохранили взаимоотношения евреев с окружавшей их средой и в течение последующих столетий. Мы не говорим уже об Испании более позднего времени, в которой евреи находились не только в благоприятном, но, можно сказать, даже в привилегированном положении. Однако не только в Италии и Испании, странах, где положение евреев и в последующее время продолжало долгое время оставаться столь же благоприятным, а и во Франции и Германии, население которых проявляло особенно враждебное отношение к евреям во вторую половину Средневековья, мы не видим еще следов этой вражды и, напротив, застаем евреев живущими здесь в не менее благоприятных условиях. Евреи пользуются в это время полной свободой торговли и передвижения и всеми правами гражданства, они находятся под покровительством императорского двора, при котором имеют постоянные связи. Жена Людовика Благочестивого, императрица Юдифь была к ним расположена. Многие образованные люди предпочитали сочинения иудеев Филона и Иосифа Флавия чтению Евангелия.

Дальнейшая специализация евреев на торговых и денежно-ссудных операциях хорошо известна и является логичным продолжением их деятельности как административного аппарата экономической сети Империи. После выполнения задачи «обимперивания» местного населения они взялись за следующую задачу — создания единого торгового пространства, а затем и единого денежного обращения и создания универсального инструмента расчета и экономики.

ТОРГОВЛЯ И ДЕНЬГИ

Эпоха земледелия

Итак, в своем расследовании мы постарались достаточно подробно рассказать о пошаговой стратегии создания экономической базы Империи. Последними этапами этой стратегически важной операции и были торговля и денежно-ссудные операции. Многие могут возразить, что торговая и ростовщическая деятельность евреев известны с античных времен. Так ли это? Попробуем еще раз пройти тем путем, каким осуществлялось становление золотой паутины, опираясь на те косвенные улики, что сохранились до наших дней на пыльных полках истории или в текстах хорошо знакомых нам книг. Первое, что мы вспомним, — это, опять же, Книгу Книг — Ветхий Завет и великий «еврейский народ».

Развитие внешних торговых сношений народа может совершаться двумя путями: либо опираясь на собственную промышленность, что предполагает относительно высокую ступень экономического развития, либо на основе торгового посредничества между соседними народами в случае благоприятствующего этому географического положения страны. Ни в том, ни в другом отношении «израильский народ» не находился в благоприятных условиях. Исключительное преобладающее значение земледелия и натурально-хозяйственных отношений в экономической жизни страны при одновременно слабом развитии собственной ремесленной промышленности исключало для израильского народа возможность первого пути. С другой стороны, и географические условия местности точно так же осуждали его на экономическую замкнутость и обособленность. Обычно указывают, как на благоприятное условие для развития торговли израильского народа, на положение Палестины между двумя крупнейшими культурными государствами древнего Востока, Египтом и областью Месопотамии, а также на ближайшее соседство ее с богатой различными природными ресурсами Аравией, следовательно, на важнейших путях международной торговли того времени. Однако, как бы ни оценивать значение этих торговых путей, во всяком случае, именно местность, занятая евреями к западу от Иордана, равно как и вся та территория, на которую распространялась власть их царей даже в пору наибольшего ее распространения, находилась вне этих путей и вне сферы их влияния. Таким образом, миф о великом торговом прошлом народа богоизбранного можно оставить в разряде мифов.

Однако в Библии мы находим много других фактов. Сведения относительно организации государственного хозяйства и системы управления Империи, там, где пишется о царствовании Соломона, то есть в главе четвертой третьей книги Царств, главе, сохранившей наиболее интересные и в то же время наименее пострадавшие от позднейших переделок документальные данные относительно времени Соломона. «И было у Соломона, — читаем мы здесь, — двенадцать приставников над всем Израилем, и они доставляли продовольствие царю и дому его; каждый должен был доставлять продовольствие на один месяц в году... Продовольствие Соломона на каждый день составляли: тридцать коров муки пшеничной и шестьдесят коров прочей муки, десять волов откормленных и двадцать волов с пастбища, и сто овец, кроме оленей и серн, и сайгаков, и откормленных птиц... И было у Соломона сорок тысяч стойл для коней колесничных и двенадцать тысяч для конницы. И те приставники доставляли царю Соломону все принадлежащее к столу царя, каждый в свой месяц, и не было недостатка ни в чем. И ячмень, и солому для коней и мулов доставляли каждый в свою очередь на место, где находился царь» (Книга Царств, 4.). Вся страна, таким образом, разделена была на двенадцать отдельных округов, во главе которых поставлены были особые наместники. Главной задачей этих последних являлись не столько заботы об управлении вверенными им частями государства, сколько, прежде всего, продовольствие и содержание царского двора. При этом немаловажная деталь — пока еще *кочующего* царского двора и не имеющего своей постоянной столицы. В полном соответствии с таким частно-хозяйственным принципом была организация местного управления по аналогии с центральным управлением. Точно так же в числе главных должностных лиц, рядом с главным начальником военных сил государства — воеводой, мы встречаем начальника над домом царским — стольника и начальника над податями. Должности, носящие по преимуществу частно-хозяйственный характер как показывает и самое их официальное название. Повсюду в наместничествах были устроены «города для запасов», то есть, очевидно, для склада и хранения собранных с населения и с царских имений продуктов. Все эти черты характеризуют хозяйство Соломона как пока еще чисто натуральное. И этот факт определеннее всего говорит как против централизованного развития при нем торговли, так и против приписываемого ему обладания сказочными богатствами.

Король принимает у себя рыцарей ордена Звезды. Jean Froissart, Chronicles, 15th Century

Продолжаем читать дальше. При Сауле и Давиде рядом с родовой и племенной аристократией — боярско-воеводской, происхождение и значение которой восходят еще к предшествовавшей эпохе, в царскую эпоху начинает усиливаться влияние и значение аристократии собственно придворной, в значительной мере, впрочем, тождественной родовой аристократии и составляющей в сущности лишь часть ее. Царская власть, говорит Буль, «долго не имела столь большого влияния, как можно было ожидать. Царь довольствовался собиранием податей и правом объявления войны, оставляя старое аристократическое устройство неприкосновенным. Разделение на округа с особыми начальниками при Соломоне... не отмечало новой степени социальной организации. Естественно, царские чиновники принадлежали к главам родов, но они составляли лишь небольшую часть их, а прочие сохраняли свое влиятельное положение в силу древнего порядка».

Изучение Книг Царств еще раз подтверждает наше предположение о создании управляющей администрации на местах из бывших воинских начальников и командиров. Уже при первых царях аристократы, образующие знать, составляют могущественный совет при царе, созываемый во всех важнейших случаях, без согласия которого не принимается ни одно имеющее сколько-нибудь крупное общественное значение, решение. Интересные указания относительно состава этого совета. Указания, подтверждающие только что отмеченный нами факт слияния родовой и придворной аристократии, находим в первой книге Паралипоменон. «И собрал Давид, — читаем мы здесь, — в Иерусалим всех вождей и тысяченачальников (тысяцкий — выборная должность сборщика налогов), и стоначальников (стольник — управитель дворца), и заведовавших всем имением и стадами царя и сыновей его с евнухами, военачальников и всех храбрых мужей». Состав совета, хотя и достаточно пестрый, все же однороден в том отношении, что вмещает в себя исключительно аристократические и правящие элементы и этим близко напоминает состав феодальных съездов в Средние века. Мало того, он полностью соответствует составу Земского Собора на Руси или Генеральных штатов во Франции.

В позднейшее время значение знати естественно возросло еще более. В писаниях пророков царь и князья его обычно упоминаются рядом друг с другом. В случаях расхождения мнений и столкновения между царем и аристократией царь нередко оказывается совершенно бессильным провести свое решение помимо воли и согласия аристократических фамилий, находясь, таким образом, в зависимости от социальной знати.

Именно процесс роста крупного землевладения после посадки на землю военной знати и дружинников-ветеранов и одновременного закабаления и закрепощения массы завоеванного населения, имеют прежде всего в виду пророки этого времени в своих писаниях. Поэтому связывать столь часто встречающиеся у них жалобы и сетования по поводу бедного люда и растущего его зависимого положения с развитием торговли и с обусловливаемым будто бы ею ростом денежного богатства в стране, во всяком случае, было бы крайним преувеличением. Мы слышим от пророков не о насилиях со стороны денежных капиталистов или собственно ростовщиков (ни о тех, ни о других мы вообще почти не встречаем упоминаний в это время), но о насильственных поступках и притеснениях, прежде всего, со стороны представителей знати и сильных мира сего и о несправедливых действиях и приговорах судей, в большинстве случаев по своему социальному положению принадлежащих к составу тех же аристократических кругов. Не столько на денежные взыскания и на взимание высоких ростовщических процентов с одолженных денежных капиталов жалуются защитники притесняемых бедняков, сколько прежде всего и главным образом, на земельное закрепощение со стороны сильных людей и на обмеривание и обвешивание при выдаче им в долг посевного хлеба. И нам кажется, что именно в этом смысле, а не в смысле какого-либо особенно широкого развития торговли, следует понимать относительно часто встречающиеся в писаниях пророков этого времени указания на неправильность и злоупотребления в применении мер и весов, ибо, очевидно, не за интересы же торговцев вступаются в данном случае пророки.

Что еще мы видим в патриархальное время?

Это, прежде всего, то, что всесильные представители военной и имперской знати, стремясь расширить и увеличить земельные владения, «передвигают межи дальние, установленные отцами, прибавляют дом к дому, поле к полю, так что другим не остается места, будто они одни поселены на земле, сокращая пастбища, обирают бедного и берут от него подарки хлебом, едят лучших овнов из стада и тельцов с тучного пастбища». Обирают человека и его дом, «мужа и наследие его, намеренно удерживают у себя хлеб, выжидая удобного момента, чтобы открыть житницы тогда, когда можно будет уменьшив меру, поднять цену на хлеб и продавать его, обманывая притом бедняков неверными весами, чтобы таким образом покупать неимущих за серебро и бедных за пару обуви, а высевки от хлеба продавать», очевидно, прежде всего, тем же неимущим беднякам, ибо люди состоятельные не стали бы, конечно, покупать высевок. Именно князья и воинская знать закабаляли и обращали в рабство своих соотечественников и завоеванные народы, а функционально это было поручено сборщикам десятины — мытарям. Время царств, таким образом, в экономическом отношении отнюдь не было временем переворота в направлении развития денежно-хозяйственных отношений. Оно было эпохой, по преимуществу, роста и развития крупного землевладения и вообще перестройки всех общественно-экономических отношений соответственно тому значению, какое получало земледелие как основной фактор закрепления населения на земле в свете выполнения имперских функций общего подчинения.

Ремесла

Следующим этапом создания экономической сети Империи, вызванным созданием посадов и ростом городов вокруг возникающих укрепленных пунктов на землях Империи, стало насаждение ремесленнического труда и закрепощение населения в местах проживания.

Подобно земледелию, ремесленная промышленность точно так же обязана была своим развитием социальному заказу со стороны высших и состоятельных классов. Удовлетворяя почти исключительно потребностям местной знати, она почти ничего не производила ни на вывоз, ни на широкого потребителя. О том, что ремесленная промышленность главным образом служила для закрепления населения в местах проживания и для удовлетворения растущей страсти к роскоши, свидетельствует и самый род ремесленных профессий, упоминания о которых встречаются в книгах Ветхого Завета. Это именно: пекари, составители благовонных мазей, ткачи, среди которых особенно выделяются те, что выделывают изящные и богатые материи, затем белильщики, горшечники, в том числе, вероятно, изготовлявшие вазы и сосуды, кузнецы и оружейники, плотники, резчики из дерева, выделывавшие деревянные статуи и другие резные изделия, служившие для украшения и внутреннего убранства домов, каменотесы, каменщики, штукатуры и вообще строительные рабочие, ювелиры и золотых дел мастера, резчики и, наконец, брадобреи.

Взимание налогов. Jean Froissart, Chronicles, 15th Century

Само собою разумеется, что число ремесленников, работавших для удовлетворения спроса со стороны ограниченного числа потребителей из замкнутой среды знати, не могло быть особенно значительным. К тому же, как мы видим, и в жизни имперских кругов основой хозяйства по-прежнему остается натуральный строй, и поэтому заказывались и приобретались лишь относительно немногие предметы роскоши и такие изделия, которые не могли быть изготовлены домашними средствами. И именно ввиду этого последнего обстоятельства, ввиду того, что профессии, занятые изготовлением предметов роскоши и изделий, украшавших дома знати, требовали значительного искусства и опытности, бо́льшая часть ремесленников не принадлежала к туземному населению, но состояла из все тех же евреев. Особенно это следует сказать относительно требовавших особого искусства профессий золотых дел мастеров и ювелиров. Но и в остальных ремесленных профессиях лишь относительно незначительная часть ремесленников принадлежала к туземцам — ученикам присланных мастеров. В общем, положение дел и состояние ремесленной промышленности вряд ли значительно изменилось со времени Соломона, когда, как мы видели, бо́льшая часть работ по заготовке материала, равно как и по сооружению храма и по внутренней его отделке, производилась присланными Хирамом рабочими и мастерами.

Ремесленная промышленность, во всяком случае, не играет заметной роли в экономической жизни Империи. Ремесла в начальной стадии этапа могли питать немалую часть народа, хотя они все-таки всегда имели более или менее второстепенное значение и не изменяли характера народа, как это делало земледелие, превращавшее свободных и мобильных скотоводов и охотников, потенциальных воинов и партизан, в подневольных рабов, привязанных к клочку земли. Скромная роль, какую играла ремесленная промышленность в экономической жизни, отражалась и на общественном положении ремесленников. Положение ремесленников в это время оказывалось незавидным. Они не принимали никакого участия ни в государственной, ни даже в общественной жизни страны. Звание ремесленника не пользовалось ни почетом, ни уважением. Некоторые же профессии, и прежде всего, ткаческая (что представляется особенно характерным, если мы сопоставим этот факт с тем почетным положением, какое занимал, например, цех ткачей на следующих этапах развития), открыто презирались.

Подводя итог нашего расследования первого этапа построения экономической сети Империи и развития экономической жизни, мы, прежде всего, должны констатировать, что, сохраняя в течение всего этого периода почти исключительно военный характер экспансии с приоритетным сбором десятины и завоеванием новых земель, Империя в то же время переживает процесс коренной ломки всех имущественных и общественных отношений. Процесс, выражающийся в создании земледелия и в образовании землевладельческого класса, с одной стороны, и в растущей экономической зависимости этого вновь народившегося класса, массы земледельческого населения от имперских структур, с другой. Следствием этого процесса явилось не только имущественное неравенство и накопление богатств в руках имперской знати, но и закрепление на земле мобильного населения, способного к вооруженному сопротивлению. Таким образом, была подорвана основная возможность возникновения партизанской войны на оккупированных территориях.

Городская жизнь и выполнение административных функций перестали быть при таких условиях более или менее случайным обстоятельством или результатом свободного выбора в жизни отдельных представителей касты мытарей-евреев, но с течением времени путем своего рода естественного подбора превратились в следственную «расовую» черту характера, свойственную всем им вообще. Прекрасную характеристику этого процесса выработки «национального характера евреев» в связи, прежде всего, с условиями их жизни в отрыве от метро-

Монах-переписчик за работой. Jean Froissart, Chronicles, 15th Century

полии находим мы у Каутского («Еврейство и раса»). «Евреи своеобразием своей истории, — говорит Каутский, — были прикреплены не только к городам, но и внутри их к определенным профессиям. Они должны были жить чужими среди чужих. В старину это легче всего давалось купцу. Поначалу он занимался не только покупкой и продажей товаров, но и их транспортом, он должен был сам заботиться о нем и оберегать его. Торговля товарами требовала поездок и пребывания купца на чужбине; все нации с товарной торговлей поступали так и потому привыкли видеть у себя чужестранных купцов. Евреи, вынужденные покидать родину, вступали на чужбину преимущественно в качестве купцов. И, наоборот, те евреи, духовные особенности которых наиболее подходили для торговли, скорее отваживались ехать за границу... «Вне Палестины евреи в первую голову принуждены были обратиться к купеческой деятельности. Так что с ранних времен мы видим их торговым народом. Поэтому они, вероятно, сильно развили качества, необходимые для купца, и это высокое развитие в течение многих поколений занятия такой деятельностью внутри одной и той же семьи должно было, наконец, создать наследуемые способности и черты».

Еврейский характер

Говоря о процессе выработки основных черт позднейшего «национального характера еврейства», черт, характеризующих собою, прежде всего еврейство времени наивысшего развития Империи, мы забегаем, правда, несколько вперед. Однако мы считаем себя вправе коснуться вопроса о перемене в характере еврейской касты, происшедшей в связи с жизнью в условиях рассеяния, ввиду того, что указанный процесс берет свое начало именно в тех условиях существования на чужбине, в какие были поставлены еврейские администраторы, поселенные в различных местностях Империи.

«В том обширном возникновении городов, — говорит Теодор Моммзен, выдающийся историк, — которое продолжалось при многих поколениях и получило такие громадные размеры, каких никогда не имело ни прежде того, ни после, иудеи приняли выдающееся участие». Правда, Моммзен находит при этом, что иудеи «заводили свои поселения в чужих странах не по доброй воле». Вспомним, например, массовое переселение в Александрию при Птолемее Лаге. Однако бо́льшую роль в расселении евреев в это время играло все же добровольное переселение, причем главным и преимущественным стимулом для этого служили, прежде всего, выгоды, представляемые жизнью в крупных центрах на службе у государства. В том, как относительно быстро и легко даже насильственно переселенные евреи приживались на новых местах поселения, точно так же надо видеть действие именно этой последней причины.

Обратимся к другому источнику, тоже скрывающему на своих страницах столь нужные нам косвенные улики. Это любимый всеми Иосиф Флавий.

Рассуждения наблюдательного еврейского писателя по этому поводу настолько интересны, что мы считаем не лишним привести их здесь полностью, с небольшими лишь сокращениями. «Мы не населяем страны прибрежной, — пишет Флавий, объясняя молчание писателей и историков о своем народе, — и не питаем склонности ни к торговле, ни к вызываемому ею общению с другими народами. Наши города отстоят далеко от моря, и так как мы наделены хорошей землей, то ее возделываем... Если к сказанному еще прибавить своеобразность нашей жизни, то окажется, что в древние времена у нас не было ничего, что могло бы служить поводом для сближения с греками, как, например, у египтян вывоз и привоз товаров или у жителей финикийского побережья оживленная торговля и промышленная деятельность, вызванная жадностью к наживе. Наши предки также не предпринимали, подобно другим народам, войн для грабежа или усиления своего могущества, хотя наша страна и изобиловала храбрыми людьми. Поэтому финикияне, которые ради торговых целей сами отправлялись морем к грекам, стали им скоро известны, а через них уже египтяне и все те, от которых они к ним привозили грузы, переплывая большие моря... После мидяне и персы, достигшие господства над Азией, стали выдвигаться и обращать на себя внимание... фракийцы же сделались известны грекам благодаря своему соседству с ними, а скифы через посредство тех, которые совершали плавания по Понту. Вообще все народы прибрежные, живущие к востоку и западу от моря, были более знакомы тем, которые желали писать историю, тогда как народы, обитающие дальше от моря, остались им, по большей части, неизвестными. И то же явление замечается в отношении Европы, ведь даже о городе Риме...

помину нет ни у Геродота, ни у Фукидида, ни у кого-либо из их современников, и о нем только поздно и постепенно кое-какие сведения доходят до греков». Интересно что отмечаемое Флавием молчание греческих писателей классического периода относительно Рима, обращало на себя внимание уже историков более раннего времени, Полибия и Дионисия Галикарнасского.

Отрицая наличие широкой торговой деятельности евреев, Шиппер (Шиппер «Возникновение капитализма у евреев Западной Европы») признает источником первоначального накопления богатств в руках евреев исключительно земельную ренту, получавшуюся евреями в качестве земельных контролеров. Предлагаемое Шиппером решение, в конце концов, остается также недоказанным и притом не имеет самостоятельного значения, так как является простым применением к проблеме происхождения еврейских богатств теории пер-воначального накопления, развиваемой Зомбартом в отношении позднейшего Средневековья. Оба решения, таким образом, нельзя признать удовлетворительными. Трудность разрешения проблемы заключается не только в отсутствии достаточного исторического материала, но не в меньшей степени, как нам кажется, и в неправильной постановке самого вопроса. Раз видная роль и участие евреев в торговых сношениях позднего Средневековья представляет собою факт, доказанный вполне надежными историческими свидетельствами, то, быть может, именно здесь и следует прежде всего видеть источник позднейших еврейских капиталов, не отыскивая каких-либо иных причин. И, во всяком случае, сама постановка вопроса должна быть изменена. Сущность и центр тяжести всей проблемы заключается не столько в том, с какими капиталами евреи приступили к своей торговой деятельности и впоследствии к денежным операциям, сколько в вопросе о том, чем обусловливалась их почти исключительная роль в международной торговле.

Само собою разумеется, что такие переселенцы, принадлежавшие к наиболее деятельным и способным элементам населения, покидая родную почву, порывали и с патриархальным укладом, господствовавшим на их родине, искали себе иных, более прибыльных занятий, какие им могла доставить городская жизнь. Причины распространения еврейской диаспоры, таким образом, в известной степени аналогичны современной тяге сельского населения в города. Так происходил своеобразный отбор городского населения среди еврейства. Все собственно патриархальные элементы оставались на родине. И только лица, так или иначе окончательно порывавшие с прошлыми порядками, отправлялись искать счастья на чужбине далеко за пределами родной страны. И, разумеется, эти переселенцы, как уже указано, принадлежали к наиболее предприимчивым и способным элементам населения. В конце концов, и создалось такое положение, что покуда евреи в метрополии еще в течение долгого времени оставались преимущественно староукладными, евреи диаспоры, напротив, не только принадлежали почти исключительно к городскому населению, но и усвоили себе специально городские привычки и сделались, таким образом, городскими жителями. Эти типичные черты, усвоенные еще евреями диаспоры на первых этапах империи, сохранились одинаково и в характере современного еврейского населения европейских стран. Позволю себе по этому поводу еще раз процитировать Каутского: «Метод, исходящий из среды, — говорит он, — достаточен для объяснения духовных особенностей, поражающих нас в массе современных евреев. Нужно просто наблюдать, как действует теперь городская обстановка на людей, как под ее влиянием изменяется селянин, и затем принять во внимание, что евреи — единственный народ на земле, составляющий ровно два тысячелетия чисто городское население, и тогда объяснение еврейской особенности явится само собою. Она есть особенность городов, доведенная до крайности».

Эта черта в характере еврейской касты была подмечена и оценена по достоинству еще первыми прозорливыми прародителями имперского государства. Недаром они стремились привлекать различными льготами и привилегиями еврейское население во вновь основывавшиеся ими города, не останавливаясь в то же время и перед массовыми насильственными переселениями евреев. И основатели Империи не ошиблись в своих расчетах. «В том обширном возникновении городов, — говорит Моммзен, — которое продолжалось при многих поколениях и получило такие громадные размеры, каких никогда не имело ни прежде того, ни после, иудеи принимали выдающееся участие... Это в особенности заметно в Египте. Самый значительный из всех, основанных Александром городов, Александрия на Ниле, был со времен первых Птолемеев столько же иудейским городом, сколько греческим». «Как в столице Египта, так и в столице Сирии, — читаем мы у Моммзена в другом месте, — иудеям было предоставлено в некоторой мере самостоятельное общинное устройство и привилегированное положение, и развитию обоих городов немало способствовало то, что они были центрами иудейской диаспоры».

Те же свойственные евреям типичные особенности горожан обращали на себя внимание и правителей средневековой Европы. Так, епископ шпейерский Рюдигер в своей известной грамоте, дарованной шпейерским евреям в 1084 году, выражает свое мнение по этому поводу с определенностью, не оставляющею желать ничего более. «Преобразовывая селение Шпейер в город, — такими словами начинается его грамота, — я счел необходимым пригласить евреев, так как полагал, что благодаря этому слава нашего места увеличится в тысячу раз». Теми же мотивами, несомненно, руководствовались и позднейшие правители — император Генрих IV, Фридрих Австрийский, Болеслав Польский, даровавшие евреям различные привилегии.

Однако если евреи успели распространиться почти на всем протяжении освоенных земель, по крайней мере в местностях, примыкающих к берегам Средиземного моря, то распределены были они по отдельным частям Империи далеко не равномерно. В то время, как восток был густо заселен евреями и почти в каждом городе там имелась более или менее значительная еврейская община, причем Антиохия и, в особенности, Александрия являлись настоящими центрами евреев, на западе еврейские общины не были столь многочисленными и, в противоположность восточным общинам, в большинстве случаев не пользовались правами автономного самоуправления.

Такая неравномерность в распределении еврейской диаспоры между восточной и западной половинами Империи не представляет ничего удивительного. Восток с его обширными торговыми связями и с целым рядом крупных городских центров, естественно, в большей степени должен был привлекать к себе еврейских переселенцев с их городскими наклонностями и привычками, нежели бедный и менее развитой в экономическом отношении Запад. Относительно этого имеется вполне определенное указание такого достоверного свидетеля, как Страбон. «Этот народ, — говорит он о евреях, — проник уже во все города, и нелегко найти на земле место, где бы он не встречался и не являлся бы господствующим». Однако западные общины, как по своей численности, так и по своим богатствам и культуре далеко уступали крупнейшим общинам восточной половины Империи — александрийской и, может быть, даже антиохийской. И если мы сопоставим богатство и зажиточность членов александрийской общины и их живое участие в торговле и денежных операциях с бедностью и скромным значением римской общины, с полуголодным, зачастую нищенским существованием большинства живших в Риме евреев, то мы увидим, что те евреи, которые соблазнились жизнью в западных провинциях, терпели в большинстве случаев разочарование. В то время как в Александрии евреи занимали центральные части города, в Риме они должны были размещаться в городских кварталах по ту сторону Тибра, среди малярийных болот.

Роль в жизни города

Обращаясь теперь к исследованию экономического положения еврейства в Империи, мы и здесь точно так же можем констатировать преобладание городских профессий в качестве преимущественных родов деятельности среди евреев диаспоры. Как ни скудны и ни недостаточны наши сведения в этом отношении, все же и они представляются достаточно показательными. Упоминаний о евреях-земледельцах в более поздних стадиях развития Империи мы почти не встречаем; и те немногие спорадические данные, на основании которых обыкновенно думают доказать наличность земледельческих занятий среди евреев, относятся либо к ранним этапам экспансии, либо, в большей своей части, уже ко времени насаждения земледелия в Империи, когда они выступали в качестве администраторов. И в то же время, напротив, уже начиная с первых веков существования Империи, мы встречаемся в еврейской диаспоре со всеми классами городского населения, начиная с торговцев и кончая мытарями. Если утверждение исследователей, что евреи в Империи занимались самыми различными профессиями, не выделяясь в этом отношении из среды остальной массы населения, и является до некоторой степени справедливым, то, во всяком случае, оно может быть принято лишь с известными оговорками и ограничениями.

Средневековые горожане.
Jean Froissart, Chronicles,
15th Century

Не случайным является тот факт, что наиболее значительная и притом наиболее богатая и влиятельная еврейская община находилась в Александрии, главнейшем административном центре Империи. Евреи занимали здесь два квартала из пяти. Сверх того, помимо собственно еврейских кварталов, отдельные еврейские дома были рассеяны по всему городу. Еврейское население Александрии составило, таким образом, до двух третей всего населения этого обширного города. Недаром Моммзен называет Александрию в такой же мере иудейским, как и греческим городом. Еврейская община пользовалась здесь всеми правами самоуправления. Во главе ее стоял специальный этнарх, впоследствии совет старшин. Этнарх (и сменивший его совет старшин) обладал самыми широкими юридическими полномочиями, наблюдал за исполнением договоров и обязательств и выступал в качестве представителя общины во всех случаях сношений ее с внешним миром. Словом, как говорит Страбон, являлся как бы начальником самостоятельной общины. Если вся община в целом пользовалась, таким образом, широким самоуправлением, доходившим почти до полной самостоятельности, то влияние отдельных ее членов выходило далеко за пределы общины, распространяясь даже на область провинциального управления. Так, мы встречаем в Александрии евреев в качестве сборщиков налогов и в качестве надзирателей за речным и морским судоходством (своего рода таможенная служба). Если появление евреев в качестве сборщиков налогов указывает на их имперскую службу, то поручение им надзора за судоходством точно так же свидетельствует о близком отношении их к торговле и торговым операциям в качестве контрольного органа. Из отдельных александрийских евреев нам известен, например, алабарх Александр, бывший наместником всего правого берега Нила. Тот же Александр считался другом императора Клавдия и был управляющим его матери Антонии. Богатства Александра представлялись настолько значительными, что он оказался в состоянии ссудить Агриппе, впоследствии царю иудейскому, до 200 000 драхм, из которых пять талантов (приблизительно 1/6 часть всей суммы) уплатил наличными, в остальной же сумме выдал вексель на Дикеархию. Евреи, по-видимому, уже в то время приобрели в Египте славу прирожденных ростовщиков.

Одновременно с кредитными операциями александрийские евреи, по-видимому, принимали непосредственное участие и в контроле над обширной торговлей города. Помимо поручения им должностей надзирателей над морским судоходством об этом свидетельствует точно так же и факт присутствия еврейских судов в гавани Александрии.

Итак, члены еврейской общины в Александрии выполняли различные государственные обязанности: они брали на себя сбор государственных налогов, производили в широких размерах кредитные операции и, наконец, принимали ближайшее участие в морской торговле. Значительная и богатая еврейская община существовала, по-видимому, еще в первые века Империи также в Дикеархии (Путеолах близ Неаполя), являвшейся рядом с Остией и Римом одним из административных центров Юга Европы, а вместе с тем и всей западной половины Империи. Жившие там евреи, подобно александрийским, точно так же, как можно думать, в широких размерах занимались кредитными операциями. В пользу этого говорит упомянутый уже выше факт покрытия займа Агриппы в большей его части (в сумме до 30 талантов) векселями, выданными на Дикеархию.

В Риме, среди пестрого населения которого можно было встретить народы всего мира, само собою разумеется, и число живших там евреев должно было быть значительным. Еще при Августе посольство иудейского царя Ирода при представлении его императору сопровождали 8000 единоверцев, постоянно живших в Риме. О количестве еврейского населения в Риме можно также судить по обширности еврейского некрополя. Нам в настоящее время известно до пяти еврейских кладбищ в Риме.

Что касается собственно участия евреев в торговле, то последнее, кроме Александрии, засвидетельствовано точно так же относительно римских евреев. Наконец, одно темное место у Клавдиана позволяет заключить об активном участии еврейских купцов в индийской торговле. И, по-видимому, даже о посещении их судами непосредственно берегов самой Индии. Мы застаем, таким образом, еврейских купцов во всех крупнейших торговых и административных центрах Империи и встречаемся с ними в различных пунктах главных путей международной торговли того времени, ведших из Индии и Аравии. Уже одно это в достаточной мере свидетельствует о том живом и непосредственном участии, какое принимали евреи в межрегиональных сношениях Империи. В пользу деятельного участия евреев в имперских взаимоотношениях говорит, между прочим, также и возложение на них обязанностей так называемых навикулариев, обязанностей, заключавшихся в обеспечении Империи анноной, то есть хлебом, получавшимся из провинций.

Крупные размеры импорта в эпоху Империи не должны нас вводить в заблуждение, так как значительная часть этого импорта состояла из хлеба, собиравшегося с провинции в виде податей (анноны) и доставлявшегося в метрополию для прокормления ее населения. Не лишне будет заметить, что в современном Израиле термином «арнона» обозначается муниципальный налог. Само собою разумеется, что этот хлеб являлся не столько предметом собственно торгового ввоза, сколько предметом государственных поставок, и привоз его составлял, как мы видим, повинность, возлагавшуюся на навикулариев. В основе экономической жизни Империи лежало самодовлеющее хозяйство и потому, за вычетом анноны, торговля ограничивалась почти исключительно предметами роскоши, доставлявшимися с Востока, экспорт почти совершенно отсутствовал. Снабжение хлебом (приучение к хлебу нехлебосеющих регионов) и знати произведениями Востока — таковы были две важнейшие отрасли экономической сети Империи, и, как мы видели, евреи принимали в той и другой близкое участие.

Но если неправильна точка зрения Шиппера, умаляющего участие в этом евреев, то не более справедлива и преувеличенная оценка их торгового значения, какую мы находим, например, у Киссельбаха, сопоставляющего еврейские общины с купеческими и полагающего, будто они одни поддерживали торговые связи всего мира. Если мы примем во внимание, что в торговле деятельное участие принимали торговцы различного происхождения, если мы припомним те огромные состояния, каким располагала знать времен империи и значительную часть которых она в лице преимущественно всаднического класса — воинской касты — вкладывала как в кредитные, так равным образом и в торговые предприятия. Если припомним, что даже воеводы, несмотря на неоднократные запрещения, в обход закона через своих служилых людей принимали участие в торговле, если мы, наконец, будем иметь в виду, что именно представители знати, эти, как называет их Иван Михайлович Гревс, «вожди ойкосных (родовых) групп» и являлись в большинстве случаев главными «коммерческими предпринимателями», то роль евреев в торговле Империи вряд ли представится нам особенно значительной и тем более такой исключительной, как изображает ее Киссельбах.

Сверх того, при оценке торгового значения евреев в имперскую эпоху часто упоминают могущественную конкуренцию сирийских купцов, в руках которых по преимуществу сосредоточивалась торговля произведениями Востока, составлявшая важнейшую отрасль торговли. Значение сирийцев сделается для нас вполне понятным, если мы примем во внимание, что к сирийцам в это время причислялись те же евреи, где «сириец» было их названием со стороны. Недаром слово «сириец» в это время являлось таким же синонимом слова «торговец», как и слово «еврей».

Таким образом, евреи на этапе создания экономической сети не играли заметной роли в торговле, зато мы встречаем их сплошь и рядом занятыми в различных других профессиях, имеющих городской характер, и чаще всего, кроме выполнения административных функций имперского характера, в ремесленной промышленности. Во всех крупнейших центрах еврейской диаспоры, в Александрии, в Риме, наконец, в Византии повсюду евреи в большом числе занимались ремеслом. В Александрии евреи-ремесленники организованы были в цехи по родам производства: по крайней мере, в большой александрийской синагоге каждое отдельное ремесло образовало свое особое отделение, к которому примыкали все занятые в нем ремесленники.

Впоследствии, когда в Империи в широких размерах развилась шелковая промышленность, еврейские ремесленники заняли в ней видное место. В XII веке Вениамин Тудельский в описании своего путешествия говорит о многочисленных евреях-ремесленниках, занятых в шелковой промышленности в Константинополе и в Салониках, представлявших в то время крупнейший центр этой промышленности. Тудельский называет при этом еврейских ремесленников наиболее искусными мастерами в шелкопрядении и красильном деле всего Юга Европы. Хотя известие Вениамина Тудельского и относится к XII веку, однако мы с полным правом можем распространить сообщаемые им сведения и на всю эпоху. Интересны также и некоторые статистические данные, приводимые Тудельским, данные, показывающие, насколько уже в его время евреи были сориентированы на городские профессии. Так, он насчитывает всего двести евреев, занимавшихся внедрением земледелия в окрестностях горы Парнас, тогда как в соседних Фивах, не представлявших даже в то время особенно значительного городского центра, до 2000 евреев-ремесленников жили исключительно шелкопрядением и красильным мастерством.

Среди евреев профессия ремесленника всегда пользовалась уважением, и немало уважаемых учителей закона не стыдились добывать себе пропитание ремесленным трудом. В пользу широкого распространения среди евреев ремесленной профессии говорят и многие места Талмуда, содержащие в себе разрешение различных вопросов, касающихся ремесла и условий жизни ремесленников.

Наряду с торговлей и денежными операциями, на которые начали переориентировать в свое время энергию представители еврейской диаспоры, наряду с обучением ремеслу, составлявшим преимущественное занятие еврейской массы в больших городах и промышленных центрах Империи, немало встречалось среди евреев и лиц так называемых свободных профессий. В надписях, найденных в Эфесе и Венозе, в южной Италии, недалеко от Неаполя упоминаются евреи-врачи. Во второй половине пятого столетия при папе Геласии в качестве врача состоял еврей Телесин, которого папа называет известным человеком и своим другом. Евреям случалось выступать и на сценических подмостках. Так, Иосиф Флавий упоминает о придворном римском актере еврейского происхождения именем Алитур, с которым он познакомился во время своего пребывания в Дикеархии (Путеолах близ Неаполя). Этот Алитур был любимцем Нерона, и через его посредство Флавию удалось познакомиться с императрицей Поппеей. В числе еврейских надгробных надписей в Риме встречается надпись на памятнике актрисы. В тех же надписях упоминается один живописец. Одна из эпиграмм Мартиала направлена против еврейского поэта.

«Как многочисленно было даже в Риме еврейское население уже до Цезаря, — говорит Моммзен, — и как тесно держались уже в то время евреи, указывает нам замечание одного из писателей того времени, что для наместника бывает опасно слишком вмешиваться в дела евреев своей провинции, так как по возвращении в Рим ему предстоит быть освистанным столичной чернью».

Напомним еще раз, что в этой «всемирной гостинице», также как в Помпеях и Гераклиуме — этих «всемирных борделях», еврейская каста составляла если не подавляющее большинство жителей, то достаточно мощную прослойку административного аппарата, притом высшей его иерархической части. И второе, что в провинциях евреи также занимали свою нишу, не подвластную даже наместникам.

Еврейская община Рима обитала в большинстве своем в специальном квартале (гетто) по другую сторону реки Тибра от наместнической части города, в близости от жреческой части Ватикана. В произведениях римских сатириков сохранилось немало сцен из уличной жизни еврейской общины «общего города».

Еще одна интересная особенность существования евреев на землях Империи, на которую есть неоднократные ссылки в дошедших до нашего времени документах. Во многих из них есть упоминания о привлечении в Империи евреев к несению городского управления в качестве декурионов. Хочется напомнить, что должность декуриона первоначально означала должность командира отряда всадников, или рыцарей, то есть высшего звена знати Империи. Это в дальнейшем, после окончания периода экспансии и прикрепления к земле, должность эта, сначала по праву наделения землей, досталась командирам отрядов и превратилась в должность собирателей десятины со своей земли. В дальнейшем она, естественно, перешла в руки нового дворянства из административной знати, в том числе и евреев, а зачастую, в подавляющем большинстве евреев, как административной касты. «Важнейшую задачу куриалов, — говорит, например, Каро, — составляло исключительно собирание поземельного налога, за правильное поступление которого они отвечали своим имуществом. Исполнять эту свою обязанность они оказывались способными благодаря тому, что являлись наиболее значительными поссорами (владельцами) в своем городском округе. В евреях, которые должны были вступать в курии, следует поэтому вполне определенно видеть посессоров, и относящиеся сюда постановления могут служить свидетельством в пользу того, что число их не было незначительно». На привлечение евреев к несению обязанностей куриалов ссылается также и Шиппер. Таким образом, мы видим по косвенным уликам, как административный аппарат Империи, каста евреев, постепенно перехватывает рычаги управления на землях Империи из рук воинской касты, людей на коне, не только в экономической сфере, но и в сфере государственного управления.

Другие касты и цеха были рассеяны в той же Империи, быть может, не в меньшей степени, нежели евреи, но они являлись выходцами из местностей с давнишним прошлым, с развитым патриархальным укладом жизни и приносили с собою на чужбину навыки и привычки, усвоенные еще на родине, с которою к тому же в большинстве случаев не порывали всяких связей, оставаясь членами рода и членами семьи. Евреи же, в большинстве своем бывшие изгоями и отданные первоначально под руку духовенства, о чем мы говорили подробно в начале нашего расследования, вели совершенно отличный от них образ жизни. Для них не существовало ни экономических, ни социальных связей с родиной, с родом, с семьей, оставшейся в метрополии. Они сами, каждый по себе, были изначально основателями своего нового рода, своего нового дворянства на службе государству. Каждый из них был патриархом своей семьи. Единственным связующим началом для всех евреев оставался «иерусалимский храм» — служба главному имперскому столу, представлявший равно чтимую святыню как для жителей метрополии, так и для наиболее отдаленных представителей диаспоры. Все члены касты администраторов считали своей священной обязанностью верную службу иерусалимскому Храму. С его разрушением, то есть с падением Империи порвалась и эта последняя связь евреев диаспоры с их древней родиной. С этого времени евреи все более обособляются одни от других, образуя, в конце концов, как бы две различные касты, из которых первые с течением времени растворились в потоке реформаторов и сепаратистов, беспрерывно тиражирующих свои Возрождения и Ренессансы, в то время как евреи имперской ориентации сохранили и до настоящего времени те же типичные черты, какие они имели еще во времена Империи.

Под защитой корпорации

Экономическая и социальная жизнь в эпоху Империи базировалась почти исключительно на замкнутом городском хозяйстве. Образование сепаратистских монархий и впоследствии государств не внесло каких-либо заметных изменений в этом отношении, а мы уже видели, как мало торговля, при всей своей относительной значительности, затрагивала устои народного хозяйства и имперского закрепощения. В основе последнего по-прежнему лежали, с одной стороны, крупное землевладельческое, с другой — замкнутое городское хозяйство. При такой экономической замкнутости, естественно, всякий чужеземец, являвшийся в город даже из соседнего города или местечка, представлялся не только лишним, но в большинстве случаев и нежелательным гостем. Чужеземных и даже иногородних поселенцев только терпели, и они, не пользуясь гражданскими правами наравне с другими жителями города, в то же время должны были подчиняться местным законам и установлениям. Положение их в чужом городе было далеко не обеспеченным и вполне зависело от того или иного отношения к ним со стороны постоянного городского населения и местного управленческого аппарата. Вот почему торговцы и другие лица, приезжавшие в чужой город и тем более по тем или иным причинам поселявшиеся в нем, не чувствуя под собою твердой почвы и не всегда будучи ограждены защитой закона, предпочитали держаться вместе со своими земляками или представителями своей касты, и не только селились в одном и том же квартале, но и образовывали с этою целью между собою специальные союзы и корпорации. Союз ганзейских городов, поселения торговых гильдий и, прежде всего, генуэзцев и венецианцев в городах Леванта, «союз купцов, посещающих ярмарки Шампани и Франции» представляют собою лишь наиболее яркие примеры этого всеобщего явления.

Так, нам известны поселения купцов в Египте и финикийских городах. Многочисленные жившие в Афинах иностранцы образовывали такие же союзы по родовым и племенным признакам. Таковы были, например, финикийская и египетская колонии, имевшие в Афинах храмы своих богов и свободно отправлявшие в них свой культ. На острове

Делосе также существовала египетская колония, пользовавшаяся свободой культа, правом собраний и многими другими правами. Ту же тенденцию к объединению наблюдаем мы одинаково везде. «Товарищества александрийских купцов находились во всех больших торговых пунктах, и их корабли во всех гаванях... сирийские купцы и сирийские фактории были распространены повсюду в гаванях Италии, как Порт, Неаполь, Равенна и многочисленнее всего в Путеолах. Одна испанская надпись называет представителя союза сирийцев в Малаге».

Вспомнив все те неблагоприятные условия, в каких оказывались люди, заброшенные в чужие края, как и то, в общем, неприязненное отношение, какое встречали они со стороны туземного населения, представим себе положение евреев диаспоры, являвшихся повсюду, где бы они ни жили, чужеземцами с самого момента своего рождения. Неблагоприятное положение евреев в качестве прирожденных, так сказать, чужеземцев в значительной мере ухудшалось еще тем, что они образовали касту горожан, администрацию Империи, третье сословие в условиях жизни древности, когда не произошло еще резкого разрыва в обществе. Сильная воинская каста образовала тогда верхний слой городского населения, и, следовательно, для четвертой касты (первая — воины, вторая — духовенство, третья — кормильцы) в собственном смысле слова не было места. При таких условиях евреи по отношению к массам прочего городского населения составляли не только чуждое, но и чужеродное образование, а это обстоятельство в свою очередь не могло не увеличивать взаимного непонимания, и, следовательно, чувства взаимной неприязни. Неприязнь по отношению к чужеземцам и чужеродцам обусловливалась, прежде всего, опасением возможной с их стороны конкуренции на поприще торговой и ремесленной деятельности, и естественно, что вытекавшее из подобных оснований неприязненное чувство должно было быть особенно сильным именно в отношении евреев, поколениями развивавших в себе склонности к разного рода специально городским профессиям. Тем более, что первоначальными учителями в этих направлениях и являлись сами евреи. Кроме того евреи, входившие в высшее привилегированное общество империи, испытывали на себе неприязнь и со стороны представителей этого высшего общества, вследствие того, что являлись контролерами и надзирателями над ним со стороны центральной власти. Это же самое обстоятельство, отдалявшее евреев от массы остального городского населения, в то же время немало способствовало их взаимному сближению и единению между собою. Евреи внутри Империи образовали не только особую касту, но и особый класс, правда, класс с очень широкими границами, но все же отдельный класс, соответствовавший до известной степени третьему сословию. Единообразие условий и привычек жизни, тождество интересов укрепляло и упрочивало связь не только между членами одной общины, но и между общинами, рассеянными по различным городам, и, таким образом, не давало евреям диаспоры раствориться в массе прочего населения, как это, в конце концов, и случилось с остальными кастами.

Рыцари-госпитальеры на отпевании Короля.
Jean Froissart, Chronicles, 15th Century

Нет ничего удивительного в том, что чувство солидарности, проявлявшееся и среди представителей других каст, в среде еврейской касты в результате всех перечисленных условий развилось в совершенную замкнутость и полную исключительность по отношению к внешнему миру. Чужие среди чужих, евреи отдавали себе отчет, что их ненавидят и, в лучшем случае, только терпят. Они, как представители центральной власти, мытари и надсмотрщики над всеми кастами, над победителями и побежденными, естественно, держались особняком и с течением времени все более и более замыкались в своей среде. С утратой единого языка (как мы уже рассматривали, разговорным языком в пределах Империи служил по преимуществу арамейский язык) единственным идеологическим выражением связи, объединявшей евреев диаспоры в тесный международный союз, оставалась обрядовость и свод общих правил и инструкций, трансформировавшийся в конечном счете в религию. Некогда столь шаткие и непостоянные в своих религиозных убеждениях во время независимого существования на родине, евреи становятся теперь нетерпимыми до крайности. Буква закона и внешние обряды в качестве главного отличия евреев от не евреев приобретают теперь особое значение. Вот почему как внутренняя замкнутость и исключительность еврейских общин, так и неприязненное отношение к ним со стороны представителей обитаемого мира определеннее всего проявлялись именно в сфере религиозных отношений.

Словом, движение масс против евреев являлось не чем иным, как движением общественных низов против верхних слоев населения, представляющих собой центральную власть.

ПО РЕЦЕПТАМ АВИЦЕННЫ И ГИППОКРАТА

> Пять чувств от слуха и до зренья
> Даются нам для внешнего общенья,
> А мысль и память внутреннюю службу
> Несут, определяя все решенья.
>
> *Абу-Али аль-Хусейн ибн Абдаллах ибн Сина*
> *(Авиценна)*

> Кровопускание и слабительное — вот два друга врача, но кровопускание — последнее средство.
>
> *Гиппократ*

Мы окончательно выяснили в ходе нашего расследования, что созданием экономической сети империи занималась каста администраторов-финансистов, и этой кастой являлись евреи. Они, образно говоря, были кровеносной системой единого государства, той разветвленной системой сосудов, по которым во все тело империи доставлялась кровь Империи — десятина.

По всему свету, во всех странах, подвластных некоему Правителю, наместнику Бога на земле, во всех маломальских звеньях его золотой паутины, покрывшей подлунный мир, было место маленьким, первоначально незаметным ниточкам, образующим стальную сеть, стягивающую всю империю в единое целое.

Деньги, золото, налоги, дань, десятина — кровь Империи. Тем, выражаясь языком анатома, гемоглобином, что насыщает эту кровь, насыщает сердце Империи, были они, евреи-мытари, называющие себя емким словом «*служители*».

Но в тот час, в тот момент истины, когда закон становится Законом, заповедь — Заповедью и истина — Истиной, когда толкователь инструкций присваивает себе право Истины в последней инстанции, право называться сердцем Истины — левитом, вот тогда и рождается религия. Когда рождается религия, умирает вера и правоверие превращается просто в право, единоличное право видящего и слышащего только себя, и не терпящего возражений и мыслей, противных его воззрениям.

Вот тогда на стенках кровеносных сосудов и нарастают бляшки этих непогрешимых истин, и не терпящих возражений постулатов. Это первый шаг к сердечной недостаточности, к остановке сердца и смерти всего организма. Обратимся в нашем расследовании к вопросу о старом методе лечения нарушения кровообращения организма. Старая медицинская практика всегда предлагала действенный, с ее точки зрения, способ лечения — кровопускание, а потом и причины болезни будут изучаться, если клиент выживет.

Итак, в золотую паутину Империи незаметной стальной ниткой была вплетена прочная сеть, стягивающая весь подлунный мир в единое целое. Сеть эта была совершенно на первый взгляд незаметной и не вызывала бы ни у кого интереса, если бы не представляла собой хорошо отлаженную систему финансово-экономических связей — дани, налогов, оброка, десятины и.., в общем не в названии дело. Каждая ячейка — община и у каждой общины одна задача — служить. Это была служба, осуществляемая по схеме: собрали — посчитали — учли — отправили — отчитались. Осуществляли ее мытари, служки государевы — евреи. На службе государевой, под его рукой, под защитой братьев орденских, и в первую очередь, братьев-тамплиеров.

В христианском ли мире, в мусульманском ли — везде, где чтили Авраамову веру, все — торговля, финансы, налоги, — то есть вся кровь Империи, шла через Систему. Обслуживало эту Систему тесно сплоченное общество, построенное на принципах равенства — каста, живущая по жестким, даже жестоким, законам, правилам и инструкциям, по седерам («седер» так и переводится — «порядок»). Причем законы эти постоянно обновляются и совершенствуются в соответствии с велениями времени и централизованно применяются для исполнения на местах.

Кастовое общество администраторов было максимально сплочено и организовано, кроме того, оно имело самое грозное на то время оружие — тотальное, поголовное образование, грамотность. Члены клана с детства обучались пользоваться этим оружием, как, впрочем, и любым другим оружием, общество передавало свои секреты по наследству, и вследствие этого посты и должности при всех монарших дворах, при всех правителях тоже передавались по наследству. Должность эта была неоспорима, это был тот самый знаменитый и всем нынче известный, дошедший до наших дней «еврей при губернаторе». Притом еврей этот кастовый, клановый, потомственный.

Община эта хотя и живет обособленно, подчиняется единому закону — Правде. Конечно же, Правде. И, конечно же, были там изгои, то есть четвертые сыновья, а для закрытых семей, да с их плодовитостью, да с Айдеше мама («еврейская мама» тоже выражение, в Лету не канувшее) — это вообще бич Божий. Хотя для еврейских изгоев это была не бог весть какая проблема. Ордена с охотой брали грамотных изгоев в лазареты и госпитали, а тех, кто похрабрей, — в оруженосцы, а тех, кто поумней, — в казначеи. Купцы — в учетчики и управляющие, а в дальнейшем в компаньоны и зятья (кто ж откажется родственниками мытарей иметь?). Наместники — в придворную челядь, в круг приближенных холуев и шутов — ученых и поэтов, менестрелей и вагантов, философов и просветителей, а тех, кто еще и талантом был не обижен — в живописцы и музыканты.

Но это ведь туда, за стены гетто, за круг цеховых привилегий и законов, это хоть и весело, а все не служба государева, под теплым крылом да у Бога за пазухой. Это кому свобода дорога, тому изгойство, покрут — как калач медовый, а кому калач медовый дороже свободы, тому изгойство, как редька — доля горькая.

Правда и служба государева была не то чтобы очень калачом. Это для государя они были свои людишки — дворовые, а для тех, за кем они присмотр смотреть были приставлены, для люда городского и деревенского, для торговцев и мастеровых, для наместников и дворни их местного разлива, да мало ли еще для кого все они, — как кость в горле, служители сил зла, пьявки-кровопийцы. Нет, любви они точно не вызывали, а дальше собственного носа бюргер, мещанин, средний класс — обыватель, одним словом, видеть не может, это у него такой фокус зрения.

Зрела нелюбовь к ним потихоньку, но наружу — ни дай Бог, потому как значились они официально «королевскими рабами» или «рабами нашей казны».

Сидели они себе за крепостными стенами собственных кварталов и «еврейских улиц», называемых емко: «гетто», Еврейский остров (в Париже), Жидовский квартал (в Киеве и Москве), Жидовинская Слобода (в Новгороде, в Каире, в Багдаде, в Салониках и Иерусалиме, да мало ли где еще). Такие самостоятельные крепости в городах, притом содержащиеся за счет этих городов или их правителей. В пределах этих еврейских крепостей были: свой суд («Синдерион», «даяним»), свой собор («кагал»), своя дружина, своя казна, свой глава («коэн», «мукадмин»), то есть своя власть. Местной власти она не подчинялась и не отчитывалась, а имела своего главу, «еврейского епископа» — «придворного раввина» (Rab del Corte, в дословном переводе «судейского раба»).

Занимались конкретно центральным администрированием, имея, выражаясь современным языком, эксклюзивы на торговлю, ростовщичество, ряд ремесел, внешнюю торговлю, колонизацию и др. Любое их притеснение, как снизу, так и сверху от местной власти, жестоко подавлялось центральной властью, вплоть до смертной казни. Единолично имели право взимания лихвы, такой прибыли от оборота земли и денег.

Итак, как мы уже говорили, бляшки собственной значимости, непогрешимости и величия начали уже нарастать на стенках кровеносной системы Империи, и именно так, как и говорится в медицине, изнутри. Хотя и внешняя среда имела пред-

Штурм города

посылки эту самую систему порушить и доступ крови к сердцу империи прекратить.

Первую проверку на крепость системе пришлось вынести во времена «Черной смерти», в период великой имперской карантинной операции.

Удар по системе пришелся со всех сторон: сама «Черная смерть», ненависть толпы, шайки мародеров и грабителей, карантинные отряды и... — всего не перечислить.

Первое и основное — система встретила во всеоружии, карантинные инструкции: «Кашрут» выполнялись беспрекословно, жизнь и внутренняя дисциплина касты научили не спорить, а делать. Чума хоть и косила их ряды, но только за стенами гетто. Самоизоляция — тоже немаловажный фактор. В самих гетто натиск болезни был сдержан по периметру стен, там это не была эпидемия в полном смысле слова, да плюс знания в медицине, да плюс использование антибиотиков, да плюс чистота и знание дезинфекции. Вот это-то и породило второе — ненависть толпы. Как же так?! Все мрут как мухи, а эти сидят себе за стенами, падаль не едят, по кабакам не шляются, и не дохнут, эти — точно враги. Может, они и не сыпят толченое стекло в масло трудовому пролетариату, но уж точно все знают, что еврейские мудрецы и старейшины смотались то ли в Иерусалим, то ли в Стамбул, то ли вообще на гору Арарат и привезли мешочки с ядом, которым травят колодцы, чтобы истребить добрый народ. Вот когда родилось это обобщающее — «народ». Так вот, народ попробовал бунтовать, буде скор на грабеж и мятежи, и решил жирных барашков — евреев — потрясти за мошну. Не получилось — прижучили, и сами евреи оказались не сахарными — с закованной в броню дружиной да за стенами собственных кварталов, а тут еще псы царевы — братства, и наместнические дружины. В общем, куда ни кинь, всюду клин.

Больше же всех ударили по системе карантинные отряды. Методика борьбы с болезнью, а тем более с эпидемиями, была тогда проста. Нет носителей эпидемии — нет болезни. Короче, нет человека — нет проблем. Главное, его не касаться, с ним не есть, не пить и не дружить. Все остальные бредни о природе болезней, вещаемые братьями госпитальерами и разными Гиппократами и Авиценнами, в расчет не брались. Это наука фундаментальная, а по прикладной науке нужно кровопускание, хоть человеку, хоть обществу, так учил Великий Гиппократ. Честь ему и хвала. Тем более, что способ известен, исполнители есть. Что еще надо? Поставить кордон, засеку, дабы гадость далее не пустить, а все, что за засекой, — по старому известному рецепту «Огнем и мечом». И рванули карантинные отряды по всем пораженным болезнью городам и весям. Так что попали под горячую руку многие еврейские общины, те, кто сам защититься не смог, или под руку братьев в монастыри, комтуры и домены не ушел. Сильно, сильно потрепали систему карантинщики, да и не только систему, они практически все заболевшие земли выкосили тактикой выжженной земли так что пришлось по новой заселять.

Основная борьба разыгралась внутри общин. Между теми, кто присвоил себе право истины и право трактовать седер, и теми, кто считал, что здесь все равны перед Богом и людьми, на то она и община. Вся придворная верхушка: лекари — лейб-медики там всякие, драгоманы — переводчики, философы, просветители, во-первых, решили, что они вообще достигли совершенства во всем, даже в толковании слова божьего, а во-вторых, додумались, что до Бога высоко, а до царя далеко и нечего кусать руку, тебя кормящую.

Ослаб контроль, ослаб приток крови к сердцу Империи, и начал раскачиваться маятник разрухи. Псы царевы ордена усилили пресс на местах, в ответ местные короли и князья ударили по орденам. Запылали мятежи и междоусобицы между верными вассалами и мятежниками, на непокорных ринулись каратели, служба зачистки и тайная полиция — фемы и инквизиция. Теперь уже запылали костры инквизиции и замки непокорных.

Вот тогда к мятежам примкнули выродки из системы, знавшие всю структуру изнутри, умеющие обобщать и прогнозировать, переводящие потоки крови, идущие по системе, в другие артерии. Империя стала задыхаться.

Первыми на себе испытали удар мятежников братства, ордена, а самыми первыми — тамплиеры. Вторыми — церковь и монашества. Потом зашаталась вся структура. Вот так любой организм и умирает от сердечной недостаточности, от закупорки вен, тромбов, одним словом.

Были, были попытки лечения, лечения именно тем способом, который известен из старых рецептов — кровопусканием. Попытки эти были постоянными, робкими, дозированными и перемежались с борьбой за власть внутри самой системы.

Сейчас с дальнего далека, с расстояния, пройденного цивилизацией за века после этого, уже и не поймешь, что из них что. Потому и выдается все за угнетение бедных евреев всеми, кому это было не лень.

Отыгрывались мятежники в первую очередь на общинах, сохранивших верность долгу и оставшихся без защиты, без, если можно так выразиться, силового прикрытия. Отыгрывались за все: за верную службу царю и отечеству, за то, что не дали в долг, за то, что дали, но надо вернуть, за то, что не сдохли от чумы, за то, что не дали сдохнуть тем же мятежникам, за то что... да мало ли за что.

Штурм города

К тому же «нет строже монаха, чем бывший черт», и начали гробить собственных сродственников и Фома Торквемада, и Барух Спиноза, и Мойша Нострадамус, и, в общем, имя им — легион. Каждый бывший придворный шут был «святее папы Римского».

Другая команда народилась из тех, кто по долгу службы при правителях по правую руку сидел, из «придворных евреев» (это официальный юридический термин того времени). При их помощи и при их непосредственном участии вновь созданные государства-сепаратисты вставали на ноги. Они создавали маленькие системы, подобные той, которой служили их предки, только маленькие, на прокорм семьи. Они воссоздавали торговлю и дипломатию, благо умели это делать, да и связи между ними не порвались, все-таки родня. Родина должна знать своих героев! Вот они: Шмуэль Опенгеймер — Австрия, Соломон Медина — Англия, Беренд Леман — Польша, Шмуэль Паллача — Тунис, Герц Серфьер — Франция и многие, многие другие.

Когда все было сделано, их отодвинули или уничтожили, никто из власть имущих не любит, чтобы у него перед носом маячил тот, кому он обязан своей властью.

Мятежники и внутренний раскол системы кровавой волной прошли по общинам в Испании, Франции, Англии, Польше, Литве, Украине — да практически везде, где больше, где меньше. Служки отползали зализывать раны в Россию, Турцию, Сирию, Персию — туда, где они еще были нужны. Ордена ушли в глубокое подполье, прикрываясь мишурой обрядов и церемоний. Система консервировалась. Кровопускание очистило ее от бляшек, но оказалось слишком радикальным: больную Империю не спасли.

А что же общины? Прошли войны за место под солнцем и первые, о ком вспомнили, в ком появилась нужда, оказались осколки системы, с их знаниями, умениями, с их связями и схемами. Они оказались востребованными везде: в Голландии и Швейцарии, Новой Америке и Африке, в Китае и Индии. Они стали сращивать Россию и Турцию, Европу и Азию, Африку и Америку в новую, еще более мощную систему, еще более невидную, еще более незаметную. Вот она — сказка о мертвой воде. Они сплели новую сеть, но уже без золотой паутины. «Золотой век» ушел безвозвратно, его сменил век стальной — без мишуры и побрякушек, без маньеризма и выкрутасов трубадуров.

ИСТОРИЧЕСКИЕ ЭТЮДЫ

ВМЕСТО ПРИЛОЖЕНИЯ

Закончена книга. Однако материала, накопившегося для ее написания, оказалось настолько много, что для того, чтобы его не потерять, я превратил его в некие зарисовки. Образным языком можно сказать, что после завершения большого полотна осталась масса маленьких эскизов, этюдов, которые не пригодились для этой картины по ряду причин. В основном, из-за того, что не попали в событийный ряд, или потому, что оказались в нем чуть ранее описываемых событий, или чуть позднее. Некоторые зарисовки имеют к означенным событиям весьма далекое отношение, но все же их было жаль терять.

Вот из таких эскизов и сложилась эта маленькая подборка. Цель ее — сохранить интересные факты и сделать некий задел для очередных исследований по намеченным в ней темам.

Современная энциклопедия

ПАТОЛОГОАНАТОМИЯ ПАМЯТИ

«Патологическая анатомия — область медицины, изучающая причины и механизмы развития болезней и болезненных процессов в основном путем исследования характерных морфологических изменений органов, тканей (например, при вскрытии трупов), научная дисциплина сформировалась в XIX веке после трудов Дж. Б. Морганьи, французского анатома и физиолога М. Ф. Биша, патологоанатомов Рокитанского, Р. Вирхова».

Нет, любезный мой читатель, это не политическая филиппика на тему приснопамятной «Памяти» (такой вот забавный каламбур получился), громко заявившей о себе на заре демократии в постперестроечной России. И не критическое эссе с разбором по косточкам Чивилихинского романа, с моей точки зрения, романа «знакового», многим в те годы подвинувшего мозги на предмет собственного народа и страны обитания. Нет, это просто некие изыски на тему, как любят выражаться философствующие эстеты, «эгрегора эзотерии», или, проще говоря, всплесков собственной памяти.

Прямо скажем, я мало верю в теории генетической, исторической и прочих ических памятей, оставшихся нам в наследство от предыдущих реинкарнаций. Но тем не менее луч этого прожектора выхватывает из окружающей нас темноты такие забавные картинки и сюжеты, что так и хочется положить их на бумагу, покусывая гусиное перо и задумчиво погружая его в золоченую чернильницу. Иногда же луч этот сужается до толщины иглы, которая пронизывает не только время, но и пространство и проникает куда-то туда, в другое измерение, где все с первого взгляда то же самое, но, присмотревшись, начинаешь замечать, что это совсем не то, или не совсем то, кому как больше нравится.

Память — это штука прихотливая и похотливая. Она сама выбирает, что ей больше по вкусу. Иногда брезгливо кривится на набившие оскомину истины, иногда смакует и обсасывает вообще-то никому кроме нее не интересные эпизоды личной жизни. Поэтому живет она по своим законам, зачастую не имеющим ничего общего с жизнью и развитием личности того, чьей она как будто является. Такой вот парадокс, но и этот парадокс является просто одной из прихотей памяти.

Память общества, народов, цивилизаций странным образом является симбиозом памятей разных личностей, типа симбиоза коммунальной кухни, и живущим по законам коммунальной кухни. Впрочем, по этим законам живет любое общество, каким бы цивилизованным оно себя ни числило. Ничего, справляется.

Память, особенно историческая память, если ее сравнивать с природой, подобна алмазу. Ибо она, так же как и ее природный аналог в достопамятные времена, когда напрочь отсутствовали всяческие технологии обработок, ценилась в основном за размер. Вот тогда такой огромный необработанный «адамас» — «несокрушимый» был прерогативой и достоинством только особ царских кровей. А учитывая, что на нем можно было и имя свое на память потомкам выгравировать, цены ему не было. Такая овеществленная память с налетом снобизма. Потом, с развитием мастерства, можно стало каждый взгляд на эту драгоценность, каждую точку зрения превратить в грань и отшлифовать, и тогда камень превращался в бриллиант, играющий всеми цветами радуги. Ценность его стала заключаться не только и даже не столько в размере, а более в огранке и в чистоте воды. Чем больше граней, чем меньше темных пятен — тем ценнее бриллиант. Вот так и историческая память. Кажется, я уже писал где-то подобное, но и это тоже свойство человеческой памяти — повторяться в своем многообразии.

Память — это некий патологический орган человеческой особи, человеческого общества, который постоянно мешает всем жить. Поэтому в процессе эволюции появилось некое уникальное свойство памяти, абсорбировать только положительные эмоции, а то, что является ее патологической составляющей — загонять в наиболее дальние и темные уголки сознания.

Я назвал свои заметки «Патологоанатомия памяти», ибо стараюсь дорыться до сих уголков. Все это очень субъективно и, конечно же, далеко не исторично, да и с торными путями изучения просвещенного общества современного или погруженного во тьму веков, имеет мало общего. Но я, впрочем, совсем не о том, думаю, пора начинать, не утомляя вас более своими философскими мудрствованиями на вольные темы нашего подсознания.

Я уже писал, что эти заметки подобны быстрым эскизам, наброскам для будущих больших картин, которых, возможно, и не будет. Итак, эскизы.

ИСХОД. ОТКУДА И КУДА

Свет духа воссиял впервые в Азии.

Георг Вильгельм Фридрих Гегель

Подружка наша Память, по характеру своего женского происхождения, является существом любознательным и говорливым, а посему, любит со своими товарками с коммунальной кухни посидеть, покалякать о том, о сем. После таких посиделок распирает ее всю от полученной кухонной информации, и норовит она вывалить на меня все это противоречивое, не стыкующееся и вообще относящееся к разряду слухов и сплетен, варево. К тому же, круто приправленное личным отношением каждой из ее коммунальных подружек, по секрету сообщивших ей эти «самые свежие» новости.

Вот и в этот раз, захлебываясь от чувств, широко раскрыв глаза от удивления и удовольствия, наша вечно юная и наивная сказочница поведала мне последнюю, обсасываемую среди таких же, как она, простушек, эпохальную тему. И тема эта — Великое Переселение Народов или коротко «Исход».

В базовом, каноническом, то есть всеми признаваемом, варианте сия история расположилась в трудах основоположников по всему Ветхому Завету, Танаху, Корану, от книги Бытия до книг Пророков, и вкратце выглядит так.

Праотец народов и религий Авраам, признав единого Бога и заключив с ним завет, отправился с севера из Ура-Халдейского в Землю Обетованную — Ханаан, где земля течет молоком и медом. Это молоко и этот мед еще не раз в этом рассказе появятся.

После первых боев и побед, был он принят Мелхиседеком — Царем-священником Ура-Салима, представителем Бога на земле, обретающимся в этих землях. После уплаты положенной ему дани, всем хорошо известной десятины, притом сразу было оговорено, что десятина впредь будет платиться добром и душами, то есть «хабаром и кровью», заключил Авраам с ним союз, переломил хлеб, выпил вина и начал обживать новую землю.

Перипетии судьбы привели народ его в Египет, откуда уже двенадцать колен Израилевых (Богоборческих), принявших веру иудейскую (Богославящую), двинулись обратно в землю *текущую молоком и мёдом*. Во главе этого второго Исхода, которому в основном эти термины и принадлежат, встали Моше (Мошиах, Моисей, Мессия) — Избавитель, Помазанник Божий, Царь — и брат его Аарон — Учитель, Просвещенный, Посвященный. Каждое колено получило название по сыновьям Якова, которого, впрочем, и звали Израиль, о чем мы уже упоминали, а сынов оных впредь именовать будут патриархами.

Побродив по пустыне 40 лет и вытравив по капле раба таким ныне нетрадиционным способом, составив свод законов и инструкций по дальнейшему освоению вновь завоеванного пространства, буде оно будет завоевано, указанные колена подошли к границам земли Ханаанской. К этому времени Моисей — Избавитель закончил свой земной путь и у руля переселения встал Иисус Навин (Йеошуа Бин-Нун) — Спаситель, возглавивший вторжение (экспедицию) в раскинувшиеся перед их очами земли. Под его водительством объединенное войско Израильское взяло штурмом Иерихон, город неприступный, до этого никем штурмом не бравшийся, и устремилось в глубь лежащих перед ними просторов. Далее, после смерти Иисуса Навина, единое войско, разделенное на 11 колен (Двенадцатое Левиты — священники), продолжило свой ратный труд. Под предводительством его вождей все пространство было завоевано окончательно и поделено между поколением. Левитам же «привратни-

Моисей

кам» выделили 48 городов-укрытий (монастырей), в которых жители находились под юрисдикцией церкви и светские законы над ними силы не имели.

Колено Левитово оказалось вроде как собирательным: из племен Каафовых, сынов Гирсановых — *«изгнанников»*, *«изгоев»*, сынов Мирариных — *«печальников»*, *«детей вдовы»*. Да и сами племена Каафовы тоже не однородны и делятся на сынов Аароновых, то есть *учеников Учителя,* и прочих сынов Каафа, то есть *избранных* (Кааф — это не имя, это — *«собрание»*). Каафиты как истинные иудеи по роду занятий своих получили бо́льшую часть монастырей, а неофиты, вновь обращенные, меньшую.

Дальнейшая история — это история подавления бунтов и восстаний, о чем в поэтизированном и псевдогероическом виде повествует «Книга Судей». Со всеми ее Самсонами-назареями, Деборами-пророчицами и призваниями к единству опять тех же колен Израилевых, которые начали к тому времени специализироваться и обособляться, так сказать, по профессиональным интересам. Та же Дебора определяет колена по их профессиональной принадлежности: писцы, начальники, князья, скотоводы, мореходы, портовики, готы-воины. А колена Иудова (богославцев), Симеонова (послушников), Левитова (привратников) она даже и на войну не зовет, они уже вообще ломти отрезанные, и служат исключительно службу духовную.

— Такая вот, в кратком изложении, фактура Исхода, известная нам из общепризнанной истории и изложенная здесь в основном для напоминания и сравнения с тем, что наболтали мне подружки, мои ближайшие компаньонки по перемыванию исторических косточек, — перевела дух Память.

— Ну и что? — спрашиваю я у нашей сплетницы. — Знаю я эту штуку, читал, и даже изучал.

— А то, — отвечает мне любопытное создание, — что есть у меня две ну самые близкие подружки, так вот они мне другие сказки рассказывали, —и повествует: — Одна подружка у меня с севера, и она мне такую историю поведала.

В далекой и дикой северной стране жил-был великий Князь и звали его Владимир Святой (Креститель), потому как окрестил он эту дикую страну в веру новую, веру в единого Бога. После смерти оставил он двенадцать сынов — двенадцать княжичей и, чтобы не делить между ними отцов стол, завещал им идти на поиски новых земель. Оставил на отцовом столе только одного Ярослава, прозванного Мудрым, видимо, за мудрость и оставил. Осели сыновья и их потомство во многих землях: в Германии, Швеции, Дании, Польше, Франции, Византии, Королевствах Иерусалимском и Антиохском, Армении и Золотой орде, да мало ли где. По всей обозримой земле сидели родственники Рюриковичей. Стала Земля большим общим домом, с общим укладом, общим законом. Кто, где, с кем подрался, повздорил, чего не поделил, все свары — между роднёй. То дядя племянника прижучил, то племянница дядей объегорила. Не было в этих склоках побеждённых и победителей, да и сражений почти не было. А если и были, то победитель плодами почти и не наслаждался. Потому как потерпевший бежал к родне и просил справедливости, и старшие мирили, по правилам, по справедливости, по Божьему Миру.

Для поддержания Божьего Мира, для службы беспрекословной Богу живому, порешили старшие и мудрые создать суд судей третейских, все по правде решающих, а для облегчения разъяснений непокорным родственничкам, придать судьям дружины.

Дружины же эти подчинить только старшему столу, имевшему «от отца место». А паки будут созданы такие дружины, так и службы им вменить государевы: мытарей (сборщиков дани) и таможенников, лекарей и карантинщиков, строителей и архитекторов, мореходов и алхимиков, грамотеев и писарей и более того — учителей и исследователей, ну и карателей с соглядатаями, не без того. То есть вменить им в службу «Слово и Дело». Местом жития, воспитания и обучения псов царевых выбрали Божье царство справедливости — Новый Израиль, в окрестностях святого города Иерусалима, где реки текут молоком и мёдом. Да подалее от родни, от соблазнов, да набирать в них только изгоев, чтобы пути назад не было. Объявили решение старейшин для всей родни в Клермоне и в Любече, и повелели волю выполнять.

Всё было решено и расписано. Каждая дружина подчинялась только Собору, что находился и собирался в Святом Граде Иерусалиме, всем его решениям в делах духовных и светских. Только дела чести решал судебный поединок — суд божий, потому как честь только в руках Бога. А честь там была в чести. Даже мастеровые и земледельцы могли переходить от властителя к властителю по своей воле, *да не радуются враги наши нестрою нашему* говорили там, отсюда и название *«Братство»*. Тяжелая им выпала доля — усмирять внутрисемейную чехарду. А чтобы и по роду не уступали они знатнейшим, встали во главе двенадцати братских дружин двенадцать изгоев из всех домов рода Владимирова. Шли годы, росли и мужали дружины, учились воевать, крепли, и время пришло.

Но кому вручить ключи от этих двенадцати замков, кому отдать в руки вожжи от боевой колесницы, сметающей все на своем пути?

Пять государей Франции, Германии, Англии, Византии и Руси встретились в Константинополе, Царь-Граде. И решение их было одно — старшему. Сыну Юрия Долгорукого, праправнуку Ярослава Мудрого, внуку хана Алепы и внуку Иоанна Комина — Андрею Боголюбскому (Богоизбранному), помазаннику божьему — старший стол.

Вот с этого времени и начинается наведение порядка в разудалой семейке Рюриковичей, жесткой рукой старшего стола в стальной перчатке, коею были братства — прибежище изгоев.

Первым делом укрепляет Андрей новую столицу и Ростовско-Суздальскую Русь, строит Переяславль-Залесский, Дмитров, Юрьев-Польский, Владимир. И во всех городах Софию (Троицу), покровительницу старых родов первого исхода, сменяет Богородица, покровительница братских дружин и новой власти. А символом будущей тихой гавани для братьев заморских здесь, в далеком Залесье, на алтарях — якорь.

Нет, не любит Андрей чванливый Киев, потому переносит он столицу во Владимир и, утвердив *«приговором всей земли»*, таким общемировым съездом, вассалитет, то есть, взяв всех под свою руку, устанавливает в новой столице киворий — каменную чашу с выбитым на дне восьмиконечным крестом — «Пуп Земли».

Постажировав приближенных бояр в Царь-Граде, а брата Мстислава — в волости Аскалонской и по возвращении поставив их во главе гвардии, наводит порядок в Волжской Булгарии. А его вассал Мануил, император Византии — в Египте, притом по согласованию одновременно, показательно (а чтобы не забыли) объявляет этот день праздником Спаса, спасения, значит, от расхлябанности и межродовых драк и ссор.

Последнее образцово-показательное выступление и проверку выучки братских дружин провел Андрей Боголюбский при подавлении мятежа в Киеве. Одиннадцать подручников (Одиннадцать братств) с разных сторон, без собирания в одном месте, в точно назначенное время подошли под стены Киева и с ходу взяли его штурмом. Впервые за 289 лет Киев был взят штурмом. И это не все. Впервые в город первыми вошли отряды, выражаясь современным языком, «спецназа», взявшие под контроль и не давшие грабить церкви, монастыри, реликварии, казну. Это в то время, когда закон трех дней на грабеж победителю был незыблем.

— А дальше?

— А дальше — история мятежей и восстаний и мелких междоусобных войн с призывами к единению и наказанием непокорных. Вот такая история о северном князе.

— А при чем тут Исход? — удивился я.

— Не любо, не слушай, а врать не мешай, — фыркнула Память и отвернулась к окошку. Но через минуту смилостивилась и замурлыкала:

— А вот другая подружка, с юга, так у нее другая история. Рассказать? Слушай.

Есть на юге, где светит жаркое азиатское солнце, где дует знойный сирокко, ветер пустыни, богатая страна Персия. На холмах среди персиковых и гранатовых садов раскинулся белый, сверкающий и пышный город Эдесса — жемчужина Персии. Вот здесь, среди храмов и колоннад, цирков и бань, театров и гимнастических школ жила и трудилась скромная община евреев. Но пришли злобные византийцы и прогнали маленьких трудолюбивых евреев. Так пишет армянский епископ Себеос, так говорит «Конституция Медины». Пошли бедные гонимые евреи в пустыню, в пески, в палящий зной, и пришли они к детям Измаила, к родственникам своим, аж в Аравию. Но не хотели исмаилиты признавать в них родню, и помощи им оказывать не хотели. И тогда встал купец Мехмет как глашатай истины и напомнил им пути Авраамова Бога, и было ему веление объединить всех под одним человеком и одним законом, который Бог открыл Аврааму. И сказал тогда Мехмет: *«Господь обещал эту землю Аврааму и его потомству, поэтому пойдем и возьмем эту землю, которую Господь дал отцу нашему Аврааму»*. Вот тогда все собрались и вышли из пустыни и разделились на двенадцать колен, и впереди каждого колена шла тысяча евреев, дабы показать им путь в Землю Обетованную, где *земля течет молоком и медом*. А по пути присоединялись к ним все евреи, и стала у них великая армия, и сказали они, что эта земля теперь принадлежит им по наследству от праотца их Авраама. Звали тогда этих воинов — «*махаджрун*» или «*магарин*», означающее тех, кто принимал участие в «*хиджре*». Хиджра переводится, как Исход и означает — Исход. В честь первых побед отслужил калиф Муавия службу у могилы Святой девы Марии, Богородицы, и у Галгофы, признавая Иисуса подлинным мессией, а Моисея — первым среди пророков.

Служба же их во славу веры Авраамовой называлась «*аслам*», что значит на языке правоверных самаритян и арамейцев — «*восхождение*», «*возвышение*».

— Такую сказку поведала мне южная подружка, — хитро прищурившись, закончила Память.

Много, много разных разностей обсуждают на коммунальной кухне шустрые эти подружки, много чего болтают они без всякой ответственности за сказанное. Да что взять с милого де-

**Пророк Муххамед в пещере.
Турецкая миниатюра**

вичьего трепа, когда варится у кого-то малиновое варенье, а остальные собрались вокруг, больше даже не для того, чтобы язык почесать, а чтобы нализаться горячих пенок.

Ну и наша Память не самая последняя в лизании пенок, да и в пустом трепе на вольные темы она тоже мало кому уступит пальму первенства. Потому и зовут ее всегда, когда соберется достаточно теплая компания и надо убить время хоть и за вкусным занятием, но достаточно нудным и долгим.

И еще есть у нее хорошее свойство, ныне мало имеющееся, но сильно ценимое в дружеских компаниях. Кроме языка без костей, имеет наша Память уши. То есть умеет она не только сама рассказывать самозабвенно, но и чужие рассказы слушать, развесив уши, а этот дар ценится больше, чем риторика.

Вот потому и зовут ее со всех сторон. Вот потому и носит она на своем сорочьем хвосте кучу всяких сплетен и вываливает это все мне на голову. Как единственному благодарному слушателю. Ну, да и Бог с ней.

Так вернемся все-таки к народу, землю эту населяющему сейчас, благо от действительности не уйдешь и глаза на нее не закроешь. Народ этот есть и именует себя народом богоизбранным или, попросту говоря, евреями.

В загранпаспорте, правда, записано «гражданин государства Израиль», а в «теудат-зеуте» (некоем подобии удостоверения личности) — «иудей», ну и еще француз он там или русский. Хотя до сих пор для меня остается загадкой, как это вероисповедание можно с национальностью в один горшок замешивать? Но к своему удовольствию, создатели данного государства альянсами с Лениным-Сталиным не грешили, и потому их великую национальную теорию не очень-то знают и применением ее на практике не грешат. Это у них записано то ли национальность, то ли место исхода, то ли религиозная принадлежность, а у некоторых и вовсе прочерк, то есть «никто».

И вот услужливая Память мне подсказывает, она ведь девушка капризная, что хочет, то и шепчет, Израиль — это ведь «Богоборец». Это когда Яков с Богом боролся, тот его за это Израилем нарек. А Иудей (Йеуда) — «богославец». Так что, как я и говорил, примкнувший я к народу-богоборцу и богославцу, самого себя именующему Богоизбранным, хотя я, если следовать до конца букве перевода, назвал бы его Богобреченым. Обреченным на служение этому Богу, которого сам для себя избрал и который сам избрал этот народ для служения себе.

Так как же было не покопаться мне в уголках памяти, да даже не покопаться, а нырнуть в ее глубины, авось где что и осталось не найденное официальной пропагандой и не вывешенное на плакате на стенку, с грозной надписью «ТЫ...» и указующим перстом, тыкающим всем в нос.

Разбегаюсь и со всего маха, как в ледяную воду Байкала, бухаюсь в эти самые глубины памяти. Но опять все не так, и море здесь не Славный Байкал, а Мертвое, и прыгать в него с размаху ни божешь мой. И входить надо леат-леат, то есть в час по чайной ложке, а то так и останешься плавать на поверхности, как цветок в проруби, да еще кверху задницей. Вот в этом главное и основное отличие философии: здесь — самое большое хранилище пресной воды в мире — жизнь, там — самое большое хранилище минеральных солевых растворов в мире — смерть. Но память опять выкручивает спирали. Нет жизни без смерти, нет смерти без жизни. Все в мире взаимосвязано, все в мире двойственно. Такой вот дуализм. Такой вот двуликий Янус на бытовом уровне. Странная и давно знакомая сказка о живой и мертвой воде, мертвая вода заживляет, сращивает, но душу обратно возвращает живая вода — диалектика. Учел, вхожу постепенно, глазами не лупаю, нырять боюсь, и вдруг...

«Нырять! — приказываю себе, — не бояться Мертвого моря! Эта мертвечина многих так на поверхности болтаться и оставила. Кто же они? Ну-ка, память, подскажи». И те кусками рваными всплывают из глубины мертвого пространства, как куски соли, оторвавшиеся там в самой преисподней, куда провалились Содом и Гоморра, на месте которых и разлилось Мертвое море, картины прошлого.

Испания, Англия, Венеция, Флоренция, Хазария, Русь... — торговые и ростовщические дома, флот генуэзский и венецианский, союз ганзейский и ломбардийский — и кто это? Да евреи это. И образования эти — еврейские. Вот они, жиды — душат, разоряют простого, да и не только простого христианина. Да и не только христианина. Опоры Ислама: Турция и Бухара, Самарканд и Тегеран. Языческая Хазария и Уйгурский каганат. И везде они — кровопийцы проклятые.

Нет, не все так просто. Кто получает папскую буллу, выражаясь современным языком, об эксклюзивном ведении финансовых операций в Европе? У кого царская монополия в России на шинки и кабаки, да и не только на это? Кто главные финансисты Оттоманской Порты и Великой Персии? Кто ведет основные торговые дела в Хазарском каганате и Угорском халифате, Великом Княжестве Литовском? Кого охраняют, холят и лелеют ордена тамплиеров, госпитальеров, тевтонов? Кому всегда открыты двери монастырей полночь за полночь? У кого свои устав, законы и правила, сведенные в один сборник, от государства проживания не зависящие и с ними не согласованные? У евреев. Не важно, что говорят они на разных языках: идиш, ладино, сфарадит, польский, фарси и далее и далее, не важно, что поют они разные песни и даже цвет кожи у них разный. Они евреи — служители. Служители государевы. И служба их самая неблагодарная и презренная в глазах всех народов. Служба их — финансовая, налоговая, торгово-кредитная, мытная. Мытари, одним словом. Всем они нужны, когда деньги в долг занимать, и всеми они ненавидимы, когда отдавать. Хоть горожанин простой, хоть рыцарь-воин, жестокий и благородный, хоть сам государь или наместники его. Отсюда и «мытарить» слово нехорошее, недоброе. А служба накладывает отпечаток. Нет, не каиново клеймо, как любят сейчас преподносить апологеты, как справа, так и слева. Свой профессиональный отпечаток, как мозоль на ладони сапожника, как исколотые пальцы швеи. Да и городская жизнь прошлого, всех этих Монтекки и Капулетти, носила немного специфический, по нашим меркам, характер.

Ну, еще глубже, еще, и вот туда, под скалу, в самую темень, где стоит на страже черная каракатица — всеми признанная «историческая правда». И не бояться, что выстрелит она в тебя ядовитыми своими чернилами и покроет с ног до головы несмываемыми пятнами ярлыков.

Ну, все, пора всплывать, воздуха глоточек схватить, а то так и останемся в водах этого Мертвого моря.

Вынырнуть бы наверх, на волю, а там пригладить себя лучиком майского солнышка, все сразу по-другому видится. Море опять манит тихими синими водами, и грязь каракатицы кажется целебной грязью, почти косметикой, которая не дает стареть и кукситься и за счет которой молодая красавица Клеопатра (а какой ей быть в шестнадцать-то лет) представала перед своими любовниками (коих мы знаем-то всего двух) во всей своей ослепительной красе. Но молва счет им не ведет, ибо говорит, что со счета сбилась, а уж Память-то, по своей кухонной привычке, разнесет все и приукрасит так, что и сам себя не узнаешь.

Обсохнуть, обмыть с себя соль и, надо ж так назвать, «минеральные добавки» под струей пусть не живой, но все-таки и не мертвой воды, а хотя бы пресной, и задуматься, что же мы там, в лабиринтах памяти разглядеть пытались?

А пытались мы разглядеть и уяснить, как из первоначально незаметных золотых «ниточек» образуется стальная сеть, соединяющая Империю в единое целое. Что нам и удалось.

ИЗГОИ НЕ ИЗ ГОЕВ

> Бог тому послух и св. гроб господень, яко во всех местах святых не забых имен князей русьскых и княгинь, и епископ и игумен, и бояр, и детей моих духовных.
>
> *Игумен Земли Русской Даниил Паломник*

Как-то раз разговорился я с Памятью, такие уж у нас отношения установились дружеские. Да почему бы и нет? Внешне она мне во внучки, ну, в крайнем случае, в дочки годится. Посмотришь — девчонка, почти тинейджер, по нынешней терминологии. С первого взгляда не понять, что лет ей..., в общем, нету у нас такого летоисчисления, чтобы возраст ее определить. Так вот значит, как-то разговорились мы с ней на скользкую такую тему. Отчего и почему слова зачастую такие кульбиты выделывают, что не сразу и поймешь, о том мы говорим, что и раньше, или о совсем другом предмете.

— Знаешь ли ты, лукавая моя, такое слово, даже, прямо скажем, термин такой не очень благозвучный — *«изгои»*? — задаю ей вопрос.

Она глазки тупит, ножкой землю ковыряет.

— А тебя сейчас или как интересует? — задает в ответ такой весьма одесский вопрос.

— Ну, вообще, — отвечаю.

— Тогда слушай.

Сейчас все очень просто. Изгой — это человек, отвергнутый обществом, изгнанный из социальной среды. Всякие там президенты, пальцем тыкать не будем, даже придумали страны-изгои. Некоторые особо продвинутые лингвисты ссылаются на якобы иудейскую традицию. Мол, там есть *«гои»*, то есть не иудеи, вот кто из них, тот — изгой, из гоев значит. Бред собачий, в который никто, кроме тех, кто его тиражирует, не верит, а, по-моему, и они сами с большим трудом.

Но ведь есть такое слово, есть! И даже историю имеет древнюю от слова *«гоить»* — жить или *«гой»* — мир, мирное сообщество. Отсюда и изгой — *«выжитый из рода, оставшийся без ухода»*. Изгнанник — он из тех же щей, но обозначает другое — выгнанный. А изгоев никто не выгонял. Кто ж они такие? Да, может, кроме нас с Памятью эту загогулину и не знает никто. Ан нет, знают с самых седых лет, и не только на Руси.

Память наморщила лоб, и вдруг выдала:

— Ты что думаешь, я тебе ходячий учебник истории? Седые древние года... — Тоже мне летописец Нестор нашелся. Да тогда во всем известном мире народ жил по Правде, не по правде, а по Правде — по сборнику законов. Это сейчас его называют разными названиями: Салическая, Вестготская, Русская, и каких еще названий не дают. Где было хоть какое-то завалящее государство, там сразу же находится своя Правда (вот уж поистине, у каждого своя правда). И еще удивляются, — Память аж взвилась в негодовании, — что ж это у них много общего, что все с Салической, самой древней Правды все сдирали, ума своего не хватало? При том, что в каждом тексте написано, что опирается он на «старый закон», что принят он «всем миром», да только что на это внимание обращать! — Память понесло. — Это ж какой такой «старый закон» у варваров? Какие такие правила нынешние «исследователи» называют *«Варварскими правдами»*? Это ж как голова у «всего мира» в разных странах повернута, что они даже формулировки общие взяли? Что это за штампованный германец, в шкурах с каменным топором, но везде — от Скандинавии до России и Испании — формулирующий одни и те же законы. Мамочка моя!!! — воскликнула Память, — да у нас на дворовом собрании защитников собачек и кошечек, чтобы сформулировать призыв «В садике не гадить», полгода пройдет, не меньше. А там они многотомные законы штампуют будто под копирку. Идиотство какое-то!

Память выдохнула и остановила волну возмущения.

— Постой, постой, подружка. Ты что, хочешь сказать, что черт знает когда, где-то на заре веков, можно сказать, при Древнем Риме, был единый свод законов?

— Да! Да!! — опять взорвалась Память. — Был, был, и назывался коротко «Правда». Это сейчас ему прилепили массу эпитетов, чтобы затушевать этот факт. Жили по Правде, судили по Правде, и подчинялись ей все, еще раз подчеркиваю — все. Этот закон определял все, и регулировал все сферы светской и духовной жизни, и выполнять его надо было беспрекословно. Даже «поединок чести» одинаково распространялся, как на светских, так и на духовных лиц. Оскорбили — бери меч, копье и отстаивай свою честь. Бог определит и рассудит, кто прав.

— Что-то ты затянула вступление, «ходячий учебник истории».
— Ладно, вернемся к нашим изгоям.

Впервые они появляются в той самой Правде. Первый раз, когда встает вопрос, как делить имущество и казну казненного, второй раз — в вопросах наследства. В этих вопросах, когда определяются права, появляются, так сказать, субъекты права. Вот к ним и относятся изгои. И подразделяются они на следующие категории: неграмотный попович, выкупленный смерд (раб), купец, честно разорившийся, и сирота княжеский. Да еще четвертый сын, так как земля, коронный участок, старшему, остатки — второму и третьему, а четвертому и всем последующим — по Правде. Им всем, изгоям, по Правде во всей дележке определялись «*конь, доспех да покрут*» — все, что необходимо для службы наемной. По-русски, «*опричнина*», «*кромешина*». А кто ж за них заступится, кто права их «сынов вдовы» защитит и огородит от посягательств? И здесь Правда давала им самого надежного защитника — церковь. Все изгои находились под покровительством церкви.

Самые известные изгои — это наши былинные Алеша Попович и Садко, купец новгородский. Первый — тот самый поповский сын в том самом доспехе, на том самом коне, и при том самом покруте (на службе то есть). Второй — тот самый купец, честно разорившийся и в покрут ушедший.

А если серьезно, то и в истории нам немало изгоев известно, просто мы как-то на это внимания не обращаем. Ты только задумайся, на чьих плечах и почему столько исторических событий вынесено.

Сколько мы их тут с тобой в палатах белокаменных, за этим пиршественным столом видим. В палатах, паладиумах, палаццо сидели эти паладины, гридни, придворные, дворяне, государевы дружинные люди, дворня, одним словом, из которой множество вышло исторических личностей, и зачастую более известных, чем их господа, под рукой которых начинали они свое восхождение к вершинам славы.

Кто же они, эти знаменитые изгои? Вот граф Гуго Вермандуа, брат французского короля Людовика Толстого, сын Анны Ярославны, королевы Франции, Боэмонд Отрантоский, Роберт Нормандский, брат короля Англии, Готфрид Бульонский — герои Взятия Иерусалима и создания Нового Израиля.

А это двоюродный брат Золотоордынского хана Берке, найон Ногай, посадивший на трон Византии Михаила Палеолога и женившийся на его дочери. Да и сам Батый Джучиевич, будущий Великий Хан Золотой Орды. Здесь Даниил Александрович, князь московский, отец Ивана Калиты, и отец его легендарный светлейший князь Александр Невский. Народные герои Куликовской битвы: Александр Пересвет, настоятель Симоновского монастыря и Родион Ослябя, настоятель Свято-Данилова монастыря. Да и сам Владимир Красное Солнышко, Владимир Святой, Владимир Креститель — сын третьей жены Святослава и его четвертый сын. А вон там, на самом краю главного стола сидит Мани, его имя и означает *«сын вдовы»*, от него целая вера пошла — *«манихейство»*.

Вот такие изгои за нашим столом, и дружины у них тоже изгойские — братские.

А ты все изгои, изгои, отверженные, обиженные. Не было обиженных по Правде, когда всем правил Закон и был Божий Мир.

Это сейчас кто-то делит на чистых и нечистых. А тогда все они были в одном ковчеге, и долю им выбирала судьба Божия, которую каждый сам ковал. Или мог ковать, даже если не было у него за душой ни кола ни двора, даже если он остался на берегу Волхвы-реки без полушки в кармане, даже если снял он рабское ярмо и все пути перед ним, а за спиной доля смердская, подневольная, и все начинать надо с придорожного камня «перекрестного». Все как в сказах, легендах, былинах, нами читаемых: «Направо пойдешь...»

Ну а дальше ты лучше меня знаешь, а если не знаешь, то возьми да почитай — про это много чего написано. Все, пора и честь знать.

— Спасибо, хозяева, за хлеб за соль, путь наш не близкий. Пойдем мы помолясь, — сказала Память, и поклонилась в пояс сидящим за столом.

— Так скажи, — спросил я, — откуда все-таки эта уверенность, что изгои некая низшая каста, ущербные что ли?

— Нет у меня ответа, а впрочем, есть, правда, не мой, а изгоя Гамлета: «Есть много, друг Горацио, на свете, что недоступно нашим мудрецам».

ВЕРА ВЕРЕ РОЗНЬ

Верую, ибо абсурдно.
Тертуллиан
Не спрашивай как.
Абд ал Кадира

На этот раз Память сама подлизалась ко мне.

— Слушай, — спросила она, — ты знаешь такой исторический анекдотец про то, как на Руси веру выбирали?

Я тут же прикинулся валенком и встал в угол. — Когда?

— Ну, ты даешь! — искренне изумилась Память. — При Владимире Святом.

— Расскажи, — попросил я.

— Но с условием, — улыбнулась Память.

— Знаю, знаю, — перебил я. — Не любо, не слушай, а врать не мешай.

— Только так, — отрезала она. — Раз согласен, начинаю.

— Стой! Это твой анекдотец, или коллективное творчество?

— Сборное, слушай!

История сея известна от летописца Нестора, который сам является личностью легендарной и фантастической, а по инсинуациям некоторых исследователей всю эту историю скомпилировал некий игумен Сильвестр по наущению и в угоду Владимиру Мономаху. Но мы эту премилую штучку оставим на выяснение другим исследователям, а сами будем придерживаться более-менее известной теории. Так вот, Нестор повествует некую, скажем так, дидактическую новеллу о выборе веры князем Владимиром Красное Солнышко (Рыжим, то есть, это потом он станет Владимиром Святым и Владимиром Крестителем). Он вообще-то до крещения и своих завоевательных походов был не владельцем мира, а Эсфирком, сыном третьей жены князя Святослава — Свири. Но это другая история.

Кликнул светлый князь на свой княжеский двор, в белокаменные палаты представителей разных вер. Чтобы посмотреть, помараковать, что к чему и с чем едят. Да и выбрать подходящее. Но не прост был государь, ой не прост. Дабы не брать ответственность на одни свои государевы плечи, пригласил он бояр и старцев градских послушать это рекламное шоу гостей заморских. Коих было четыре посольства: Болгары Волжские — мусульмане, «немцы» — католики, цареградские греки — православные и представители веры иудейской, то ли из Хазарского Каганата, то ли свои доморощенные от Жидовских ворот. Князь-то Владимир титул носил Великого Кагана Киевского.

С католиками государь общаться отказался, сославшись на то, что Святая Ольга веру эту не приняла, она ей на душу не легла.

У мусульман осечка вышла из-за непития вина, ритуал совместных пиров с дружиною князь отменить не мог. Тогда еще не дружина для князя была, а князь для дружины, тогда еще было право «Земли и воды» и дружинники служили тому, кто им люб, а не старшему на столе княжьем. Ссориться с ними — без дружины быть, а дружину никакая вера в то время заменить не могла.

Иудейские ребята все грамотно выстроили, про веру Авраамову помянули, про законы поведали-растолковали, на соседей хазар сослались так, ненавязчиво. Это с учетом, что мать у Владимира была хазарской принцессой, очень должно было подействовать. Но как всегда сплоховала пропагандистская логика и на вопрос «А где земля ваша?» нет бы ответить: «В Хазарском Каганате», так захлестнула гордыня. И ответили заносчиво: «В Иерусалиме. То есть на Святой Земле. — Правда, добавили: — Сейчас там христиане». Владимир аж опешил от такой прозорливости, это за век-то с хвостиком до прихода крестоносцев в Иерусалим знать, что там христиане будут. Однако хитрый князь еще переспросил: «Точно ли там?» Пришлось поправиться: «Земля наша расточена есть...»

И тут же получили по полной: «Если бы любил вас Бог ваш, то не были бы вы рассеяны по другим народам», — весь сказ.

Послушал князь и хитрых греков, да их он и так знал хорошо. Но, тем не менее, решения не принял — мудер был и хитер, ошибочка могла стоить и престола, и головы. Потому снарядил посольство из десяти выборных и послал по городам и весям, посмотреть, как там у них все в жизни, в действии, а не в парадном шоу, и вынести свое решение коллегиальное. Но и те не лыком шиты, походили, побродили, все высмотрели, а на вопрос княжеский «Где крещение приимем?» ответили хитро: «Где ти любо?» Каков поп, таков и приход, чего еще-то было ожидать.

Короче пришлось-таки князю самому выбирать. Выбрал он веру византийскую, православную. И это по-княжески: союзник мощный, родня по крови, вера мягкая, веротерпимая, к тому же от Святой Ольги на Руси уже цвело махровым цветом арианство. Так что выбор был со всех сторон рациональный и своевременный.

— Вот такая история с географией, — закончила Память, сделала паузу и вдруг выпалила: — Это на Руси так веру выбирали, а вот у хазар по-другому. Рассказать?

— Давай, — тут же согласился я, понимая, что вот это и было тем козырным тузом, с которого она давно хотела зайти, но ради большего эффекта придерживала.

В далеком Хазарском Каганате, что раскинулся по низовьям Волги и Северному Причерноморью, жил-поживал Хан Булан. Правда, известно нам все это от единственного знатока жизни Великой Хазарии еврейского поэта и философа Иуды Галеви (Йеуды а-Леви), так как великий хазарский народ своей письменности не имел, а за долгие годы пребывания в иудаизме иврит выучить не удосужился. С ивритом, кстати, и у поэта была неувязочка, то ли он его не знал, то ли скрывал, а потому писал свою поэму на арабском. Жил тот философ в Испании лет этак через 200 после того, как описываемый им Каганат превратился в дым, но знал он о нем все подробно и достоверно. Все свои знания в литературной форме диалога, по всей видимости, позаимствованной у Платона, уважаемый философ изложил в книге под названием «Кузари: книга доказательств в защиту презираемой религии».

— Хочу заметить тебе, — уточнила Память, что трактат свой писал он в период оживленных теологических споров в Испанском королевстве, и что в иврите, на который он был для начала переведен, а уж потом на латынь, огласовок нет, а буквы «к» и «х» практически не отличаются. Так что не обессудь, вся эта «Кузари» может переводится как «Хазария» и наоборот. Потому, видишь ли, весь этот Хазарский Каганат может быть родным братцем «Города Солнца» и «Утопии», потому как из одной бочки наливали. Одно не могу понять, — задумалась Память, — кто же берет полемический трактат с изложением основ еще даже не оформившейся религии, задуманный как средство противодействия ассимиляции замкнутой касты, в качестве первоисточника для изучения истории целого народа и его государственности. Забавно! Вернемся к рассказу.

Вышеупомянутый Хан Булан, что означает просто Рыжий, ну, если точнее, то светло-желтый, призвал пред светлые свои очи евреев, христиан и мусульман. Было это где-то в середине века восьмого. (Тут Память никак не могла мне вразумительно объяснить, где этот Галеви их вообще раскопал? Ладно, мусульман он, вроде, в Волжской Булгарии мог найти, хотя тоже вопрос. А остальных? Христиан, кроме как в Византии, рядышком не было. Иудеи по всей земле расползлись, даже в Вавилоне гаоны (еврейские мудрецы) еще не довели до ума своды иудейской философии. В общем, непонятки, и Память их «срастить» ну никак не смогла.)

Расселись гости и давай ему рассказки рассказывать каждый про свою веру. Мусульмане — про джихат и райских гурий, христиане опять же — про царство небесное и любовь к ближнему своему. Только вот друг на друга нападали они злобно, тут-то ушлый иудей и подсуетился с байкой о том, что все веры на его базе стоят, что все они от Авраама, а он вообще непосредственно его полномочный представитель, и вот только что с ним молоко и мед трапезничал. Послушал, послушал Булан и решил всех своих хазар обгиурить, или попросту говоря, для начала обрезать, что и совершил с увлечением и радостью, как сообщает нам единственный знаток обычаев этой мифической страны. Притом один он или с дружиной мечом махал, о том литература умалчивает, а помощи ему от рабби ждать было нечего, потому как в иудаизме миссионерство запрещено. Никак не может объяснить великий поэт и философ и того, с чего бы это правоверные иудеи в могилы к умершим своим лошадей и собак клали? Обычай такой, видно, был староеврейский, а потом забылся с годами. Только вот археологам теперь маета объяснять сие непонятливой публике.

Записал нам все это почти что очевидец, записал и решил паломничество в Святую Землю совершить, в честь завершения трудов своих праведных. Приехал он в город

Иерусалим, прилег помолиться, тут его арабский всадник и убил. Пусть земля ему будет пухом. Только вот произошло это все, когда в Иерусалиме уже как полвека крестоносцы сидели, и по тем же историческим источникам, запретили в нем нехристям жить. Откуда ж там арабский всадник взялся, этакий призрак Магомета. Или его там не было, или поэта, или вообще, никого никогда не было, одно из всех, как говорят в Одессе.

Таким чудесным образом завершилась жизнь поэта, праведника и философа, единственного знатока Хазарского Каганата и его могущества во славу иудейской веры — Иуды Галеви. А остальные трактаты и монографии на эту на тему все от него, от знатока нашего, ибо других источников нет, — лукаво заключила Память. — Правда слышала я, краем уха, про знаменитое «Письмо Иосифа, сына Аарона, царя Тогармского к реббе Хасдаю», в котором подробно все о Хазарии излагается самим, можно сказать, каганом Хазарским. Только вот подлинность самого письма, мягко говоря, сомнения вызывает и уже никем это письмо в расчет не принимается, потому что сродни оно «Песням западных славян» и другим подобным документам.

И добавила:

— Дружок и учитель Иуды нашего Платон говаривал по поводу знаний: — «Есть Истина. Есть Ложь. То, что находится между ними — Миф».

— Постой, постой, этих Каганатов тьма тьмущая, значит не одно это великое иудейское государство в ту эпоху процветало, и все твои злопыхательства на великого ученого — по злобе или по незнанию.

— Это ты что имеешь в виду?

— Считай сама. Аварский Каганат, Тюркский Каганат, Уйгурский Каганат, Западный Каганат, Кыргызский Каганат.

— Ну, во-первых, Тюркский, Западный и Уйгурский это вообще осколки одного Каганата, к ним еще Восточно-Туркестанский относится. Во-вторых, ты там еще Кимакский, то есть Кипчакский забыл. А в-третьих Каганат — это там где Каган правил, то есть князь, то есть хан, то есть хаган, коэн, конунг, как больше нравится, — это главный, значит, «старшой», по-аварски, хазарски, печенежски, кипчажски, русски, норманнски, монгольски, да бог еще знает по-каковски. А насчет иудаизма, это ты, братец, сильно. Никто из той компании к иудаизму отношения не то чтобы не имел, но и не очень-то плотно приобщался. Ходят слухи, что Аварский Каганат исповедовал иудаизм, но обсуждается этот вопрос в очень узких кругах. Притом настолько неубедительно, что относиться к ним можно точно так же, как к хану Булану, или к еще более узко специализированному вопросу о «кочевом иудаизме», зачастую всплывающем у очень уж крутых поклонников того, что «кругом одни евреи».

Людовик Немецкий перечислял Василию Македонскому (Македянину) четыре каганата: Аварский, Хазарский, Болгарский на Дунае и Норманнский; при этом, уточняя, что все они — у него на границе, и в Норманнском живут русы; то есть это Русский Каганат, место положения коего ученые мужи в яростных спорах определяют то у Тмутаракани, то у Старой Руссы. Мол, отсюда и название такое Старая Русь.

Все эти государства, по коим источники — в основном диссертации и научные энциклопедии, да литературные изыски — «погибли аки обри», как было сказано о тех же аварах в летописи одного древнего историка. Который, как и все его последователи, придерживался известной методологии — Я сам не едал, но мой братец видал, как барин едал. На том сказке конец, а кто слушал, молодец. Но, как утверждает Талмуд, «лучше молчание, чем красивая ложь».

Память звонко и заразительно засмеялась:

— А ты знаешь, любознательный мой, когда зародилась эта великая и удивительная наука история? Ты, может быть, думаешь, что древние египетские жрецы корпели над иероглифами в недрах пирамид Гизы или у стен храмов в Карнахе, единственно с целью оставить потомкам историю великих фараонов? Ошибаешься, батенька, заказ у них был исключительно социальный, поэтому они были не первыми историками, а первыми пиарщиками. Такой «промоушен продакшен Фараон лимитед», с разрастанием в дальнейшем в «Ойкумена корпорейшен» за счет объединения с халдеями, волхвами и всяческими друидами. — Память опять звонко захохотала. — А вот другая командочка — всякие летописцы Несторы, игумены Сильвестры, Гомеры, Платоны и остальная пишущая братия — относится уже к разряду второй древнейшей профессии. Ну, ну не обижайся, это я не про тебя. Так что их ты тоже к историкам не причисляй, кто девушку обедает, тот ее и танцует, закон жизни, — уже с сарказмом добавила она. — Начало же всего этого безобразия, под звонким именем «история», было положено в известный всем Век Просвещения. Только это уже история «истории».

Вернемся, однако, к выборам веры, — продолжала Память, — к вопросу, который постоянно возникает перед любым лидером в момент определения дальнейшего пути, после того как он объявил себя вождем и массы пошли за ним. Притом первоначальный лозунг, под который эти массы были собраны, зачастую не является последующим, так как вера должна объединять не основной костяк единомышленников, а широкие массы. Первоначальный лозунг — это искра, из которой возгорится пламя, а в пламя надо кидать дрова, а дрова — это вера и верующие.

Итак, вождь по имени Мухаммед (Магомет), продолжатель дела Моисея, собирается вывести свой народ из пустыни в Землю Обетованную, то есть совершить Исход. Мы об этом уже говорили. Но повторение — мать учения. Значит, есть земля, завещанная Богом праотцу Аврааму, есть Мессия-Избавитель Мухаммед, есть лозунг — «течет молоком и медом», есть когорта сподвижников — *агаритяне», «агаряне»*, потомки Агари, матери Измаила. Вперед!

Возложив на себя затею мессианства и принеся эту идею в покоренные страны в точности по Ветхому Завету — «Огнем и мечом», — вождь столкнулся с проблемой. Первоначальная «Авраамова вера» стала, если можно так выразиться, узковата для больших дел. И вот тут... — Память взяла было паузу, но не выдержала, — нет, нет, он не позвал послов от всех вер, и не послал гонцов в разные страны. Он встретился с самаритянами, — Память наморщила лоб, — с добрыми, злыми — не могу сказать. С разными самаритянами, о которых небольшой рассказ.

В Обетованной Земле жили-поживали некие люди, которые называли себя *«шомрим» — «самаритяне»,* что означает *«хранители завета».* Так эти люди обозначали, что они тут всегда хранили Завет, который Авраам с Богом заключил, завет и все законы соответственно. В честь своей прямой связи с праотцом чтили они голубя, коий олицетворял Святой Дух, заключивший завет. Законы свои считали они единственно правильными и по Авраамовой вере написанными, а другие — переделанными и искаженными, нельзя, мол, устные законы за Законы чтить. Нет в них гарантии. Что, разве кто-то правильно все запомнил и потомкам рассказал? В общем-то, в таком рассуждении есть резон, — отметила Память. — Я вот тоже часто плохое забываю, или то, что мне не нравится, или то, что сейчас не нужно. Так что в этом их замечании какая-то сермяжная правда присутствует.

Самаритяне эти, в отсутствии конкурентов, продвинули на совещании у вождя свою идею. Мол, для всех за основу надо взять «Пятикнижие», потому что оно и так основой для всей веры Моисеевой является. А на основе Пятикнижия разрабатывать новые законы для фундамента новой веры. Мысль эта новому пророку понравилась, одобрена им была полностью, и мудрецы, философы и историки, вся придворная камарилья задачу выполнила на раз. Моиссеевый сборник законов подчистили, подлакировали, подправили... Вот, получите Коран — новый закон новой веры. Основой этой веры выбрали покорность богу и пророку его на земле, а буде в то время это Мухаммед, то, естественно, ему, и беспрекословно. Вера эта так новоявленному пророку понравилась, что он ее тут же и начал внедрять повсеместно, а кому не нравилась, — не обессудьте, против бога не попрешь. И опять, как и везде, пошла дележка на правоверных и неверных, веру для того и выбирают, чтобы было ясно, кто наш, а кто не наш. Чтоб ясно было, кого резать.

Хотя, как ни старайся все забыть, а не получится. И в новой вере остались и монашество, и братства, и святые старые и даже Мессия Иса. Все забыть невозможно, иначе будет не выбор и не создание нового, а амнезия, это когда меня совсем нет, — заметила Память. — Вот возьму, уйду и будет у тебя амнезия. Не пугайся, шучу, хотя многие об этом могут только мечтать, и не только отдельные личности, но и целые народы, и что удивительно, кое-кому почти удается. — В этом месте Память удивилась. Но потом продолжила:

— Пример выбора такой веры, когда удается все забыть — Реформация. Тоже, тоже выбор веры, притом веры такой, какой мир еще не знал, веры не то чтобы нужной, необходимой, а удобной, как ботинки, чтоб не жала и воду не пропускала. Желательно, чтобы не чистить и стоила бы подешевле, такой гуманистический, просветительский подход.

Началось все с борьбы... — Ну, конечно же, с евреями и их Талмудом, то есть с жесткими централизованными законами и инструкциями. И родилась эта борьба, ну, конечно же, в еврейской среде, потому как в первую очередь страдали от этих инструкций они, а учитывая, что в семье не без урода, кое-кому очень хотелось вырваться, но при этом и честь соблюсти, и капитал приобрести.

Всяческие гады-выкресты типа Пфефферкорна начали раскручивать плебс на возмущение, забыв по неразумности своей, что пока еще на эту касту распространялись имперские буллы, и личная защита королей. На их забывчивость (ох уж эти провалы в памяти, много, много от них вреда) им скоро было очень оперативно указано, все было разжевано и хлопнуто по спине, чтоб лучше глоталось. Объяснения типа «с суконным рылом в калашный ряд» не потребовалось. Хватило уточнения, что евреи под рукой царственной, государевой, а не в управлении каких-то там курфюрстов Саксонии и наместников Моравии, и тем более недоносков Лютеров. Ничего, утерлись, но злобу затаили.

К тому же Реформация набирала силу, протестантство устраивало всех. Вера, отошедшая от центральной власти, вера на своем языке и по своим обычаям, вера для бюргера, озверевшего от свободы, свободы от господина и порядка. Такая вера была нужна всем: наместникам, ставшим королями, крестьянам, не желавшим платить налоги, купцам, задолжавшим по кредитам, наемникам, нахлебавшимся крови, духовенству, хотевшему быть голосом Божьим на земле. Впервые пришла Революция — преобразование, и она требовала новой Веры.

А каким высоким штилем излагалась задача разрушения старого! Здесь имеет смысл привести слова основателя романтического направления в литературе Германии барона Гарденберга, известного под псевдонимом Новалис: *«инсургенты, которые назывались протестантами в союзе с филологией и рациональной библейской экзегезой, лишили Европу Бога и подняли разум в ранг евангелистов»*. Ему вторил и развивал его идеи в своих многочисленных произведениях литератор, публицист и философ Фридрих Шлегель. Исходным пунктом и лейтмотивом всех его сочинений является лозунг «Возвращение к порядку!»: *«просвещенный народ, вся энергия которого уходит на мыслительную деятельность, утрачивает вместе с темнотою и свою силу и тот принцип варварства, который является основой всего великого и прекрасного»*. Память озорно посмотрела на меня. — Это тебе не рабское — «Где ти любо?», это песня, это гимн новой вере.

Все изменения идут в соответствии с «народным духом» — вторили им пропагандисты сепаратизма. А главные сепаратисты примеряли на себя каждый ту веру, какая ему была по нраву, по нутру, по той колодке, что сам выстругал. Германцам — лютеранство, швейцарцам — кальвинизм, англичанам — англиканство, и так это всем понравилось — каждому свою веру иметь доморощенную, — что наплодили на костях единой веры аж 28 новых вер. Вот такое было преобразование — Реформация по научному, выбор веры по-нашему. А, по-моему, — Память задумалась, — амнезия во всей красе, всенародная, всемирная, искусственно привнесенная, желаемая и сдобренная соусом философий, теологий и наукообразия.

Хотя честь и хвала тем, кто впереди, зачинщикам и проводникам новой веры. Даже когда это еще ересь, и когда тебя судят, надо иметь смелость сказать: «*На том стою и не могу иначе. Да поможет мне Бог. Аминь!*», — как это сделал Лютер. Тогда твоим именем назовут Новую Веру, но тогда ты сам должен соответствовать ей. В этом-то и вся диалектика, — уже философски закончила Память.

ИСТОРИЯ ИСТОРИИ

> Наука, как известно, тем и хороша, что в ней никому не дано сказать последнее слово.
>
> *И. Д. Ковальченко*

> Для меня история — это сумма всех возможных историй, всех подходов и точек зрения.
>
> *Ф. Бродель*

Как-то раз, придя со своих кухонных посиделок, Память толкнула меня в бок: — Послушай, какую историю расскажу. — Потом задумалась и как бы про себя забубнила: — История, история, история — это что за зверь такой хвостатый, это с каким маслом эту штуку едят, это когда такое на свет появилось?

— Отец истории Геродот! — решил раззадорить я ее. — И ноги у нее растут от ионийцев-логографов, то есть *пишущих слова*.

— Ты мне лапшу на уши не вешай, — так же задумчиво ответила Память, — Логографы твои такие же историки, как Союз писателей. Там и географ, и поэт, и беллетрист, и вообще, с миру по нитке — голому петля. Их историками «за неимением гербовой» признали. Или, грубо, на безрыбье и сам... Не аргумент это — и не историки они.

— Римлян великих тоже не поминай, — желчно и тихо процедила она сквозь зубы, — что Тит Ливий, Сенека со Светонием, то и Вергилий и Гораций с Овидием, все они одна шайка, все пропагандисты Главного политического управления (ГлавПУРа по-вашему) Октивиана Августа и др. Они и имя-то ему придумали: Август Святой — сын Аполлона. И про «золотой век» сказку сочинили, и всякую якобы историческую мишуру на все это навесили — для придания весомости и амбициозности собственным утопическим россказням. Чем наглее ложь, тем больше ей веры — эта мысль, сформулированная в вашем веке, всегда была основой идеологии государей, и к исторической науке это никакого отношения не имеет. Впрочем, о чем это я?

— Склероз, что ли, матушка? — уже теперь зацепил ее я.

— Правильно! Или как там кричал мифический старец Архимед: эврика! — вдруг воскликнула Память. — Надо искать, кому это было выгодно — придумать науку историю. Тогда все встанет на свои места. Кому, для чего и когда — вот три главных вопроса. Три источника и три составных части. Значит, на них должны быть три ответа. Она облегченно вздохнула, хрустнула пальцами и сказала: — Вот, теперь будем всем миром кухонным эту задачку с тремя неизвестными решать. И, хлопнув дверью, убежала. — Жди, приду — расскажу-у! — донеслось издалека.

Через некоторое время дверь скрипнула и в щели появилась сияющая довольная мордочка Памяти, она просто вся сочилась гордостью и величием.

— Заходи, что там новенького?

Я просто дал ей возможность вылить так долго несомый, наполненный до краев ушат с новостями. И она-таки его вылила, даже не вылила, а выплеснула одним махом, хотя по всему ее виду было ясно, что собиралась она цедить его по капельке, получая при этом истинное удовольствие. Но молодость, молодость — вся ее прелесть в несдержанности, и в неследовании правилам логики и политеса.

Я чуть не захлебнулся в водопаде информации, обрушившемся на меня в одну секунду, и с трудом попытался восстановить его последовательность, но все равно «смешались в кучу кони, люди» и результатом моих усилий стал следующий рассказ, все-таки выуженный из этого потока.

Были такие интересные люди, называемые «гуманистами», названные так потому, что занимались в студиях — «humanitatis», направленных на изучение человеков. Апофеозом гуманистов стали неоплатоники, создали Академии Неоплатонизма во Флоренции, которые якобы ввели в терминологию общества понятие «возрождение». — Тут опять выражение мордашки у Памяти стало хитрое-хитрое.

— Ты помнишь, мы как-то о словах говорили, об изгоях? Так вот, это аналогичный примерчик. Гуманисты Эпохи Возрождения,— она сделала паузу, — под термином «возрождение» понимали немного другое. Это сейчас мы, даже не заглядывая в энциклопедии и словари, совершенно точно можем сформулировать, что Возрождение — это возрождение античного культурного наследия, как бы обращение к культуре позавчерашней, через голову культуры вчерашней, с целью формирования культуры сегодняшней и особенно завтрашней.

Во, загнула, — Память сама опешила от такой формулировки, — ну да ладно, разберешься. Если в историках пытаешься разобраться, научись в формулировках разбираться. Это сейчас уже историки нас научили, что происходит кругооборот истории, то есть она развивается по спирали, а тогда эти самые гуманисты точно знали, что история идет только вперед от Адама и Евы до искупления, и искупление это есть шаг к преображению, к возрождению. Отсюда и Ренессанс от церковного renovatio — *«обращение»*.

Запустили его в народ хорошо тебе известные личности. Правда, прославились они скорее на почве Реформации и политики, чем на почве изучения всяческих античных горшков, исследования иероглифов и рун, коих, впрочем, в то время еще не знали. Звали этих личностей: Альбрехт Дюрер, график и художник, известный своими мистическими сюжетами типа «Четырех всадников Апокалипсиса» и «Адам и Ева», друг и придворный портретист Эразма Роттердамского. Филипп Меланхтон (Шварцерд), сподвижник Лютера и один из самых ярых проповедников и теологов лютеранства. Николо Макиавелли, крупнейший из мыслителей Возрождения, который в представлении не нуждается.

Все их сподвижники, друзья, оппоненты, последователи и ближайшие ученики под этим термином, в отличие от нас, понимали однозначно «обновление», обновление человеческой природы в связи с наступлением нового «золотого века». Возникла потребность резко отделить новое время от предыдущих столетий, не прошедших через горнило преображения. Столпы Посвящения и Мастерства приложили к этому свои мистические руки. Мэтр Жан Боден в своей работе «Метод легкого изучения истории» определил, как это надо делать и в какую сторону бежать, а в работе «Демономания» объяснил, как расправляться с религией и церковью. А Мэтр Френсис Бэкон встал у истоков создания гуманистической трахитомии, тройного разделения на «Древнюю историю», «Историю Средних веков» и «Новую историю». Притом автор этого деления — ученик Бэкона Келлер — под Средними веками понимал период от

Константина Великого до взятия Константинополя турками, а под древними все до этого.

Память наставнически подняла палец и менторским тоном продолжила: — Обслуживая обновление, а главное, обращение и перерождение общества, отказываясь от «темных» и презираемых Средних веков, а главное, выполняя задачу осуществления «провала» на этот период, дружно поработала семейка Скалигеров. Сынок с отцом, будучи не самыми плохими учениками Мастера Жана Бодена, и натасканные достаточно плотно в применении знаний по каббале, довольно лихо состряпали хронологическую шкалу истории. От их лихости даже у Мэтра Исаака Ньютона чуть парик не слетел, но, тем не менее, историю мы учим по Скалигерам.

Память опять разлилась звонким колокольчиком.

— Все как с цепи сорвались, пришел социальный заказ на «историю», на «исторические нации», на родословное древо. И пошла писать губерния от Вольтера (и этот просветитель туда же) до Шатобриана, от Джордано Бруно до Нострадамуса. Кто только ни пытался приложить руку к «созданию» истории! Притом просветителей в этом благородном деле сочинения по заказам всяческих Габсбургов и Бурбонов занимательного чтива на тему «Как это было», то есть среди писательской братии, оказалось процентов девяносто. Сделайте мне красиво — говорят в Одессе. Они и делали. Надо вам черным средние века помазать, пожалуйста, вот вам термин — «феодализм», по церкви проехаться — «клерикализм».

Создали сами «конкретный исторический материал» и сами же в нем обнаружили и сочинили общие «всемирно-исторические законы прогрессивного общественного развития». А уж когда к истории приложили ручки, сначала Академики революционной Франции и антимонархистской Германии, а потом основоположники самого верного и всесильного учения, она аж запищала.

Вот это молодцы, чего хочу, того и пою, куда там чукчам и алеутам. Те хоть видят, про что поют, а эти сами видят внутренним зрением, сами понимают, что видят, и сами поют. Гении!!! — Память вскочила и расшаркалась. — Снимаю перед ними шляпу. Один из современных историков по этому поводу сказал почти гениально: «хотелось бы не плакать, не смеяться, а понять». Но это уже без меня, — хихикнула Память и побежала к двери, махнув на прощание рукой.

— А как же три источника и три составных части?

— Сам разбирайся. Для чего аспирантуры кончал и степени защищал? Хоть с материалом научись работать, — вставила последнюю шпильку Память и добавила: — Один из основателей «исторической науки» Никола Мальбранш такие явления, как ты, называл «полиматией», то есть всезнайством, но это тебе не в укор, потому как подходит вообще именно к определению «история». Казуистика самой этой науки заключается не в принципе *«Понять настоящее с помощью прошлого»,* а в принципе *«Понять прошлое с помощью и в угоду настоящему».* Вот в этом и весь смысл.

СТОЛИЦА — ЭТО ТАМ, ГДЕ «ОТЦА СТОЛ»

> Нет совершенно никакой разницы между нами и тобой... Авраам — твой и наш отец и отец всем праведным, следующим по его путям.
>
> *Моше бен-Маймон (Моисей Маймонид)*

Давненько что-то не путешествовали мы с Памятью по Земле Обетованной, то ли недосуг было, то ли она ничего интересного извлечь из своих закромов не удосуживалась. Но вот как-то раз болтали мы на тему, совершенно Святой Земли не касающуюся, может только краем, чуть-чуть ее задевающую, притом совершенно отвлеченную — об именах, что они с собой несут и что обозначают. Вдруг Память как-то невежливо оборвала разговор:

— Это рановато тебе обсуждать, в следующий раз, а вот как мы зачастую имена воспринимаем, я покажу тебе на таком примере.

Праотец всех вер Авраам, что само по себе и означает «праотец», по всей видимости имел когда-то имя, но предки наши запомнить его не удосужились, и знаем мы его только как Авраама, то есть, попросту говоря — «праотца». Наши предки — они вообще не злоупотребляли именами собственными и вполне обходились звучными партийными псевдонимами или гордыми прозваниями, кому как больше нравится. Моисей — Избавитель, Иисус — Спаситель, Иуда — славящий Яхве, что потом много путаницы принесло в историческую науку.

Вот вспомнила я про Авраама, и потянуло меня рассказать о том месте, от которого пошла Земля Обетованная, — заинтриговала меня Память. — Не слишком часто вспоминают о нем в нынешние дни, да видно, у каждого времени свои кумиры и любимые туристические места.

Придя в Ханаан из Ура-Халдейского, если можно так выразится, по посулу Божьему, Авраам остановился в Земле Обетованной у города Сихем. Так сказано в Священном Писании. Ныне город сей называется Шхем и находится он на территориях, или точнее, на палестинских территориях, временно занятых Израилем. Город этот древний и существовал еще с доавраамовских времен, упомянут Иосифом Флавием и Эйсебием и разными другими борзописцами, ныне выдаваемыми за историков. Носил он за многие годы многие имена или же под многими именами его поминали. Это и Неаполис (Новгород), и Нублус, и Шехем, а может, и еще как, только мы не знаем.

Был этот город испокон веку столицей Нагорья со своей столичной судьбой. Вот в этот город и пришел путешественник и переселенец, праотец всех религий Авраам, по воле Бога единого, которого он признал истинным. В этом городе под Дубом, считавшимся священным у местных племен, построил он первый алтарь на новой земле, у этого алтаря заключил он завет с Господом и дал ответный обет, нести веру его к людям. На месте том стоял Храм Завета Господа, хорошо известный еще во времена крестоносцев, крепость которых находилась в Шхеме и контролировала эту часть Нагорья.

Когда армия детей Израиля (Богоборцев) под водительством Иисуса Навина вторглась в Нагорье с Востока, и занялась облагораживанием племен Ханаанских, Шхем она обошла стороной или вообще рядышком не пробегала, ибо литературная история, известная нам под наименованием «Книга Судей», о завоевании Шхема умалчивает. Был, правда, древний эпизод, когда два брата напали на Шхем, дабы защитить честь сестры своей Дины, за что были прокляты отцом своим незамедлительно. Братьев звали Симон и Левий. А отец их — Яков, то есть Израиль. Они были не только прокляты, но еще и права первородства лишились и уделов своих настоящих и будущих вместе с коленами своими. В результате пришлось им довольствоваться одному — службой привратниками (левитами) при монастырях, другому — послушниками в землях колена Иудина (богославящего). Такой вот был интересный городок. Так что Иисуса Навина можно понять, зная эту историю, и я бы тоже поостерегся туда нос совать.

— Но и это не все, — продолжала Память, — каких только чудес с городом этим не было.

Когда уже колена Израилевы рвали землю Ханаана на части, по принципу «у кого больше, тот и пан», явился туда некто Авималех, сын князя Гидеона из колена Манассии. То ли к матери в гости забежал, она у него родом из этого самого города была, то ли просто на постой между боями. Но за время своего столования в родном городе, сгреб он 70 своих братьев и порубал на камешке в соседнем городе Офре. Причина такого его недовольства сокрыта веками, кто их разберет, разбойничков, что у них в голове. Да и не понятно, что это за братья такие были, то ли его братья, то ли просто братья из Братства. Но, тем не менее, город вздрогнул от такой благодарности за гостеприимство и лихо ответил княжескому сынку мятежом. Погорячились. С наемниками и дружинниками так нельзя. Сам ли справился Авималех, папаша ли помог, колено ли подтянулось, но в результате карательного похода город взяли на меч, пограбили и сожгли.

Все хорошо, что хорошо кончается. Порвали землю на части, кто, сколько мог, столько и взял, пора и честь знать. Старшие решили порядок наводить, Империю устакивать, упорядочивать, узаконивать. Первым делом решили столицу определять. На Севере — колено Иосифа с двумя сыновьими подколенками Ефрема и Манассия власть держали — государство свое нарекли Израилем Богоборческим. На Юге колено Иудово свое государство Иудею Богославящую образовало.

Но это вы так считаете, всезнайки, — ухмыльнулась Память, — только может, это два государства такие параллельные были: одно светское — Израиль, другое духовное — Иудея. Такое часто бывало, церковь так и звали «государство в государстве». Да что вам объяснять, дураков учить, как в пустую бочку воду лить.

Однако ни на Севере, ни на юге столицу ставить не стали — приоритет никому отдавать не положено, и, заключив такой Израиле-Иудейский союз, столице уложили быть в Иерусалиме. Ни вам, ни нам. Долго это не продержалось, и при царе Соломоне Север отвалил от союза под прощальный гудок и бортовой салют. Столицей государства-воина опять стал Шхем. Это в то же время, когда южная часть самой Иудеи, так называемая Идумея, тоже помахала ручкой самому мудрому из царей.

В своих правах и значимости Шхем мало уступал Иерусалиму, с его царем Саулом из колена Вениаминова. Это ведь южане считали, что завет с Господом был заключен Авраамом на горе Мория (Храмовой горе), что и там находится Краеугольный камень мира. Северяне же были уверены, что весь этот церемониал, включающий жертвоприношение Исаака, происходил на горе Гризин (гора Благословения) в Шхеме и следовательно Краеугольный камень мира здесь. Кроме того, Иисус Навин после своих завоевательных походов расположил здесь же Ковчег Завета и Скинию (переносное воинское святилище). Чем не аргумент в пользу святости Шхема?

Южане аргументировали тем, что потомки Аароновы (Учителя) из дома Нтамар Скинию ту перенесли в Шило, когда победили в споре за первосвященство, но потомки воинов отнесли это к проискам хитромудрых святош, коими являлись южане, и в расчет не брали. Показывали они всем двенадцать камней, принесенных под стены Шхема двенадцатью полководцами Израилевыми от реки Иордан, когда перешли ее «аки по суху» при вторжении в Ханаан, с коего и началось завоевание Земли Обетованной.

И последним аргументом в пользу большей святости Шхема был для Северян Храм Господа Завета, он же Храм Юпитера Эллинского, он же Собор Богородицы, как кому называть, сами выбирали.

Перетягивание каната между двумя столицами — воинской и духовной — могло бы продолжаться веками, но тут произошло событие всем известное, но логическому объяснению не поддающееся — Вавилонское пленение. Все о нем известно и все описано не раз, не логично только одно: положим, увели 4600 жителей Иудеи в Вавилонию, но чем это повлияло на развал всего царства. Этого до сих пор никто вразумительно объяснить не может.

Итак, около пяти тысяч иудеев-священников было отправлено куда-то, то ли на обучение, то ли на переподготовку, то ли на стажировку — судя по количеству «плененных», был это конкретный отбор, с конкретной целью, конкретных людей. (Да и Бог с ними, эта тайна не про нас). А судя по тому, как эти иудеи, или их потомки, вернулись назад, они там не груши околачивали, и уж точно не кирпичи лепили и не канавы копали. Проживши там сотни лет, как вещают нам историки, в условиях дикого первобытного рабства, вместо того, чтобы полностью ассимилироваться или выродиться, они вернулись без всяких признаков комплекса неполноценности или ущербности. Эта горстка эмигрантов ни в коей мере не считала себя таковыми. Годы, проведенные вдали от Родины, наоборот только раздули в них пламя сепаратизма, манию чистоты крови и веры. Вирус сегрегации уже зародился и начал разъедать тех, кто считал себя избранными даже из богоизбранного народа.

Память устало покачала головой: — Они считали других ущербными. А кто вообще считает себя низшим и выродившимся? Меня эта тема уже утомляет, да ладно, скоро закончим. Конечно не себя, а именно тех, кто остался, именно тех, на плечи которых легла ноша сохранить народ, его веру, обычаи, в конце концов, землю, на которой похоронены предки. Тех, кто жил на Северном Нагорье в Самарии — царстве Израильском, вернувшиеся «пленники» назвали «кутеянами», то есть переселенцами. Переселенцами откуда, куда могут быть люди, веками не двигавшиеся со своих полей и домов, это знали только «мудрецы» вавилонские. Может, они их и назвали сначала «перерожденцами», ведь первым «Держи вора» кричит сам вор, но с годами это превратилось в переселенца. Впрочем, именуя себя «учителями», они всех поголовно называли «туземец» или «мужик», это их, видать, в эмигрантских академиях выучили презирать того, кто тебя кормит. С тех пор и идет отсчет появления мертворожденной теократии, взрастающей на лозунгах чистоты крови и веры.

Сами же северяне, не обижаясь на неофитов, называли себя «самаритянами».

Понимая, что пока стоит и процветает столица Самарии Шхем, на должную высоту Иерусалим не поднять, не придать ему ореола святости, иудейская братия поступила исключительно по академическим, вавилонским рецептам и учебным пособиям. Они натравили Иоанна Гирканского — хасмонейского владыку на ненавистный город. Что уж они там ему пели, что рассказывали, нам не ведомо, но школа Юдифи дала себя знать. Иоанн разрушил Шхем и перепахал место, на котором тот стоял. Без всякого злорадства скажу, что данный сценарий применили потом к самому Иерусалиму, притом с точностью до миллиметра.

Город отстроился снова, правда, без старой пышности и размаха, как воин-ветеран, оставил только стены для защиты да старые святыни. Рядом вырос пригород Шомрон (Самария), по другим источникам Сабастия, в которой похоронили Иоанна Крестителя и построили ему Храм и Мечеть. Без всяких религиозных разногласий и непонимания, потому как свят он для всех, и почитается, пожалуй, наиболее всех других святых и всеми религиями.

— Ну да об этом отдельный разговор — пойдем лучше прогуляемся, купнемся, — мечтательно сказала Память.

— Подожди, — я попытался продолжить беседу. А дальше?

— Купаться хочу, — заныла Память, — не пойдешь, пойду одна, но потом рассказывать не проси.

— Хорошо, но обещай про Иоанна Крестителя.

— Обещаю, пошли, — дернула меня Память.

СЫНЫ СВЕТА, ПРОПАВШИЕ ВО ТЬМЕ

> Кто говорит, что он во свете, а ненавидит брата своего, тот еще во тьме.
>
> *Апостол Иоанн*

В этот раз я расскажу тебе сказку, — распевно и мечтательно начала Память. — Слушай. Давным-давно, так давно, что оливы в Гефсиманском саду были еще кустиками, так давно, что в Храме на скале первосвященником был Симон Маккавей, в Святом Городе Иерусалиме жил-поживал Древний Мудрец. Все люди вокруг звали его просто Цадик, то есть «праведник», но ученики между собой звали его Учитель Праведности. Учеников же его люди, жившие в этой стране, называли ессеями, странным таким названием, которое обозначало и «молчаливые», наверно за неразговорчивость их, и «исцеляющие» за умение облегчить страдания заболевшему, а чаще всего понимали под этим названием «благочестивые», за святость их и служение Богу. Сами же себя называли его ученики «Сыновьями Света».

Так вот, в те далекие времена, когда Эра Овна, шумного, прямого, упрямого Овна уже прощалась с этим миром и когда в двери стучалась Эра Рыб, молчащих и дышащих тайной воды, жил этот Древний Мудрец. Долго жил он на свете, много повидал, много знал. Говорят, что получил он знания от самого Погонщика Старых Верблюдов — Сына Звезды — Зороастра. Но мало ли чего говорят в народе, сам Мудрец такого никогда не говорил. Говорят, что знал он секреты древних Магов и Посвященных, секреты колдунов и чародеев, волхвов и друидов, но мало ли чего говорят в народе, сам он этого не говорил.

Много было у него учеников, много знаний передал он им, знаний, как врачевать тело и душу, знаний, как говорить с самим Богом, без посредства жрецов и священников. Но более всего любил Цадик самого малого своего ученика, даже еще и не ученика, а пятилетнего послушника, которого привела к нему за ручку мать, которая хотела, чтобы малыш увидел свет Истины. Звали этого малыша просто Симеон, что и означало «послушник».

Маленький Симеон еще не слушал серьезных проповедей Учителя, еще не изучал уроков бытия и знаний, он просто смотрел на мир широко открытыми глазами, и пытался понять, что это за мир, и как его устроил Бог для жизни в нем и Учителя, и Маккавея, и самого его маленького Симеона. И почему? Почему не любит первосвященник Учителя, да и все священники не любят ессеев? Почему так много знает Учитель, но не идет в Храм? Но мысли быстро отлетали прочь, и он опять бежал в зеленые поля, где прохладный ветерок шевелил его шелковистые кудри.

В одну из таких прогулок, Учитель позвал его и сказал: «Послушай, сынок, наступает Эра Рыб — эра молчания и милосердия, эра любви и сострадания, много чего произойдет за эти годы, будет суд и не станет меня, будет новый Храм, будут страшные войны, и будет мир. Наступает время тайн, я дам тебе свитки, спрячь их в пещере, так спрячь, малыш, чтобы никто не смог их найти, до той поры, пока на смену молчаливой Эре Рыб не постучится в дверь новая Эра Водолея». Учитель ласково улыбнулся. Мальчик обнял его за шею, прижался к щеке и что-то хотел сказать, но Учитель приложил ему палец к губам и продолжил: «Ты спрячешь свитки, мальчик, и будешь ждать меня, долго будешь ждать, ты будешь жить почти что вечно. Жди, я приду, ты увидишь Новый Храм, ты узнаешь нового Илию, ты станешь стар и мудр, тебя так и назовут Мудрым, но ты жди». — «Как же я узнаю тебя, Учитель?» — спросил мальчик, он был мил и прост. — «Когда родился Сын Звезды, — он рассмеялся и смех долго звучал в Храме под названием Земля, — когда ты услышишь смех в Храме — это буду я. Я приду вновь, чтобы взять на себя грехи людей, чтобы искупить их, чтобы дать людям Новый Завет. Запомни, малыш, я рассмеюсь в Храме, и ты услышишь и расскажешь об этом моим ессеям — агнцам божьим, ты скажешь им, что я вернулся». Старик тяжело вздохнул, он знал то, о чем говорил, он видел далеко вперед, чему и учил старших учеников. Это не прибавляло ему радости, но прибавляло веры. Он распрямился и пошел, такой Великий и Мудрый, пошел навстречу заходящему солнцу, будто хотел раствориться в его лучах. А Симеон побежал к матери, рассказать про великую тайну, которую ему поведал Цадик, он еще не умел хранить тайны, он еще был малышом.

Шли годы, первосвященник и Синедрион (святой суд) осудили Учителя Праведности и распяли его на кресте в городе Иерусалиме на горе Голгофа, менялись цари и царицы, Рим завоевал Иудею, маленький Симеон вырос и стал называться Мудрым. Он исполнил завет Учителя и с самыми доверенными ессеями спрятал завещанные ему свитки в горах Мертвого моря, прибавив к ним все знания, что сам приобрел за эти годы. Он увидел разрушение Старого Храма и увидел Новый Храм, он увидел разрушение монастыря ессеев, он почти уже устал жить. Старый Мудрый Симеон редко бывал в Новом Храме, он не любил его, не любил фарисеев и саддукеев, которые пышностью своей затмевали царей и прокураторов Рима. Он вообще перестал бы ходить в Храм, если бы не обещание Учителя вернутся, хотя, может, тот просто пошутил над малышом.

В один из осенних дней он проходил по общему двору Храма, беседуя со своей старой знакомой пророчицей Анной, старой во всем, даже в прожитых годах, которые приближались к полуторавековому юбилею, и вдруг...Тихий, но звонкий смех раздался под сводами Храма. «Тихо, Иисус, ты же в Храме», — шепот матери потушил смех мгновенно. Симеон вздрогнул, сначала не поверил, но уже помолодел лет на сто, стал выше ростом, и в глазах загорелся огонь. Он повернулся к Младенцу, протянул ему руки, и тот улыбнулся ему в ответ. «Вот ты и вернулся, Учитель», — произнес старик. — «Я так ждал тебя. Я много теперь знаю. Благословляю тебя на дела твои, и пусть хватит тебе сил и веры выполнить их». Он поцеловал младенца и мать его, поклонился и вышел из Храма. Больше никто и никогда не видел Мудрого Симеона в Храме. Молва говорит, что он ушел туда, в пещеры Мертвого моря, где жили ессеи, и стал учить нового мальчика, имя которому было Иоанн. Он учил нового Мудреца и ждал, когда придет к нему тот, кого он благословил в Храме, чтобы вручить ему ключ к тайне и таинствам Эры Рыб. Говорят, он дождался и ушел после этого навстречу лучам заходящего солнца.

Вот такая сказка, дружок. — Память размяла в руках листик мяты, понюхала его и продолжала: — великая сказка.

Расскажи про ессеев, — попросил я. — Про свитки, про мальчика Иоанна.

Хорошо, продолжим нашу сказку, — согласилась Память. Прошло две тысячи лет, и вот когда Эра Рыб собралась уходить, и когда на смену ее уже ступила на порог Эра Водолея, произошли загадочные события. — Память рассмеялась так же, как ее сказочный персонаж. — Можно сухим языком вашего века?

Можно, можно, продолжай, — поторопил я ее.

Короче, в 1945 году некий молодой человек мусульманского вероисповедания, бедуинской национальности по имени Мухаммед эд-Диба, будучи по профессии козопасом, вследствие чего полностью безграмотным, соответственно своей профессии пас коз. Проспавши с товарищами свою смену дежурства, наш козопас закономерно потерял козу и пошел ее разыскивать. Долго ли он бродил, скоро ли, но в результате забрел он в пещеру, — а дело происходило в окрестностях Мертвого моря, известных ныне под названием Кумран, — где и обнаружил кучу глиняных сосудов. Новоявленный наш археолог занялся более интересным делом, чем поиски козы, киданием камнями по глиняным горшкам, в чем, в отличие от поисков, преуспел. Десять горшков он разбил в одиночаье и обнаружил, что в одном из них, наряду с каким-то зерном красного цвета, по всей видимости, козопасы не отличаются навыками и знаниями в земледелии, ибо

Кувшины из Кумрана

что это за зерно, он определить не смог, в общем, в одном из них обнаружил он кожаные свитки. Свитки были исписаны каракулями, в отличие от земледелия наш неграмотный пастушок понятие о буквах имел и догадался, что там что-то написано. Осознав некую ценность своей находки, пастушок сграбастал свитки, уложил в переметные сумы и притаранил домой, где они у него спокойненько пролежали до 1947 года, видимо ожидая резолюции ООН о провозглашении Израильского государства. Дождавшись своего часа (все должно выстояться, как хорошее вино), дядя мальчика решил спекульнуть антиквариатом, что успешно и осуществил на базаре в городе Вифлееме, где ему подвернулся якобит Халил Искандер. Якобит — это не французский революционер — те якобинцы, — а член христианской общины якобитов. Правда, он сам не знал, что это такое и с чем его едят, но выложил кровные 20 палестинских фунтов, небольшие по тем меркам деньги, «чтоб було». Совершенно случайно ему попался умный и грамотный человек — профессор

Иерусалимского университета господин Сукеник. Который, не видя в глаза эти самые свитки, потому как покупал кота в мешке через забор Старого Города, сразу понял ценность этих находок (в первую очередь, надо полагать, для нового государства Израиль с его претензиями на Святую Землю). Увидев и поняв радужные перспективы, он скупил все, что было на рынке, то есть все три свитка. Видимо у пастушков были повальные потери коз и повальное кидание камнями в кувшины, или дядя, старый хмырь, по первости прижал три свитка, а потом впарил их сумасшедшему профессору через посредников — уже за 35 английских фунтов. Бешеные деньги, имел толк в коммерции пастуший родственник.

Тут уже на сцену выходят лихие американские бои Джон Тревер и Уильям Браунли, в преддверии войны за независимость, подвизавшиеся в это время в Иерусалиме, с какой благородной целью, покрыто мраком. Кстати потом оба станут ведущими кумранистами мира, все старо как мир. Сами обнаружили, сами изучили, сами интерпретировали, такое натуральное хозяйство замкнутого цикла. По крайней мере они нашли аргументы уболтать митрополита церкви Святого Марка во-первых, дать разрешение на публикацию информации о находке, а без благословения нельзя — проклянут (вот всем бы журналистам взять на вооружение), во-вторых, тайно вывести, то есть украсть свитки из монастыря и перевезти их в США. С глаз долой, вопросов меньше, и в чужие руки не попадут, чтобы всякие людишки по текстам не лазили и экспертиз не делали.

У бедных же бедуинов в их бедуинском крае под названием Кумран началась «свитковая» лихорадка. Наперегонки с большой исторической наукой и археологией, дети пустыни начали извлекать из пещер свиток за свитком, кто больше извлек — археологи, историки, бедуины или авантюристы всех мастей — это загадка Кумранских свитков. В сухом остатке получилось следующее: обыскали все

Кумранский свиток после реставрации

пещеры Мертвого моря и в одиннадцати нашли около 900 свитков на еврейском, арамейском, греческом и даже набатейском языках. Все свитки, кроме десяти, время не пощадило, и остались от них, выражаясь научным языком, фрагменты или попросту обрывки.

Вертели их и так, и сяк, стыковывали, редактировали, может, где чего дописывали, где чего подчищали, не видела, не знаю, врать не буду. Долго ими занимались, почти полвека. Наконец в 1991 году опубликовали. Нового уже ничего там не было, даже если и было, после цензуры в публикацию не попало, но некоторые нюансы появились.

Выявился основной материал свитков — пергамент, то есть бычьи шкуры, правда надо отдать должное истине, есть свитки и на папирусе, этом основном египетском материале.

После всяческих компиляций и компоновок, после кропотливого труда ученых, честь им и хвала, проглянула следующая картина. Всю библиотеку Кумрана условно можно разделить на три основные группы: библейские тексты, общинные документы и беллетристика. Повторимся, после состыковки всех найденных объектов, можно было с определенной степенью достоверности сказать, а главное опубликовать вывод: в библиотеке найдено 180 списков библейских книг, в числе которых 23 канонических текста (отсутствует только книга Есфирь), в их числе фрагменты Септуагинты (греческой Библии), и книга Иова на арамейском языке. При этом варианты текстов Танаха настолько разнообразны, что ставят под сомнение некие каноны иудаизма об уничтожении любого религиозного текста, если в нем точка не так поставлена. Ну, если не под сомнение, то отнесения этого постулата к разряду гротесков и гипербол.

Но, с точки зрения памятной, все становится на свои места, — прокомментировала Память. — Даже после того, как карандаш цензора по всем свиткам перед публикацией пробежался, он не смог скрыть того факта, что пока великий рабби Акива со своими сподвижниками не привел Святые тексты к единообразию, в товарищах согласия не то чтобы не было, а вообще каждый в свою дуду дул, и считал себя единственно правым. Есть и другая крамольная версия, что, сначала не разобравшись, натащили под программу Кумрана всего чего ни попадя, а потом уже поздно было подгонять под один шаблон, пришлось невразумительные объяснения выстраивать. Туда, по запарке, даже апокрифы попали, типа книги Юбилеев, книги Бен Сиры и даже книги Еноха. Правда в последней вовремя успели фрагмент про «сына человеческого» в обрывки отнести. А про набатейские тексты я уже вообще не говорю. На этом описание теологической части можно бы было и закончить, добавив, пожалуй, что к этой части можно было бы отнести еще гороскоп Мессии, на арамейском языке.

Наименее же почищен, как можно надеяться, общинный кусок библиотеки, в коем нашлось место не только для «Устава общины», но также для общинных псалмов и так называемой «Книги Дамасского завета» — инструкции для замкнутой касты, проживающей вдали от метрополии. И это представляет для нас интерес.

Отмечу ряд интересных фактов, обнаруженных в общинной части библиотеки. Например, ессеи в 35 своих псалмах-гимнах ни разу не упоминают Израиль как государство. Или они не понимали по необразованности своей, что живут в этом благословенном государстве, либо прекрасно знали, что название это относится только к светской части государства и к ним, как к духовным лицам, отношения не имеет, так же как и они к нему. В этих же свитках появляется упоминание об Учителе Праведности, объединившем тех, кто принял Новый Завет — Сынов Света и о распятии его по приговору первосвященника.

К разряду же беллетристики относится подавляющая часть фрагментов. Это и галахические постановления, то есть инструкции на все случаи жизни. Описания религиозных праздников, и опять же инструкции по их празднованию. Пикантная подробность, есть там два праздника, о которых нынешние правоверные иудеи и не догадывались, что их праздновать надо. Описания Храма, такой экскурсионно-туристический буклет, с целью посрамить тех, кто сомневался в его существовании и тем более грандиозности. Венцом этого раздела я бы назвала постановления относительно царя Иудейского с указаниями, какую гвардию ему иметь, какой численности, как Храм строить и так далее, такие указки самодержцу неведомо от кого, разве что от Бога. Ну и, конечно же, рыцарский роман, куда ж без этого, о войне Сынов Света и Сынов Тьмы — это просто из читального зала. И все-таки, — не удержалась Память, — я закончу это перечисление не меньшей сказкой, чем другие, хотя это «научный факт».

В числе прочих был свиток длиной два с половиной метра, написанный на трех пластинах мягкой меди, на котором были записаны все места, куда спрятали сокровища Храма во время войны с римлянами. Общий вес золота и серебра в кладах составлял 200 тонн.

Память победоносно уперла руки в боки и гордо вскинула голову:

— Знай наших! А чего ты не упал? Такого количества драгметаллов не то, что в Иудее, во всем мире тогда не было! Но вернемся к нашим агнцам божьим — ессеям, это они сами себя так называли, а еще называли они себя «зверями», которые борются с хищными птицами. Они видели свое предназначение в борьбе за то, чтобы люди поняли, нет Добра и Зла, а есть единство этих двух сторон у человека и у Бога. Только люди сами могут распознать сынов истины и сынов беззакония, проповедников лжи, «сделавших ограду для Торы» и истинных благочестивцев. *«Бог сотворил человека для владычества над миром и положил ему два духа, чтобы руководиться ими. Это духи Правды и Кривды»*. А, по сути, — подвела итог Память, — это был военно-монашеский орден с жестким казарменным Уставом, обетом безбрачия, обрядовостью и ритуалами, вплоть до форменной одежды. Люди Нового Завета, Нового Израиля, как они любили себя называть, жили в ожидании приказа Мессии. Мессии, которым, они считали, будет возвратившийся Мелхиседек, царь-священник, помазанник «Израиля и Аарона», воин в монашеской рясе. Когда он протрубит в свои боевые трубы, ессеи, Сыны Света, рыцари «Братства Завета» выйдут на бой с предателями и уничтожат их.

Ты знаешь, — добавила Память, — в этом есть какие-то отголоски вагантов, или даже Рыцарей Круглого стола.

Это с этими «зверями» пребывал в пустыне Иисус, и крестил его ессей Иоанн Креститель. Апостолы: Иоанн Заведеев, Андрей Первозванный и Нафанаил (Варфоломей) были посланы в поддержку миссии Христа этими же «зверями», или агнцами, кому как больше нравится. Братство выполняло свою миссию, оно обучало и готовило апостолов и пророков, оно готовило Мудрецов и халдеев, оно готовилось к борьбе, в соответствии с инструкциями, фрагменты которых, разбавленные антиквариатом, и есть Кумранские свитки. Тот же Иоанн Креститель, когда к нему пришли креститься фарисеи и саддукеи, был несказанно удивлен этим и прогнал их со словами *«Порождения ехидны! Кто внушил вам бежать от будущего гнева?»* По «правилам войны» (у него эта война уже началась) Сынам Тьмы здесь делать было нечего.

Учителя Мудрости Волхвы научили их всему: нагорным проповедям, апостольским благословениям, воскресениям мертвых, пророчествам и видениям завтрашнего дня, они не смогли научить их только одному. Что им делать, когда в их ряды просочится измена? Этого не было ни в одной инструкции. Но там была одна заповедь: если нет ясного пути, надо ждать. Они научились ждать, ждать пришествия Мессии, ждать воскрешения Учителя, ждать начала последней войны, поскольку срок ее не определен, ждать, ждать и ждать. И они ждут.

Может это к ним обращал свои слова Христос — *«Идите и научите все народы»*. Все может быть, все может быть.

— А свитки?

А что свитки? — Память хитро улыбнулась. — Свитки — это «историческое» достояние человечества.

ОРЛЫ НЕ ЛОВЯТ МУХ

> Гордость сердца твоего обольстила тебя; ты живешь в расселинах скал на возвышенном месте и говоришь в сердце твоем: «Кто низринет меня на землю? Но хотя бы ты, как орел, поднялся высоко и среди звезд устроил гнездо твое, то и оттуда Я низрину тебя, говорит Господь.
>
> *Книга пророка Авдия*

> Никого не останется там из знатных ее, кого можно было бы призвать на царство, и все князья ее будут ничто.
>
> *Книга пророка Исаии*

Начнем с того, — открывая дверь, прямо с порога выпалила Память, — что Святая Земля — это не только нынешний Израиль, но еще и часть Иордании и Сирии. Начнем с того, что Библейские места, а соответственно и события, описанные в Священном Писании, происходили и на этих землях. Начнем с того, что не обо всем любят распространяться нынешние историки, с памятью слабовато. Начнем с того, что... Начнем. — Она перевела дух.

Я как-то упоминала, уже не помню по какому поводу, о том, что от Великого Сообщества Иудейско-Израильского, своего рода конфедерации еврейских племен, откололось Северное царство, царство Нагорья. Правда мы тогда же и предложили версию, что были тогда два государства: одно — государство воинов — Израиль (Богоборец), а второе — духовное государство в государстве — Иудея (Богославец), что ни в коей мере не противоречит реальности, данной нам в ощущениях. Примеры такого государственного или общественного устройства мы можем приводить неоднократно, но делать этого не будем, потому как просвещенный читатель сделает это за нас, да еще и с удовольствием и пониманием собственной значимости.

Так вот, в то время, когда четко наметилось разделение между Израилем и Иудеей, совершенно незаметно для масштабного исторического ока от конфедерации отвалило царство Идумея (Едом), южная часть конфедерации, Заиорданье, названное по жителям своим идумеям (едомлянам). Жители эти считали себя сыновьями Исава, обманутого Яковом, и потому к коленам Якова, составлявшим основу конфедерации, мягко говоря, относились с презрением, а грубо говоря, ни в грош их не ставили. Они и в конфедерации-то были на правах необходимого союзника, перекрывавшего границы с юга, а уж потом и вообще в расчет не брались, за что и платили сторицей и взаимностью. Учитывая, что в дальнейшей великой истории еврейского народа они большой роли не играли и части этой истории не составляли, вся их дальнейшая судьба в учебниках излагается в двух строчках, что впрочем хоть и не заслуженно, но закономерно.

Гордые сыновья Исава ушли молча и независимо и даже столицу свою основали в поднебесье, по меркам Аравийских гор, конечно. Столица их царства напоминала орлиное гнездо на вершинах алых гор. Она раскинулась в скалах на высоте 1000 метров над уровнем моря над долиной Аравы. Только два ущелья с севера и юга вели в эту долину, только две дороги могли привести путника в столицу орлиного племени с жестким именем Села — «скала». Это потом ей дадут другое имя, на греческий лад — Петра, что все равно означает «скала». Современники давали ей много других имен: «разбойничье гнездо», «кровавые камни», «проклятое место», «город злых духов», «город-призрак», «город кровавых алтарей». Но если вспомнить, что знаем мы эти названия из уст романистов того времени, да притом не очень пылавших любовью к Идумее, потому как не очень-то кланялись всем ее жители, умеющие держать в руках не только кубок с вином, но и меч. И плох тот романист, кто для врага не найдет хотя бы пары унижающих эпитетов, а для друга — пары восхваляющих; плох тот романист, который из простой истории не сделает захватывающий дух роман с продолжением. Так что название столицы идумеев звучало просто Скала — Петра, а звонких эпитетов сами они, я думаю, не применяли. Большая собака не лает.

Мало кто помнит, что сначала имя у столицы Идумеи было самым мирным на земле. Ее называли Восор — «загон для овец», потому что жители этого царства хотели мира, хотели пасти овец и растить детей, хотели не мешать жить другим, но чтобы и им не мешали. Романисты из соседних царств-государств не любили вспоминать о мирных временах, не любили, потому что надо было бы вспомнить, кто заставил мирных пастухов сменить пастушескую свирель на меч.

Ну что же, пойдем в гости к идумеям, — предложила Память, — посмотрим, как они там жили, как это все произошло.

Храмы Петры

А история эта имеет глубокие корни. У праотца всех народов Авраама родились два внука-близнеца, сыновья Исаака. Бойкие были ребята. Одного любил отец — за выдержку, за мужской характер воина и охотника, от другого без ума была мать — за ум, сметку, красивые глаза и волосы. Все как в жизни, все как в сказке, все как положено. Жили они, поживали, и не было у них никаких забот, Исав ходил на охоту, пас овец, учился стрелять из лука, рубиться мечом, скакать на коне, Яков слушал сказки, учился писать и читать, учился жизни. Дружно жили братья, даже не вспоминали, как когда-то в шутку голодный Исав продал Якову за миску чечевичной похлебки право первородства. Да и какое право первородства у близнецов, кого выберет отец, тот и первый, тут даже Правда не поможет, нет в ней такого указания, кто из близнецов первый. Ну, никак это умному Яше не подходило, знал он, что шансов у него, скажем, не густо, а потому, с благословения маменьки, подластился он к слепому отцу под видом любимчика Исава и благословение получил. Исав не то чтобы обиделся, а дождался утверждения обмана собором, то есть семейным советом, собрал вещички и умотал подальше от неблагодарных родственников, жизнь себе на обмане строящих. Стал наш Исав изгоем, взял доспех, коня, а про покрут молва умалчивает, и пошел доли искать. Это, так сказать, присказка, а сказка впереди.

Будучи не слишком безруким, и как показала жизнь, не без царя в голове, да еще имея навыки организационной работы, он, пока его хитрый братец плодил детей и доводил отцовские и дедовы поля до полного запустения, начал строительство собственного счастья. Надо сказать, что в этом он преуспел. Идумеи или эдомляне, как начали называть его потомков, плотно закрепились на юге Ханаана в горах Аравии на берегу Красного моря, точнее, в Заиорданье, и создали свое государство Едомское даже чуток пораньше, чем их родственнички из рода Яшиного, которые в те времена в Египте от голода прятались, у Иосифа.

В предгорных равнинах и вади-руслах горных речушек, на тучных пастбищах пасли идумеи стада своих овец, растили зеленые оливковые рощи. Спрятанные за палящими просторами Негева, страшной, даже не песчаной, а каменистой пустыни, потомки Исава не боялись врагов, но помнили истину «Хочешь мира — готовься к войне». Царь-воин умел это делать, поэтому врасплох его не застали, и враги были отбиты жестко и незамедлительно. Но время пасторали кончилось, столица из тихого «загона для овец» Вороса переместилась в неприступную «скалу» Селу, туда, куда и орел долетает с трудом.

Не буди лихо, пока тихо. Укрывши свои семьи за неприступными стенами Селы, идумяне поняли, что тыл надежен, и прошлись для острастки огнем и мечом по соседям. Помогло. Соседи поджали хвост и поняли, что погорячились. Надо было тихо торговать и кушать шашлык из идумейских барашков за дружеским столом. Но было поздно — Исавовы сынки почувствовали вкус крови. Красные скалы, окружавшие Селу неприступной стеной, поражали воображение попавших сюда купцов и шпионов. Гигантские ступени, ведущие к алтарю храма на самой вершине, будили такие сказочные картинки в мозгу у романистов, что их литературные изыски о страшных кровавых жертвах, приносимых Богу Солнца на алых скалах Селы, даже не удивляют. Впечатляют легенды о желобах, прорубленных в скалах, по которым стекала кровь жертв, о жутких пытках и муках, которым подвергались невинные пленные жители окрестных государств. Но самую удивительную сказку придумали соседи из Иудеи, это они рассказывали, будто идумейцы в самые сложные моменты своей истории приносили в жертву собственных детей. Ну, иудеям придумать такое было не сложно, все-таки они, как и идумеи, происходили от одного и того же деда, который хотел собственного сынка на алтаре прирезать, да Ангел поспел, на барана поменял. Идумеи эту пропагандистскую шумиху не отрицали и психологическую войну по-тихому выиграли, желающих соваться под нож солнцепоклонников не находилось. Однако сами расслабились, зажирели и не устояли перед неизвестно откуда взявшимися набатеями. Как снег на голову свалились они на идумеев. Правда, даже злорадные соседи не удосужились образно рассказать, как расправились дикие сыны Измаила, с надоевшими всем идумеями. Набатеи были сынами Измаила, тоже не самого любимого сына Авраама и тоже изгоя, то есть родственниками, можно сказать, чистой воды и с такой же непростой судьбой. Обосновавшись в Селе, дав ей новое имя Петра, новые хозяева основали Набатейское царство, которое тут же успокоило обрадовавшихся было соседей, что праздника не будет, и пора готовить дань. Как там у них между собой по-родственному сложилось, покрыто мраком. Соседские злопыхатели, правда, захлебывались слюной от восторга, что, мол, выкосили набатеи весь поганый идумейский царский род, только вот непонятно откуда потом царь Ирод в той же самой Иудее взялся из идумейцев. Да и масса других народных героев великих эпосов близлежащих стран по происхождению были или идумейцами или вообще, что очень странно и символично, смесью от папы идумейца а мамы набатейки, либо наоборот. Странный такой симбиоз победителей и побежденных, тем более что писательское отношение к новым соседям не изменилось и все страшилки про кровавые жертвы и жуткие обычаи плавно по наследству перешли на них.

Так вот, эти самые набатеи, которые, к вящему удовольствию окружающей природы, якобы сломали хребет сынам Исава, при более близком рассмотрении оказались не то чтобы не сахар, а лучше бы старые идумеи оставались. С ними как-то уже сжились, притерлись. Новые же мало того, что, похоже, со старыми породнились, так сказать, ассимилировались. Так они еще и оказались с претензиями, и достаточно обоснованными при помощи меча и новых боевых тактик.

Перво-наперво они отстроили Петру — новую Селу, и укрепили не только ее, но и подходы в ущельях. Затем по всему караванному тракту, по всей Аравийской «дороге жизни» они поставили свои укрепрайоны с усиленными гарнизонами. Знакомая орденская тактика доменов и комтуров, но это все потом. Сейчас же на страх врагам и на радость проезжим купцам от самой Петры, от порта Акоба на Красном море до самой Газы на Средиземном море вытянулась цепь набатейских гарнизонов: Абду (Авдат), Курнуб (Мамшит), эр-Рухейбу (Реховот), Исбейту (Шивта), Ауджу эль Хафир (Ницана), Халсу (Халуца), все красивые и замечательные, но никак не сравнимые со столицей Петрой.

Это были города-крепости, рыцарские замки, с казармами, храмами, трапезными, конюшнями, кузницами, монастырями (богадельнями для ветеранов) и многим, многим другим. Численность гарнизонов доходила до 2000 воинов в крепости, воинов-профессионалов, обученных, закаленных в боях и походах. Для сравнения — штатный римский легион насчитывал от 3000 до 4500 сводных солдат, и все сказки про десятый и шестой легион в Иудее, численностью по 15000 бойцов каждый, попросту говоря, небольшое преувеличение для усугубления момента и поднятия собственного престижа. Даже в самые последние годы Римской Империи развернутый боевой легион со всеми вспомогательными варварами и местным конным ополчением не превышал 6000 боевых единиц. Военная история. По ней выходит, что каждый город имел в штате почти что римский легион. К примеру, в самом центре пустыни Негев стоял город-крепость Авдад, с казармами на 2000 воинов, с термами и виллами знати, с гончарными и кузнечными мастерскими, с конюшнями и резервуарами пресной воды, обнесенный мощной крепостной стеной с дозорными башнями. Но самое удивительное, что на холмах над городом возвышались три Храма, где на нефе центрального входа, если можно так выразиться, кафедрального собора, было выбито под изображением креста *«Я есмь Альфа и Омега, начало и конец»*. На монастырском кладбище, — удивилась Память, — меня поразила могила ветерана с крестом, семисвечником и надписью на плите «Спи с миром», именно так, глаголицей *«Спи с миром»*, много чего удивительного было в городах набатеев. Они были могучи, прекрасны, величественны, неприступны, но они были всего лишь замками, городами-гарнизонами, а Петра была столицей.

Если сейчас двинуться караванными путями от современной столицы Сирии — Дамаска, то мы пройдем тот путь, который проходили купеческие караваны древности. Под охраной закованных в броню молчаливых рыцарей пустыни, грозы разбойников и любителей легкой наживы. А их было много на караванных путях — от «вольных стрелков», носивших оборванные халаты, до «благородных разбойников», облаченных в пурпурные царские одежды. Стражи караванов набатеи, вызывающие еще бо́льшую ненависть, чем идумеи, их предшественники, даже не замечали этой волны всеобщего страха по отношению к себе. Слава об их непобедимости росла, а благодарность купцов множила богатства городов и гордость воинов.

— В путь, — скомандовала Память. — И пусть осилит дорогу идущий.

Древние волхвы набатеев и арамеев, их северных союзников, знали то, что мало кто знал в этих пустынных местах. Они были Мастерами магии, он знали, как найти пути там, где даже следы прошедшего перед тобой каравана исчезают, как будто их унес ветер. Они знали, как растянуть в походе воду от одного оазиса до другого, но главное они знали, как находить и хранить эту воду в пустыне, и где и как построить в пустыне свои города. Их города утопали в садах и напоминали картины рая, изображенные священными книгами. Может, потому так созвучны Эдем и Едом? Или потому, что корень у них один — «кровь», «красный»? Это ведь и у славян «руда» была и кровь и красный (прекрасный).

Наш путь начинается от Дамаска, города восточных «Тысячи и одной ночи», города древних мифов и легенд. Мы не будем в нем останавливаться, много других рассказчиков уже рассказывали о нем и расскажут еще. Дальше, в пустыню к Пальмире, которую тогда называли Тадмором — «Прекрасным», «Чудесным» городом. И этот город заслужил свое название. Город таможен, постоялых дворов и харчевен. Город менял, торговцев, разносчиков, коновалов, бродяг, лекарей, жрецов, беглых невольников, мастеров самых разных профессий и воинов. Воинов-набатеев, рыцарей пустыни, Ордена защитников караванов. В тени 20-метровой Триумфальной арки, возведенной пальмирскими зодчими из базальта и мрамора, под охраной сторожевых псов караванных путей, процветали малый и большой рынки, торговля рабами и пряностями, тканями и солью, вином и шерстью. На улице Больших колоннад в ряд выстроились Храмы всех религий, театры, бани и школы. Путник перед дорогой должен помолиться своим Богам, и попросить у них благословения на дорогу, отдохнуть — посмотреть представление или смыть грязь предыдущего пути, написать отчет или письмо родным. Ну ладно, и нам пора выбрать караван и дорогу, по которой мы пойдем дальше. На Вавилон или в Китай, в Петру или в Индию. А сопровождение — проводников и охрану — выбирать не надо, набатеи все сделают сами, это их хлеб, их работа. Итак, в Петру — древним караванным путем.

От крепости к крепости, от оазиса к оазису, тянулись караванные пути к Петре, столице раскинувшегося от Сипая до Дамаска, от Газы до Беер-Шевы Набатейского царства. Первым нас встречает Джейраш — «Восточные Помпеи» (историки любят раздавать ярлыки своим находкам). Древняя Гераса — один из городов знаменитого Библейского Декаполиса (Десятиградья), стоящий на берегу Библейского Ябока. Он первый на северной караванной тропе — дневной переход каравана, один бросок конного гонца. Опять невольно вспоминаются братские комтуры, разбросанные по всему миру, — принцип тот же. Краткосрочный отдых, со стандартным набором удовольствий в караван-сарае: храм, баня-терма, амфитеатр... И снова в путь. Дневной переход — и мы в Филадельфии (Аммане), втором городе Декаполиса, снова отдых, а дальше — Мадаба. Набор все тот же, только храм посвящен воину-святому Георгию Победоносцу. Это закономерно — полпути за спиной, так что охраняющие нас братья-воины могут вознести благодарность своему покровителю. У южной оконечности Мертвого моря, у брода, ведущего к крепости Массада, сливаются два основных караванных направления: северное, наше, из Дамаска и Междуречья, и западное — из Газы, Средиземноморья. Здесь на перекрестке высится огромный и величественный Храм набатеев — Каср-эр Рабба. Воины торговых дорог никогда не уповали на слепую судьбу, тем более что рядом раскинулась столица, пусть хоть и дружественного, но все равно другого государства — Моава, знаменитый библейский Карак. Так вот, чтобы у друзей моавитов не возникало искушения испытать запоры Храма на прочность, набатеи поставили рядом неприступную крепость Кир Харешет, в дальнейшем, при крестоносцах, это центр Заиорданья, самый крупный из замков на юге королевства —ле Керак де ле Шевалье. Вместе с Храмом они были оазисом для уставшего путника, идущего с севера или запада, и зорким стражем для врага, пы-

Вход в столицу набатеев Петру

тавшегося пробиться к Петре через пустыни и броды. Нет, не глупы были изгои Исав и Измаил. Или их жизнь научила, но потомки обоих знали толк в войнах.

Все, перекресток позади, впереди раскинулась утопающая в зелени оливковых рощ долина, манящая журчанием родников и прохладой пальм. Путь открыт. Но не тут-то было, прямо перед нами как призрак или мираж пустыни возникает Шаубак — часовой на дороге в Петру, замок Монреаль, простой и ясный, как меч, вынутый из ножен, и такой же впечатляющий, отрезвляющий любого, опьяневшего от ожидания близкой победы, желающего пограбить Петру.

Но конец нашего пути близок, осталось пройти всего два километра по узкому, до четырех метров в ширину, проходу, между красных скал, стиснувших его с двух сторон и уходящих туда, вверх, к Богу солнца, на высоту почти сто метров, и где-то там то ли сливающихся, то ли действительно растворяющихся в небесной тверди.

Поворот, — и перед нами открывается величественный город, вырубленный в скалах. Розово-красный амфитеатр, храмы и гробницы, розовые многоярусные порталы, бордово-серый Триклиниум — здание суда, и лики святых, хранивших Петру от бед и напастей. Он упрятан в скалах и сам он — город-Скала — Села — Петра. Но венцом всей столицы, венцом Набатейского царства гордо возвышается над всем городом резиденция набатейских царей сокровищница — Петры — Эль-Касна (Божественная Казна) или Каснех аль-Фар-ун (Сокро-

Главный Храм Петры

вищница божественных Фараонов). Государева казна — одним словом. Капители ее колонн представляют собой корзины с листьями чертополоха — этого символа Братства охранников дорог, Братства Чертополоха. Петру не тронули ни пламя пожара, ни стенобитные машины завоевателей, ни грубая рука варвара, ее просто покинули, ушли, ушли в небытие, оставив это место ветрам и горным орлам, стерегущим город, покровителями которого они были когда-то. Не случайно герб Петры украшал орел. Долгие годы, пока в ее стенах кипела жизнь, пока по ее улицам маршировали те, кто держал в руках караванные пути, ставшие ненужными, после того как красавицы каравеллы вспенили воды мирового океана, она сама была символом спокойствия и защиты путника, пилигрима.

Вот такая она, легендарная Петра.

— Так что же стало с ними, с набатеями? — спрашиваю я у Памяти..

— Говорят, их разбил Великий Рим. Всех, кто пропал в исторических анналах, разбил и уничтожил Великий Рим. Совершенно универсальный исторический фактор, вынимаемый одним мановением руки из заранее припасенного рукава. Это происходит всякий раз, когда необходимо объяснить подобную историческую загадку.

Однако, достоверно ничего не известно, они пришли вдруг, ниоткуда и ушли вдруг, в никуда. Даже имя их, звучащее как набат, как сигнал к сбору людей по тревоге, и то остается загадкой. Набатеи. Преемники идумеев, друзья арамеев и других ханаанян, союзники еврейских племен и ассирийцев. Набатеи. Защитники торгового люда и путешественников. Набатеи. Враги всех, кто любит легкую поживу в пустыне и в горах, на море и в оазисах, везде, где идет торговля. Набатеи — сторожевые псы караванов.

«И зарастут дворцы ее колючими растениями, крапивою и репейником — твердыни ее; и будет она жилищем шакалов, пристанищем страусов», так было сказано в книге пророка Исайи, и так случилось. Может, знали чего Древние Мудрецы, может, видели они вперед на века и спасали сынов своих так, как мы сейчас не умеем? Много чего знали Мастера, много чего они передали Ученикам. Но что мы знаем об этом?

ЗОЛОТО ИЛИ ИСТИНА

> Я отказываюсь приводить здесь текст Книги Авраама Еврея потому, что Бог наказал бы меня, если бы я совершил великое зло, сделав так, чтобы весь род людской имел одну голову, которую можно было бы снести одним ударом.
>
> *Николя Фламель*

История Николя Фламеля, нотариуса, коллекционера, каллиграфа, герметического философа, алхимика и каббалиста, получившего философский камень и умевшего делать золото, который жил в городе Париже или которого никогда не было.

— Ну, как тебе названьице? — засмеялась Память.

— Ты что, Рабле или Вольтера с Руссо начиталась?

— Ну, ты потише, поинтеллигентней с дамой-то обращайся. Так и прет из тебя большевистское эмансипированное воспитание. А мы — мадамы голубых кровей, —хихикнула Память, — В общем, слушай жуткую, таинственную историю с отступлениями о средневековых магах, философском камне и волшебной книге.

В 1330 году в городке Понтуаз, что в двадцати пяти километрах северней Парижа, в семье небогатых, но очень достойных и честных людей родился мальчик Николя. Мальчик был примерен и усидчив, да к тому же маменька старалась, чтобы воспитание он получил достойное и приличное. Поэтому, когда пришла пора и собрался он покинуть отчий дом, мог он вполне достойно представлять свою семью не только в Понтуазе, но и в соседней столице. Хотя латынь, к сожалению, так и не раскрылась ему в своей глубине и красоте, о чем он с сожалением вспоминал до конца своих лет. Тем не менее, юный провинциал обосновался в Париже на улице Писарей, что сразу же и подсказало нам род занятий, коими он зарабатывал свой хлеб.

Совмещая в одном лице профессии нотариуса, каллиграфа и переписчика книг, он преуспел в последнем настолько, что вскорости прославился среди знати и цеховой братии как искусный «издатель».

Вот так, ни шатко ни валко прожил наш Николя Фламель в доме под Королевскими лилиями до сорока лет, возраст, когда мужчине при деле пора бы и подумать о собственном домашнем очаге. Все у него шло размерено и правильно, и, конечно же, нашлась молодая вдовушка, не отказавшая солидному нотариусу на его предложение руки и сердца. Звали ее мадам Пернелль Лета, она была скромна и трудолюбива, имела кой-какие сбереженьица от прошлой жизни, в общем, идиллия состоялась.

Один только факт нарушал размеренную жизнь добропорядочной четы Фламелей. Когда-то много лет тому назад Николя посетил во сне Ангел, он держал в руках большую старинную книгу, инкрустированную золотом. «Фламель, — сказал Ангел, — ты поймешь в этой книге то, что не мог понять никто». Сказал и растворился вместе с книгой. Николя не то, чтобы не придал этому сну значения, но отодвинул его куда-то подальше в уголки своей памяти. Хотя и завел перепродажу редких книг, так, интереса ради.

И вот в один из серых будничных дней в лавку забрел незнакомец, за два форинта он предложил красивую старинную книгу, написанную на чем-то, похожем на кору дерева. Фламель узнал ее сразу. Это была ОНА! На первой ее странице значилось: *«АВРААМ ЕВРЕЙ, КНЯЗЬ, СВЯЩЕННИК, ЛЕВИТ, АСТРОЛОГ И ФИЛОСОФ, ПРИВЕТСТВУЕТ ЕВРЕЙСКИЙ НАРОД, ГНЕВОМ БОЖЬИМ РАССЕЯННЫЙ СРЕДИ ГАЛЛОВ»*. Книга содержала прекрасные цветные иллюстрации и текст на латыни, а также слова на «неизвестном древнем языке», который Фламель принял за греческий, хотя, скорее всего, это был иврит, а может быть и нет.

— Первое отступление, имею право, — напомнила Память. — Некто Антуан Рене Вуайе д'Аргенсон, маркиз де Польни, военный министр Франции и ее посол в Швейцарии, Польше и в Венецианской Республике времен Великой Французской Республики, был увлечен собиранием старинных книг. Так вот, в его частной коллекции был манускрипт с названием *«Книга Священной Магии, которую Бог даровал Моисею, Аарону, Давиду, Соломону и другим святым патриархам и пророкам, каковая преподает истинное божественное знание, переданное Авраамом своему сыну Ламеху, переведена с иврита в 1458 году».*

На форзаце оригинального манускрипта можно было прочесть следующее замечание, написанное от руки в конце XVIII века: «Данный том содержит 3 книги, сие — первая из них. — Авраам и Ламех, которые упоминаются в ней, были евреями, жившими в пятнадцатом веке, и хорошо известно, что в это время евреи, владеющие Каббалой Соломона, считались лучшими Чародеями и Астрологами». Уж не та ли это волшебная книга, попавшая в руки нашему любимчику Николя?

Ну что ж, продолжим далее жизнеописание нашего мага. Получив в руки долгожданную книгу, еще в юности обещанную ему Ангелом, книгочей пытался разобраться в ней сам, но как мы уже говорили, даже глубин латыни постичь он не смог, а с другими языками у него была просто беда, не говоря уж о разных мистических картинках. Молодая жена в свою очередь крайне заинтересовалась, чем же занимается муж в голубиные ночи, запершись в отдельной комнате. И надо отдать должное женскому любопытству, выудила из мужа всю тайну заветной книги, но в отличие от массы других сварливых жен, не стала благоверного своего попрекать и пилить безмерно, а вместе с ним увлеклась разгадыванием чудесной книги. Через некоторое время супруги поняли, что тайна сия не по их зубам, и оборотистый Николя, имея дар копирования любого текста, сделал несколько копий со старинного манускрипта и начал их показывать своим клиентам, благо оных в его лавку заходило достаточно. Многие принимали это за шутку, многие начали коситься на уважаемого торговца, что, впрочем, не отпугнуло клиентуру, каждый имеет право на свои заскоки, тем более торговец древностями.

Но однажды один из его частых посетителей, доктор медицины Мэтр Ансольм страшно обрадовался, увидев копию манускрипта, и тут же растолковал хозяину, что есть что. Сообразуясь с этими толкованиями супруги, оборудовали в подвале своего дома лабораторию и ни много, ни мало двадцать лет посвятили поиску философского камня, пока не поняли, что путь был неверен, и о советах господина Ансольма следует забыть.

Другой бы впал в уныние и стал бы корить судьбу, но не таков был наш Фламель. Он не стал обнимать себя и плакать, он взял посох, накидку пилигрима и отправился в Сантьяго де

Компостела в собор Святого Иакова на северо-западе Испании, к мудрым иудеям синагоги Сантьяго. Но и здесь не суждено было нашему страннику найти ответы на свои вопросы, и только на обратном пути, в городе Лионе, повстречал он ученого Мэтра Канчеса, который тут же собирается в путь, дабы посмотреть и подержать в руках знаменитую Книгу Авраама Еврея. Но не суждено было исполниться мечтам ученого, не дойдя всего ничего до Парижа, умирает Мэтр на руках Николя в городе Орлеане, перед смертью открыв ему секрет, как разгадать Великую Книгу.

Здесь повествование Памяти снова уклонилось в сторону:

— Отступление второе, для интриги. Знаменитую книгу «Сефер га Зохар», сейчас хорошо известную как «Зохар», написал в Испании местный рав Моисей де Лион (полное имя — Моше Бен Шем Тов де Лион, что дословно означает Избавитель сын Хороший Бога или Сын Хорошего Имени из Лиона). Чтобы учение, изложенное в книге *Зохар*, получило признание, Моисей приписал ее Шимону бар Йохаю, таннаю, жившему в Палестине во втором веке. Скрыть свое авторство Моисею де Лиону не удалось. Еще при жизни его посетил один мистик, сомневавшийся в столь глубокой древности трактата *Зохар*. Моисей обещал показать ему оригинал книги, но по пути домой умер.

Итак, вернулся наш путешественник под сень родного крова уже зная все тайны волшебной книги. Верная супруга встретила его на пороге, усадила за давно приготовленный стол, послушала его дорожные рассказы и стала его верным соратником на все оставшиеся годы до самой смерти. Умерла она на девятнадцать лет раньше своего Николя, который даже дату смерти как бы подготовил заранее, ибо умер он в день весеннего равноденствия — традиционный день Великого Делания, знакомый каждому Мастеру, как говорится, с пеленок, оставив составленное по всем правилам завещание. Красивая деталь в биографии алхимика, не правда ли? Согласно легенде, после того, как Фламель был погребен и благополучно забыт, в его родной Сен-Жак-де ла-Бушери, он отправился в Швейцарию, где его ждала (целых двадцать лет?) живая и здоровая супруга. Последующие три столетия они занимали себя путешествиями по Индии и Ближнему Востоку. Причем вера в их благополучное существование была настолько сильна, что кроме многочисленных туманных свидетельств о встрече с Фламелями в разных экзотических странах, сразу несколько добропорядочных парижан в один голос заявили, что видели чету Фламелей вместе с их сыном, родившимся в Индии, проследовавших в ложу Парижской оперы одним прекрасным вечером ... 1761 года. Что же еще можно ожидать от человека, нашедшего философский камень, тинктуру, позволяющую делать золото. Тем более что любой Мастер скажет, что золото — это побочное явление при поисках философского камня, впрочем, так же как и бессмертие, а главное — понимание Истины, которое может открыться Посвященному.

Вот такая история Николя Фламеля, хотя это только видимая часть событий, давайте копнем глубже. Откуда же так подробно известен нам этот досточтимый муж? Так из его же собственной книги *«Иероглифические Фигуры Николя Фламеля, писаря, находящиеся на четвертой арке Кладбища Невинных в Париже, по правую руку, если входить со стороны улицы Сен-Дени, с разъяснением упомянутого Фламеля, посвященные трансмутации металлов и ранее никогда не публиковавшиеся. Перевод с латыни П. Арно, Шевалье»,* впервые увидевшей свет, в 1612 году в Париже. Латинский же оригинал был, к сожалению, утерян и поделом ему, ведь наш любезный персонаж так не любил этот язык, который, надо полагать, платил ему взаимностью. Поэтому, я думаю, в оригинале была масса ошибок, и совсем непонятно, почему все-таки Мастер выбрал для написания именно этот язык, имея в арсенале прекрасный французский, о чем неустанно извещал в своем трактате.

Но вернемся к истокам, к самому, так сказать, началу начал, к имени самого герметического философа. Николя — означает «победитель камня», Фламель — «огонь», «пламя». Символично. Учитель, который указал ему путь из тупика, носит имя Мэтра Канчеса, олицетворяя так называемый «сухой путь» поиска Философского камня (Канчес — это «сухость»). И начав двигаться с «огнем» по морю, то есть «влажным путем», умирает от рвоты, выражаясь фигурально, «разлагается» в городе Орлеане, название которого можно дословно перевести, как «там где находится золото». Вот и весь путь нашего уважаемого мага к получению золота. Если к этому добавить, что за все знания он заплатил два форинта, приблизительно ту сумму, которую стоили в то время материалы, необходимые для Великого Делания, и что книга была написана на «коре молодых деревьев», олицетворяющих Первоматерию, то вообще стоит задуматься, «а был ли мальчик»?

Может, наш уважаемый Адепт относится к плеяде авторов, имеющих правдоподобное имя, биографию и окружение, которые, на поверку, оказываются чистой фикцией. К последним, конечно же, относятся бенедиктинский монах Василий Валентин, аббат Вестминстерский Кремер, и, возможно, господин общественный писарь Фламель. Хотя в случае нашего героя дело обстоит сложнее. Если при попытке установить личности Василия Валентина и Кремера очень легко выясняется, что в бенедиктинском ордене никогда не было такого брата-алхимика, а в Вестминстерском аббатстве никогда не было аббата по фамилии Кремер, то в случае Фламеля у нас имеется множество доказательств его существования. В чем же тогда проблема?

Так вот, все откровения по разгадкам Великой Тайны ученый муж получил из уже упоминаемой нами Книги Еврея Авраама. Сама эта книга пропала в лабиринтах истории, а в том ее варианте, что был обнаружен в Библиотеке Арсенала, в Париже, упомянуты персонажи, коим автор творил чудеса. Например, император Сигизмунд Германский; граф Фридрих Сварливый, епископ его города (видимо, это был Иоанн I, который в 1403 году, с одобрения Папы Бонифация IX начал основание Вюрцбергского университета, или Эхтер фон Меспельбрунн, который завершил это благородное дело); Граф Варвикский, Генрих VI Английский; соперничающие Папы Иоанн XXIII, Мартин V, Григорий XII и Бенедикт XIII; Собор в Констанце; герцог Баварский; герцог Леопольд Саксонский; греческий император Константин Палеолог; возможно, архиепископ Альберт Магдебургский, а также некоторые из лидеров гуситов — плеяда, вошедшая в историю того смутного времени. Сам список говорит за себя: автор жил и творил в пятнадцатом веке. Тогда ясно, почему работы Фламеля появились только в семнадцатом. И весь его жизненный путь переходит в разряд аллегорий, пусть красивых, но аллегорий.

Несомненно, что под именем Фламеля кто-то в четырнадцатом веке жертвовал, и немалые суммы, на приюты для бедных и церкви, строил дома и часовни с аллегорическими фигурами на порталах, но кто это был — тайна.

Кто-то под этим именем издавал трактаты в семнадцатом и в восемнадцатом веках, и, если верить очевидцам-театралам, встретившим в конце восемнадцатого — самого Николя и его супругу, этим автором трактатов был он сам.

Он делал золото, подкупал королевских казначеев, путешествовал по Индии, открывал секреты магии сильным мира сего, он был легендой Алхимии и Магии, Адептом Каббалы и Волхвования, Великим Европейским Халдеем и предвестником Розенкрейцерства. Если бы Фламеля не было, его надо было бы придумать.

Начиная с расцвета Реформации, кто скрывался под маской Николя, каково его подлинное имя и какому сословию он принадлежит? В описанной жизни Мастера и его трактатах мы можем увидеть смутные очертания Системы, продолжающей свой труд, пусть и на новой ниве, но продолжающей и получающей результаты. Результаты, от которых зависело развитие самой Системы и тех ее ячеек, что питали ее во все времена и, будем думать, питают сейчас.

Необычайная историческая важность таких людей, как наш герой, всегда преуменьшалась, обычно вызывала сомнение; несмотря на то, что, как и надпись на стене на пиру Валтасара, их появление на политической и исторической арене напоминает предупреждение *«Мене, Мене, Текел, Упарсин»* глупому и непроницательному миру.

ЗАКАБАЛЕНИЕ КАББАЛОЙ

> Никакая наука не может лучше убедить нас в Божественности Иисуса Христа, чем каббала.
> *Пико делла Мирандола*

В этот солнечный день, когда мы поехали на море купаться, ничего не предвещало такого поворота сюжета. Память была в совершенно лирическом настроении и мурлыкала себе под нос что-то типа «Миллион, миллион, миллион алых роз...». Расположившись на пляже под грибочком и выложив в тенек банки холодного пивка, мы собрались поболтать о чем-нибудь лирически-умилительном, тем более что место было выбрано с далеким прицелом на историю, в тени руин древней Кейсарии, аллегорически говоря, в тени Понтия Пилата и Великой Римской Империи.

Вот в этот самый миг, хочется сказать, налетел, нет, наполз, навалился плотной жаркой массой хамсин. Хамсин — это ветер пустыни, впрочем даже не ветер. Это атмосфера пустыни, перемещающаяся в пространстве и, наверное, во времени, потому что время в ней имеет другой отсчет — тягучий, вязкий и муторный, как сам хамсин. Морская вода уже не освежала, от остатков Великой Кейсарии пахнуло зноем веков и жаром римских терм. Настроение у Памяти резко испортилось и повернуло в философски-минорную сторону. Пиво сразу стало теплым, кислым и противным.

— Мистика какая-то! — воскликнул я.

— Во! Мистика! Поговорим о мистике. — Память живо стряхнула с себя оцепенение. — Знаешь ли ты, что такое каббала?

Наученный горьким опытом общения с нашей насмешницей, спрашиваю ее:

— Тебя какая версия интересует?

Ну, расскажи какую знаешь, — увиливает она. — Или ладно, давай самую каббалистическую.

— Хорошо, начнем с Адама. Первую книгу по каббале написал Адам, называлась она «Тайный ангел» (Разиель Амалах). На каком языке написал? Как? Зачем? Что с ней стало? Откуда знаем? — все это тайна, мистика одним словом. Праотец Авраам, конечно же, в стороне от этого дела не остался и в свою очередь написал книгу «Сэфэр Ецира». Но поняв, что грамоту знает он один, он передал ее последующим поколениям устно. Мудро! Далее Мошиах получил ее на горе Синай и изложил в Торе (Пятикнижии). Все это из древней истории.

В обозримом прошлом все происходило так. Некто раби Шимон бар Йохай (Рашби) записывает, почему не пишет, не знаю, записывает книгу «Зоар» («Зогар», «Зохар») на арамейском языке и создает систему преподавания каббалы. Ну, тут всякие перипетии, короче прячет он ее в пещере, в которой сам прятался от врагов своих совместно с сынком Элиазером тринадцать лет, в окрестностях города Цфата. Через несколько столетий листочки находят дикие арабы, читать совершенно не умеющие, и, чтоб добру не пропадать, заворачивают в них рыбку на рынке — такой своеобразный сервис. Мудрец цфатский — имя его не известно, подвиг его бессмертен — листочки увидел, сразу все в них понял, скупил все до одного и книгу возродил, как птицу Феникс из пепла. Правда, некоторые знатоки считают, что этим мудрецом был Рамбам (рав Нахимонид), но я этого не знаю, и врать не буду. А уж потом, столетие спустя, Моше де Лион в XIII веке издал сей трактат. Вот только как к нему эта книга попала? Не иначе мистика.

— Рукописи не горят, — иронично вставила Память. — Продолжай, продолжай.

— Не горят, но пропадают. И книга опять пропала, пока уже в XVI веке Ицхак Лурия Ашкенази и его ученик Хаим Виталь не начали пропагандировать каббалу, опять в том же Цфате.

— Все ясно, — оборвала меня Память, — потом они умерли, потом книгу с ними похоронили, потом опять раскопали. Листочки перебрали, скомпоновали сначала в две книги: «Древо Жизни» и «Восемь Врат», потом порылись опять в могиле и добавили неистребимую книгу «Зохар». Какая-то некромантская история и мистикой тут даже не пахнет. Хотя мне мистические откровения и ни к чему, — это все для Посвященных, а для меня слишком круто. Мне, простой земной девчонке, до таких высот астрала далеко, да к тому же и не помню я ничего из таких дальних времен. Посему понять не могу, как это Адам книгу написал на каком-то райском языке, а мы ее на книжных развалах с картинками покупаем. Выше это моего низкого понимания. У меня все проще, прозаичней что ли. Может не так красиво и умно как у тебя, не так наворочено и завернуто, мистики поменьше, реальности побольше, перчиком критиканства сдобрено и приправками сарказма и ерничества, но, извини, так у нас на кухне готовят. Не нравится — не ешь. От Адама не начну, шибко все это в тумане, начну поближе к нашим временам.

Начнем с того, что само слово каббала означает «предание», да, именно так, без всяческих мистических заходов, то есть, проще говоря — сказание, сказка, былина, о том, как было. Или «традиция», или «получение», или «откровение». Все это — откровения каббалистов разных времен и стран.

Каббала, как мы уже говорили раньше, была некоей разновидностью кланового шифра. Такой внутрицеховой криптограммой для высших мастеров, используемой в процессе общения в Системе, для передачи сведений, предназначенных не для чужих глаз. Особым языком еврейских общин, сленгом, даже не сленгом, а тайнописью. Хотя сейчас, мы можем признаться в этом, каббалу помянули мы для красного словца, для усиления, так сказать, эффекта действия и нагнетания жути. На самом деле тайнопись эта имела название «гиматрия» и действительно представляла собой шифр, основанный на цифровой и буквенной кодировке, со сдвигом по лунным фазам — профессиональная штучка. Вот она и стала основой каббалы, учения, пытающегося разрешить извечные проблемы бытия и Божества.

Толчком ко всему послужила неустойчивость в Системе, о которой мы рассказывали в предыдущих наших путешествиях, зародившаяся вследствие внутренних процессов и разногласий. Именно тогда, когда каждый винтик Системы начал определяться, где откапывать себе запасной окоп на случай краха, как строить свое будущее на базе собственных знаний. «Что охраняем — то и имеем» — этот старый как мир принцип родил в головах мастеров мысль о создании некоего мистического учения на базе шифротолкований инструкций и Божественных книг, получившего впоследствии название — каббала. В Провансе, наиболее торговой части Галлии, группа мистиков решила чисто еврейский вопрос «Лама ле?» (Почему нет?) в пользу создания новой веры на известном им материале — на «гиматрии». — Идеи носятся в воздухе — дело известное, а может мистики разных краев держали связь, кто ж его сейчас разберет, но практически в то же время, в такой же среде, только уже в Испанской Гвадалахаре, местный рав Моше Бен Шем Тов де Лион (мы о нем упоминали в истории о Николя Фламеле) выпускает в свет книгу «Сефер-га Захар», сейчас хорошо известную как «Зохар».

Правда, многие Посвященные вообще сомневаются, что «Книга Сияния» (такое название в переводе имеет книга «Зохар») кем-то и когда-то была действительно записана, так как уж больно много в ней и от Ветхого, и от Нового заветов и разных других теологически-литературных трудов. Короче говоря, ни одна из тех древних каббалистических работ, которые имеются сегодня, не может обнаружить каких-либо великих тайн природы, кроме тех, которые пожелали раскрыть Ездра и К°, а также поздние сотоварищи Моше де Лиона.

Тут я не выдержал:

— Ну, а ты, великий практик мира и прозаик жизни! Отвергаешь — предлагай. Ты-то что можешь «исторически» поведать?

— Исторически или истерически? — тут же отшутилась она. — С Исторической точки зрения, заметь, с большой буквы, опровергать — так всерьез, каббала происходит из двух источников. Первый мы уже упоминали — это выходцы из еврейских общин, готовившие себе учение, проповедниками которого и собирались быть. Источник этот понемногу струился века два ни шатко ни валко: и особых забот никому не доставлял, и особых претензий на свое место под солнцем не заявлял.

Второй источник, который и прибавил свои полноводные струи к засыхающему первому, возник в конкретном, известном, хорошо обозначенном в Истории месте, из которого и разбрелась каббала по всему миру. Учение о некоем предвечном Божественном Откровении, дарованном людям и ими утерянном, родилось в Платоновской Академии во Флоренции, основанной Казимой Медичи. Вот там, изучая труды и герметические тексты Платона, Плотина, Пифагора, Филона, Гермеса, Рава Якова Абраманеля и других, взрос, выкормился отец каббалы — Пико делла Мирандола, создавший 900 тезисов каббалы и представивший их на дебатах в Риме. Свою задачу он видел в подтверждении догмата о Троице и богочеловеской природе Христа, и в устранении всех разногласий новых религий — христианства, ислама и иудаизма — для возврата к старой Авраамовой вере.

Да-да, именно так, ни в коей мере не для прославления иудаизма или великой гениальности еврейского народа. Это все после.

Два великих последователя отца каббалы развели это учение на два полноводных русла.

Сказав это, Память назидательно заметила:

— Где два еврея, там три мнения и четыре течения.

Приблизительно так и получилось. Один из них — Иоган Рейхлин стал основателем гебраистики. Это от него пошло учение об еврейской философии и мистике. Свое учение изложил он в виде диалогов и споров о религии, видно пример и Учитель Платон, не выходил у всех из головы. Дебатно-дискуссионные книжки тогда были в моде, как сейчас ток-шоу. Так вот, в двух ток-шоу: «О чудотворном имени» (трактовка Божественности еврейского языка), и «О каббалистическом искусстве» Иоган родил еврейскую каббалу, кою мы все за каббалу и почитаем.

Но был еще второй — Генрих Корнелий Агриппа, этот Генрих, имя которого обладает столь ясной римской окраской, в своем трактате «Оккультная философия» заложил основы каббалы как мистического учения с опорой на нумерологию и колдовство, то есть родил эзотерическую каббалу.

Ладно, пора заканчивать. Притомился ты, жарковато при хамсине мистику изучать, — пожалела меня Память.

— Да ладно, чего там... А мистика-то где?

— А вот где.

С этого самого момента зашагала каббала по планете семимильными шагами, притом не одна, а целая семейка кабалл, каббалей, каббалов... — не знаю даже, как лучше сказать. Притом каждая из них достаточно хорошо всем известна, и каждая из них достаточно независима от других, но в итоге возникла объемная картина каббалы, играющая всеми красками палитры отдельно взятых учений.

Для начала определим в этих палитрах два основных поля, так сказать две основных цветовых гаммы: каббала философская, умозрительная, теоретическая, берущая начало от гебраистики, будущая еврейская наука, провансальская каббала, и каббала прикладная, каббала маасит, мистическая, оккультная, алхимическая, немецкая каббала.

Все, конечно, весьма условно, и наши два цвета палитры имеют массу оттенков, причем каждый в своем поле, в своем цвете. Первое поле включает в себя массу направлений: филологическое, сравнительно-историческое, концептуальное, религиозно-философское, или, как выражались столпы этого направления Адольф Франк и Гершом Шолем, *«Каббала является сердцем и сосредоточием внутренней жизни иудаизма — Богооткровенного богословия»*. Философское поле посвящено смыслу жизни, сефиротам — Путям Премудрости. Это каббала астрономии, астрологии, гностики, платонизма, каббала — основа будущей науки.

Тебя же, дорогой товарищ, как, впрочем, и массы пролетариата, — съехидничала Память, — высоты науки мало интересуют, вам подавай глубины тайного знания, а это из другого поля, это, так сказать, из герметической философии. Короче вам алхимию и колдовство подавай. Это другое поле.

В нем основа основ — мистика цифр и букв, толкование Божественных имен и Божественных текстов с одной прикладной целью — получить Божественное откровение, предвидеть и предсказывать будущее, творить чудеса. Это на языке каббалы — нотарикон, темура, гематрия, то есть, если по-простому, заурядное колдовство, волхование, халдейство.

Из чего складывается и складывалась та таинственная, колдовская, мистическая каббала, каббала, владеющая миром, или делающая вид, что владеет миром, или распускающая слухи, что владеет миром? «Кому это выгодно?» — кажется, так говорили древние греки.

Занимались ею все кому не лень, чего стоят такие имена, как кардинал Эгидио де Ветербо, Гильом Постель, издавший «Зохар» и «Сефер Эцира» на латыни (забавно, что на арамейском они тогда еще не были изданы), Джордано Бруно, Томмазо Кампанелла, Мишель Монтень, Джон Мильтон, Исаак Ньютон, Жан Боден, семейка Скалигеров, и многия и многия.

Каббала внесла свой вклад практически во все науки, она не стала новой верой, как того хотели ее создатели, не стала новой философией, как хотели их последователи, но она стала основой осмысливания мира, основой естественных наук, и слава ей за это. *«Одним из универсальных стремлений, быть может, наиболее сложным из них, является желание достигнуть неведомого; неискоренимое желание проникнуть за поверхность вещей, жажда знания о том, что скрыто от других»*. Так было сказано одним из Великих Посвященных этого мира, к путям, по которым идут жаждущие, мы относим и каббалу.

УШКУЙНИКИ

> Итти мне, Василью, в Ерусалим-град
> Со своею дружиною хоробраю,
> Мне-ка господу помолитися,
> Святой святыни приложитися,
> Во Ердане-реке искупатися.
> *Василий Буслаев молиться ездил*
> Былины Новгородского цикла

В последнее время Память нечасто захаживала в мою обитель, сначала я принял это за проявление охлаждения к моей особе, но, встретив ее в коридоре, сразу привел свои мысли в порядок. Столкнулся я с ней нос к носу, и представьте, даже растерялся, настолько она не походила на моего милого компаньона по предыдущим путешествиям. В недалеком прошлом она была олицетворением средневековой дамы, которой менестрели и трубадуры поют свои романтические баллады, а романтические рыцари складывают к ногам букеты роз и необразимые святыни, добытые в далеких и сказочных местах беспримерными подвигами во имя ее. Сейчас она внешне напоминала персонаж известного фильма «Нахаленок», это тот, который «Маманя помочу пришей», только с ног до головы закапанный чем-то тягучим и сладким. И тут я вспомнил. Лето. Время варенье варить. Пенки. Значит на кухне сейчас вся гоп-компания, и разговоров там выше головы, потому как время занять надо. Я чуть не выругался от неожиданного открытия. Это ж сколько историй мимо меня пролетело? Но, вовремя спохватившись, я мило улыбнулся ей и елейным голоском сказал, даже не сказал, а расплылся тем же вареньем по коридору:

— Что ж в гости не заходишь, на чаек?

— На чаек?! — Она аж тормознула, как будто на стенку налетела, — На чаек!!! Пошли.

Удар был точен. От пенок, поди, у нее все кишки слиплись, и чай сейчас был подобен бальзаму.

Заваривая крепкий чай, и выставляя на стол баранки, я как бы невзначай спросил:

— Чего на кухне рассказывают?

— Сказки.

— Да я знаю, что сказки. О чем?

— Да нет, самые настоящие — сказки, сказы, были, былины, — как тебе больше нравится, так и называй.

— Ну, например.

— Например, как новгородские дружины в заморские страны ходили, — мечтательно сказала Память, отхлебывая с удовольствием чаек. — Интересно?

— Интересно, рассказывай.

— Итак. Как новгородские дружины в заморские страны ходили. Только сначала поясню, что мне самой подружки пояснили. Так было или не так, не нам с тобой судить. В общем, слушай.

Дружина для такой заморской экспедиции называлась у новгородцев «ватага» и делилась на «храбров», ватажников и ушкуйников, называемых в таком экспедиционном корпусе общим словом «кметь» — воин, товарищ, кровник.

В чем же отличие? Храбр — это профессиональный воин, воспитанный и закаленный для боя, ветеран, в наемной дружине он носит название богатырь. Это костяк ватаги, откомандированный туда из регулярной армии — или добровольцы из той же самой регулярной армии, пошедшие в поход за воеводой или князем.

Ватажник — это наемник, завербованный или нанятый на определенных условиях, из числа праздно шатающихся изгоев, еще не пристроенных к делу, так как пристроенные к делу вольности найма уже не имели.

Ушкуйник — это купец, мореплаватель, пират, варяг, корабел, мастеровой, то есть человек при собственном деле, который нанимается или примыкает «за интерес», то есть за долю в добыче или за право получения защиты или за что-то еще, не требующее оплаты вперед.

Вот из этих трех ручейков сливался полноводный поток ватаги, несущий на своем гребне ладьи новгородцев или, как их тогда называли, «ушкуи» — корабли ватаги. Кочи, галеры, ладьи, у них еще много других названий, но по сути все это — разбойничьи струги. На которые приходили наниматься на службу лихую со своим доспехом, (конь для такого покрута был не нужен) в основном изгои. Люди, у которых все будущее, вся судьба находилась на кончике меча, завещанного отцом или данного крестным отцом в родном монастыре.

Все это вместе называлось дружиной от слова «други» — братья, а по-нашему братством, потому как клятва при приеме в дружину была клятвой братской, и каждый дружинник был другому кровным братом, побратимом значит. И месть за смерть брата была кровной местью, враги были кровниками.

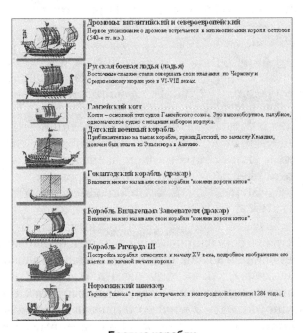

Боевые корабли

Хаживали эти дружины из Великого Новгорода сначала на запад, юг, восток, север, то есть на все четыре стороны, новые земли завоевывать. Потом — на границы заставы ставить и засеки, и на них покрут отбывать. Потом — в святом Ерусалиме службу нести — «отмаливаться». Потом — непокорных и мятежников под государеву руку возвращать. Так что не сидела без дела дружина экспедиционная, и всяк, кто искал лучшей доли и воли, мог в нее завербоваться и полететь по волнам ловить за хвост свою изменчивую птицу-удачу.

Не знаю, как уж они там, в близлежащих землях разворачивались, разудалое плечо раззуживали, не знаю, где опыта боевого и корабельного набирались, но вот испанские мои подружки напомнили мне, пока мы пенки облизывали, такой интересный фактик.

Торговые корабли

Был такой город в Испании — Севилья, правили там арабские шейхи, мавры, как их тогда называли. Так вот историк из этих краев по имени Якуби Абу-ль-Аббас Ахмед ибн Абу Якуб с ужасом вспоминает: «*В тот город Севилья вошли огнепоклонники, называемые ар-Рус, захватили, грабили, жгли и убивали*». Здесь же, у стен Севильи, встретились новгородцы со своими полабскими сородичами, которых возглавлял никому еще тогда не известный князь Рюрик, будущий основатель знаменитой династии киевских князей. И было это в середине девятого века. А греческие подружки тут же мне напомнили, что еще в начале того же века плавали струги новгородцев по Русскому (Черному) морю и до Родоса и до Крита с Кипром, даже Афины содрогались при их появлении. «Вот новость! — фыркнули мои византийские подружки, — это только тот, кто полным беспамятством страдает, думает, что под Царь-Град со своим щитом первым Олег примчался. А мы, константинопольки, помним их еще с первого похода в шестом веке, когда лихие ватажники взяли в плен 12 000 греков, да и продали их по драхме за голову, чтобы поход окупить. Помним, помним. И еще помним, как в середине седьмого века приходили их струги под наши стены. Вот как это записано в Тифлисском манускрипте со слов очевидца. «*Святой и великий город Константинополь осадили скифы, которые суть русские... Хакан (князь русов) причалил к Царьграду и штурмовал его с суши и с моря. Воины его были мощны и весьма искусны. Их было так много, что на одного цареградца приходилось десять русских. Их тараны и осадные машины стали действовать. Хакан требовал сдаться и оставить ложную веру во Христа... У стен города произошла страшная свалка. Свобода Царьграда висела уже на волоске. Между тем патриарх Сергий послал хакану огромную сумму денег. Подарок был принят, но свобода обещана была лишь тому, кто в одежде нищего оставит город и уберется куда хочет*». Так что бывали здесь и до Олега князья и Рюрик и Бравлин, о коих во многих трактатах, летописях и житиях упомянуто».

А Олег... ну что Олег. Да, пришел в начале десятого века под Константинополь. Да, перепугал до смерти ромеев тем, что поставил корабли на катки и поехал по суше, да я думаю, и не поехал, а просто переволок их в бухту Золотого Рога, что им, ватажникам, к волокам привыкшим, было не в труд и не в диковинку. Потом прибил щит на ворота, чтоб не забывали дань платить. Не бил, не жег, не куролесил, прибил и домой пошел, потому что ромеи русов и струги их уже века два как знали, и века два как им дань платили.

Высадка крестоносцев

«Конечно, конечно, — закудахтали мои каспийские подружки, — щит он им на калитку присобачил, тоже мне горе, надо было дань вовремя платить. То ли дело мы — жили, не тужили, ничего никому не платили, а они как свалились нам на голову в восьмом веке, так каждые тридцать лет, как по плану, профилактический поход по всему Каспию и проводили».

И пошла такая ругань, такой вой по кухне. Тут же их поддержала моя хазарская товарка, мол, чего они нас сначала потрепали сильно-сильно, а потом Святослав и вообще полный разгром устроил, на что тут же получила отповедь со всех сторон: «А нечего было раньше соваться, когда они с данью с Каспия возвращались. Это не ваш ли каган с ними союз заключал и в доле был, а потом жаба задушила, он вырезал и хазар и дружинников русских в ночь, пока те отсыпались. Поделом лисе, не ходи в курятник. Но и за предательство вам, хазарам сполна расплачиваться пришлось, побратимы дружинники кровь своих братьев не прощали».

Расширили границы, дружинники, под княжескую руку подвели тех, кто рядышком жил. А для тех, кто подалее обозначились, чтобы жизнь им медом не казалась, кому про дань намекнули, кому про старый должок напомнили. Наплодили, одним словом, недругов со всех сторон, и по государеву повелению начали границы обустраивать, заставы да засеки ставить, сараи да сечи городить. Создавать, по-современному говоря, форпосты будущей завоевательной экспансии по всем перспективным направлениям, а военные экспедиции в сопредельные земли превратились в ежегодную рутинную работу. Ни удали показать, ни славы получить, ни хабаром разжиться, нет, не для удалого люда дело. Для мытарей.

Вот и выбор перед дружиной стал, то ли по соседям за данью таскаться, то ли заставы и дозоры по границам ставить. Видно, вторая доля более богатырская, более славная, если ею Илья Муромец с Добрыней Никитичем и Алешей Поповичем не гнушались. Поехали дружиннички на новые границы, горы Сорочинские ставить, как говорят, от сарачинов и самарян засекой заслоняться. А может, называли эти укрепрайоны, заставы пограничные Сорочинскими по птице Перуновой, сороке. Перун — бог войны, покровитель дружинников, и его птицей сороку назвали за ее черно-белый окрас, это цвета Босеана, боевого стяга тамплиеров. Вот такие мы с подружками штуки помним.

Так это, нет ли, того нам не ведомо, но по всей южной границе Руси встали Сорочинские заставы. Не просто заставы — города, в каждом из них и крепость, и госпиталь, и кладбище, и банк, и склад, и учебный лагерь и, наконец, богадельня для увечных и старых. На реке Самара у города Самара — город Сорочинск, в южном течении этой реки — Большое Сорочинское, у переволока с Волги на Дон — Кумовка и Горное, на реке Рось — Сорокотяга и Пятигорье, город Сорока, да мало ли еще сорок и сорочинок было раскидано по границам Руси, да мало их до нас дошло.

Пережили, пересидели дружинники и ватаги времена тихие, неславные на заставах да на горах Сорочинских, тут и время подоспело поспешать в Святой Град Ерусалим — на покрут, на службу, «на моление».

Поскакали во все концы вербовщики по городам, по монастырям, по селам, по заставам: «Кто за славой? Кто за новой долей? Кто за доблестью воинской? Князь да воин, дружинник да изгой, мастеровой да купец, всем в ватаге место, все поспешай в Господин Великий Новгород!» Там стоит и формируется флот государев для отправки в Святую Землю, для создания Нового Израиля, оплота и защиты земель, под солнцем разбросанных.

Драккар викингов

Загрузили ладьи и струги, наточили мечи, приняли клятву, выбрали воевод и старших на время похода и вперед, к Святому Граду. Туда можно было плыть кружным путем, но времени он занимал аж полтора года: вкруг всей Европы по Седой Балтике, Атлантике и Средиземному морю. Однако знали корабельщики и короткий путь, коим за семь недель до Ерусалима доплыть было делать нечего: по Волге до волока, по Дону до Азова (Скифского пруда), далее через Кавказские ворота (Керченский пролив) по Русскому морю. Правда, там, на заставе на острове Куминский, что у волока из Волги в Дон, задержаться надо будет, попировать с побратимами — у многих там други добрые службу служат. Получить провожатого, лоцмана местного, который через Донские пороги к морю выведет, и там между островами и отмелями петляя, — на чистую воду Русского моря. Ныне названия так перепутаны, что и не понять, где у нас Каспий с Каспийскими воротами, и почему на пути в Иерусалим они всем как кость в горле. Может это леший всех водил вкруг гор Кавказских, через земли диких племен? А может, проще все, и это Азовского моря с Керченским проливом в те времена другие названия были. Ползают эти названия по карте, как тараканы, и не угонишься за ними никак.

Вот такой короткий путь. Всем он хорош, только стояла на этом пути неподкупная таможня Самарская со злобными самарянами, во все былины и мифы вошедшими. Их таможенная каста в древнем мире так отметилась, что «добрый самаритянин» историческим казусом оказался наподобие хвостатого мальчика. Так вот через эту Сорочинскую гору, в двух неделях ходу до дома, до Господина Великого Новгорода, даже сам Василий Буслаев перепрыгнуть не мог. И поделом, это тебе не дубинкой червленой по чужим землям помахивать, это со службой государевой бодаться. А истина известна — «Бодался теленок с дубом...». Но это к слову. Так что ходили новгородские струги и ладьи коротким путем по Волге, по Дону, до Русского моря по Средиземному, через Атлантику вокруг Европы. И теплее, и удобней, и надежней

Герб Ярославля

и круглогодично, а северный путь запасной. И не из варяг в греки, а из словен в словены, только из северных витязей-викингов-светловолосых в южные витязи — кмети-длинноволосые.

Остается только привлечь к нашему разговору нет, не историка, а Александра Сергеевича, главного авторитета по сказкам.

* * *

«Ветер на море гуляет И кораблик подгоняет; Он бежит себе в волнах На раздутых парусах. Корабельщики дивятся, На кораблике толпятся, На знакомом острову Чудо видят наяву: Город новый златоглавый, Пристань с крепкою заставой — Пушки с пристани палят, Кораблю пристать велят. Пристают к заставе гости Князь Гвидон зовет их в гости, Их он кормит и поит И ответ держать велит: «Чем вы, гости, торг ведете И куда теперь плывете?»

Пушкин, конечно, — литератор, сказочник, поэт. Правда, я не вижу, чем он принципиально отличается, скажем, от того же Гомера или Светония, Геродота, в конце концов. Ну да ладно, пусть великий мастер слова, не о Сорочинских заставах писал.

Но вот слова не мальчика, но мужа, притом мужа в истории известного, и авторитетом пользующегося беспрекословным. «Что же касается страны русов, то она находится на острове, окруженном озером. Остров, на котором они (русы) живут, протяженностью в три дня пути, покрыт лесами и болотами... У них есть царь... Они храбры и мужественны, и если нападают на другой народ, то не отстают, пока не уничтожат полностью. Они высокого роста, статные и смелые при нападениях. Все свои набеги и походы совершают на кораблях». Это уже слова Ибн-Руста-Абу-Ала-Ахмед-Ибн-Омара, много чего поведавшего об обычаях и землях хозар, мадьяр, русов, словян и многих других. Правда сам он более считается компилятором, чем историком и писателем, но это не укор, потому как все историки компиляторы. А то, что у него якобы в девятом веке славяне перед боем «Отче наш» читают, так другие еще и не то писали. Интерес ведь не в этом, а в том, на каком это острове Буяне эти самые русы жили, которых он описывал.

Географ Ал-Идриси, описывая некую страну Ниварию, где живут русы, не просто один город князя Гвидона вспомнил, а аж целых шесть: Лука, Астаркуза, Баруна, Бусара, Сарада и Абкада. И все стоят на реках. Все златоглавы, и с палатами белокаменными. Как тут не вспомнить эксперта нашего Александра Сергеевича.

«Стены с частыми зубцами, И за белыми стенами Блещут маковки церквей».

Вернемся все ж к нашим ватагам, как хочешь ходи, хоть кружным путем вкруг Европы, хоть коротким по рекам да морям, все одно. Пушки с пристани палят, кораблю пристать велят. Хорошо знали свое дело заставы сорочинские, что стояли по всем направлениям, и прыгать через эти камни — все равно, что голову буйную под топор класть. Эту истину новгородцы с пеленок впитывали, ее с малолетства сказками и былинами в головы детские вбивали. Даже для тех, кто в Ерусалим на моленье, то есть на службу братскую ходил, даже для тех, кто на первом пути хлеб-соль делил с дозорными, исключения на обратном пути не было.

Все, все описал нам прозорливый поэт: и таможню, и монетный двор с разменом, и приказных дьяков, и стражу, что дозором обходит город, и даже подчиненность наместника центральной власти, хотя был самым что ни на есть изгоем.

Плавали наши новгородцы, считай, по всему свету, по всему морю-Окияну, по Каспию, по рекам и озерам. Но закончим опять же словами гения.

«Мы объехали весь свет, Торговали мы недаром Неуказанным товаром; А лежит нам путь далек: Восвояси на восток»

МЕДВЕДИ

Короли и медведи стражей часто грызут.

                                              Шотландская пословица

Раздался осторожный стук в дверь, и я сразу понял, что это моя подружка Память. Она принципиально не пользовалась звонком. Может вековая привычка сказывалась, а может это был ее пунктик, вроде снобского выпендрежа, но я это давно заметил, и теперь точно определял, именно по этому осторожному стуку, кто пришел. Дружелюбно распахнул дверь и остолбенел, где-то в полтора ее роста, почти упираясь в потолок, возвышалась колонна, едва обхватываемая тонкими девичьими руками.

— Ты что, Парфенон разграбила? — ошалело спросил я.

— Ты помог бы лучше, — запыхавшись, выдавила она. — В комнату занеси и расстели.

— Коврик, что ли прикупила? — поинтересовался мимоходом.

— Тащи, тащи. Это карта. Мы сейчас по ней следы медведей искать будем.

— Каких медведей? Ты сегодня с лестницы не падала?

— А вот хамить не надо, я ведь и уйти могу. Я у тебя почитай неделю не была, и еще месяц не буду.— В голосе ее сквозила обида, медленно облекающаяся в металл.

Я примирительно сдал назад:

— Ты что, шутки разучилась понимать? Медведей так медведей, хоть белых, хоть бурых. Сейчас чайку, кофейку сооружу — и на охоту.

— Ладно, давай суетись, а я тебе пока легендочку расскажу для затравки. — Память уже не сердилась и приняла мое мирное предложение.

— Так вот, в далекие давние времена, которые называют сейчас «мрачным Средневековьем», на обширных землях, известных нам в нынешние времена, как Франция и Германия, всякую мелочь типа Швейцарии и тому подобных Голландий и Даний я в расчет не беру, правила династия волшебных королей. Называли их Меровинги и вели они свою родословную от первого в их роду короля — Меровея (Меровеха или Меровеуса). Кто он и откуда взялся — было загадкой, даже имя его было загадкой, потому что состояло из двух слов «мать» и «море». Летописцы говорили, что был он рожден женой короля Клодио, в жилах которой перемешалась франкская кровь и кровь морского чудища, которое похитило королеву и от которого она забеременела второй раз, будучи беременной от короля, такие вот сказки придумывали темные средневековые летописцы. Мы-то, как просвещенные дети просвещенных народов, понимаем, что именно хотел древний историк в аллегорической форме поведать: в данном отпрыске имело место смешение двух династических кровей. Местной крови сикамбров — народов тутошнего происхождения с кровью народов «из-за моря» — пришельцев значит. Легенда эта имеет место быть у многих королевских династий, которые ведут свои родословные от морских разбойников — ушкуйников, о которых я как-то упоминала, или от породнения тех же самых ушкуйников с местными вождями и старейшинами. Но не все, далеко не все, стояли на одном уровне с потомками Меровия.

Продолжим наше повествование.

То ли от второго отца, то ли в том самом средневековье это было модно, но обладал наш основатель династии всяческими оккультными способностями. Аурой всякой магической, а так как слов таких умных в ту пору не знали, то и называли его и его потомков соответственно — «колдунами» и «чудотворцами». Молва же приписала им чудесную силу при помощи, которой могли они исцелять одним наложением рук, и кисти, свисающие по бокам их одеяний, обладали такими же целительными свойствами. У них также был дар ясновидения и экстрасенсорного общения с животными и силами природы, и рассказывали, что на шее они носили магическое ожерелье. Наконец, их объявляли обладателями таинственной формулы, которая защищала их и гарантировала долголетие — дар, который, однако, не подтверждается Историей. На их теле имелось родимое пятно, которое свидетельствовало об их священном происхождении и позволяло немедленно их узнать: красное пятно в виде креста было расположено либо на сердце — любопытное предвосхищение герба тамплиеров, — либо между лопатками. Меровингов называли также «королями с длинными волосами». По примеру знаменитого Самсона из Ветхого Завета, они отказывались стричь волосы, в которых помещалась вся их «доблесть» — сущность и секрет их сверхъестественных способностей. В конце концов, формула выкристаллизовалась и облеклась в форму — их стали считать не королями в современном смысле этого слова, а скорее королями-священниками, земным олицетворением всемогущества Божия. А может, в этом была какая-то сермяжная правда, нам ныне не известная, ведь и Пресвитер-Иоанн был царь-священник, и Мелхиседек из Ура-Салима тоже этому званию соответствовал. Священным символом королей была пчела, кстати, нам бы надо будет покопаться в этих мошках, пчелках, птичках и тому подобных представителях флоры и фауны, много чего интересного за ними кроется, но это так, к слову. А пчела к тому же — олицетворение совместного труда на благо общего дома.

Сами же Меровинги считали себя потомками Ноя, который в их глазах еще больше, чем сам Моисей, был источником мудрости, а косвенным подтверждением их родства был хрустальный шар, символическое изображение глобуса (как впрочем и держава), найденный в могиле Хельдерика Первого, сына Меровия. Это тем не менее не мешало им, в разрез со всей современной исторической наукой, считать себя кроме того троянцами, а точнее союзниками троянцев — аркадийцами, «медвежьим народом». Мимоходом отметим, что в этих местах медведь раньше считался священным животным и был предметом таинственного культа и ритуальных жертв. Одним из главных центров таинств Ардуины — богини Медведя, был Люневиль, где католическая Церковь долгое время безуспешно обнародовала приказы, запрещающие культ этой языческой богини.

Замечу тебе, так, для куражу, что магические силы, признаваемые за медведем в этих Меровингских Арденнах, вполне объясняют то, что имя «Урсус» («Ursus») — «медведь» по-латински — было дано документам всей королевской династии. Но самый поразительный факт — это то, что по-галльски (по-кельтски) слово «медведь» произносится «арт» («arth»), откуда и происходит имя «Артур» («Arthur»). Но это уже другая легенда, и о ней в следующий раз, (так же как о его рыцарях, волшебнике Мерлине и волшебном мече). Но так как мы не можем долго следовать по этой дороге и отклоняться от нашей темы, то пока просто отметим, что знаменитый король Артур был современником Меровингов и тоже принадлежал к тому же мистическому циклу о медведе.

Королевские же летописцы и так называемые объективные историки соседних, то есть порабощенных, народов и современники-враги, как это ни удивительно, сходятся в своих версиях появления Меровингов в Европе.

Сикамбры, так называли себя эти племена, воинские образования, народы... или так это слово переводят теперешние историки. О необычайной способности французского языка искажать первоисточник до полного неузнавания говорит пример Гуго де Пейна (Гога Поганого) и Эсташа Шенье (Евстафия Собаки). Так вот, появились эти сикамбры из-за Рейна и обосновались для начала на территории Арденн и современной Бельгии, в области, которая стала называться королевством Австразия. В центре Австразии находилась современная Лотарингия (Страна Лотаря). Совершенно непонятным для историков образом вся эта Орда никого не резала, не мучила, не покоряла. Дикие, одетые в шкуры галлы, вооруженные каменными топорами, полюбили их как родных и в порыве страсти начали с ними ассимилироваться активно. Великая Римская империя тоже как-то сразу поняла, что ее закат близко, и что надо дружить с непонятными сикамбрами, дабы те сдерживали до поры до времени всяческих вандалов и варваров. А то, что они сами язычники — это с крестом-то на груди, это их мало смущало. Зато, как пишут в диссертациях, жили они мирно, и плавно перехватили скипетр правления из дряхлеющих рук римских прокураторов и имперских чиновников, а те, мол, с умилением смотрели на короля язычников, скачущего по Риму с развевающимися волосами. По уровню цивилизации, дикие такие ребята, человеческие жертвы приносящие, сырое мясо жрущие (что с них взять — медведи), приблизились за несколько десятков лет к Византии (почему не к Риму, что поближе, нам с тобой не понять) и начали чеканить монету. Внимание! Монету, и не просто чеканить, а на монетных дворах, не «дворе», а «дворах», вот так, во множественном числе. И не просто монету, а золотую монету, с вычеканенным на ней равноконечным крестом. Нет, я не оговорилась, язычники чеканили монету с Иерусалимским крестом за тысячу лет до захвата крестоносцами Иерусалима, да еще в таком количестве, что ею до сих пор все музеи мира завалены. А еще эти непросвещенные воины лесов и северных морей построили в Париже и Суассоне прекрасные амфитеатры в «римском стиле», хорошо хоть язык у историков не поворачивается приписать их римлянам. А еще вели сельское хозяйство, воины-то, видать, сильно ассимилировались. Вели торговлю по Средиземному морю и Северным морям, лесовики-то плавать научились, и ремесленное производство опять же. Дикари-то какие способности проявили.

Окруженные нимбом из тайны, легенд, магии и сверхъестественного, что сопутствовало им на протяжении всей их жизни, Меровингские короли совершенно не походили на других правителей той эпохи. Эти короли были верховными правителями королевства, никто не заставлял их — да от них это и не требовалось — входить в практические детали своего дела; их роль состояла больше в том, чтобы «быть», чем в том, чтобы «делать». Их задача — царствовать, не управляя, воплощать в себе символ, быть ритуальной фигурой и королем-священником одновременно. Управление и хозяйственная деятельность предназначались для человека, не принадлежавшего к королевской династии, своего рода канцлера, называемого майордомом (домоуправителем) — такая структура Меровингского режима несколько напоминает некоторые современные конституционные монархии или двор родственника Императора при наместнике-правителе на местах.

Подобно Патриархам из Ветхого Завета (а почему подобно?) Меровингские правители придерживались полигамии и содержали роскошные гаремы. Даже когда аристократия, уступив нажиму Церкви, решилась принять строгую моногамию, монархи отказались следовать этому, а Церковь, что очень любопытно, не протестуя, согласилась закрыть глаза на эту привилегию, о чем один английский историк, удивляясь, написал следующими словами: *«Почему полигамия была молчаливо одобрена франками? Быть может, мы имеем здесь дело с древним обычаем королевской семьи, семьи такого ранга, что уже никакой, даже самый выгодный династический брак не сможет еще более облагородить ее кровь, и она не может быть осквернена кровью рабыни... Родится ли королева в королевской династии или от куртизанки — это не имело значения... В его собственной крови находилась эта сила рода, и все, кто принадлежал к нему, разделяли ее...»* Другие, подразумевавшие то же самое, спрашивали себя: *«А может, Меровинги — это германская династия Heerkonige, выходцы из древней королевской династии времен великого переселения народов?»* Но сколько королевских семей в мире обладало такими привилегиями, и почему Меровинги имели на это больше прав, чем другие? Каким образом их кровь наделяла их такими исключительными правами? Не поискать ли ответ в Салической, Тюрингской, Саксонской, Рипуарской и других «Варварских Правдах», по которым жили на землях Меровингов? Или проще взять и почитать Русскую Правду, чьим дубликатом, копией, как хотите назовите, являются все остальные. И найдем там без особого труда, кто, как и откуда. И про изгоев, и про материнское право, и про все, что вроде бы загадка, и даже про полигамию у князей, конунгов, ханов и коэнов.

Жутко интересна история, как Меровинги христианство принимали, это отдельное сказание, миф, нимало не уступающий похождениям Одиссея или основанию Рима Энеем. Все школьники Франции знают знаменитого внука Меровея Хлодвига Первого. Этот самый Хлодвиг, будучи по рождению «святым» королем, королем-священником, правда королем чего и чего священником, нынешними учеными не уточняется, уговоренный собственной супругой Хродехильдой, какой по счету из гарема, тоже не ясно, но, по всей видимости, любимой такой Гюльчитай, решил принять христианство. К кресту на собственной груди и на собственным повелением начеканенных монетах он, по всей видимости, относился, как к секретному магическому знаку или каббалистической загогулине, не имеющей особого смысла, кроме того, что она у него есть. Решил, значит, представитель династии принять христианство и начал его изучать при помощи одной из любимых супруг и ее духовного наставника некоего Ремигия. История эта столько раз тиражирована, что даже в каноны христианские вошла под названием «Книги Есфирь», правда там религия другая, но суть та же. В данном контексте же она нам известна из «Жития Святого Ремигия», от коего осталось только несколько страниц, на которых именно это и изложено, а само житие сгинуло в лабиринте Истории или чьим-то злым умыслом было уничтожено. Поэтому что мы знаем из этих жалких остатков, то и знаем, других источников нету, а все остальные — как обычно, перепевки первого и единственного.

Церковь христианская в диких тех местах и в дикие те времена была не то чтобы в загоне, но по словам тех же историков, где-то в ранге секты — между арианством и друидизмом — и остро нуждалась в осуществлении любимого ею крещения «огнем и мечом». Но не могла себе этого позволить в отсутствие «инструментов». Хлодвиг, с точки зрения нынешних борзописцев, на эту роль всесторонне подходил и потому был немедленно определен в Новые Константины. Замечу, это не я выдумала, это официальный титул, который он якобы получил после крещения, в противовес Константину Византийскому, который к тому времени давно помре, и в чем заключался противовес, знает только тот, кто титул давал. Затем попик этот, который был при любимой супруге исповедником, произнес совершенно великие слова «Mitis depone colla, Sicamber, adora quod incendisti, incendi quod adorasti». (*Покорно склони выю, сикамбр, почитай то, что сжигал, сожги то, что почитал*»), за которые любой нормальный государь того времени просто вздернул бы его на собственном поясе, так как королем уже был и в объявлении его королем на дух не нуждался и мог это расценить как издевательство над собой. Но в данном случае это не король шел под руку Церкви, а Церковь шла под руку короля. В этом смысле пакт по всем пунктам походил на связь Бога из Ветхого Завета с царем Давидом. Конечно, этот пакт можно было изменить — как в случае с Соломоном, — но его нельзя было ни отменить, ни порвать, ни предать.

Правда, — Память вдруг рассмеялась, — линию какой церкви проводил вновь появившийся Император-Патриарх, никто толком разъяснить не может. Римской, кельтской, арианской, альбигойской, манихейской? «Все смешалость в доме Меровингов». Или в доме историков. Учитывая, что окончательное прояснение данного вопроса может завести невесть куда, историки начали мягко подводить всех к мысли, что вообще все эти ребята Меровинги шибко смахивают на всяких там мифических Илюш Муромцев и других аргонавтов. А ежели еще учесть, что эти самые аркадийцы по разным непроверенным Птолемеям и Вергилиям вместе с ахейцами еще против македонцев рубились, то картина становится Сказочной с большой буквы. Да тут еще подлили масла в огонь всякие байки про Атлантиду и про расы атлантов, одной из которых тоже аркадийцы являются. Короче говоря, с этим «медвежьим народом» одна головная боль и в рамки приемлемой истории она лезть не хочет, а посему они — миф. Ксенофонт и Полибий, правда, прямо говорят, что были они подобно финикийцам народами моря, относились к представителям общества не утонченного и не прогрессивного, то есть были воинами со всеми вытекающими последствиями. Но так то Ксенофонт и Полибий, когда они писали и о ком, к нашим друзьям Меровингам это отношения иметь не может по определению, да и не только к ним.

После смерти короля Дагоберта, неоднократно описанной во многих произведениях и давшей жизнь многим произведениям, начиная с Библейских сюжетов и кончая «Песнями о Нибелунгах» — такое, видно, произвела на всех впечатление и измена слуги, вогнавшего ему спящему стрелу в глаз, да и сам заговор против *таких* королей... В общем, после смерти последнего короля Меровингов началась чехарда с династиями, пока власть не захватил Пипин Кроткий, давший начало династии Каролингов.

— Да, — повысила голосок Память, — тебе хочу напомнить, что и последствия всего этого были из ряда вон. Такого мир еще не знал: с этого момента пошел раскол Церкви, появилась фальшивка «Завещание Константина», которая дала возможность Папам Римским при необходимости высказываться. И еще многое, многое другое, что связано с медведями, начиная с восстания «принца Урсуса» и заканчивая тайной Святого Грааля. Дагоберт II и Годфруа Бульонский, рыцари Храма, Лотарингский дом — это все звенья той самой цепочки, которая связывает аркадийцев и их потомков с нами.

«Я вижу меч гнева Божия, висящий над этим домом», — сказал однажды епископ Альби Сальвий Григорию Турскому, указав на дворец Хильперика I. Он не знал, что впереди Альбигойские войны и что единственную защиту жители Лангедока и их друзья найдут у потомков медвежьего народа.

— А про карту? — показал я на расстеленную «колонну».

— Про карту в следующий раз. Будет кофе, будет чай с баранками — приду и расскажу. Пусть пока полежит, не таскаться же мне с ней, да и не для девичьих это плеч, Парфенонские колонны таскать.

Но до чего же доводит женское любопытство, а более того женская тяга поучать и интриговать. Не успел я закрыть двери и помыть посуду, как в дверь раздался такой знакомый стук. Поставив чайник на горелку, я с удовольствием, не буду этого скрывать, и тайным злорадством, распахнул дверь. Злорадство как ветром сдуло, такое в ее глазах читалось любопытство, такая радость и ожидание благодарности за то, что она вернулась, что я просто не мог не улыбнуться и не расшаркаться, как самый противный паркетный хлюст в свите средневекового барончика средней руки.

— Заходи, забыла что?

— Да нет. — Ответ прозвучал без особой застенчивости. — Решила все-таки по карте с тобой поползать. В охоту на медведей поиграть.

И сказано это было так просто и без затей, что выкобениваться никакого желания не возникло, а захотелось просто поднять ее на руки и донести до расстеленной Парфенонской колонны, чтобы поставить посреди этого нарисованного мира, может, выдуманного кем-то, а может, и нет.

Мы снова сели вокруг карты, поставили на материки и погибшие Империи чашки и варенье, чтобы прошлая жизнь слаще казалась, и углубились в те миры, которые Память знала и видела, а я и предполагать не мог, что они есть или что их кто-то когда-то выдумал.

— Что ж, вернемся к нашим баранам, вернее к медведям, — поправила она себя. — К баранам и прочим агнцам в следующий раз. Вернемся к нашим медведям, потому что у народа Посвященного медведь соответствует такому символу как nigredo, что значит первоматерия, и, таким образом, по всем законам мистики и знаний, относится к начальным этапам, к хаосу, к тому времени когда ничего не было, или к тому времени, про которое мы ничего не знаем. Значит, с них и начнем.

Все эти знатоки меда (меда веды) — Арты, Беры, Урсусы, Локисы и многие другие, ласково на Руси называемые мишкой — не просты были, ой не просты. Одно имя «Бер» чего стоит. Это и имя бога Велеса («рожденный»). Отсюда и его другое имя — Святибор, и сакральный смысл, потом проявившийся в словах «беречь», «оберег», «берлога». Под именем Бер мишка и в другие языки вошел (bar/bear, и слово «бурый» произошло от него, а не наоборот). Просто направление вектора меняется, ловленная уже штучка, но такая простая и так много позволившая переиначить.

В каком только виде мы его «хозяина» не видим: это и Один — скандинавский бог, это и Вотан — бог германский, и Велес славянский, и аркадская Ардемида с ее жрицами, и греческая Аталанта, и кельтская Артио, и божественный Арктур. «Князь зверей» является символом святых Колумбана, Урсина и Сергия, а с вьючным седлом Корбиниана, Хуберта и Максимина Трирского.

О нем упоминается в Ветхом завете, когда говорится о могущественном персидском царстве. Это потом досужие летописцы и церковники начнут приписывать ему злобность и коварство, рассказывать байки про прожорливых зверей, олицетворяющих темные силы. А пока не прошлась рука цензора, или пропустила ненароком чего в канонических текстах, видим мы, как Елисей вызывает медведиц покарать грешных детей, как вылизывает медведица детенышей, как бы олицетворяя церковь, обращающую язычников в веру Христову. Пока еще язычник не враг, а будущий друг, пока еще Давид борется не со злом, а с силой медвежьей не для победы, а для доказательства своего превосходства, что потом ему же и обернется полным его поражением. Но мажет теология и история дегтем тех, кого приручить не может, того, кого в свою веру не перевернет, а со старой он им не нужен. Вот и медведь туда же, не ложится он в прокрустово ложе причесанной истории, лампадным маслом смазанной и на прямой пробор причесанной, потому что звали его на арийском диалекте «ракса», косматый значит, всклокоченный, не причесывается он никак, как бы этого не хотелось.

Так его непричесанного невзлюбили, что по первости хуже змея лукавого был. Ренессанс отметился в злобе своей даже заменой его на древе добра и зла в качестве искусителя Евы. Может, и есть в этом доля истины. Правда, прорывалась через канон растерзанная истина в виде историй про Святую Евфимию, которую эти мишки от смерти лютой спасли. Потом тихо-тихо в других версиях их на непонятного всем льва заменили. Впрочем, медведя не только в данной истории на льва поменяли. В геральдике, символике даже из двух равных друзей — льва (гепарда) и медведя — одного как-то мягко потеряли, оставив забавным увальнем только в сказках, и то не силами летописцев, а единственно памятью народной.

Каким-то последним отголоском в этой вакханалии всеобщей подмены и забвения, остались медведи на гербах замков, принадлежащих тамплиерам, олицетворяя, как написано в их гербовниках, защитника Абсолютного Добра. Но сама принадлежность к ненавистным тамплиерам сослужила им далеко не лучшую службу и вреда принесла, пожалуй, больше, чем пользы. Примером тому служит история испанского города-замка Тобосо, упомянутого еще Сервантесом в его эпохальном «Дон Кихоте». Само название этого города состоит из двух слов: «тоб» — татарник, колючка и «осо» — медведь. Тобосские дети до сих пор твердят старую поговорку: *Тобосский герб украсят впредь — куст колючки и медведь.* Только вот в гербе города, незаметным движением руки фокусника, этот самый «осо», медведь то бишь, сменился в одно мгновение на оленя, незнамо каким образом там взявшегося. Такие вот чудеса могут позволить себе те, кто может их себе позволить.

На ближайших же соседей Москвы — смолян Сигизмунд III еще совсем недавно жаловался: «*Напрасно говорить с этим медвежьим народом*». Это по поводу его нахального заявления, чтобы ключи от города несли. И не напрасно жаловался, внуки медведя таки накостыляли ему по первое число.

Герб Перми

Вообще о смолянах можно много интересного говорить. Достаточно того, что их знаменитая пушка с птицей Гамаюн на гербе еще на Констанцском Соборе была, представляла собой полульва и полуптицу, рядом с которой красовались два белых креста в красном поле — в знак принадлежности к Ордену Святого Иоанна Иерусалимского. Это все госпитальерские штучки. Но кроме непонятных птичек на их древнем гербе и медведь присутствовал.

Герб Твери

А теперь, дружок, давай карту посмотрим. Даром что ли на ней сидим? Ну, где тут мишки остались после всех этих проделок?

Во-первых, всем известный ярославский медведь с секирой, в серебряном поле и на задних лапах.

Как-то сразу вспоминается хорошо знакомый образ «бер с секирой». Это кто ж такой? Берсерки? Да неужто?! Они, они, воины-оборотни, воины, не было которым равным в бою. И ходили они в медвежьих шкурах, чтобы даже тени сомнения не было, чьи они дети и внуки. Это они знали магию Святого Спаса, оберегающую

Герб Малоярославца

Герб Берлина

**Герб Берлина
(Митте, округ Берлина)**

Прусские гербы

от мечей и стрел. Это их волхвы варили волшебные зелья в котлах, упоминаемых в кельтских сказаниях, стоящих на столах у короля Артура, и вождей шотландских кланов. В этих трех котлах купаются и красавцами выходят, в них мертвых воинов оживляют, из них воинам чудесной силы прибавляют. Запомнил народ, как ни выжигали эту память, и воинов-оборотней Берсерков, и воинов-Вравроний, жриц богини охоты, одетых в медвежьи шкуры.

Значит так: Ярославский берсерк, или медведь с секирой. А рядышком — Самогитский в золотом поле — черный, стоящий на задних лапах медведь с красными глазами и языком. А совсем неподалеку — новгородские — два черных медведя в серебряном поле, поддерживают золотые кресла с красной подушкой, на которой стоят перекрещенные скипетр (справа), крест (слева). Над креслами — золотой трисвечник с горящими свечами; в голубой оконечности щита — две серебряные рыбы, одна против другой. А вот и пермский: в красном поле серебряный идущий медведь, на спине его — золотое Евангелие, на котором серебряный крест с четырьмя лучами. Ну, этот уже посмирней, потише, такой же когда-то и на тверской печати был, наравне со Святым Георгием и двуглавым орлом, еще до того, как корону на троне в гербы определили.

Официальный герб города Берн. Швейцария

Чуть подальше, там, где мятежные вассалы и немирные соседи головы поднимали, опять он вздыбился. В Берлине и Берне, Борисоглебске и Кенигсберге. В Ангальте он опять на четыре лапы опускается, умиротворяется. А у семейства Орсини, хорошо известного по всей Европе родовитостью и древностью

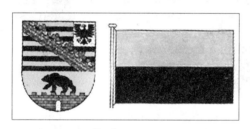

Герб города

дворянства, он в лапы даже розу взял. Хотя, я думаю, скорее не из миролюбия, а чтобы подчеркнуть свою принадлежность к ордену Рубиновой розы, в Англии, трансформировавшейся в Алую розу. Да и само имя Орсини означает медведь.

А уж как вытравливали, выжигали и вырубали, в прямом смысле слова, память об этих зверюгах! А она все равно, хоть и в мизерных дозах, но сохранилась.

В Берне придумали, что имя городу дал местный герцог, убивши в этих краях медведя где-то 1191 году. Только вот имя этого герцога было Бертольд, то есть «медвежий рык», да и называется «Медвежьей ямой», тоже своего рода место, где живут «почетные отцы города» медведи, вяжется с их убиением. И монету древний город-крепость чеканил с забавным названием «Бацен». Монета получила это название потому, что на ней изображался все тот же мишка.

Тобосо мы уже здесь упоминали, так что ареал обитания медведей расползся по всей карте. При постоянной чистке геральдики, при постоянной ее перерисовке и подмене, вообще странно, что их всех во львов и оленей не переделали, или на пушки и троны не поменяли.

Символом Святого Бернарда Клервосского наравне со скованным драконом и тремя митрами был улей. В этом увидели намек на сладость речей и даже прозвище изобрели — «Медоточивый доктор». А то, что у него и его бернардинцев, чаще именуемых цистерцианцами, девиз был *Страданьями купим успокоение*, а символом «Наслаждение — через боль» по древним правилам является медведь и пчелы, все забыли. Достойный пример амнезии. А то ведь аналогии с пчелами Меровингов и Барберини (мало того, что «медвежий варвар», так еще и пчелы в гербе) могут далеко завести. Так и до ессеев недалеко, которые себя не только агнцами именовали, но еще и «пчелами Божьими», да такими кусливыми — одни их инструкции по ведению боевых действий чего стоят. Тут тебе и «Кодекс войны», и «Книга тайн», и «Устав для всего общества Израиля в конечные дни». История с общим ульем и нектаром для общественного блага, конечно, хороша, только кажется мне, чего-то не договаривают наши исследователи о пчелках этих.

Где-то там, в глубинах древних мифов о праотце тюркских ханов, да и всего тюркского народа, остался слабый отголосок, что был Огуз-Хан сыном медведицы, да и то не очень это теперь вспоминается.

Таким стал нелюбимый зверь, наша к нему любовь теперь не распространяется дальше пива «Три медведя», да конфеток с мишкой на фантике. Да и конфетами мы обязаны живописцу Шишкину, хотя, как говорит досужая молва, живую натуру он рисовать не умел, и мишек-то подписал кто-то другой. А услужливые историкописцы постарались, чтобы всякую связь с народом медвежьим мы потеряли полностью.

Хотя осталось, как не выскребали, даже в Святом Писании сравнение с «медвежьим народом» не просто кого-то, а самого Господа.

«Господь поступит со своими противниками подобно медведице, у которой украли ее медвежат».

ВМЕСТО ЗАКЛЮЧЕНИЯ

Не знаю, удалась ли нам попытка исторического расследования, но мы, честно переворошив пыльные полки книжных шкафов и закутки библиотек, постарались представить на ваш суд те косвенные улики, которые нам удалось обнаружить. Наша детективная экспедиция в недра старинных сундуков и на страницы пожелтевших манускриптов завершилась.

В самом начале этой книги мы обещали расследовать загадку, кто и как мог создать всемирную экономическую сеть, ту золотую паутину, в которую опутывали все покоренные народы Империи, если таковая была. Если нам это удалось, то мы очень рады.

Каких же результатов добились мы, продвигаясь к нашей цели?

Согласившись с гипотезой, что в определенное историческое время на всех землях Ойкумены была единая Империя, мы задались вопросом, каким образом поддерживалась экономика данной Великой Империи?

Ответ, полученный нами, на основании исследований тех текстов, что дошли до нас, указал нам на следующие факты.

Да, было единое экономическое пространство. Да, в Империи, говорящей на одном языке, исповедующей одну Веру и живущую по одним законам, было кастовое разделение. Три основные касты правили в ней: воинов — людей на коне, духовенства — людей в сутане и кормильцев — людей в короне. К определенному времени из состава всех трех основных каст начали формироваться более мелкие касты (гильдии, цеха, союзы), но одна из них, в силу своей специфики, стала наиболее сильной. Эта каста мытарей, финансистов Империи — евреев. Именно эта каста и стала проводником административной составляющей Империи на всех землях. Именно она и соткала золотую паутину экономической сети, опутавшей все страны.

В своем расследовании мы дошли до момента развала Империи. Однако это отдельная тема, и расследование ее займет не меньше, а то и больше времени, чем то, что мы с вами закончили сегодня. Если нам удалось первое, то, возможно, мы возьмемся и за второе. Как говорится, «Глаза боятся, а руки делают».

Пусть в чем-то мы ошибались, пусть где-то мы повернули не туда. Наша книга не истина в последней инстанции, а приглашение к обсуждению, приглашение к возможности пошире взглянуть на этот мир, сняв шоры национальной и религиозной неприязни. Эта книга — попытка начать гранить еще одну грань на великолепном бриллианте Истории.

СОДЕРЖАНИЕ

Предисловие 3
Золотая паутина 10
Поверка алгеброй истории 24
Приступая к расследованию... 39
Необходимое отступление 41
Когда Империи не было.
Еще одно отступление 51
Кто? Где? Когда? 65
Твоя моя не понимай 76
Что такое дань? 86
Структура 98
Сословие 110
Защита 123
Ордена. Приорат синона. 133
Тевтоны 161
Меченосцы 167
На службе Империи 170
Сеть. Организация и централизация 181
Сыновья Сима и Яфета 195
Во что же они верили? 213
Экономика или администрирование 227
Торговля и деньги 238
    Эпоха земледелия 238
    Ремесла 243
    Еврейский характер 246
    Роль в жизни города 251
    Под защитой корпорации 259
По рецептам Авиценны и Гиппократа 263
Исторические этюды
Вместо приложения 271
Исход. Откуда и куда 274
Изгои не из гоев 285
Вера вере рознь 289
История истории 299
Столица — это там, где «отца стол» 304
Сыны света, пропавшие во тьме 309
Орлы не ловят мух 318
Золото или истина 328
Закабаление каббалой 335
Ушкуйники 341
Медведи 351
Вместо заключения 365

Литературно-художественное издание

Андрей Зиновьевич Синельников

СРЕДНЕВЕКОВАЯ ИМПЕРИЯ ЕВРЕЕВ

Редактор *Р. Белкина*
Младший редактор *Н. Пастухова*
Художественный редактор *А. Гладышев*
Технический редактор *В. Кулагина*
Корректоры *Т. Лебедева, Н. Чебышева*
Компьютерная верстка *Е. Тюпич*

Подписано в печать 10.08.04.
Формат 60×90/16. Гарнитура «Таймс». Печать офсетная.
Усл. печ. л.23,0. Тираж 5000. Изд. № 04-6800. Заказ № 2730

Издательство «ОЛМА-ПРЕСС»
129075, Москва, Звездный бульвар, 23
«ОЛМА-ПРЕСС» входит в группу компаний
ЗАО «ОЛМА МЕДИА ГРУПП»

Отпечатано с готовых диапозитивов
в полиграфической фирме «КРАСНЫЙ ПРОЛЕТАРИЙ»
127473, Москва, Краснопролетарская, 16